AF820002

CODE PÉNAL

Version en vigueur au 24 octobre 2025

Partie législative

Livre Ier : Dispositions générales

Titre Ier : De la loi pénale

Chapitre Ier : Des principes généraux

Article 111-1

Les infractions pénales sont classées, suivant leur gravité, en crimes, délits et contraventions.

Article 111-2

La loi détermine les crimes et délits et fixe les peines applicables à leurs auteurs.

Le règlement détermine les contraventions et fixe, dans les limites et selon les distinctions établies par la loi, les peines applicables aux contrevenants.

Article 111-3

Nul ne peut être puni pour un crime ou pour un délit dont les éléments ne sont pas définis par la loi, ou pour une contravention dont les éléments ne sont pas définis par le règlement.

Nul ne peut être puni d'une peine qui n'est pas prévue par la loi, si l'infraction est un crime ou un délit, ou par le règlement, si l'infraction est une contravention.

Article 111-4

La loi pénale est d'interprétation stricte.

Article 111-5

Les juridictions pénales sont compétentes pour interpréter les actes administratifs, réglementaires ou individuels et pour en apprécier la légalité lorsque, de cet examen, dépend la solution du procès pénal qui leur est soumis.

Chapitre II : De l'application de la loi pénale dans le temps

---

Article 112-1

Sont seuls punissables les faits constitutifs d'une infraction à la date à laquelle ils ont été commis. Peuvent seules être prononcées les peines légalement applicables à la même date.

Toutefois, les dispositions nouvelles s'appliquent aux infractions commises avant leur entrée en vigueur et n'ayant pas donné lieu à une condamnation passée en force de chose jugée lorsqu'elles sont moins sévères que les dispositions anciennes.

Article 112-2

Sont applicables immédiatement à la répression des infractions commises avant leur entrée en vigueur :

1° Les lois de compétence et d'organisation judiciaire, tant qu'un jugement au fond n'a pas été rendu en première instance ;

2° Les lois fixant les modalités des poursuites et les formes de la procédure ;

3° Les lois relatives au régime d'exécution et d'application des peines ; toutefois, ces lois, lorsqu'elles auraient pour résultat de rendre plus sévères les peines prononcées par la décision de condamnation, ne sont applicables qu'aux condamnations prononcées pour des faits commis postérieurement à leur entrée en vigueur ;

4° Lorsque les prescriptions ne sont pas acquises, les lois relatives à la prescription de l'action publique et à la prescription des peines.

Article 112-3

Les lois relatives à la nature et aux cas d'ouverture des voies de recours ainsi qu'aux délais dans lesquels elles doivent être exercées et à la qualité des personnes admises à se pourvoir sont applicables aux recours formés contre les décisions prononcées après leur entrée en vigueur. Les recours sont soumis aux règles de forme en vigueur au jour où ils sont exercés.

Article 112-4

L'application immédiate de la loi nouvelle est sans effet sur la validité des actes accomplis conformément à la loi ancienne.

Toutefois, la peine cesse de recevoir exécution quand elle a été prononcée pour un fait qui, en vertu d'une loi postérieure au jugement, n'a plus le caractère d'une infraction pénale.

Chapitre III : De l'application de la loi pénale dans l'espace

---

Article 113-1

Pour l'application du présent chapitre, le territoire de la République inclut les espaces maritime et aérien qui lui sont liés.

Section 1 : Des infractions commises ou réputées commises sur le territoire de la République

---

Article 113-2

La loi pénale française est applicable aux infractions commises sur le territoire de la République.

L'infraction est réputée commise sur le territoire de la République dès lors qu'un de ses faits constitutifs a eu lieu sur ce territoire.

Article 113-2-1

Tout crime ou tout délit réalisé au moyen d'un réseau de communication électronique, lorsqu'il est tenté ou commis au préjudice d'une personne physique résidant sur le territoire de la République ou d'une personne morale dont le siège se situe sur le territoire de la République, est réputé commis sur le territoire de la République.

Article 113-3

La loi pénale française est applicable aux infractions commises à bord des navires battant un pavillon français, ou à l'encontre de tels navires ou des personnes se trouvant à bord, en quelque lieu qu'ils se trouvent. Elle est seule applicable aux infractions commises à bord des navires de la marine nationale, ou à l'encontre de tels navires ou des personnes se trouvant à bord, en quelque lieu qu'ils se trouvent.

Article 113-4

La loi pénale française est applicable aux infractions commises à bord des aéronefs immatriculés en France, ou à l'encontre de tels aéronefs ou des personnes se trouvant à bord, en quelque lieu qu'ils se trouvent. Elle est seule applicable aux infractions commises à bord des aéronefs militaires français, ou à l'encontre de tels aéronefs ou des personnes se trouvant à bord, en quelque lieu qu'ils se trouvent.

Article 113-5

La loi pénale française est applicable à quiconque s'est rendu coupable sur le territoire de la République, comme complice, d'un crime ou d'un délit commis à l'étranger si le crime ou le délit est puni à la fois par la loi française et par la loi étrangère et s'il a été constaté par une décision définitive de la juridiction étrangère.

Elle est également applicable aux actes de complicité prévus au second alinéa de l'article 121-7 commis sur le territoire de la République et concernant, lorsqu'ils sont commis à l'étranger, les crimes prévus au livre II.

Section 2 : Des infractions commises hors du territoire de la République

---

Article 113-6

La loi pénale française est applicable à tout crime commis par un Français hors du territoire de la République.

Elle est applicable aux délits commis par des Français hors du territoire de la République si les faits sont punis par la législation du pays où ils ont été commis.

Elle est applicable aux infractions aux dispositions du règlement (CE) n° 561/2006 du Parlement européen et du Conseil du 15 mars 2006 relatif à l'harmonisation de certaines dispositions de la législation sociale dans le domaine des transports par route, commises dans un autre Etat membre de l'Union européenne et constatées en France, sous réserve des dispositions de l'article 692 du code de procédure pénale ou de la justification d'une sanction administrative qui a été exécutée ou ne peut plus être mise à exécution.

Il est fait application du présent article lors même que le prévenu aurait acquis la nationalité française postérieurement au fait qui lui est imputé.

Article 113-7

La loi pénale française est applicable à tout crime, ainsi qu'à tout délit puni d'emprisonnement, commis par un Français ou par un étranger hors du territoire de la République lorsque la victime est de nationalité française au moment de l'infraction.

Article 113-8

Dans les cas prévus aux articles 113-6 et 113-7, la poursuite des délits ne peut être exercée qu'à la requête du ministère public. Elle doit être précédée d'une plainte de la victime ou de ses ayants droit ou d'une dénonciation officielle par l'autorité du pays où le fait a été commis.

Article 113-8-1

La plainte ou la dénonciation mentionnées à l'article 113-8 ne sont pas nécessaires lorsque la poursuite est exercée devant une juridiction pénale disposant, en application des dispositions du code de procédure pénale, d'une compétence territoriale concurrente et spécialisée s'étendant sur le ressort de plusieurs tribunaux judiciaires ou sur l'ensemble du territoire.

Article 113-8-2

Sans préjudice de l'application des articles 113-6 à 113-8, la loi pénale française est également applicable à tout crime ou à tout délit puni d'au moins cinq ans d'emprisonnement commis hors du territoire de la République par un étranger dont l'extradition ou la remise a été refusée à l'Etat requérant par les autorités françaises aux motifs, soit que le fait à raison duquel l'extradition avait été demandée est puni d'une peine ou d'une mesure de sûreté contraire à l'ordre public français, soit que la personne réclamée aurait été jugée dans ledit Etat par un tribunal n'assurant pas les garanties fondamentales de procédure et de protection des droits de la défense, soit que le fait considéré revêt le caractère d'infraction politique, soit que l'extradition ou la remise serait susceptible d'avoir, pour la personne réclamée, des conséquences d'une gravité exceptionnelle en raison, notamment, de son âge ou de son état de santé.

La poursuite des infractions mentionnées au premier alinéa ne peut être exercée qu'à la requête du ministère public.

Article 113-9

Dans les cas prévus aux articles 113-6 et 113-7, aucune poursuite ne peut être exercée contre une personne justifiant qu'elle a été jugée définitivement à l'étranger pour les mêmes faits et, en cas de condamnation, que la peine a été subie ou prescrite.

Article 113-10

La loi pénale française s'applique aux crimes et délits qualifiés d'atteintes aux intérêts fondamentaux de la nation et réprimés par le titre Ier du livre IV, à la falsification et à la contrefaçon du sceau de l'Etat, de pièces de monnaie, de billets de banque ou d'effets publics réprimées par les articles 442-1, 442-2, 442-5, 442-15, 443-1 et 444-1 et à tout crime ou délit contre les agents ou les locaux diplomatiques ou consulaires français, commis hors du territoire de la République.

Article 113-11

Sous réserve des dispositions de l'article 113-9, la loi pénale française est applicable aux crimes et délits commis à bord ou à l'encontre des aéronefs non immatriculés en France ou des personnes se trouvant à bord :

1° Lorsque l'auteur ou la victime est de nationalité française ;

2° Lorsque l'appareil atterrit en France après le crime ou le délit ;

3° Lorsque l'aéronef a été donné en location sans équipage à une personne qui a le siège principal de son exploitation ou, à défaut, sa résidence permanente sur le territoire de la République.

Dans le cas prévu au 1°, la nationalité de l'auteur ou de la victime de l'infraction est appréciée conformément aux articles 113-6, dernier alinéa, et 113-7.

Article 113-12

La loi pénale française est applicable aux infractions commises au-delà de la mer territoriale, dès lors que les conventions internationales et la loi le prévoient.

Article 113-13

La loi pénale française s'applique aux crimes et délits qualifiés d'actes de terrorisme et réprimés par le titre II du livre IV commis à l'étranger par un Français ou par une personne résidant habituellement sur le territoire français.

Article 113-14

Par dérogation au deuxième alinéa de l'article 113-6, la loi pénale française est applicable en toutes circonstances, et la seconde phrase de l'article 113-8 n'est pas applicable, aux infractions suivantes commises à l'étranger par un Français ou par une personne résidant habituellement ou exerçant tout ou partie de son activité économique sur le territoire français, lorsqu'elles portent atteinte aux recettes perçues, aux dépenses exposées ou aux avoirs qui relèvent du budget de l'Union européenne, des budgets des institutions, organes et organismes de l'Union européenne ou des budgets gérés et contrôlés directement par eux :

1° Délits d'escroquerie prévus à la section 1ère du chapitre III du titre Ier du livre III ;

2° Délits d'abus de confiance prévus à la section 1ère du chapitre IV du titre Ier du livre III ;

3° Délits de soustraction, détournement ou destruction de biens prévus aux articles 432-15 et 433-4 ;

4° Délits de corruption prévus aux articles 432-11 et 433-1, ainsi que, sans préjudice de l'article 435-11-2, aux articles 435-1 et 435-3 ;

5° Délits de contrebande, d'importation ou d'exportation frauduleuse prévus à l'article 414-2 du code des douanes ;

6° Délits de blanchiment prévus à la section 1ère du chapitre IV du titre II du livre III des délits mentionnés au présent article.

Pour la poursuite de la personne qui s'est rendue coupable sur le territoire français, comme complice, d'une infraction prévue aux 1° à 6° commise à l'étranger et portant atteinte aux intérêts financiers de l'Union européenne mentionnés au premier alinéa du présent article, les conditions prévues à l'article 113-5 ne sont pas applicables.

Titre II : De la responsabilité pénale

Chapitre Ier : Dispositions générales

Article 121-1

Nul n'est responsable pénalement que de son propre fait.

Article 121-2

Les personnes morales, à l'exclusion de l'Etat, sont responsables pénalement, selon les distinctions des articles 121-4 à 121-7, des infractions commises, pour leur compte, par leurs organes ou représentants.

Toutefois, les collectivités territoriales et leurs groupements ne sont responsables pénalement que des infractions commises dans l'exercice d'activités susceptibles de faire l'objet de conventions de délégation de service public.

La responsabilité pénale des personnes morales n'exclut pas celle des personnes physiques auteurs ou complices des mêmes faits, sous réserve des dispositions du quatrième alinéa de l'article 121-3.

Article 121-3

Il n'y a point de crime ou de délit sans intention de le commettre.

Toutefois, lorsque la loi le prévoit, il y a délit en cas de mise en danger délibérée de la personne d'autrui.

Il y a également délit, lorsque la loi le prévoit, en cas de faute d'imprudence, de négligence ou de manquement à une obligation de prudence ou de sécurité prévue par la loi ou le règlement, s'il est établi que l'auteur des faits n'a pas accompli les diligences normales compte tenu, le cas échéant, de la nature de ses missions ou de ses fonctions, de ses compétences ainsi que du pouvoir et des moyens dont il disposait.

Dans le cas prévu par l'alinéa qui précède, les personnes physiques qui n'ont pas causé directement le dommage, mais qui ont créé ou contribué à créer la situation qui a permis la réalisation du dommage ou qui n'ont pas pris les mesures permettant de l'éviter, sont responsables pénalement s'il est établi qu'elles ont, soit violé de façon manifestement délibérée une obligation particulière de prudence ou de sécurité prévue par la loi ou le règlement, soit commis une faute caractérisée et qui exposait autrui à un risque d'une particulière gravité qu'elles ne pouvaient ignorer.

Il n'y a point de contravention en cas de force majeure.

Article 121-4

Est auteur de l'infraction la personne qui :

1° Commet les faits incriminés ;

2° Tente de commettre un crime ou, dans les cas prévus par la loi, un délit.

Article 121-5

La tentative est constituée dès lors que, manifestée par un commencement d'exécution, elle n'a été suspendue ou n'a manqué son effet qu'en raison de circonstances indépendantes de la volonté de son auteur.

Article 121-6

Sera puni comme auteur le complice de l'infraction, au sens de l'article 121-7.

Article 121-7

Est complice d'un crime ou d'un délit la personne qui sciemment, par aide ou assistance, en a facilité la préparation ou la consommation.

Est également complice la personne qui par don, promesse, menace, ordre, abus d'autorité ou de pouvoir aura provoqué à une infraction ou donné des instructions pour la commettre.

Chapitre II : Des causes d'irresponsabilité ou d'atténuation de la responsabilité

Article 122-1

N'est pas pénalement responsable la personne qui était atteinte, au moment des faits, d'un trouble psychique ou neuropsychique ayant aboli son discernement ou le contrôle de ses actes.

La personne qui était atteinte, au moment des faits, d'un trouble psychique ou neuropsychique ayant altéré son discernement ou entravé le contrôle de ses actes demeure punissable. Toutefois, la juridiction tient compte de cette circonstance lorsqu'elle détermine la peine et en fixe le régime. Si est encourue une peine privative de liberté, celle-ci est réduite du tiers ou, en cas de crime puni de la réclusion criminelle ou de la détention criminelle à perpétuité, est ramenée à trente ans. La juridiction peut toutefois, par une décision spécialement motivée en matière correctionnelle, décider de ne pas appliquer cette diminution de peine.

Lorsque, après avis médical, la juridiction considère que la nature du trouble le justifie, elle s'assure que la peine prononcée permette que le condamné fasse l'objet de soins adaptés à son état.

Article 122-1-1

Le premier alinéa de l'article 122-1 n'est pas applicable si l'abolition temporaire du discernement de la personne ou du contrôle de ses actes au moment de la commission d'un crime ou d'un délit résulte de ce que, dans un temps très voisin de l'action, la personne a volontairement consommé des substances psychoactives dans le dessein de commettre l'infraction ou une infraction de même nature ou d'en faciliter la commission.

Article 122-1-2

La diminution de peine prévue au second alinéa de l'article 122-1 n'est pas applicable en cas d'altération temporaire du discernement de la personne ou du contrôle de ses actes au moment de la commission d'un crime ou d'un délit lorsque cette altération résulte d'une consommation volontaire, de façon illicite ou manifestement excessive, de substances psychoactives.

Article 122-2

N'est pas pénalement responsable la personne qui a agi sous l'empire d'une force ou d'une contrainte à laquelle elle n'a pu résister.

Article 122-3

N'est pas pénalement responsable la personne qui justifie avoir cru, par une erreur sur le droit qu'elle n'était pas en mesure d'éviter, pouvoir légitimement accomplir l'acte.

Article 122-4

N'est pas pénalement responsable la personne qui accomplit un acte prescrit ou autorisé par des dispositions législatives ou réglementaires.

N'est pas pénalement responsable la personne qui accomplit un acte commandé par l'autorité légitime, sauf si cet acte est manifestement illégal.

Article 122-5

N'est pas pénalement responsable la personne qui, devant une atteinte injustifiée envers elle-même ou autrui, accomplit, dans le même temps, un acte commandé par la nécessité de la légitime défense d'elle-même ou d'autrui, sauf s'il y a disproportion entre les moyens de défense employés et la gravité de l'atteinte.

N'est pas pénalement responsable la personne qui, pour interrompre l'exécution d'un crime ou d'un délit contre un bien, accomplit un acte de défense, autre qu'un homicide volontaire, lorsque cet acte est strictement nécessaire au but poursuivi dès lors que les moyens employés sont proportionnés à la gravité de l'infraction.

Article 122-6

Est présumé avoir agi en état de légitime défense celui qui accomplit l'acte :

1° Pour repousser, de nuit, l'entrée par effraction, violence ou ruse dans un lieu habité ;

2° Pour se défendre contre les auteurs de vols ou de pillages exécutés avec violence.

Article 122-7

N'est pas pénalement responsable la personne qui, face à un danger actuel ou imminent qui menace elle- même, autrui ou un bien, accomplit un acte nécessaire à la sauvegarde de la personne ou du bien, sauf s'il y a disproportion entre les moyens employés et la gravité de la menace.

Article 122-8

Les mineurs capables de discernement sont pénalement responsables des crimes, délits ou contraventions dont ils ont été reconnus coupables, en tenant compte de l'atténuation de responsabilité dont ils bénéficient en raison de leur âge, dans des conditions fixées par le code de la justice pénale des mineurs.

Article 122-9

N'est pas pénalement responsable la personne qui porte atteinte à un secret protégé par la loi, dès lors que cette divulgation est nécessaire et proportionnée à la sauvegarde des intérêts en cause, qu'elle intervient dans le respect des conditions de signalement définies par la loi et que la personne répond aux critères de définition du lanceur d'alerte prévus à l'article 6 de la loi n° 2016-1691 du 9 décembre 2016 relative à la transparence, à la lutte contre la corruption et à la modernisation de la vie économique.

N'est pas non plus pénalement responsable le lanceur d'alerte qui soustrait, détourne ou recèle les documents ou tout autre support contenant les informations dont il a eu connaissance de manière licite et qu'il signale ou divulgue dans les conditions mentionnées au premier alinéa du présent article.

Le présent article est également applicable au complice de ces infractions.

Titre III : Des peines

Article 130-1

Afin d'assurer la protection de la société, de prévenir la commission de nouvelles infractions et de restaurer l'équilibre social, dans le respect des intérêts de la victime, la peine a pour fonctions :

1° De sanctionner l'auteur de l'infraction ;

2° De favoriser son amendement, son insertion ou sa réinsertion.

Chapitre Ier : De la nature des peines
Section 1 : Des peines applicables aux personnes physiques
Sous-section 1 : Des peines criminelles

Article 131-1

Les peines criminelles encourues par les personnes physiques sont :

1° La réclusion criminelle ou la détention criminelle à perpétuité ;

2° La réclusion criminelle ou la détention criminelle de trente ans au plus ;

3° La réclusion criminelle ou la détention criminelle de vingt ans au plus ;

4° La réclusion criminelle ou la détention criminelle de quinze ans au plus.

La durée de la réclusion criminelle ou de la détention criminelle à temps est de dix ans au moins.

Article 131-2

Les peines de réclusion criminelle ou de détention criminelle ne sont pas exclusives d'une peine d'amende et d'une ou de plusieurs des peines complémentaires prévues à l'article 131-10.

Sous-section 2 : Des peines correctionnelles

Article 131-3

Les peines correctionnelles encourues par les personnes physiques sont :

1° L'emprisonnement ; cet emprisonnement peut faire l'objet d'un sursis, d'un sursis probatoire ou d'un aménagement conformément aux dispositions du chapitre II du présent titre ;

2° La détention à domicile sous surveillance électronique ;

3° Le travail d'intérêt général ;

4° L'amende ;

5° Le jour-amende ;

6° Les peines de stage ;

7° Les peines privatives ou restrictives de droits prévues à l'article 131-6 ;

8° La sanction-réparation.

Ces peines ne sont pas exclusives des peines complémentaires prévues à l'article 131-10.

Article 131-4

L'échelle des peines d'emprisonnement est la suivante :

1° Dix ans au plus ;

2° Sept ans au plus ;

3° Cinq ans au plus ;

4° Trois ans au plus ;

5° Deux ans au plus ;

6° Un an au plus ;

7° Six mois au plus ;

8° Deux mois au plus.

Article 131-4-1

Lorsqu'un délit est puni d'une peine d'emprisonnement, la juridiction peut, à la place de l'emprisonnement, prononcer la peine de détention à domicile sous surveillance électronique pendant une durée comprise entre quinze jours et six mois, sans pouvoir excéder la durée de l'emprisonnement encouru.

Cette peine emporte pour le condamné l'obligation de demeurer dans son domicile ou tout autre lieu désigné par la juridiction ou le juge de l'application des peines et du port d'un dispositif intégrant un émetteur permettant de vérifier le respect de cette première obligation.

Le condamné n'est autorisé à s'absenter de son domicile pendant des périodes déterminées par la juridiction ou le juge de l'application des peines que pour le temps nécessaire à l'exercice d'une activité professionnelle, au suivi d'un enseignement, d'un stage, d'une formation ou d'un traitement médical, à la recherche d'un emploi, à la participation à la vie de famille ou à tout projet d'insertion ou de réinsertion.

La juridiction peut décider que le condamné bénéficiera de mesures d'aide ayant pour objet de seconder ses efforts en vue de son reclassement social.

En cas de non-respect par le condamné de ses obligations, le juge de l'application des peines peut, selon des modalités précisées par le code de procédure pénale, soit limiter ses autorisations d'absence, soit ordonner son emprisonnement pour la durée de la peine restant à exécuter.

La juridiction peut également soumettre le condamné à une ou plusieurs des obligations ou interdictions prévues aux articles 132-44 et 132-45.

Article 131-5

Lorsqu'un délit est puni d'une peine d'emprisonnement, la juridiction peut prononcer une peine de jours- amende consistant pour le condamné à verser au Trésor une somme dont le montant global résulte de la fixation par le juge d'une contribution quotidienne pendant un certain nombre de jours. Le montant de chaque jour-amende est déterminé en tenant compte des ressources et des charges du prévenu ; il ne peut excéder 1 000 euros. Le nombre de jours-amende est déterminé en tenant compte des circonstances de l'infraction ; il ne peut excéder trois cent soixante.

Article 131-5-1

Lorsqu'un délit est puni d'une peine d'emprisonnement, la juridiction peut, à la place ou en même temps que l'emprisonnement, prescrire que le condamné devra accomplir, pendant une durée ne pouvant excéder un mois, un stage dont elle précise la nature, les modalités et le contenu eu égard à la nature du délit et aux circonstances dans lesquelles il a été commis.

Sauf décision contraire de la juridiction, le stage, dont le coût ne peut excéder celui des amendes contraventionnelles de la 3e classe, est effectué aux frais du condamné.

Le stage est exécuté dans un délai de six mois à compter de la date à laquelle la condamnation est définitive, sauf impossibilité résultant du comportement ou de la situation du condamné.

Les stages que peut prononcer la juridiction sont :

1° Le stage de citoyenneté, tendant à l'apprentissage des valeurs de la République et des devoirs du citoyen ;

2° Le stage de sensibilisation à la sécurité routière ;

3° Le stage de sensibilisation aux dangers de l'usage de produits stupéfiants ;

4° Le stage de responsabilisation pour la prévention et la lutte contre les violences au sein du couple et sexistes ;

5° Le stage de sensibilisation à la lutte contre l'achat d'actes sexuels ;

6° Le stage de responsabilité parentale ;

7° Le stage de lutte contre le sexisme et de sensibilisation à l'égalité entre les femmes et les hommes ;

8° Le stage de sensibilisation à la prévention et à la lutte contre la maltraitance animale ;

9° Le stage de sensibilisation au respect des personnes dans l'espace numérique et à la prévention des infractions commises en ligne, dont le cyberharcèlement.

Article 131-6

Lorsqu'un délit est puni d'une peine d'emprisonnement, la juridiction peut prononcer, à la place de l'emprisonnement, une ou plusieurs des peines privatives ou restrictives de liberté suivantes :

1° La suspension, pour une durée de cinq ans au plus, du permis de conduire, cette suspension pouvant être limitée, selon des modalités déterminées par décret en Conseil d'Etat, à la conduite en dehors de l'activité professionnelle ; cette limitation n'est toutefois pas possible en cas de délit pour lequel la suspension du permis de conduire, encourue à titre de peine complémentaire, ne peut pas être limitée à la conduite en dehors de l'activité professionnelle ;

2° L'interdiction de conduire certains véhicules pendant une durée de cinq ans au plus ;

3° L'annulation du permis de conduire avec interdiction de solliciter la délivrance d'un nouveau permis pendant cinq ans au plus ;

4° La confiscation d'un ou de plusieurs véhicules appartenant au condamné ;

5° L'immobilisation, pour une durée d'un an au plus, d'un ou de plusieurs véhicules appartenant au condamné, selon des modalités déterminées par décret en Conseil d'Etat ;

5° bis L'interdiction, pendant une durée de cinq ans au plus, de conduire un véhicule qui ne soit pas équipé, par un professionnel agréé ou par construction, d'un dispositif homologué d'anti-démarrage par éthylotest électronique. Lorsque cette interdiction est prononcée en même temps que la peine d'annulation ou de suspension du permis de conduire, elle s'applique, pour la durée fixée par la juridiction, à l'issue de l'exécution de cette peine ;

6° L'interdiction de détenir ou de porter, pour une durée de cinq ans au plus, une arme soumise à autorisation ;

7° La confiscation d'une ou de plusieurs armes dont le condamné est propriétaire ou dont il a la libre disposition ;

8° Le retrait du permis de chasser avec interdiction de solliciter la délivrance d'un nouveau permis pendant cinq ans au plus ;

9° L'interdiction pour une durée de cinq ans au plus d'émettre des chèques autres que ceux qui permettent le retrait de fonds par le tireur auprès du tiré ou ceux qui sont certifiés et d'utiliser des cartes de paiement ;

10° La confiscation de la chose qui a servi ou était destinée à commettre l'infraction ou de la chose qui en est le produit. Toutefois, cette confiscation ne peut pas être prononcée en matière de délit de presse ;

11° L'interdiction pour une durée de cinq ans au plus d'exercer une activité professionnelle ou sociale dès lors que les facilités que procure cette activité ont été sciemment utilisées pour préparer ou commettre l'infraction. Cette interdiction n'est toutefois pas applicable à l'exercice d'un mandat électif ou de responsabilités syndicales. Elle n'est pas non plus applicable en matière de délit de presse ;

12° L'interdiction, pour une durée de trois ans au plus, de paraître dans certains lieux ou catégories de lieux déterminés par la juridiction et dans lesquels l'infraction a été commise ;

12° bis L'interdiction, pour une durée maximale de six mois, d'utiliser les comptes d'accès à des services de plateforme en ligne définis au 4 du I de l'article 6 de la loi n° 2004-575 du 21 juin 2004 pour la confiance dans l'économie numérique ayant été utilisés pour commettre l'infraction, si la personne a été condamnée pour une infraction mentionnée au II de l'article 131-35-1 du présent code ;

13° L'interdiction, pour une durée de trois ans au plus, de fréquenter certains condamnés spécialement désignés par la juridiction, notamment les auteurs ou complices de l'infraction ;

14° L'interdiction, pour une durée de trois ans au plus, d'entrer en relation avec certaines personnes spécialement désignées par la juridiction, notamment la victime de l'infraction ;

15° L'interdiction, pour une durée de cinq ans au plus, d'exercer une profession commerciale ou industrielle, de diriger, d'administrer, de gérer ou de contrôler à un titre quelconque, directement ou indirectement, pour son propre compte ou pour le compte d'autrui, une entreprise commerciale ou industrielle ou une société commerciale.

Lorsqu'un délit est puni d'une peine d'emprisonnement, la juridiction peut prononcer, à la place de ou en même temps que la peine d'emprisonnement, une ou plusieurs des peines privatives ou restrictives de liberté prévues aux 6°, 7°, 10°, 12°, 12° bis, 13° et 14°.

Article 131-7

Les peines privatives ou restrictives de droits énumérées à l'article 131-6 peuvent également être prononcées, à la place de l'amende, pour les délits qui sont punis seulement d'une peine d'amende.

Article 131-8

Lorsqu'un délit est puni d'une peine d'emprisonnement, la juridiction peut prescrire, à la place de l'emprisonnement, que le condamné accomplira, pour une durée de vingt à quatre cents heures, un travail d'intérêt général non rémunéré au profit soit d'une personne morale de droit public, soit d'une personne morale de droit privé chargée d'une mission de service public ou d'une association habilitées à mettre en oeuvre des travaux d'intérêt général. Ce travail peut également être réalisé au profit d'une personne morale de droit privé remplissant les conditions définies à l'article 1er de la loi n° 2014-856 du 31 juillet 2014 relative à l'économie sociale et solidaire, poursuivant une utilité sociale au sens de l'article 2 de la même loi et habilitée à mettre en œuvre des travaux d'intérêt général, dans des conditions fixées par décret en Conseil d'Etat.

Lorsque le prévenu est présent à l'audience, la peine de travail d'intérêt général ne peut être prononcée si celui-ci la refuse. Le président du tribunal, avant le prononcé du jugement, informe le prévenu de son droit de refuser l'accomplissement d'un travail d'intérêt général et reçoit sa réponse.

Lorsque le prévenu n'est pas présent à l'audience mais y est représenté par son avocat, cette peine peut être prononcée s'il a fait connaître par écrit son accord.

Lorsque le prévenu n'est pas présent à l'audience et n'a pas fait connaître son accord, cette peine ne peut être prononcée que si le tribunal fait application des dispositions du deuxième alinéa de l'article 131-9. Dans ce cas, avant la mise à exécution de la peine de travail d'intérêt général, le juge de l'application des peines informe le condamné de son droit de refuser l'accomplissement d'un travail et reçoit sa réponse. En cas de refus, tout ou partie de l'emprisonnement ou de l'amende fixée par la juridiction peut être mis à exécution, dans les conditions prévues à l'article 712-6 du code de procédure pénale, sous réserve, s'il y a lieu, des possibilités d'aménagement ou de conversion.

Article 131-8-1

Lorsqu'un délit est puni d'une peine d'emprisonnement, la juridiction peut prononcer, à la place ou en même temps que la peine d'emprisonnement, la peine de sanction-réparation. Il en est de même lorsqu'un délit est puni à titre de peine principale d'une seule peine d'amende.

La sanction-réparation consiste dans l'obligation pour le condamné de procéder, dans le délai et selon les modalités fixés par la juridiction, à l'indemnisation du préjudice de la victime.

Avec l'accord de la victime et du prévenu, la réparation peut être exécutée en nature. Elle peut alors consister dans la remise en état d'un bien endommagé à l'occasion de la commission de l'infraction ; cette remise en état est réalisée par le condamné lui-même ou par un professionnel qu'il choisit et dont il rémunère l'intervention.

L'exécution de la réparation est constatée par le procureur de la République ou son délégué.

Lorsqu'elle prononce la peine de sanction-réparation, la juridiction fixe la durée maximum de l'emprisonnement, qui ne peut excéder six mois, ou le montant maximum de l'amende, qui ne peut excéder 15 000 euros, dont le juge de l'application des peines pourra ordonner la mise à exécution en tout ou partie dans les conditions prévues par l'article 712-6 du code de procédure pénale si le condamné ne respecte pas l'obligation de réparation. Si le délit n'est puni que d'une peine d'amende, la juridiction ne fixe que le montant de l'amende, qui ne peut excéder 15 000 euros, qui pourra être mis à exécution. Le président de la juridiction en avertit le condamné après le prononcé de la décision.

Article 131-9

L'emprisonnement ne peut être prononcé cumulativement avec une des peines privatives ou restrictives de droits prévues aux 1°, 2°, 3°, 4°, 5°, 5° bis, 8°, 9°, 11° et 15° de l'article 131-6 ni avec la peine de travail d'intérêt général.

Lorsqu'elle prononce une peine de travail d'intérêt général prévue à l'article 131-8, la juridiction fixe la durée maximum de l'emprisonnement ou le montant maximum de l'amende dont le juge de l'application des peines pourra ordonner la mise à exécution en tout ou partie, dans des conditions prévues par l'article 712-6 du code de procédure pénale, si le condamné ne respecte pas les obligations ou interdictions résultant de la ou des peines prononcées. Le président de la juridiction en avertit le condamné après le prononcé de la décision.

L'emprisonnement ou l'amende que fixe la juridiction ne peuvent excéder les peines encourues pour le délit pour lequel la condamnation est prononcée ni celles prévues par l'article 434-41 du présent code. Lorsqu'il est fait application des dispositions du présent alinéa, les dispositions de l'article 434-41 ne sont alors pas applicables. Lorsqu'elle prononce une ou plusieurs des peines prévues aux articles 131-5-1 et 131-6, la juridiction de jugement peut, dans les mêmes conditions, faire application du présent alinéa. ;

La peine de jours-amende ne peut être prononcée cumulativement avec la peine d'amende.

Sous-section 3 : Des peines complémentaires encourues pour certains crimes ou délits

Article 131-10

Lorsque la loi le prévoit, un crime ou un délit peut être sanctionné d'une ou de plusieurs peines complémentaires qui, frappant les personnes physiques, emportent interdiction, déchéance, incapacité ou retrait d'un droit, injonction de soins ou obligation de faire, immobilisation ou confiscation d'un objet, confiscation d'un animal, fermeture d'un établissement ou affichage de la décision prononcée ou diffusion de celle-ci soit par la presse écrite, soit par tout moyen de communication au public par voie électronique.

Article 131-11

Lorsqu'un délit est puni d'une ou de plusieurs des peines complémentaires mentionnées à l'article 131-10, la juridiction peut ne prononcer que la peine complémentaire ou l'une ou plusieurs des peines complémentaires encourues à titre de peine principale.

La juridiction peut alors fixer la durée maximum de l'emprisonnement ou le montant maximum de l'amende dont le juge de l'application des peines pourra ordonner la mise à exécution en tout ou partie, dans des conditions prévues par l'article 712-6 du code de procédure pénale, en cas de violation par le condamné des obligations ou interdictions résultant des peines prononcées en application des dispositions du présent article.

Le président de la juridiction en avertit le condamné après le prononcé de la décision. L'emprisonnement ou l'amende que fixe la juridiction ne peuvent excéder les peines encourues pour le délit pour lequel la condamnation est prononcée, ni celles prévues par l'article 434-41 du présent code. Lorsqu'il est fait application des dispositions du présent alinéa, les dispositions de l'article 434-41 ne sont pas applicables.

Sous-section 4 : Des peines contraventionnelles

Article 131-12

Les peines contraventionnelles encourues par les personnes physiques sont :

1° L'amende ;

2° Les peines privatives ou restrictives de droits prévues à l'article 131-14 ;

3° La peine de sanction-réparation prévue par l'article 131-15-1.

Ces peines ne sont pas exclusives d'une ou de plusieurs des peines complémentaires prévues aux articles 131-16 et 131-17.

Article 131-13

Constituent des contraventions les infractions que la loi punit d'une amende n'excédant pas 3 000 euros. Le montant de l'amende est le suivant :

1° 38 euros au plus pour les contraventions de la 1re classe ;

2° 150 euros au plus pour les contraventions de la 2e classe ;

3° 450 euros au plus pour les contraventions de la 3e classe ;

4° 750 euros au plus pour les contraventions de la 4e classe ;

5° 1 500 euros au plus pour les contraventions de la 5e classe, montant qui peut être porté à 3 000 euros en cas de récidive lorsque le règlement le prévoit, hors les cas où la loi prévoit que la récidive de la contravention constitue un délit.

Article 131-14

Pour toutes les contraventions de la 5e classe, une ou plusieurs des peines privatives ou restrictives de droits suivantes peuvent être prononcées :

1° La suspension, pour une durée d'un an au plus, du permis de conduire, cette suspension pouvant être limitée à la conduite en dehors de l'activité professionnelle ; cette limitation n'est toutefois pas possible en cas de contravention pour laquelle la suspension du permis de conduire, encourue à titre de peine complémentaire, ne peut pas être limitée à la conduite en dehors de l'activité professionnelle ;

2° L'immobilisation, pour une durée de six mois au plus, d'un ou de plusieurs véhicules appartenant au condamné ;

3° La confiscation d'une ou de plusieurs armes dont le condamné est propriétaire ou dont il a la libre disposition ;

4° Le retrait du permis de chasser, avec interdiction de solliciter la délivrance d'un nouveau permis pendant un an au plus ;

5° L'interdiction, pour une durée d'un an au plus, d'émettre des chèques autres que ceux qui permettent le retrait de fonds par le tireur auprès du tiré ou ceux qui sont certifiés et d'utiliser des cartes de paiement ;

6° La confiscation de la chose qui a servi ou était destinée à commettre l'infraction ou de la chose qui en est le produit. Toutefois, cette confiscation ne peut pas être prononcée en matière de délit de presse.

Article 131-15

La peine d'amende ne peut être prononcée cumulativement avec une des peines privatives ou restrictives de droits énumérées à l'article 131-14.

Les peines privatives ou restrictives de droits énumérées à cet article peuvent être prononcées cumulativement.

Article 131-15-1

Pour toutes les contraventions de la 5e classe, la juridiction peut prononcer à la place ou en même temps que la peine d'amende la peine de sanction-réparation selon les modalités prévues par l'article 131-8-1.

Dans ce cas, la juridiction fixe le montant maximum de l'amende, qui ne peut excéder 1 500 euros, dont le juge de l'application des peines pourra ordonner la mise à exécution en tout ou partie dans les conditions prévues par l'article 712-6 du code de procédure pénale si le condamné ne respecte pas l'obligation de réparation.

Article 131-16

Le règlement qui réprime une contravention peut prévoir, lorsque le coupable est une personne physique, une ou plusieurs des peines complémentaires suivantes :

1° La suspension, pour une durée de trois ans au plus, du permis de conduire, cette suspension pouvant être limitée à la conduite en dehors de l'activité professionnelle sauf si le règlement exclut expressément cette limitation ;

2° L'interdiction de détenir ou de porter, pour une durée de trois ans au plus, une arme soumise à autorisation ;

3° La confiscation d'une ou de plusieurs armes dont le condamné est propriétaire ou dont il a la libre disposition ;

4° Le retrait du permis de chasser, avec interdiction de solliciter la délivrance d'un nouveau permis pendant trois ans au plus ;

5° La confiscation de la chose qui a servi ou était destinée à commettre l'infraction ou de la chose qui en est le produit ;

6° L'interdiction de conduire certains véhicules terrestres à moteur, y compris ceux pour la conduite desquels le permis de conduire n'est pas exigé, pour une durée de trois ans au plus ;

7° Les peines de stage prévues à l'article 131-5-1 ;

8° La confiscation de l'animal ayant été utilisé pour commettre l'infraction ou à l'encontre duquel l'infraction a été commise ;

9° L'interdiction, pour une durée de trois ans au plus, de détenir un animal ;

10° Le retrait pour une durée d'un an au plus des titres de conduite en mer des navires de plaisance à moteur et, à l'encontre de toute personne embarquée sur un navire étranger, l'interdiction pour un an au plus de pratiquer la navigation dans les eaux territoriales ou les eaux intérieures maritimes françaises.

Article 131-17

Le règlement qui réprime une contravention de la 5e classe peut en outre prévoir la peine complémentaire d'interdiction, pour une durée de trois ans au plus, d'émettre des chèques autres que ceux qui permettent le retrait de fonds par le tireur auprès du tiré ou ceux qui sont certifiés.

Le règlement qui réprime une contravention de la 5e classe peut également prévoir, à titre de peine complémentaire, la peine de travail d'intérêt général pour une durée de vingt à cent vingt heures.

Article 131-18

Lorsqu'une contravention est punie d'une ou de plusieurs des peines complémentaires mentionnées aux articles 131-16 et 131-17, la juridiction peut ne prononcer que la peine complémentaire ou l'une ou plusieurs des peines complémentaires encourues.

Sous-section 5 : Du contenu et des modalités d'application de certaines peines

Article 131-19

L'interdiction d'émettre des chèques emporte pour le condamné injonction d'avoir à restituer au banquier qui les avait délivrées les formules en sa possession et en celle de ses mandataires.

Lorsque cette interdiction est encourue à titre de peine complémentaire pour un crime ou un délit, elle ne peut excéder une durée de cinq ans.

Article 131-20

L'interdiction d'utiliser des cartes de paiement comporte pour le condamné injonction d'avoir à restituer au banquier qui les avait délivrées les cartes en sa possession et en celle de ses mandataires.

Lorsque cette interdiction est encourue à titre de peine complémentaire pour un crime ou un délit, elle ne peut excéder une durée de cinq ans.

Article 131-21

La peine complémentaire de confiscation est encourue dans les cas prévus par la loi ou le règlement. Elle est également encourue de plein droit pour les crimes et pour les délits punis d'une peine d'emprisonnement d'une durée supérieure à un an, à l'exception des délits de presse.

Sous réserve du treizième alinéa, la confiscation porte sur tous les biens meubles ou immeubles, quelle qu'en soit la nature, divis ou indivis, ayant servi à commettre l'infraction ou qui étaient destinés à la commettre, et dont le condamné est propriétaire ou, sous réserve des droits du propriétaire de bonne foi, dont il a la libre disposition. Lorsqu'une infraction pour laquelle la peine de confiscation est encourue a été commise en utilisant un service de communication au public en ligne, l'instrument utilisé pour avoir accès à ce service est considéré comme un bien meuble ayant servi à commettre l'infraction et peut être confisqué. Au cours de l'enquête ou de l'instruction, il peut être saisi dans les conditions prévues au code de procédure pénale.

Sous réserve du treizième alinéa, la confiscation porte également sur tous les biens qui sont l'objet ou le produit direct ou indirect de l'infraction, à l'exception des biens susceptibles de restitution à la victime. Si le produit de l'infraction a été mêlé à des fonds d'origine licite pour l'acquisition d'un ou plusieurs biens, la confiscation peut ne porter sur ces biens qu'à concurrence de la valeur estimée de ce produit.

Sous les mêmes réserves et sous réserve des droits du propriétaire de bonne foi, la confiscation des biens ayant été saisis au cours de la procédure est obligatoire lorsqu'ils ont servi à commettre l'infraction, lorsqu'ils étaient destinés à la commettre ou lorsqu'ils sont l'objet ou le produit direct ou indirect de l'infraction. Cette confiscation n'a pas à être motivée. Toutefois, la juridiction peut, par une décision spécialement motivée, décider de ne pas prononcer la confiscation de tout ou partie des biens mentionnés au présent alinéa, en considération des circonstances de l'infraction et de la personnalité de son auteur.

Sous les mêmes réserves, la confiscation peut en outre porter sur tout bien meuble ou immeuble défini par la loi ou le règlement qui réprime l'infraction.

Sous les mêmes réserves, s'il s'agit d'un crime ou d'un délit puni d'au moins cinq ans d'emprisonnement et ayant procuré un profit direct ou indirect, la confiscation porte également sur les biens meubles ou immeubles, quelle qu'en soit la nature, divis ou indivis, appartenant au condamné ou, sous réserve des droits du propriétaire de bonne foi, dont il a la libre disposition, lorsque ni le condamné, ni le propriétaire, mis en mesure de s'expliquer sur les biens dont la confiscation est envisagée, n'ont pu en justifier l'origine.

Sous réserve du treizième alinéa, lorsque la loi qui réprime le crime ou le délit le prévoit, la confiscation peut aussi porter sur tout ou partie des biens appartenant au condamné ou, sous réserve des droits du propriétaire de bonne foi, dont il a la libre disposition, quelle qu'en soit la nature, meubles ou immeubles, divis ou indivis.

La confiscation est obligatoire pour les objets qualifiés de dangereux ou nuisibles par la loi ou le règlement, ou dont la détention est illicite, que ces biens soient ou non la propriété du condamné.

Sous réserve du treizième alinéa, la peine complémentaire de confiscation s'applique dans les mêmes conditions à tous les droits incorporels, quelle qu'en soit la nature, divis ou indivis.

Sous les mêmes réserves, la confiscation peut être ordonnée en valeur. La confiscation en valeur peut être exécutée sur tous biens, quelle qu'en soit la nature, appartenant au condamné ou, sous réserve des droits du propriétaire de bonne foi, dont il a la libre disposition. Pour le recouvrement de la somme représentative de la valeur de la chose confisquée, les dispositions relatives à la contrainte judiciaire sont applicables.

La chose confisquée est, sauf disposition particulière prévoyant sa destruction ou son attribution, dévolue à l'Etat, mais elle demeure grevée, à concurrence de sa valeur, des droits réels licitement constitués au profit de tiers.

Lorsque la chose confisquée est un véhicule qui n'a pas été saisi ou mis en fourrière au cours de la procédure, le condamné doit, sur l'injonction qui lui en est faite par le ministère public, remettre ce véhicule au service ou à l'organisme chargé de sa destruction ou de son aliénation.

Hors le cas mentionné au huitième alinéa, lorsque la peine de confiscation porte sur des biens sur lesquels toute personne autre que le condamné dispose d'un droit de propriété, elle ne peut être prononcée si cette personne dont le titre est connu ou qui a réclamé cette qualité au cours de la procédure n'a pas été mise en mesure de présenter ses observations sur la mesure de confiscation envisagée par la juridiction de jugement aux fins, notamment, de faire valoir le droit qu'elle revendique et sa bonne foi.

Les décisions de confiscation sont communiquées par tout moyen à l'Agence de gestion et de recouvrement des avoirs saisis et confisqués mentionnée à l'article 706-159 du code de procédure pénale.

La décision définitive de confiscation d'un bien immobilier constitue un titre d'expulsion à l'encontre de la personne condamnée et de tout occupant de son chef. N'est pas considérée comme occupant du chef du condamné la personne de bonne foi titulaire d'une convention d'occupation ou de louage d'ouvrage à titre onéreux portant sur tout ou partie du bien confisqué, [Dispositions déclarées non conformes à la Constitution par la décision du Conseil constitutionnel n° 2024-869 DC du 20 juin 2024].

Article 131-21-1

Lorsqu'elle est encourue comme peine complémentaire, la confiscation d'un animal ou d'une catégorie d'animal concerne l'animal qui a été utilisé pour commettre ou tenter de commettre l'infraction ou à l'encontre duquel l'infraction a été commise.

Elle concerne également les animaux dont le condamné est propriétaire ou dont il a la libre disposition, si ces animaux étaient susceptibles d'être utilisés pour commettre l'infraction ou si l'infraction aurait pu être commise à leur encontre.

La juridiction qui prononce la confiscation de l'animal prévoit qu'il sera remis à une fondation ou à une association de protection animale reconnue d'utilité publique ou déclarée, qui pourra librement en disposer.

Si l'animal n'a pas été placé en cours de procédure, le condamné doit, sur injonction qui lui est faite par le ministère public, le remettre à l'organisme visé à l'alinéa précédent. Les dispositions du cinquième alinéa de l'article 131-21 sont également applicables.

Lorsque l'animal a été placé en cours de procédure, la juridiction qui ordonne sa confiscation peut mettre les frais de placement à la charge du condamné.

Lorsqu'il s'agit d'un animal dangereux, la juridiction peut ordonner qu'il soit procédé à son euthanasie, le cas échéant aux frais du condamné.

Article 131-21-2

Lorsqu'elle est encourue à titre de peine complémentaire, l'interdiction de détenir un animal peut être limitée à certains animaux ou certaines catégories d'animaux.

Lorsqu'elle est encourue pour un crime ou un délit, cette interdiction est soit définitive, soit temporaire ; dans ce dernier cas, elle ne peut excéder une durée de cinq ans.

Article 131-22

La juridiction qui prononce la peine de travail d'intérêt général fixe le délai pendant lequel le travail d'intérêt général doit être accompli dans la limite de dix-huit mois. Le délai prend fin dès l'accomplissement de la totalité du travail d'intérêt général ; il peut être suspendu provisoirement pour motif grave d'ordre médical, familial, professionnel ou social. Ce délai est suspendu pendant le temps où le condamné est assigné à résidence avec surveillance électronique, est placé en détention provisoire, exécute une peine privative de liberté ou accomplit les obligations du service national. Toutefois, le travail d'intérêt général peut être exécuté en même temps qu'une assignation à résidence avec surveillance électronique, qu'un placement à l'extérieur, qu'une semi-liberté ou qu'un placement sous surveillance électronique.

La suspension du délai prévu au premier alinéa est décidée par le juge de l'application des peines dans les modalités d'exécution de l'obligation d'accomplir un travail d'intérêt général et la suspension du délai prévu à l'alinéa précédent sont décidées par le juge de l'application des peines dans le ressort duquel le condamné a sa résidence habituelle ou, s'il n'a pas en France sa résidence habituelle, par le juge de l'application des peines du tribunal qui a statué en première instance.

Le directeur du service pénitentiaire d'insertion et de probation ou son représentant est compétent pour décider des modalités d'exécution de l'obligation d'accomplir un travail d'intérêt général, sauf si le juge de l'application des peines décide d'exercer cette compétence. Le poste de travail choisi par le directeur du service pénitentiaire d'insertion et de probation, son représentant ou le juge de l'application des peines doit être adapté à la situation de la personne condamnée et de nature à favoriser sa réinsertion sociale et professionnelle.

Lorsque la personne a été condamnée pour un délit prévu par le code de la route ou sur le fondement des articles 221-6-1,221-18,221-19,221-20,222-19-1,222-20-1 et 434-10, elle accomplit de préférence la peine de travail d'intérêt général dans un des établissements spécialisés dans l'accueil des blessés de la route.

Au cours du délai prévu par le présent article, le condamné doit satisfaire aux mesures de contrôle déterminées à l'article 132-44.

Article 131-23

Le travail d'intérêt général est soumis aux prescriptions législatives et réglementaires relatives au travail de nuit, à l'hygiène, à la sécurité ainsi qu'au travail des femmes et des jeunes travailleurs. Le travail d'intérêt général peut se cumuler avec l'exercice de l'activité professionnelle.

Article 131-24

L'Etat répond du dommage ou de la part du dommage qui est causé à autrui par un condamné et qui résulte directement de l'application d'une décision comportant l'obligation d'accomplir un travail d'intérêt général.

L'Etat est subrogé de plein droit dans les droits de la victime.

L'action en responsabilité et l'action récursoire sont portées devant les tribunaux de l'ordre judiciaire.

Article 131-25

En cas de condamnation à une peine de jours-amende, le montant global est exigible à l'expiration du délai correspondant au nombre de jours-amende prononcés.

Sous réserve des dispositions de l'article 747-1-1 du code de procédure pénale, le défaut total ou partiel du paiement de ce montant entraîne l'incarcération du condamné pour une durée correspondant au nombre de jours-amende impayés. Il est procédé comme en matière de contrainte judiciaire. La détention ainsi subie est soumise au régime des peines d'emprisonnement.

Article 131-26

L'interdiction des droits civiques, civils et de famille porte sur :

1° Le droit de vote ;

2° L'éligibilité ;

3° Le droit d'exercer une fonction juridictionnelle ou d'être expert devant une juridiction, de représenter ou d'assister une partie devant la justice ;

4° Le droit de témoigner en justice autrement que pour y faire de simples déclarations ;

5° Le droit d'être tuteur ou curateur ; cette interdiction n'exclut pas le droit, après avis conforme du juge des tutelles, le conseil de famille entendu, d'être tuteur ou curateur de ses propres enfants.

L'interdiction des droits civiques, civils et de famille ne peut excéder une durée de dix ans en cas de condamnation pour crime et une durée de cinq ans en cas de condamnation pour délit.

La juridiction peut prononcer l'interdiction de tout ou partie de ces droits.

L'interdiction du droit de vote ou l'inéligibilité prononcées en application du présent article emportent interdiction ou incapacité d'exercer une fonction publique.

Article 131-26-1

Dans les cas prévus par la loi et par dérogation au septième alinéa de l'article 131-26, la peine d'inéligibilité mentionnée au 2° du même article peut être prononcée pour une durée de dix ans au plus à l'encontre d'une personne exerçant une fonction de membre du Gouvernement ou un mandat électif public au moment des faits.

Article 131-26-2

I. – Le prononcé de la peine complémentaire d'inéligibilité mentionnée au 2° de l'article 131-26 et à l'article 131-26-1 est obligatoire à l'encontre de toute personne coupable d'un délit mentionné au II du présent article ou d'un crime.

Cette condamnation est mentionnée au bulletin n° 2 du casier judiciaire prévu à l'article 775 du code de procédure pénale pendant toute la durée de l'inéligibilité.

II. – Les délits pour lesquels l'inéligibilité est obligatoirement prononcée sont les suivants :

1° Les délits prévus aux articles 222-9,222-11,222-12,222-14,222-14-1,222-14-4,222-14-5,222-15,222-15-1 et 222-27 à 222-33-2-2 du présent code ;

2° Les délits prévus aux articles 225-1 à 225-2 ;

3° Les délits prévus aux articles 313-1,313-2 et 314-1 à 314-3, ainsi que leur recel ou leur blanchiment ;

4° Les délits prévus au chapitre Ier du titre II du livre IV ;

5° Les délits prévus aux articles 432-10 à 432-15,433-1 et 433-2,434-9,434-9-1,434-43-1,435-1 à 435-10 et 445-1 à 445-2-1, ainsi que leur recel ou leur blanchiment ;

6° Les délits prévus aux articles 441-2 à 441-6, ainsi que leur recel ou leur blanchiment ;

7° Les délits prévus aux articles L. 86 à L. 88-1, L. 91 à L. 104, L. 106 à L. 109, L. 111, L. 113 et L. 116 du code électoral ;

8° Les délits prévus aux articles 1741 et 1743 du code général des impôts, lorsqu'ils sont commis en bande organisée ou lorsqu'ils résultent de l'un des comportements mentionnés aux 1° à 5° du II de l'article L. 228 du livre des procédures fiscales, ainsi que leur recel ou leur blanchiment ;

9° Les délits prévus aux articles L. 465-1 à L. 465-3-3 du code monétaire et financier, ainsi que leur recel ou leur blanchiment ;

10° Les délits prévus aux articles L. 241-3 et L. 242-6 du code de commerce, ainsi que leur recel ou leur blanchiment ;

11° Les délits prévus à l'article L. 113-1 du code électoral et à l'article 11-5 de la loi n° 88-227 du 11 mars 1988 relative à la transparence financière de la vie politique ;

12° Les délits prévus au I de l'article LO 135-1 du code électoral et à l'article 26 de la loi n° 2013-907 du 11 octobre 2013 relative à la transparence de la vie publique ;

[Dispositions déclarées non conformes à la Constitution par la décision n° 2017-752 DC du 8 septembre 2017.]

14° Le délit de participation à une association de malfaiteurs prévu à l'article 450-1 du présent code ainsi que le délit de concours à une organisation criminelle prévu à l'article 450-1-1, lorsque l'association de malfaiteurs ou l'organisation criminelle a pour objet la préparation d'un crime ou d'un délit mentionné aux 1° à 13° du présent II.

III. – Toutefois, la juridiction peut, par une décision spécialement motivée, décider de ne pas prononcer la peine prévue par le présent article, en considération des circonstances de l'infraction et de la personnalité de son auteur.

Article 131-27

Lorsqu'elle est encourue à titre de peine complémentaire pour un crime ou un délit, l'interdiction d'exercer une fonction publique ou d'exercer une activité professionnelle ou sociale est soit définitive, soit temporaire ; dans ce dernier cas, elle ne peut excéder une durée de cinq ans.

L'interdiction d'exercer une profession commerciale ou industrielle, de diriger, d'administrer, de gérer ou de contrôler à un titre quelconque, directement ou indirectement, pour son propre compte ou pour le compte d'autrui, une entreprise commerciale ou industrielle ou une société commerciale est soit définitive, soit temporaire ; dans ce dernier cas, elle ne peut excéder une durée de quinze ans.

Cette interdiction n'est pas applicable à l'exercice d'un mandat électif ou de responsabilités syndicales. Elle n'est pas non plus applicable en matière de délit de presse.

Article 131-28

L'interdiction d'exercer une activité professionnelle ou sociale peut porter soit sur l'activité professionnelle ou sociale dans l'exercice de laquelle ou à l'occasion de laquelle l'infraction a été commise, soit sur toute autre activité professionnelle ou sociale définie par la loi qui réprime l'infraction.

Article 131-29

Lorsque l'interdiction d'exercer tout ou partie des droits énumérés à l'article 131-26, ou l'interdiction d'exercer une fonction publique ou une activité professionnelle ou sociale, accompagne une peine privative de liberté sans sursis, elle s'applique dès le commencement de cette peine et son exécution se poursuit, pour la durée fixée par la décision de condamnation, à compter du jour où la privation de liberté a pris fin.

Article 131-30

La peine d'interdiction du territoire français peut être prononcée, à titre définitif ou pour une durée de dix ans au plus, à l'encontre de tout étranger coupable d'un crime, d'un délit puni d'une peine d'emprisonnement d'une durée supérieure ou égale à trois ans ou d'un délit pour lequel la peine d'interdiction du territoire français est prévue par la loi. Sans préjudice de l'article 131-30-2, la juridiction tient compte de la durée de la présence de l'étranger sur le territoire français ainsi que de la nature, de l'ancienneté et de l'intensité de ses liens avec la France pour décider de prononcer l'interdiction du territoire français.

L'interdiction du territoire entraîne de plein droit la reconduite du condamné à la frontière, le cas échéant, à l'expiration de sa peine d'emprisonnement ou de réclusion.

Lorsque l'interdiction du territoire accompagne une peine privative de liberté sans sursis, son application est suspendue pendant le délai d'exécution de la peine. Elle reprend à compter du jour où la privation de liberté a pris fin.

La peine d'interdiction du territoire français cesse ses effets à l'expiration de la durée fixée par la décision de condamnation. Cette durée court à compter de la date à laquelle le condamné a quitté le territoire français, constatée selon des modalités déterminées par décret en Conseil d'Etat.

L'interdiction du territoire français prononcée en même temps qu'une peine d'emprisonnement ne fait pas obstacle à ce que cette peine fasse l'objet, aux fins de préparation d'une demande en relèvement, de mesures de semi-liberté, de placement à l'extérieur, de détention à domicile sous surveillance électronique ou de permissions de sortir.

Article 131-30-2

La peine d'interdiction du territoire français ne peut être prononcée lorsqu'est en cause :

1° Un étranger qui justifie par tous moyens résider en France habituellement depuis qu'il a atteint au plus l'âge de treize ans ;

2° Un étranger qui réside régulièrement en France depuis plus de vingt ans ;

3° Un étranger qui réside régulièrement en France depuis plus de dix ans et qui, ne vivant pas en état de polygamie, est marié depuis au moins quatre ans avec un ressortissant français ayant conservé la nationalité française, à condition que ce mariage soit antérieur aux faits ayant entraîné sa condamnation et que la communauté de vie n'ait pas cessé depuis le mariage ou, sous les mêmes conditions, avec un ressortissant étranger relevant du 1° ;

4° Un étranger qui réside régulièrement en France depuis plus de dix ans et qui, ne vivant pas en état de polygamie, est père ou mère d'un enfant français mineur résidant en France, à condition qu'il établisse contribuer effectivement à l'entretien et à l'éducation de l'enfant dans les conditions prévues par l'article 371-2 du code civil depuis la naissance de celui-ci ou depuis au moins un an ;

5° Un étranger qui réside en France sous couvert du titre de séjour prévu à l'article L. 425-9 du code de l'entrée et du séjour des étrangers et du droit d'asile.

Les dispositions prévues aux 1° à 5° du présent article ne sont toutefois pas applicables lorsque les faits à l'origine de la condamnation ont été commis à l'encontre du conjoint, d'un ascendant ou des enfants de l'étranger ou de tout enfant sur lequel il exerce l'autorité parentale.

Les dispositions du présent article ne sont pas applicables aux atteintes aux intérêts fondamentaux de la nation prévus par les chapitres Ier, II et IV du titre Ier du livre IV et par les articles 413-1 à 413-4,413-10 et 413-11, ni aux actes de terrorisme prévus par le titre II du livre IV, ni aux infractions en matière de groupes de combat et de mouvements dissous prévues par les articles 431-14 à 431-17, ni aux infractions en matière de fausse monnaie prévues aux articles 442-1 à 442-4, ni aux délits de provocation à la discrimination, à la haine ou à la violence contre une personne déterminée ou un groupe de personnes prévus aux septième et huitième alinéas de l'article 24 de la loi du 29 juillet 1881 sur la liberté de la presse, ni aux crimes, ni aux délits punis d'au moins cinq ans d'emprisonnement, ni aux délits commis en réitération et punis d'au moins trois ans d'emprisonnement.

La décision est spécialement motivée au regard de la gravité de l'infraction et de la situation personnelle et familiale de l'étranger dans ces cas.

Article 131-30-3

Sans préjudice de l'article 131-30-2, l'interdiction du territoire français est prononcée par la juridiction de jugement dans les conditions prévues à l'article 131-30, soit à titre définitif, soit pour une durée de dix ans au plus, à l'encontre de tout étranger coupable de l'une des infractions définies aux articles 222-34 à 222-38.

Toutefois, la juridiction peut, par une décision spécialement motivée, décider de ne pas prononcer ces peines, en considération des circonstances de l'infraction et de la personnalité de son auteur.

Article 131-31

La peine d'interdiction de séjour emporte défense de paraître dans certains lieux déterminés par la juridiction. Elle comporte, en outre, des mesures de surveillance et d'assistance. La liste des lieux interdits ainsi que les mesures de surveillance et d'assistance peuvent être modifiées par le juge de l'application des peines, dans les conditions fixées par le code de procédure pénale.

L'interdiction de séjour ne peut excéder une durée de dix ans en cas de condamnation pour crime et une durée de cinq ans en cas de condamnation pour délit.

Article 131-32

Lorsque l'interdiction de séjour accompagne une peine privative de liberté sans sursis, elle s'applique dès le commencement de cette peine et son exécution se poursuit, pour la durée fixée par la décision de condamnation, à compter du jour où la privation de liberté a pris fin.

Toute détention intervenue au cours de l'interdiction de séjour s'impute sur la durée de celle-ci.

Sous réserve de l'application de l'article 763 du code de procédure pénale, l'interdiction de séjour cesse de plein droit lorsque le condamné atteint l'âge de soixante-cinq ans.

Article 131-32-1

La peine d'interdiction de participer à des manifestations sur la voie publique, qui ne peut excéder une durée de trois ans, emporte défense de manifester sur la voie publique dans certains lieux déterminés par la juridiction.

Si la peine d'interdiction de participer à des manifestations sur la voie publique accompagne une peine privative de liberté sans sursis, elle s'applique à compter du jour où la privation de liberté a pris fin.

Article 131-33

La peine de fermeture d'un établissement emporte l'interdiction d'exercer dans celui-ci l'activité à l'occasion de laquelle l'infraction a été commise.

Article 131-34

La peine d'exclusion des marchés publics emporte l'interdiction de participer, directement ou indirectement, à tout marché conclu par l'Etat et ses établissements publics, les collectivités territoriales, leurs groupements et leurs établissements publics, ainsi que par les entreprises concédées ou contrôlées par l'Etat ou par les collectivités territoriales ou leurs groupements.

Article 131-35

La peine d'affichage de la décision prononcée ou de diffusion de celle-ci est à la charge du condamné. Les frais d'affichage ou de diffusion recouvrés contre ce dernier ne peuvent toutefois excéder le maximum de l'amende encourue.

La juridiction peut ordonner l'affichage ou la diffusion de l'intégralité ou d'une partie de la décision, ou d'un communiqué informant le public des motifs et du dispositif de celle-ci. Elle détermine, le cas échéant, les extraits de la décision et les termes du communiqué qui devront être affichés ou diffusés.

L'affichage ou la diffusion de la décision ou du communiqué ne peut comporter l'identité de la victime qu'avec son accord ou celui de son représentant légal ou de ses ayants droit.

La peine d'affichage s'exécute dans les lieux et pour la durée indiqués par la juridiction ; sauf disposition contraire de la loi qui réprime l'infraction, l'affichage ne peut excéder deux mois. En cas de suppression, dissimulation ou lacération des affiches apposées, il est de nouveau procédé à l'affichage aux frais de la personne reconnue coupable de ces faits.

La diffusion de la décision est faite par le Journal officiel de la République française, par une ou plusieurs autres publications de presse, ou par un ou plusieurs services de communication au public par voie électronique. Les publications ou les services de communication au public par voie électronique chargés de cette diffusion sont désignés par la juridiction. Ils ne peuvent s'opposer à cette diffusion. L'affichage et la diffusion peuvent être ordonnés cumulativement.

Article 131-35-1

I.-Pour les délits mentionnés au II, le tribunal peut ordonner à titre de peine complémentaire la suspension des comptes d'accès à des services en ligne ayant été utilisés pour commettre l'infraction. Le présent alinéa s'applique aux comptes d'accès aux services de plateforme en ligne définis au 4 du I de l'article 6 de la loi n° 2004-575 du 21 juin 2004 pour la confiance dans l'économie numérique.

La suspension est prononcée pour une durée maximale de six mois ; cette durée est portée à un an lorsque la personne est en état de récidive légale.

Pendant l'exécution de la peine, il est interdit à la personne condamnée d'utiliser les comptes d'accès aux services de plateforme en ligne ayant fait l'objet de la suspension ainsi que de créer de nouveaux comptes d'accès à ces mêmes services.

La décision de condamnation mentionnée au premier alinéa du présent I est signifiée aux fournisseurs de services concernés. A compter de cette signification et pour la durée d'exécution de la peine complémentaire, ces derniers procèdent au blocage des comptes faisant l'objet d'une suspension et peuvent mettre en œuvre, dans le respect de la loi n° 78-17 du 6 janvier 1978 relative à l'informatique, aux fichiers et aux libertés, des mesures strictement nécessaires et proportionnées permettant de procéder au blocage des autres comptes d'accès à leur service éventuellement détenus par la personne condamnée et d'empêcher la création de nouveaux comptes par la même personne.

Le fait, pour le fournisseur, de ne pas procéder au blocage des comptes faisant l'objet d'une suspension est puni de 75 000 euros d'amende.

Pour l'exécution de la peine complémentaire mentionnée au premier alinéa du présent I et par dérogation au troisième alinéa de l'article 702-1 du code de procédure pénale, la première demande de relèvement de cette peine peut être portée par la personne condamnée devant la juridiction compétente à l'expiration d'un délai de trois mois à compter de la décision initiale de condamnation.

II.-Les délits pour lesquels la peine complémentaire mentionnée au I du présent article est encourue sont :

1° Les délits prévus aux articles 222-33,222-33-2,222-33-2-1,222-33-2-2 et 222-33-2-3 et au deuxième alinéa de l'article 222-33-3 ;

2° Les délits prévus aux articles 225-4-13,225-5 et 225-6 ;

3° Les délits prévus aux articles 226-1 à 226-2-1,226-4-1,226-8 et 226-8-1 ;

4° Les délits prévus aux articles 227-22 à 227-24 ;

5° Le délit prévu à l'article 223-1-1 ;

6° Les délits de provocation prévus aux articles 211-2,223-13,227-18 à 227-21 et 412-8 et au deuxième alinéa de l'article 431-6 ;

7° Les délits prévus aux articles 413-13 et 413-14 ; 8° Le délit prévu à l'article 421-2-5 ;

9° Les délits prévus aux articles 431-1,433-3 et 433-3-1 ; 10° Le délit prévu à l'article 223-15-2 ;

11° Les délits prévus aux articles 24 et 24 bis, aux deuxième et troisième alinéas de l'article 32 et aux troisième et quatrième alinéas de l'article 33 de la loi du 29 juillet 1881 sur la liberté de la presse ;

12° Le délit prévu à l'article L. 2223-2 du code de la santé publique.

Article 131-36

Un décret en Conseil d'Etat détermine les modalités d'application des dispositions de la présente sous- section.

Ce décret détermine également les conditions dans lesquelles s'exécutera l'activité des condamnés à la peine de travail d'intérêt général ainsi que la nature des travaux proposés, de même que les cas dans lesquels un examen médical préalable est obligatoire, au regard notamment de la situation du condamné ou de la nature des travaux proposés.

Il détermine en outre les conditions dans lesquelles :

1° Le directeur du service pénitentiaire d'insertion et de probation établit, après avis du ministère public et du juge de l'application des peines dans le ressort duquel se situe la structure d'accueil et après consultation de tout organisme public compétent en matière de prévention de la délinquance, la liste des travaux d'intérêt général susceptibles d'être accomplis dans le département ;

2° Le travail d'intérêt général peut, pour les condamnés salariés, se cumuler avec la durée légale du travail ;

3° Sont habilitées les personnes morales de droit privé chargées d'une mission de service public et les associations mentionnées au premier alinéa de l'article 131-8 ;

4° Sont désignées les personnes physiques ou morales chargées de participer à la mise en oeuvre des stages mentionnés à l'article 131-5-1.

Sous-section 6 : Du suivi socio-judiciaire

Article 131-36-1

Dans les cas prévus par la loi, la juridiction de jugement peut ordonner un suivi socio-judiciaire.

Le suivi socio-judiciaire emporte, pour le condamné, l'obligation de se soumettre, sous le contrôle du juge de l'application des peines et pendant une durée déterminée par la juridiction de jugement, à des mesures de surveillance et d'assistance destinées à prévenir la récidive. La durée du suivi socio-judiciaire ne peut excéder dix ans en cas de condamnation pour délit ou vingt ans en cas de condamnation pour crime.

Toutefois, en matière correctionnelle, cette durée peut être portée à vingt ans par décision spécialement motivée de la juridiction de jugement ; lorsqu'il s'agit d'un crime puni de trente ans de réclusion criminelle, cette durée est de trente ans ; lorsqu'il s'agit d'un crime puni de la réclusion criminelle à perpétuité, la cour d'assises peut décider que le suivi socio-judiciaire s'appliquera sans limitation de durée, sous réserve de la possibilité pour le tribunal de l'application des peines de mettre fin à la mesure à l'issue d'un délai de trente ans, selon les modalités prévues par l'article 712-7 du code de procédure pénale.

La décision de condamnation fixe également la durée maximum de l'emprisonnement encouru par le condamné en cas d'inobservation des obligations qui lui sont imposées. Cet emprisonnement ne peut excéder trois ans en cas de condamnation pour délit et sept ans en cas de condamnation pour crime. Les conditions dans lesquelles le juge de l'application des peines peut ordonner, en tout ou partie, l'exécution de l'emprisonnement sont fixées par le code de procédure pénale.

Le président de la juridiction, après le prononcé de la décision, avertit le condamné des obligations qui en résultent et des conséquences qu'entraînerait leur inobservation.

Article 131-36-2

Les mesures de surveillance applicables à la personne condamnée à un suivi socio-judiciaire sont celles prévues à l'article 132-44.

Le condamné peut aussi être soumis par la décision de condamnation ou par le juge de l'application des peines aux obligations prévues à l'article 132-45.

Article 131-36-3

Les mesures d'assistance auxquelles est soumise la personne condamnée à un suivi socio-judiciaire ont pour objet de seconder ses efforts en vue de sa réinsertion sociale.

Article 131-36-4

Sauf décision contraire de la juridiction, la personne condamnée à un suivi socio-judiciaire est soumise à une injonction de soins dans les conditions prévues aux articles L. 3711-1 et suivants du code de la santé publique, s'il est établi qu'elle est susceptible de faire l'objet d'un traitement, après une expertise médicale ordonnée conformément aux dispositions du code de procédure pénale. Le président avertit alors le condamné qu'aucun traitement ne pourra être entrepris sans son consentement, mais que, s'il refuse les soins qui lui seront proposés, l'emprisonnement prononcé en application du troisième alinéa de l'article 131-36-1 pourra être mis à exécution.

Lorsque la juridiction de jugement prononce une injonction de soins et que la personne a été également condamnée à une peine privative de liberté non assortie du sursis, le président informe le condamné qu'il aura la possibilité de commencer un traitement pendant l'exécution de cette peine.

Article 131-36-5

Lorsque le suivi socio-judiciaire accompagne une peine privative de liberté sans sursis, il s'applique, pour la durée fixée par la décision de condamnation, à compter du jour où la privation de liberté a pris fin.

Le suivi socio-judiciaire est suspendu par toute détention intervenue au cours de son exécution.

L'emprisonnement ordonné en raison de l'inobservation des obligations résultant du suivi socio-judiciaire se cumule, sans possibilité de confusion, avec les peines privatives de liberté prononcées pour des infractions commises pendant l'exécution de la mesure.

Article 131-36-6

Le suivi socio-judiciaire ne peut être ordonné en même temps qu'une peine d'emprisonnement assorti, en tout ou partie, du sursis probatoire.

Article 131-36-7

En matière correctionnelle, le suivi socio-judiciaire peut être ordonné comme peine principale.

Article 131-36-8

Les modalités d'exécution du suivi socio-judiciaire sont fixées par le titre VII bis du livre V du code de procédure pénale.

Sous-section 7 : Du placement sous surveillance électronique mobile à titre de mesure de sûreté

Article 131-36-9

Le suivi socio-judiciaire peut également comprendre, à titre de mesure de sûreté, le placement sous surveillance électronique mobile, conformément aux dispositions de la présente sous-section.

Article 131-36-10

Le placement sous surveillance électronique mobile ne peut être ordonné qu'à l'encontre d'une personne majeure condamnée à une peine privative de liberté d'une durée égale ou supérieure à sept ans ou, lorsque la personne a été condamnée pour un crime ou un délit commis une nouvelle fois en état de récidive légale, d'une durée égale ou supérieure à cinq ans, et dont une expertise médicale a constaté la dangerosité, lorsque cette mesure apparaît indispensable pour prévenir la récidive à compter du jour où la privation de liberté prend fin.

Article 131-36-11

La juridiction ne peut ordonner le placement sous surveillance électronique mobile qu'après avoir fait vérifier la faisabilité technique de la mesure et la disponibilité du dispositif technique devant être utilisé.

Article 131-36-12

Le placement sous surveillance électronique mobile emporte pour le condamné l'obligation de porter pour une durée de deux ans, renouvelable une fois en matière délictuelle et deux fois en matière criminelle, un émetteur permettant à tout moment de déterminer à distance sa localisation sur l'ensemble du territoire national.

Le président de la juridiction avertit le condamné que le placement sous surveillance électronique mobile ne pourra être mis en oeuvre sans son consentement, mais que, à défaut ou s'il manque à ses obligations, l'emprisonnement prononcé en application du troisième alinéa de l'article 131-36-1 pourra être mis à exécution.

Article 131-36-12-1

Par dérogation aux dispositions de l'article 131-36-10, le placement sous surveillance électronique mobile peut être ordonné à l'encontre d'une personne majeure, dont une expertise médicale a constaté la dangerosité, condamnée à une peine privative de liberté d'une durée égale ou supérieure à deux ans pour des violences ou des menaces punies d'au moins cinq ans d'emprisonnement et commises :

1° Soit contre son conjoint, son concubin ou son partenaire lié par un pacte civil de solidarité ;

2° Soit contre ses enfants ou ceux de son conjoint, concubin ou partenaire.

Le présent article est également applicable lorsque les violences ont été commises par l'ancien conjoint ou concubin de la victime, ou par la personne ayant été liée à elle par un pacte civil de solidarité, le domicile concerné étant alors celui de la victime.

Article 131-36-13

Les modalités d'exécution du placement sous surveillance électronique mobile sont fixées par le titre VII ter du livre V du code de procédure pénale.

Section 2 : Des peines applicables aux personnes morales

Sous-section 1 : Des peines criminelles et correctionnelles

Article 131-37

Les peines criminelles ou correctionnelles encourues par les personnes morales sont :

1° L'amende ;

2° Dans les cas prévus par la loi, les peines énumérées à l'article 131-39 et la peine prévue à l'article 131-39-2.

En matière correctionnelle, les personnes morales encourent également la peine de sanction-réparation prévue par l'article 131-39-1.

Article 131-38

Le taux maximum de l'amende applicable aux personnes morales est égal au quintuple de celui prévu pour les personnes physiques par la loi qui réprime l'infraction.

Lorsqu'il s'agit d'un crime pour lequel aucune peine d'amende n'est prévue à l'encontre des personnes physiques, l'amende encourue par les personnes morales est de 1 000 000 euros.

Article 131-39

Lorsque la loi le prévoit à l'encontre d'une personne morale, un crime ou un délit peut être sanctionné d'une ou de plusieurs des peines suivantes :

1° La dissolution, lorsque la personne morale a été créée ou, lorsqu'il s'agit d'un crime ou d'un délit puni en ce qui concerne les personnes physiques d'une peine d'emprisonnement supérieure ou égale à trois ans, détournée de son objet pour commettre les faits incriminés ;

2° L'interdiction, à titre définitif ou pour une durée de cinq ans au plus, d'exercer directement ou indirectement une ou plusieurs activités professionnelles ou sociales ;

3° Le placement, pour une durée de cinq ans au plus, sous surveillance judiciaire ;

4° La fermeture définitive ou pour une durée de cinq ans au plus des établissements ou de l'un ou de plusieurs des établissements de l'entreprise ayant servi à commettre les faits incriminés ;

5° L'exclusion des marchés publics à titre définitif ou pour une durée de cinq ans au plus ;

6° L'interdiction, à titre définitif ou pour une durée de cinq ans au plus, de procéder à une offre au public de titres financiers ou de faire admettre ses titres financiers aux négociations sur un marché réglementé ;

7° L'interdiction, pour une durée de cinq ans au plus, d'émettre des chèques autres que ceux qui permettent le retrait de fonds par le tireur auprès du tiré ou ceux qui sont certifiés ou d'utiliser des cartes de paiement ;

8° La peine de confiscation, dans les conditions et selon les modalités prévues à l'article 131-21 ;

9° L'affichage de la décision prononcée ou la diffusion de celle-ci soit par la presse écrite, soit par tout moyen de communication au public par voie électronique ;

10° La confiscation de l'animal ayant été utilisé pour commettre l'infraction ou à l'encontre duquel l'infraction a été commise ;

11° L'interdiction, à titre définitif ou pour une durée de cinq ans au plus, de détenir un animal ;

12° L'interdiction, pour une durée de cinq ans au plus de percevoir toute aide publique attribuée par l'Etat, les collectivités territoriales, leurs établissements ou leurs groupements ainsi que toute aide financière versée par une personne privée chargée d'une mission de service public.

La peine complémentaire de confiscation est également encourue de plein droit pour les crimes et pour les délits punis d'une peine d'emprisonnement d'une durée supérieure à un an, à l'exception des délits de presse.

Les peines définies aux 1° et 3° ci-dessus ne sont pas applicables aux personnes morales de droit public dont la responsabilité pénale est susceptible d'être engagée. Elles ne sont pas non plus applicables aux partis ou groupements politiques ni aux syndicats professionnels. La peine définie au 1° n'est pas applicable aux institutions représentatives du personnel.

Article 131-39-1

En matière délictuelle, la juridiction peut prononcer à la place ou en même temps que l'amende encourue par la personne morale la peine de sanction-réparation selon les modalités prévues par l'article 131-8-1.

Dans ce cas, la juridiction fixe le montant maximum de l'amende, qui ne peut excéder ni 75 000 euros ni l'amende encourue par la personne morale pour le délit considéré, dont le juge de l'application des peines pourra ordonner la mise à exécution en tout ou partie dans les conditions prévues par l'article 712-6 du code de procédure pénale si le condamné ne respecte pas l'obligation de réparation.

Article 131-39-2

I. - Lorsque la loi le prévoit à l'encontre d'une personne morale, un délit peut être sanctionné par l'obligation de se soumettre, sous le contrôle de l'Agence française anticorruption, pour une durée maximale de cinq ans, à un programme de mise en conformité destiné à s'assurer de l'existence et de la mise en œuvre en son sein des mesures et procédures définies au II.

II. La peine prévue au I comporte l'obligation de mettre en œuvre les mesures et procédures suivantes :

1° Un code de conduite définissant et illustrant les différents types de comportements à proscrire comme étant susceptibles de caractériser des faits de corruption ou de trafic d'influence ;

2° Un dispositif d'alerte interne destiné à permettre le recueil des signalements émanant d'employés et relatifs à l'existence de conduites ou de situations contraires au code de conduite de la personne morale ;

3° Une cartographie des risques prenant la forme d'une documentation régulièrement actualisée et destinée à identifier, analyser et hiérarchiser les risques d'exposition de la personne morale à des sollicitations externes aux fins de corruption, en fonction notamment des secteurs d'activités et des zones géographiques dans lesquels la personne morale exerce son activité ;

4° Des procédures d'évaluation de la situation des clients, fournisseurs de premier rang et intermédiaires au regard de la cartographie des risques ;

5° Des procédures de contrôles comptables, internes ou externes, destinées à s'assurer que les livres, registres et comptes ne sont pas utilisés pour masquer des faits de corruption ou de trafic d'influence. Ces contrôles peuvent être réalisés soit par les services de contrôle comptable et financier propres à la personne morale, soit en ayant recours à un auditeur externe à l'occasion de l'accomplissement des audits de certification de comptes prévus à l'article L. 821-53 du code de commerce ;

6° Un dispositif de formation destiné aux cadres et aux personnels les plus exposés aux risques de corruption et de trafic d'influence ;

7° Un régime disciplinaire permettant de sanctionner les salariés de la personne morale en cas de violation du code de conduite de la personne morale.

III. – Lorsque le tribunal prononce la peine prévue au I du présent article, les frais occasionnés par le recours par l'Agence française anticorruption à des experts ou à des personnes ou autorités qualifiées pour l'assister dans la réalisation d'analyses juridiques, financières, fiscales et comptables sont supportés par la personne morale condamnée, sans que le montant de ces frais ne puisse excéder le montant de l'amende encourue pour le délit au titre duquel cette peine est prononcée.

Un décret en Conseil d'Etat précise les règles déontologiques applicables à ces experts et à ces personnes ou autorités qualifiées.

Sous-section 2 : Des peines contraventionnelles

Article 131-40

Les peines contraventionnelles encourues par les personnes morales sont :

1° L'amende ;

2° Les peines privatives ou restrictives de droits prévues à l'article 131-42 ;

3° La peine de sanction-réparation prévue par l'article 131-44-1.

Ces peines ne sont pas exclusives d'une ou de plusieurs des peines complémentaires prévues à l'article 131-43.

Article 131-41

Le taux maximum de l'amende applicable aux personnes morales est égal au quintuple de celui prévu pour les personnes physiques par le règlement qui réprime l'infraction.

Article 131-42

Pour toutes les contraventions de la 5e classe, la peine d'amende peut être remplacée par une ou plusieurs des peines privatives ou restrictives de droits suivantes :

1° L'interdiction, pour une durée d'un an au plus, d'émettre des chèques autres que ceux qui permettent le retrait de fonds par le tireur auprès du tiré ou ceux qui sont certifiés ou d'utiliser des cartes de paiement ;

2° La confiscation de la chose qui a servi ou était destinée à commettre l'infraction ou de la chose qui en est le produit.

Article 131-43

Le règlement qui réprime une contravention peut prévoir, lorsque le coupable est une personne morale, les peines complémentaires mentionnées aux 5°, 8° et 9° de l'article 131-16. Pour les contraventions de la 5e classe, le règlement peut, en outre, prévoir la peine complémentaire mentionnée au premier alinéa de l'article 131-17.

Article 131-44

Lorsqu'une contravention est punie d'une ou de plusieurs des peines complémentaires prévues à l'article 131-43, la juridiction peut ne prononcer que la peine complémentaire ou l'une ou plusieurs des peines complémentaires encourues.

Article 131-44-1

Pour les contraventions de la 5e classe, la juridiction peut prononcer à la place ou en même temps que l'amende encourue par la personne morale la peine de sanction-réparation selon les modalités prévues par l'article 131-8-1.

Dans ce cas, la juridiction fixe le montant maximum de l'amende, qui ne peut excéder 7 500 euros, dont le juge de l'application des peines pourra ordonner la mise à exécution en tout ou partie dans les conditions prévues par l'article 712-6 du code de procédure pénale si le condamné ne respecte pas l'obligation de réparation.

Sous-section 3 : Du contenu et des modalités d'application de certaines peines

---

Article 131-45

La décision prononçant la dissolution de la personne morale comporte le renvoi de celle-ci devant le tribunal compétent pour procéder à la liquidation.

Article 131-46

La décision de placement sous surveillance judiciaire de la personne morale comporte la désignation d'un mandataire de justice dont la juridiction précise la mission. Cette mission ne peut porter que sur l'activité dans l'exercice ou à l'occasion de l'exercice de laquelle l'infraction a été commise. Tous les six mois, au moins, le mandataire de justice rend compte au juge de l'application des peines de l'accomplissement de sa mission.

Au vu de ce compte rendu, le juge de l'application des peines peut saisir la juridiction qui a prononcé le placement sous surveillance judiciaire. Celle-ci peut alors soit prononcer une nouvelle peine, soit relever la personne morale de la mesure de placement.

Article 131-47

L'interdiction de procéder à une offre au public de titres financiers ou de faire admettre ses titres financiers aux négociations sur un marché réglementé emporte prohibition, pour le placement de titres quels qu'ils soient, d'avoir recours tant à des établissements de crédit, établissements financiers ou sociétés de bourse qu'à des procédés quelconques de publicité.

Article 131-48

La peine d'interdiction d'exercer une ou plusieurs activités professionnelles ou sociales emporte les conséquences prévues à l'article 131-28.

La peine de fermeture d'un ou de plusieurs établissements emporte les conséquences prévues à l'article 131-33.

La peine d'exclusion des marchés publics emporte les conséquences prévues à l'article 131-34.

La peine d'interdiction d'émettre des chèques emporte les conséquences prévues au premier alinéa de l'article 131-19.

La peine de confiscation de la chose est prononcée dans les conditions prévues à l'article 131-21.

La peine d'affichage de la décision ou de diffusion de celle-ci est prononcée dans les conditions prévues à l'article 131-35.

Article 131-49

Un décret en Conseil d'Etat détermine les modalités d'application des dispositions des articles 131-45 à

131-47 et fixe les conditions dans lesquelles les représentants du personnel sont avisés de la date d'audience.

Chapitre II : Du régime des peines

Article 132-1

Lorsque la loi ou le règlement réprime une infraction, le régime des peines qui peuvent être prononcées obéit, sauf dispositions législatives contraires, aux règles du présent chapitre.

Toute peine prononcée par la juridiction doit être individualisée.

Dans les limites fixées par la loi, la juridiction détermine la nature, le quantum et le régime des peines prononcées en fonction des circonstances de l'infraction et de la personnalité de son auteur ainsi que de sa situation matérielle, familiale et sociale, conformément aux finalités et fonctions de la peine énoncées à l'article 130-1.

Section 1 : Dispositions générales

Sous-section 1 : Des peines applicables en cas de concours d'infractions

---

Article 132-2

Il y a concours d'infractions lorsqu'une infraction est commise par une personne avant que celle-ci ait été définitivement condamnée pour une autre infraction.

Article 132-3

Lorsque, à l'occasion d'une même procédure, la personne poursuivie est reconnue coupable de plusieurs infractions en concours, chacune des peines encourues peut être prononcée. Toutefois, lorsque plusieurs peines de même nature sont encourues, il ne peut être prononcé qu'une seule peine de cette nature dans la limite du maximum légal le plus élevé.

Chaque peine prononcée est réputée commune aux infractions en concours dans la limite du maximum légal applicable à chacune d'entre elles.

Article 132-4

Lorsque, à l'occasion de procédures séparées, la personne poursuivie a été reconnue coupable de plusieurs infractions en concours, les peines prononcées s'exécutent cumulativement dans la limite du maximum légal le plus élevé. Toutefois, la confusion totale ou partielle des peines de même nature peut être ordonnée soit par la dernière juridiction appelée à statuer, soit dans les conditions prévues par le code de procédure pénale.

Article 132-5

Pour l'application des articles 132-3 et 132-4, les peines privatives de liberté sont de même nature et toute peine privative de liberté est confondue avec une peine perpétuelle.

Il est tenu compte, s'il y a lieu, de l'état de récidive.

Lorsque la réclusion criminelle à perpétuité, encourue pour l'une ou plusieurs des infractions en concours, n'a pas été prononcée, le maximum légal est fixé à trente ans de réclusion criminelle.

Le maximum légal du montant et de la durée de la peine de jours-amende et celui de la peine de travail d'intérêt général sont fixés respectivement par les articles 131-5 et 131-8.

Le bénéfice du sursis attaché en tout ou partie à l'une des peines prononcées pour des infractions en concours ne met pas obstacle à l'exécution des peines de même nature non assorties du sursis.

Article 132-6

Lorsqu'une peine a fait l'objet d'une grâce ou d'un relèvement, il est tenu compte, pour l'application de la confusion, de la peine résultant de la mesure ou de la décision.

Le relèvement intervenu après la confusion s'applique à la peine résultant de la confusion.

La durée de la réduction de peine s'impute sur celle de la peine à subir, le cas échéant, après confusion.

Article 132-6-1

Par dérogation aux articles 132-2 à 132-5, lorsque l'auteur a commis une infraction mentionnée aux articles 706-73 et 706-73-1 du code de procédure pénale alors qu'il était détenu, les peines prononcées pour cette infraction se cumulent, sans possibilité de confusion, avec celles prononcées pour l'infraction en raison de laquelle il était détenu.

La dernière juridiction appelée à statuer sur l'une des infractions commises en concours peut, par une décision spécialement motivée, décider de ne pas faire application du présent article.

Article 132-7

Par dérogation aux dispositions qui précèdent, les peines d'amende pour contraventions se cumulent entre elles et avec celles encourues ou prononcées pour des crimes ou délits en concours.

Sous-section 2 : Des peines applicables en cas de récidive

Paragraphe 1 : Personnes physiques

Article 132-8

Lorsqu'une personne physique, déjà condamnée définitivement pour un crime ou pour un délit puni de dix ans d'emprisonnement par la loi, commet un crime, le maximum de la peine de la réclusion criminelle ou de la détention criminelle est la perpétuité si le maximum fixé par la loi pour ce crime est de vingt ou trente ans. Le maximum de la peine est porté à trente ans de réclusion criminelle ou de détention criminelle si le crime est puni de quinze ans.

Article 132-9

Lorsqu'une personne physique, déjà condamnée définitivement pour un crime ou pour un délit puni de dix ans d'emprisonnement par la loi, commet, dans le délai de dix ans à compter de l'expiration ou de la prescription de la précédente peine, un délit puni de la même peine, le maximum des peines d'emprisonnement et d'amende encourues est doublé.

Lorsqu'une personne physique, déjà condamnée définitivement pour un crime ou pour un délit puni de dix ans d'emprisonnement par la loi, commet, dans le délai de cinq ans à compter de l'expiration ou de la prescription de la précédente peine, un délit puni d'une peine d'emprisonnement d'une durée supérieure à un an et inférieure à dix ans, le maximum des peines d'emprisonnement et d'amende encourues est doublé.

Article 132-10

Lorsqu'une personne physique, déjà condamnée définitivement pour un délit, commet, dans le délai de cinq ans à compter de l'expiration ou de la prescription de la précédente peine, soit le même délit, soit un délit qui lui est assimilé au regard des règles de la récidive, le maximum des peines d'emprisonnement et d'amende encourues est doublé.

Article 132-11

Dans les cas où le règlement le prévoit, lorsqu'une personne physique, déjà condamnée définitivement pour une contravention de la 5e classe, commet, dans le délai d'un an à compter de l'expiration ou de la prescription de la précédente peine, la même contravention, le maximum de la peine d'amende encourue est porté à 3 000 euros.

Dans les cas où la loi prévoit que la récidive d'une contravention de la 5e classe constitue un délit, la récidive est constituée si les faits sont commis dans le délai de trois ans à compter de l'expiration ou de la prescription de la précédente peine.

Paragraphe 2 : Personnes morales

Article 132-12

Lorsqu'une personne morale, déjà condamnée définitivement pour un crime ou pour un délit puni par la loi en ce qui concerne les personnes physiques de 100 000 euros d'amende, engage sa responsabilité pénale par un crime, le taux maximum de l'amende applicable pour les personnes morales est doublé. Dans ce cas, la personne morale encourt, en outre, les peines mentionnées à l'article 131-39, sous réserve des dispositions du dernier alinéa de cet article.

Article 132-13

Lorsqu'une personne morale, déjà condamnée définitivement pour un crime ou pour un délit puni par la loi en ce qui concerne les personnes physiques de 100 000 euros d'amende, engage sa responsabilité pénale, dans le délai de dix ans à compter de l'expiration ou de la prescription de la précédente peine, par un délit puni de la même peine, le taux maximum de l'amende applicable pour les personnes morales est doublé.

Lorsqu'une personne morale, déjà condamnée définitivement pour un crime ou pour un délit puni par la loi en ce qui concerne les personnes physiques de 100 000 euros d'amende, engage sa responsabilité pénale, dans le délai de cinq ans à compter de l'expiration ou de la prescription de la précédente peine, par un délit puni par la loi en ce qui concerne les personnes physiques d'une peine d'amende supérieure à 15 000 euros, le taux maximum de l'amende applicable pour les personnes morales est doublé.

Dans les cas prévus par les deux alinéas précédents, la personne morale encourt, en outre, les peines mentionnées à l'article 131-39, sous réserve des dispositions du dernier alinéa de cet article.

Article 132-14

Lorsqu'une personne morale, déjà condamnée définitivement pour un délit, engage sa responsabilité pénale, dans un délai de cinq ans à compter de l'expiration ou de la prescription de la précédente peine, soit par le même délit, soit par un délit qui lui est assimilé au regard des règles de la récidive, le taux maximum de l'amende applicable aux personnes morales est doublé.

Article 132-15

Dans les cas où le règlement le prévoit, lorsqu'une personne morale, déjà condamnée définitivement pour une contravention de la 5e classe, engage sa responsabilité pénale, dans le délai d'un an à compter de l'expiration ou de la prescription de la précédente peine, par la même contravention, le taux maximum de l'amende applicable est égal à dix fois celui qui est prévu par le règlement qui réprime cette contravention en ce qui concerne les personnes physiques.

Paragraphe 3 : Dispositions générales

Article 132-16

Le vol, l'extorsion, le chantage, l'escroquerie et l'abus de confiance sont considérés, au regard de la récidive, comme une même infraction.

Article 132-16-1

Les délits d'agressions sexuelles et d'atteintes sexuelles sont considérés, au regard de la récidive, comme une même infraction.

Article 132-16-2

Les délits d'homicide involontaire ou d'atteinte involontaire à l'intégrité de la personne commis à l'occasion de la conduite d'un véhicule terrestre à moteur prévus par les articles 221-6-1,222-19-1 et 222-20-1 et les délits d'homicide routier ou de blessures routières prévus aux articles 221-18,221-19 et 221-20 sont considérés, au regard de la récidive, comme une même infraction.

Les délits prévus aux articles L. 221-2, L. 223-5, L. 224-16, L. 224-17, L. 233-1, L. 233-1-1, L. 234-1, L. 234-8, L. 234-16, L. 235-1, L. 235-3 et L. 413-1 du code de la route ainsi qu'à l'article 434-41 du présent code sont considérés, au regard de la récidive, comme une même infraction. Ils sont également assimilés aux délits mentionnés à l'alinéa précédent lorsqu'ils constituent le second terme de la récidive.

Article 132-16-3

Les délits de traite des êtres humains et de proxénétisme prévus par les articles 225-4-1, 225-4-2, 225-4-8, 225-5 à 225-7 et 225-10 sont considérés, au regard de la récidive, comme une même infraction.

Article 132-16-4

Les délits de violences volontaires aux personnes ainsi que tout délit commis avec la circonstance aggravante de violences sont considérés, au regard de la récidive, comme une même infraction.

Article 132-16-4-1

Les délits relatifs au trafic d'armes prévus aux articles 222-52 à 222-67 sont considérés, au regard de la récidive, comme une même infraction.

Article 132-16-5

L'état de récidive légale peut être relevé d'office par la juridiction de jugement même lorsqu'il n'est pas mentionné dans l'acte de poursuites, dès lors qu'au cours de l'audience la personne poursuivie en a été informée et qu'elle a été mise en mesure d'être assistée d'un avocat et de faire valoir ses observations.

Sous-section 3 : Des peines applicables en cas de réitération d'infractions

Article 132-16-7

Il y a réitération d'infractions pénales lorsqu'une personne a déjà été condamnée définitivement pour un crime ou un délit et commet une nouvelle infraction qui ne répond pas aux conditions de la récidive légale.

Les peines prononcées pour l'infraction commise en réitération se cumulent sans limitation de quantum et sans possibilité de confusion avec les peines définitivement prononcées lors de la condamnation précédente.

Sous-section 4 : Du prononcé des peines

Article 132-17

Aucune peine ne peut être appliquée si la juridiction ne l'a expressément prononcée.

La juridiction peut ne prononcer que l'une des peines encourues pour l'infraction dont elle est saisie.

Article 132-18

Lorsqu'une infraction est punie de la réclusion criminelle ou de la détention criminelle à perpétuité, la juridiction peut prononcer une peine de réclusion criminelle ou de détention criminelle à temps, ou une peine d'emprisonnement qui ne peut être inférieure à deux ans.

Lorsqu'une infraction est punie de la réclusion criminelle ou de la détention criminelle à temps, la juridiction peut prononcer une peine de réclusion criminelle ou de détention criminelle pour une durée inférieure à celle qui est encourue, ou une peine d'emprisonnement qui ne peut être inférieure à un an.

Article 132-19

Lorsqu'un délit est puni d'une peine d'emprisonnement, la juridiction peut prononcer une peine d'emprisonnement ferme ou assortie en partie ou en totalité du sursis pour une durée inférieure à celle qui est encourue. Elle ne peut toutefois prononcer une peine d'emprisonnement ferme d'une durée inférieure ou égale à un mois.

Toute peine d'emprisonnement sans sursis ne peut être prononcée qu'en dernier recours si la gravité de l'infraction et la personnalité de son auteur rendent cette peine indispensable et si toute autre sanction est manifestement inadéquate.

Dans ce cas, si la peine est inférieure ou égale à six mois, elle doit, sauf impossibilité résultant de la personnalité ou de la situation du condamné, faire l'objet d'une des mesures d'aménagement prévues à l'article 132-25. Dans les autres cas prévus au même article 132-25, elle doit également être aménagée si la personnalité et la situation du condamné le permettent, et sauf impossibilité matérielle.

Le tribunal doit spécialement motiver sa décision, au regard des faits de l'espèce et de la personnalité de leur auteur ainsi que de sa situation matérielle, familiale et sociale conformément aux dispositions de l'article 464-2 du code de procédure pénale.

Article 132-20

Lorsqu'une infraction est punie d'une peine d'amende, la juridiction peut prononcer une amende d'un montant inférieur à celle qui est encourue.

Le montant de l'amende est déterminé en tenant compte des ressources et des charges de l'auteur de l'infraction.

Les amendes prononcées en matière contraventionnelle, correctionnelle et criminelle, à l'exception des amendes forfaitaires, peuvent faire l'objet d'une majoration, dans la limite de 10 % de leur montant, perçue lors de leur recouvrement. Cette majoration, prononcée dans les conditions prévues à l'article 707-6 du code de procédure pénale, est destinée à financer l'aide aux victimes.

Article 132-20-1

Lorsque les circonstances de l'infraction ou la personnalité de l'auteur le justifient, le président de la juridiction avertit, lors du prononcé de la peine, le condamné des conséquences qu'entraînerait une condamnation pour une nouvelle infraction.

Article 132-21

L'interdiction de tout ou partie des droits civiques, civils et de famille mentionnés à l'article 131-26 ne peut, nonobstant toute disposition contraire, résulter de plein droit d'une condamnation pénale.

Toute personne frappée d'une interdiction, déchéance ou incapacité quelconque qui résulte de plein droit, en application de dispositions particulières, d'une condamnation pénale, peut, par le jugement de condamnation ou par jugement ultérieur, être relevée en tout ou partie, y compris en ce qui concerne la durée, de cette interdiction, déchéance ou incapacité, dans les conditions fixées par le code de procédure pénale.

Article 132-22

Le procureur de la République, le juge d'instruction ou le tribunal saisi peuvent obtenir des parties, de toute administration, de tout établissement financier, ou de toute personne détenant des fonds du prévenu, la communication des renseignements utiles de nature financière ou fiscale, sans que puisse être opposée l'obligation au secret.

Sous-section 5 : De la période de sûreté

Article 132-23

En cas de condamnation à une peine privative de liberté, non assortie du sursis, dont la durée est égale ou supérieure à dix ans, prononcée pour les infractions spécialement prévues par la loi, le condamné ne peut bénéficier, pendant une période de sûreté, des dispositions concernant la suspension ou le fractionnement de la peine, le placement à l'extérieur, les permissions de sortir, la semi-liberté et la libération conditionnelle.

La durée de la période de sûreté est de la moitié de la peine ou, s'il s'agit d'une condamnation à la réclusion criminelle à perpétuité, de dix-huit ans. La cour d'assises ou le tribunal peut toutefois, par décision spéciale, soit porter ces durées jusqu'aux deux tiers de la peine ou, s'il s'agit d'une condamnation à la réclusion criminelle à perpétuité, jusqu'à vingt-deux ans, soit décider de réduire ces durées.

Dans les autres cas, lorsqu'elle prononce une peine privative de liberté d'une durée supérieure à cinq ans, non assortie du sursis, la juridiction peut fixer une période de sûreté pendant laquelle le condamné ne peut bénéficier d'aucune des modalités d'exécution de la peine mentionnée au premier alinéa. La durée de cette période de sûreté ne peut excéder les deux tiers de la peine prononcée ou vingt-deux ans en cas de condamnation à la réclusion criminelle à perpétuité.

Les réductions de peines accordées pendant la période de sûreté ne seront imputées que sur la partie de la peine excédant cette durée.

Sous-section 6 : Des effets des condamnations prononcées par les juridictions pénales d'un Etat membre de l'Union européenne

Article 132-23-1

Pour l'application du présent code et du code de procédure pénale, les condamnations prononcées par les juridictions pénales d'un Etat membre de l'Union européenne sont prises en compte dans les mêmes conditions que les condamnations prononcées par les juridictions pénales françaises et produisent les mêmes effets juridiques que ces condamnations.

Article 132-23-2

Pour l'appréciation des effets juridiques des condamnations prononcées par les juridictions pénales d'un Etat membre de l'Union européenne, la qualification des faits est déterminée par rapport aux incriminations définies par la loi française et sont prises en compte les peines équivalentes aux peines prévues par la loi française.

Section 2 : Des modes de personnalisation des peines

Article 132-24

Les peines peuvent être personnalisées selon les modalités prévues à la présente section.

Sous-section 1 : De la détention à domicile sous surveillance électronique, de la semi-liberté et du placement à l'extérieur

Article 132-25

Lorsque la juridiction de jugement prononce une peine inférieure ou égale à six mois d'emprisonnement, un emprisonnement partiellement assorti du sursis ou du sursis probatoire et lorsque la partie ferme de la peine est inférieure ou égale à six mois, ou lorsque la juridiction prononce une peine pour laquelle la durée de l'emprisonnement restant à exécuter à la suite d'une détention provisoire est inférieure ou égale à six mois, elle doit, sauf impossibilité résultant de la personnalité ou de la situation du condamné, ordonner que la peine sera exécutée en totalité sous le régime de la détention à domicile sous surveillance électronique, de la semi- liberté ou du placement à l'extérieur.

Si la peine prononcée ou la partie ferme de la peine prononcée est supérieure à six mois et inférieure ou égale à un an d'emprisonnement, elle doit décider, si la personnalité et la situation du condamné le permettent, que la peine sera exécutée en tout ou partie sous le régime de la détention à domicile sous surveillance électronique, de la semi-liberté ou du placement à l'extérieur.

Dans les cas prévus aux deux premiers alinéas, la juridiction de jugement peut ordonner le placement ou le maintien en détention du condamné dans les conditions prévues aux articles 397-4 et 465-1 du code de procédure pénale dès lors qu'elle assortit sa décision de l'exécution provisoire. Le juge de l'application des peines fixe les modalités d'exécution de la mesure dans un délai de cinq jours ouvrables, dans les conditions prévues à l'article 723-7-1 du même code.

Article 132-26

Le condamné placé sous détention à domicile sous surveillance électronique est soumis aux obligations prévues aux deuxième et troisième alinéas de l'article 131-4-1.

Le condamné admis au bénéfice de la semi-liberté est astreint à rejoindre l'établissement pénitentiaire pendant les périodes déterminées par le juge de l'application des peines.

Ces périodes sont notamment déterminées en fonction du temps nécessaire pour que le condamné puisse exercer une activité professionnelle, suivre un enseignement, un stage, une formation ou un traitement, rechercher un emploi ou participer à la vie de famille ou à tout projet d'insertion ou de réinsertion.

Le condamné admis au bénéfice du placement à l'extérieur est astreint, sous le contrôle de l'administration, à effectuer des activités ou à faire l'objet d'une prise en charge sanitaire en dehors de l'établissement pénitentiaire.

La détention à domicile sous surveillance électronique, la semi-liberté et le placement à l'extérieur emportent également pour le condamné l'obligation de répondre aux convocations de toute autorité publique désignée par le juge de l'application des peines.

La juridiction de jugement peut également soumettre le condamné aux mesures prévues aux articles 132-43 à 132-46.

Sous-section 2 : Du fractionnement des peines

Article 132-27

En matière correctionnelle, la juridiction peut, pour motif d'ordre médical, familial, professionnel ou social, décider que l'emprisonnement prononcé pour une durée de deux ans, ou, si la personne est en état de récidive légale, égale ou inférieure à un an au plus sera, pendant une période n'excédant pas quatre ans, exécuté par fractions, aucune d'entre elles ne pouvant être inférieure à deux jours.

Article 132-28

En matière correctionnelle ou contraventionnelle, la juridiction peut, pour motif grave d'ordre médical, familial, professionnel ou social, décider que la peine d'amende sera, pendant une période n'excédant pas trois ans, exécutée par fractions. Il en est de même pour les personnes physiques condamnées à la peine de jours-amende ou à la peine de suspension du permis de conduire ; le fractionnement de la peine de suspension de permis de conduire n'est toutefois pas possible en cas de délits ou de contraventions pour lesquels la loi ou le règlement prévoit que cette peine ne peut pas être limitée à la conduite en dehors de l'activité professionnelle.

Sous-section 3 : Du sursis simple

Article 132-29

La juridiction qui prononce une peine peut, dans les cas et selon les conditions prévus ci-après, ordonner qu'il sera sursis à son exécution.

Le président de la juridiction, après le prononcé de la peine assortie du sursis simple, avertit le condamné, lorsqu'il est présent, qu'en cas de condamnation pour une nouvelle infraction qui serait commise dans les délais prévus aux articles 132-35 et 132-37, le sursis pourra être révoqué par la juridiction.

Paragraphe 1 : Des conditions d'octroi du sursis simple

Article 132-30

En matière criminelle ou correctionnelle, le sursis simple ne peut être ordonné à l'égard d'une personne physique que lorsque le prévenu n'a pas été condamné, au cours des cinq années précédant les faits, pour crime ou délit de droit commun, à une peine de réclusion ou d'emprisonnement.

Le sursis ne peut être ordonné à l'égard d'une personne morale que lorsque celle-ci n'a pas été condamnée, dans le même délai, pour un crime ou un délit de droit commun, à une amende d'un montant supérieur à 60 000 euros.

Article 132-31

Le sursis simple est applicable, en ce qui concerne les personnes physiques, aux condamnations à l'emprisonnement prononcées pour une durée de cinq ans au plus, à l'amende ou à la peine de jours-amende, aux peines privatives ou restrictives de droits mentionnées à l'article 131-6, à l'exception de la confiscation, et aux peines complémentaires mentionnées à l'article 131-10, à l'exception de la confiscation, de la fermeture d'établissement et de l'affichage.

Le sursis simple ne peut être ordonné que pour l'emprisonnement lorsque le prévenu a été condamné dans le délai prévu à l'article 132-30 à une peine autre que la réclusion ou l'emprisonnement.

La juridiction peut décider que le sursis ne s'appliquera à l'exécution de l'emprisonnement que pour une partie dont elle détermine la durée dans la limite de cinq ans.

Article 132-32

Le sursis simple est applicable, en ce qui concerne les personnes morales, aux condamnations à l'amende et aux peines mentionnées aux 2°, 5°, 6° et 7° de l'article 131-39.

Article 132-33

En matière contraventionnelle, le sursis simple ne peut être ordonné à l'égard d'une personne physique que lorsque le prévenu n'a pas été condamné, au cours des cinq années précédant les faits, pour crime ou délit de droit commun, à une peine de réclusion ou d'emprisonnement.

Le sursis simple ne peut être ordonné à l'égard d'une personne morale que lorsque celle-ci n'a pas été condamnée, dans le même délai, pour crime ou délit de droit commun, à une amende d'un montant supérieur à 15 000 euros.

Article 132-34

Le sursis simple est applicable, en ce qui concerne les personnes physiques, aux condamnations aux peines privatives ou restrictives de droits mentionnées à l'article 131-14, à l'exception de la confiscation, aux peines complémentaires prévues par les 1°, 2° et 4° de l'article 131-16 ainsi qu'à la peine complémentaire prévue au premier alinéa de l'article 131-17. Il est également applicable à l'amende prononcée pour les contraventions de la 5e classe.

En ce qui concerne les personnes morales, le sursis simple est applicable à la peine d'interdiction d'émettre des chèques ou d'utiliser des cartes de paiement prévue par les articles 131-42 et 131-43. Il est également applicable à l'amende prononcée pour les contraventions de la 5e classe.

Paragraphe 2 : Des effets du sursis simple

Article 132-35

La condamnation pour crime ou délit assortie du sursis simple est réputée non avenue si le condamné qui en bénéficie n'a pas commis, dans le délai de cinq ans à compter de celle-ci, un crime ou un délit de droit commun suivi d'une nouvelle condamnation ayant ordonné la révocation totale du sursis dans les conditions définies à l'article 132-36 ; le caractère non avenu de la condamnation ne fait pas obstacle à la révocation totale ou partielle du sursis en cas d'infraction commise dans le délai de cinq ans.

Article 132-36

La juridiction peut, par décision spéciale, révoquer totalement ou partiellement, pour une durée ou un montant qu'elle détermine, le sursis antérieurement accordé, quelle que soit la peine qu'il accompagne, lorsqu'elle prononce une nouvelle condamnation à une peine de réclusion ou à une peine d'emprisonnement sans sursis.

La juridiction peut, par décision spéciale, révoquer totalement ou partiellement, pour une durée ou un montant qu'elle détermine, le sursis antérieurement accordé qui accompagne une peine quelconque autre que la réclusion ou l'emprisonnement lorsqu'elle prononce une nouvelle condamnation d'une personne physique ou morale à une peine autre que la réclusion ou l'emprisonnement sans sursis.

Lorsque la juridiction ordonne la révocation du sursis en totalité ou en partie, elle peut, par décision spéciale et motivée, exécutoire par provision, faire incarcérer le condamné.

Article 132-37

La condamnation pour contravention assortie du sursis simple est réputée non avenue si le condamné qui en bénéficie n'a pas commis, pendant le délai de deux ans à compter de celle-ci, un crime ou un délit de droit commun ou une contravention de la 5e classe suivie d'une nouvelle condamnation ayant ordonné la révocation du sursis dans les conditions définies à l'article 132-36.

Article 132-38

En cas de révocation du sursis simple ordonnée par la juridiction, la première peine est exécutée sans qu'elle puisse se confondre avec la seconde.

Article 132-39

Lorsque le bénéfice du sursis simple n'a été accordé que pour une partie de la peine, la condamnation est réputée non avenue dans tous ses éléments si la révocation totale du sursis n'a pas été prononcée dans les conditions prévues à l'article 132-36, la peine de jours-amende ou l'amende ou la partie de l'amende non assortie du sursis restant due.

Sous-section 4 : Du sursis probatoire
Paragraphe 1 : Des conditions d'octroi du sursis probatoire

Article 132-40

La juridiction qui prononce un emprisonnement peut, dans les conditions prévues ci-après, ordonner qu'il sera sursis à son exécution, la personne physique condamnée étant placée sous le régime de la probation.

Après le prononcé de l'emprisonnement assorti du sursis probatoire, le président de la juridiction notifie au condamné, lorsqu'il est présent, les obligations à respecter durant le délai de probation et l'avertit des conséquences qu'entraînerait une condamnation pour une nouvelle infraction commise au cours de ce délai ou un manquement aux mesures de contrôle et aux obligations particulières qui lui sont imposées. Il l'informe de la possibilité qu'il aura de voir déclarer sa condamnation non avenue s'il observe une conduite satisfaisante.

Lorsque la juridiction prononce, à titre de peine complémentaire, la peine d'interdiction du territoire français pour une durée de dix ans au plus, il est sursis à son exécution durant le temps de la probation prévue au premier alinéa.

Article 132-41

Le sursis probatoire est applicable aux condamnations à l'emprisonnement prononcées pour une durée de cinq ans au plus, en raison d'un crime ou d'un délit de droit commun. Lorsque la personne est en état de récidive légale, il est applicable aux condamnations à l'emprisonnement prononcées pour une durée de dix ans au plus.

Toutes les fois que la juridiction n'a pas prononcé l'exécution provisoire, la probation n'est applicable qu'à compter du jour où la condamnation devient exécutoire selon les dispositions du deuxième alinéa de l'article 708 du code de procédure pénale.

La juridiction pénale ne peut prononcer le sursis probatoire à l'encontre d'une personne ayant déjà fait l'objet de deux condamnations assorties du sursis probatoire pour des délits identiques ou assimilés au sens des articles 132-16 à 132-16-4 et se trouvant en état de récidive légale. Lorsqu'il s'agit soit d'un crime, soit d'un délit de violences volontaires, d'un délit d'agressions ou d'atteintes sexuelles ou d'un délit commis avec la circonstance aggravante de violences, la juridiction ne peut prononcer le sursis probatoire à l'encontre d'une personne ayant déjà fait l'objet d'une condamnation assortie du sursis probatoire pour des infractions identiques ou assimilées et se trouvant en état de récidive légale. Toutefois, ces dispositions ne sont pas applicables lorsque le sursis probatoire ne porte que sur une partie de la peine d'emprisonnement prononcée en application des dispositions du dernier alinéa de l'article 132-42.

Article 132-41-1

Lorsque la personnalité et la situation matérielle, familiale et sociale de l'auteur d'un crime ou délit puni d'une peine d'emprisonnement et les faits de l'espèce justifient un accompagnement socio-éducatif individualisé et soutenu, la juridiction peut décider que le sursis probatoire consistera en un suivi renforcé, pluridisciplinaire et évolutif, faisant l'objet d'évaluations régulières par le service pénitentiaire d'insertion et de probation, afin de prévenir la récidive en favorisant l'insertion ou la réinsertion de la personne au sein de la société.

Dans ce cas, le dernier alinéa de l'article 132-41 n'est pas applicable.

Si elle dispose d'éléments d'information suffisants sur la personnalité du condamné et sur sa situation matérielle, familiale et sociale, la juridiction peut alors définir les obligations et interdictions particulières auxquelles celui-ci est astreint.

Dans le cas contraire, ces obligations et interdictions sont déterminées par le juge de l'application des peines dans des conditions et selon des modalités précisées par le code de procédure pénale, après évaluation de la personnalité et de la situation matérielle, familiale et sociale du condamné par le service pénitentiaire d'insertion et de probation.

Article 132-42

La juridiction pénale fixe le délai de probation qui ne peut être inférieur à douze mois ni supérieur à trois ans. Lorsque la personne est en état de récidive légale, ce délai peut être porté à cinq ans. Ce délai peut être porté à sept ans lorsque la personne se trouve à nouveau en état de récidive légale.

Elle peut décider que le sursis ne s'appliquera à l'exécution de l'emprisonnement que pour une partie dont elle détermine la durée. Cette partie ne peut toutefois excéder cinq ans d'emprisonnement.

Paragraphe 2 : Du régime de la probation

Article 132-43

Au cours du délai de probation, le condamné doit satisfaire aux mesures de contrôle qui sont prévues par l'article 132-44 et à celles des obligations particulières prévues par l'article 132-45 qui lui sont spécialement imposées. En outre, le condamné peut bénéficier de mesures d'aide destinées à favoriser son reclassement social.

Ces mesures et obligations particulières, à l'exception des interdictions de contact ou de paraître prévues au même article 132-45, cessent de s'appliquer et le délai de probation est suspendu pendant le temps où le condamné est incarcéré. Le délai de probation est également suspendu pendant le temps où le condamné accomplit les obligations du service national.

Article 132-44

Les mesures de contrôle auxquelles le condamné doit se soumettre sont les suivantes :

1° Répondre aux convocations du juge de l'application des peines ou du service pénitentiaire d'insertion et de probation désigné ;

2° Recevoir les visites du service pénitentiaire d'insertion et de probation et lui communiquer les renseignements ou documents de nature à permettre le contrôle de ses moyens d'existence et de l'exécution de ses obligations ;

3° Prévenir le service pénitentiaire d'insertion et de probation de ses changements d'emploi ;

4° Prévenir le service pénitentiaire d'insertion et de probation de ses changements de résidence ou de tout déplacement dont la durée excéderait quinze jours et rendre compte de son retour ;

5° Obtenir l'autorisation préalable du juge de l'application des peines pour tout changement d'emploi ou de résidence, lorsque ce changement est de nature à mettre obstacle à l'exécution de ses obligations ;

6° Informer préalablement le juge de l'application des peines de tout déplacement à l'étranger.

Article 132-45

La juridiction de condamnation ou le juge de l'application des peines peut imposer spécialement au condamné l'observation de l'une ou de plusieurs des obligations suivantes :

1° Exercer une activité professionnelle ou suivre un enseignement ou une formation professionnelle ;

2° Etablir sa résidence en un lieu déterminé ;

3° Se soumettre à des mesures d'examen médical, de traitement ou de soins, même sous le régime de l'hospitalisation. Ces mesures peuvent consister en l'injonction thérapeutique prévue par les articles L. 3413-1 à L. 3413-4 du code de la santé publique, lorsqu'il apparaît que le condamné fait usage de stupéfiants ou fait une consommation habituelle et excessive de boissons alcooliques. Une copie de la décision ordonnant ces mesures est adressée par le juge de l'application des peines au médecin ou au psychologue qui doit suivre la personne condamnée. Les rapports des expertises réalisées pendant la procédure sont adressés au médecin ou au psychologue, à leur demande ou à l'initiative du juge de l'application des peines. Celui-ci peut également leur adresser toute autre pièce utile du dossier ;

4° Justifier qu'il contribue aux charges familiales ou acquitte régulièrement les pensions alimentaires dont il est débiteur ;

5° Réparer en tout ou partie, en fonction de ses facultés contributives, les dommages causés par l'infraction, même en l'absence de décision sur l'action civile ;

6° Justifier qu'il acquitte en fonction de ses facultés contributives les sommes dues au Trésor public à la suite de la condamnation ;

7° S'abstenir de conduire certains véhicules déterminés par les catégories de permis prévues par le code de la route ou de conduire un véhicule qui ne soit pas équipé, par un professionnel agréé ou par construction, d'un dispositif homologué d'antidémarrage par éthylotest électronique ;

7° bis Sous réserve de son accord, s'inscrire et se présenter aux épreuves du permis de conduire, le cas échéant après avoir suivi des leçons de conduite ;

8° Ne pas se livrer à l'activité dans l'exercice ou à l'occasion de l'exercice de laquelle l'infraction a été commise ou ne pas exercer une activité impliquant un contact habituel avec des mineurs ;

9° S'abstenir de paraître en tout lieu, toute catégorie de lieux ou toute zone spécialement désignés ;

10° Ne pas engager de paris, notamment dans les organismes de paris mutuels, et ne pas prendre part à des jeux d'argent et de hasard ;

11° Ne pas fréquenter les débits de boissons ;

12° Ne pas fréquenter certains condamnés, notamment les auteurs ou complices de l'infraction ;

13° S'abstenir d'entrer en relation avec certaines personnes, dont la victime, ou certaines catégories de personnes, et notamment des mineurs, à l'exception, le cas échéant, de ceux désignés par la juridiction ;

13° bis S'abstenir, pour une durée maximale de six mois, d'utiliser les comptes d'accès à des services de plateforme en ligne définis au 4 du I de l'article 6 de la loi n° 2004-575 du 21 juin 2004 pour la confiance dans l'économie numérique ayant été utilisés pour commettre l'infraction, si la personne a été condamnée pour une infraction mentionnée au II de l'article 131-35-1 du présent code ;

14° Ne pas détenir ou porter une arme ;

15° Accomplir à ses frais un des stages prévus à l'article 131-5-1 du présent code ;

16° S'abstenir de diffuser tout ouvrage ou oeuvre audiovisuelle dont il serait l'auteur ou le coauteur et qui porterait, en tout ou partie, sur l'infraction commise et s'abstenir de toute intervention publique relative à cette infraction ; les dispositions du présent alinéa ne sont applicables qu'en cas de condamnation pour crimes ou délits d'atteintes volontaires à la vie, d'agressions sexuelles ou d'atteintes sexuelles ;

17° Remettre ses enfants entre les mains de ceux auxquels la garde a été confiée par décision de justice ;

18° En cas d'infraction commise soit contre son conjoint, son concubin ou son partenaire lié par un pacte civil de solidarité, soit contre ses enfants ou ceux de son conjoint, concubin ou partenaire, résider hors du domicile ou de la résidence du couple et, le cas échéant, s'abstenir de paraître dans ce domicile ou cette résidence ou aux abords immédiats de celui-ci, ainsi que, si nécessaire, faire l'objet d'une prise en charge sanitaire, sociale ou psychologique ; les dispositions du présent 19° sont également applicables lorsque l'infraction est commise par l'ancien conjoint ou concubin de la victime, ou par la personne ayant été liée à elle par un pacte civil de solidarité, le domicile concerné étant alors celui de la victime. Pour l'application du présent 19°, l'avis de la victime est recueilli, dans les meilleurs délais et par tous moyens, sur l'opportunité d'imposer au condamné de résider hors du logement du couple. Sauf circonstances particulières, cette mesure est prise lorsque sont en cause des faits de violences susceptibles d'être renouvelés et que la victime la sollicite. La juridiction peut préciser les modalités de prise en charge des frais afférents à ce logement ;

18° bis Respecter l'interdiction de se rapprocher d'une victime de violences commises au sein du couple prévue à l'article 132-45-1 du présent code contrôlée par un dispositif électronique mobile anti- rapprochement ;

19° Obtenir l'autorisation préalable du juge de l'application des peines pour tout déplacement à l'étranger ;

20° Respecter les conditions d'une prise en charge sanitaire, sociale, éducative ou psychologique, destinée à permettre sa réinsertion et l'acquisition des valeurs de la citoyenneté ; cette prise en charge peut, le cas échéant, intervenir au sein d'un établissement d'accueil adapté dans lequel le condamné est tenu de résider ;

21° L'obligation d'accomplir un travail d'intérêt général, selon les modalités prévues à l'article 131-8 ;

22° L'injonction de soins, dans les conditions prévues aux articles L. 3711-1 à L. 3711-5 du code de la santé publique, si la personne a été condamnée pour un délit pour lequel le suivi socio-judiciaire est encouru et qu'une expertise médicale a conclu qu'elle était susceptible de faire l'objet d'un traitement ;

23° L'obligation de justifier de la remise d'un bien dont la confiscation a été ordonnée ;

24° L'obligation de justifier du paiement régulier des impôts ;

25° L'obligation de justifier de la tenue d'une comptabilité régulière certifiée par un commissaire aux comptes.

Article 132-45-1

En cas d'infraction punie d'au moins trois ans d'emprisonnement commise contre son conjoint, son concubin ou son partenaire lié par un pacte civil de solidarité, y compris lorsqu'ils ne cohabitent pas, ou commise par l'ancien conjoint ou concubin de la victime ou par la personne ayant été liée à elle par un pacte civil de solidarité, la juridiction peut, à la demande ou avec le consentement exprès de la victime, qui peut être recueilli par tout moyen :

1° Interdire au condamné de se rapprocher de la victime à moins d'une certaine distance fixée par la décision ;

2° Et, afin d'assurer le respect de cette interdiction, astreindre le condamné au port, pendant toute la durée de la mesure, d'un bracelet intégrant un émetteur permettant à tout moment de déterminer à distance sa localisation sur l'ensemble du territoire national et permettant de déterminer s'il s'approche de la victime à qui a été attribué un dispositif électronique permettant également de déterminer sa localisation.

Le condamné est avisé que la pose du bracelet ne peut être effectuée sans son consentement mais que le fait de la refuser constitue une violation des obligations qui lui incombent et peut donner lieu à la révocation de la mesure. Ce dispositif est homologué par le ministre de la justice. Sa mise en œuvre doit garantir le respect de la dignité, de l'intégrité et de la vie privée de la personne et ne doit pas entraver son insertion sociale.

Un décret en Conseil d'Etat précise les modalités d'application du présent article. Ce décret en Conseil d'Etat, pris après avis de la Commission nationale de l'informatique et des libertés, autorise la mise en œuvre d'un traitement automatisé de données à caractère personnel assurant le contrôle à distance de la localisation du condamné et de la victime ; ce décret peut étendre les finalités du traitement prévu à l'article 763-13 du code de procédure pénale. Les personnes contribuant au contrôle à distance, qui ne peut conduire à imposer la présence du condamné dans certains lieux, peuvent être des personnes privées habilitées dans des conditions prévues par ce décret.

Article 132-46

Les mesures d'aide ont pour objet de seconder les efforts du condamné en vue de son reclassement social.

Ces mesures, qui s'exercent sous forme d'une aide à caractère social et, s'il y a lieu, d'une aide matérielle, sont mises en oeuvre par le service pénitentiaire d'insertion et de probation avec la participation, le cas échéant, de tous organismes publics et privés.

Paragraphe 3 : De la révocation du sursis probatoire en cas de nouvelle infraction

---

Article 132-47

Le sursis probatoire peut être révoqué par la juridiction de jugement dans les conditions prévues par l'article 132-48.

Il peut également l'être par le juge de l'application des peines, selon les modalités prévues par le code de procédure pénale, lorsque le condamné n'a pas satisfait aux mesures de contrôle et aux obligations particulières qui lui étaient imposées. Tout manquement à ces mesures et obligations commis après que la probation est devenue exécutoire peut justifier la révocation du sursis. Si cette révocation est ordonnée alors que la condamnation n'avait pas encore acquis un caractère définitif, elle devient caduque dans le cas où cette condamnation serait ultérieurement infirmée ou annulée.

Article 132-48

Si le condamné commet, au cours du délai de probation, un crime ou un délit de droit commun suivi d'une condamnation à une peine privative de liberté sans sursis, la juridiction de jugement peut, après avis du juge de l'application des peines, ordonner la révocation en totalité ou en partie du ou des sursis antérieurement accordés. Cette révocation ne peut être ordonnée pour des infractions commises avant que la condamnation assortie du sursis ait acquis un caractère définitif.

La mesure d'interdiction du territoire français est exécutoire de plein droit en cas de révocation totale du sursis probatoire dans les conditions prévues au présent article.

Article 132-49

La décision ordonnant la révocation partielle du sursis ne met pas fin au régime de la probation et n'attache pas à la condamnation les effets d'une condamnation sans sursis.

Article 132-50

Si la juridiction ordonne l'exécution de la totalité de l'emprisonnement et si le sursis probatoire a été accordé après une première condamnation déjà prononcée sous le même bénéfice, elle peut, par décision spéciale, ordonner que la première peine sera également exécutée.

Article 132-51

Lorsque la juridiction ordonne la révocation du sursis en totalité ou en partie, elle peut, par décision spéciale et motivée, exécutoire par provision, faire incarcérer le condamné.

Paragraphe 4 : Des effets du sursis probatoire

Article 132-52

La condamnation assortie du sursis probatoire est réputée non avenue lorsque le condamné n'a pas fait l'objet d'une décision ordonnant l'exécution de la totalité de l'emprisonnement.

Lorsque le bénéfice du sursis probatoire n'a été accordé que pour une partie de l'emprisonnement, la condamnation est réputée non avenue dans tous ses éléments si la révocation du sursis n'a pas été prononcée dans les conditions prévues par l'alinéa précédent.

Le caractère non avenu de la condamnation ne fait pas obstacle à la prolongation ou à la révocation totale ou partielle du sursis probatoire dès lors que le manquement ou l'infraction ont été commis avant l'expiration du délai de probation.

Article 132-53

Si le sursis probatoire a été accordé après une première condamnation déjà prononcée sous le même bénéfice, cette première condamnation est réputée non avenue si la seconde vient elle-même à être déclarée ou réputée non avenue dans les conditions et les délais prévus par le premier alinéa de l'article 132-52 ci- dessus ou par l'article 744 du code de procédure pénale.

Sous-section 6 : De la dispense de peine et de l'ajournement

Article 132-58

En matière correctionnelle ou, sauf dans les cas prévus aux articles 132-63 à 132-65, en matière contraventionnelle, la juridiction peut, après avoir déclaré le prévenu coupable et statué, s'il y a lieu, sur la confiscation des objets dangereux ou nuisibles, soit dispenser le prévenu de toute autre peine, soit ajourner le prononcé de celle-ci dans les cas et conditions prévus aux articles ci-après.

En même temps qu'elle se prononce sur la culpabilité du prévenu, la juridiction statue, s'il y a lieu, sur l'action civile.

Paragraphe 1 : De la dispense de la peine

Article 132-59

La dispense de peine peut être accordée lorsqu'il apparaît que le reclassement du coupable est acquis, que le dommage causé est réparé et que le trouble résultant de l'infraction a cessé.

La juridiction qui prononce une dispense de peine peut décider que sa décision ne sera pas mentionnée au casier judiciaire.

La dispense de peine ne s'étend pas au paiement des frais du procès.

Paragraphe 2 : De l'ajournement simple

Article 132-60

La juridiction peut ajourner le prononcé de la peine lorsqu'il apparaît que le reclassement du coupable est en voie d'être acquis, que le dommage causé est en voie d'être réparé et que le trouble résultant de l'infraction va cesser.

Dans ce cas, elle fixe dans sa décision la date à laquelle il sera statué sur la peine.

L'ajournement ne peut être ordonné que si la personne physique prévenue ou le représentant de la personne morale prévenue est présent à l'audience.

Article 132-61

A l'audience de renvoi, la juridiction peut soit dispenser le prévenu de peine, soit prononcer la peine prévue par la loi, soit ajourner une nouvelle fois le prononcé de la peine dans les conditions et selon les modalités prévues à l'article 132-60.

Article 132-62

La décision sur la peine intervient au plus tard un an après la première décision d'ajournement.

Paragraphe 3 : De l'ajournement avec probation

Article 132-63

Lorsque le prévenu, personne physique, est présent à l'audience, la juridiction peut ajourner le prononcé de la peine dans les conditions et selon les modalités définies à l'article 132-60 en plaçant l'intéressé sous le régime de la probation pendant un délai qui ne peut être supérieur à un an. Sa décision est exécutoire par provision.

Article 132-64

Le régime de la probation, tel qu'il résulte des articles 132-43 à 132-46, est applicable à l'ajournement avec probation.

Article 132-65

A l'audience de renvoi, la juridiction peut, en tenant compte de la conduite du coupable au cours du délai de probation, soit le dispenser de peine, soit prononcer la peine prévue par la loi, soit ajourner une nouvelle fois le prononcé de la peine dans les conditions et selon les modalités prévues à l'article 132-63. Avec l'accord du procureur de la République, le juge de l'application des peines peut, trente jours avant l'audience de renvoi, prononcer lui même la dispense de peine, à l'issue d'un débat contradictoire tenu conformément aux dispositions de l'article 712-6 du code de procédure pénale.

La décision sur la peine intervient au plus tard un an après la première décision d'ajournement.

Paragraphe 4 : De l'ajournement avec injonction

Article 132-66

Dans les cas prévus par les lois ou les règlements qui répriment des manquements à des obligations déterminées, la juridiction qui ajourne le prononcé de la peine peut enjoindre à la personne physique ou à la personne morale déclarée coupable de se conformer à une ou plusieurs des prescriptions prévues par ces lois ou règlements.

La juridiction impartit un délai pour l'exécution de ces prescriptions.

Article 132-67

La juridiction peut assortir l'injonction d'une astreinte lorsque celle-ci est prévue par la loi ou le règlement ; dans ce cas, elle fixe, dans les limites prévues par la loi ou le règlement, le taux de l'astreinte et la durée maximale pendant laquelle celle-ci sera applicable.

L'astreinte cesse de courir le jour où les prescriptions énumérées par l'injonction ont été exécutées.

Article 132-68

L'ajournement avec injonction ne peut intervenir qu'une fois ; il peut être ordonné même si la personne physique prévenue ou le représentant de la personne morale prévenue n'est pas présent.

Dans tous les cas, la décision peut être assortie de l'exécution provisoire.

Article 132-69

A l'audience de renvoi, lorsque les prescriptions énumérées par l'injonction ont été exécutées dans le délai fixé, la juridiction peut soit dispenser le coupable de peine, soit prononcer les peines prévues par la loi ou le règlement.

Lorsque les prescriptions ont été exécutées avec retard, la juridiction liquide, s'il y a lieu, l'astreinte et prononce les peines prévues par la loi ou le règlement.

Lorsqu'il y a inexécution des prescriptions, la juridiction liquide s'il y a lieu l'astreinte, prononce les peines et peut en outre, dans les cas et selon les conditions prévues par la loi ou le règlement, ordonner que l'exécution de ces prescriptions sera poursuivie d'office aux frais du condamné.

Sauf dispositions contraires, la décision sur la peine intervient au plus tard un an après la décision d'ajournement.

Article 132-70

Le taux de l'astreinte, tel qu'il a été fixé par la décision d'ajournement, ne peut être modifié.

Pour la liquidation de l'astreinte, la juridiction apprécie l'inexécution ou le retard dans l'exécution des prescriptions en tenant compte, s'il y a lieu, de la survenance d'événements qui ne sont pas imputables au coupable.

L'astreinte ne donne pas lieu à contrainte judiciaire.

Paragraphe 5 : De l'ajournement aux fins d'investigations sur la personnalité ou la situation matérielle, familiale et sociale

Article 132-70-1

La juridiction peut ajourner le prononcé de la peine à l'égard d'une personne physique lorsqu'il apparaît opportun d'ordonner à son égard des investigations, le cas échéant complémentaires, sur sa personnalité ou sa situation matérielle, familiale et sociale de nature à permettre le prononcé d'une peine adaptée. Ces investigations peuvent être confiées au service pénitentiaire d'insertion et de probation ou à une personne morale habilitée.

Dans ce cas, la juridiction fixe dans sa décision la date à laquelle il sera statué sur la peine et ordonne, s'il y a lieu, le placement de la personne jusqu'à cette date sous contrôle judiciaire, sous assignation à résidence avec surveillance électronique ou, si celle-ci comparait détenue ou selon la procédure de comparution immédiate, en détention provisoire.

La décision sur la peine intervient au plus tard dans un délai de quatre mois après la décision d'ajournement, sous réserve des délais plus courts prévus au dernier alinéa de l'article 397-3 du code de procédure pénale quand la personne est placée en détention provisoire. Ce délai peut être prolongé pour une nouvelle durée maximale de quatre mois.

Article 132-70-2

Lorsque la juridiction ajourne le prononcé de la peine, elle peut octroyer immédiatement à la victime des dommages et intérêts soit à titre provisionnel, soit à titre définitif.

Paragraphe 6 : De l'ajournement aux fins de consignation d'une somme d'argent

Article 132-70-3

La juridiction peut ajourner le prononcé de la peine à l'égard d'une personne en la soumettant à l'obligation de consigner une somme d'argent en vue de garantir le paiement d'une éventuelle peine d'amende. Elle détermine le montant de cette consignation et le délai dans lequel celle-ci doit être déposée au greffe, qui ne saurait être supérieur à un an. Elle peut prévoir que cette consignation est effectuée en plusieurs versements, selon un échéancier qu'elle détermine.

Elle fixe dans sa décision la date à laquelle il sera statué sur la peine.

La décision sur la peine intervient au plus tard dans un délai d'un an après la décision d'ajournement.

Section 3 : De la définition de certaines circonstances entraînant l'aggravation, la diminution ou

l'exemption des peines

Article 132-71

Constitue une bande organisée au sens de la loi tout groupement formé ou toute entente établie en vue de la préparation, caractérisée par un ou plusieurs faits matériels, d'une ou de plusieurs infractions.

Article 132-71-1

Le guet-apens consiste dans le fait d'attendre un certain temps une ou plusieurs personnes dans un lieu déterminé pour commettre à leur encontre une ou plusieurs infractions.

Article 132-72

La préméditation est le dessein formé avant l'action de commettre un crime ou un délit déterminé.

Article 132-73

L'effraction consiste dans le forcement, la dégradation ou la destruction de tout dispositif de fermeture ou de toute espèce de clôture. Est assimilé à l'effraction l'usage de fausses clefs, de clefs indûment obtenues ou de tout instrument pouvant être frauduleusement employé pour actionner un dispositif de fermeture sans le forcer ni le dégrader.

Article 132-74

L'escalade est le fait de s'introduire dans un lieu quelconque, soit par-dessus un élément de clôture, soit par toute ouverture non destinée à servir d'entrée.

Article 132-75

Est une arme tout objet conçu pour tuer ou blesser.

Tout autre objet susceptible de présenter un danger pour les personnes est assimilé à une arme dès lors qu'il est utilisé pour tuer, blesser ou menacer ou qu'il est destiné, par celui qui en est porteur, à tuer, blesser ou menacer.

Est assimilé à une arme tout objet qui, présentant avec l'arme définie au premier alinéa une ressemblance de nature à créer une confusion, est utilisé pour menacer de tuer ou de blesser ou est destiné, par celui qui en est porteur, à menacer de tuer ou de blesser.

L'utilisation d'un animal pour tuer, blesser ou menacer est assimilée à l'usage d'une arme. En cas de condamnation du propriétaire de l'animal ou si le propriétaire est inconnu, le tribunal peut décider de remettre l'animal à une oeuvre de protection animale reconnue d'utilité publique ou déclarée, laquelle pourra librement en disposer.

Article 132-76

Lorsqu'un crime ou un délit est précédé, accompagné ou suivi de propos, écrits, images, objets ou actes de toute nature qui soit portent atteinte à l'honneur ou à la considération de la victime ou d'un groupe de personnes dont fait partie la victime à raison de son appartenance ou de sa non-appartenance, vraie ou supposée, à une prétendue race, une ethnie, une nation ou une religion déterminée, soit établissent que les faits ont été commis contre la victime pour l'une de ces raisons, le maximum de la peine privative de liberté encourue est relevé ainsi qu'il suit :

1° Il est porté à la réclusion criminelle à perpétuité lorsque l'infraction est punie de trente ans de réclusion criminelle ;

2° Il est porté à trente ans de réclusion criminelle lorsque l'infraction est punie de vingt ans de réclusion criminelle ;

3° Il est porté à vingt ans de réclusion criminelle lorsque l'infraction est punie de quinze ans de réclusion criminelle ;

4° Il est porté à quinze ans de réclusion criminelle lorsque l'infraction est punie de dix ans d'emprisonnement ;

5° Il est porté à dix ans d'emprisonnement lorsque l'infraction est punie de sept ans d'emprisonnement ;

6° Il est porté à sept ans d'emprisonnement lorsque l'infraction est punie de cinq ans d'emprisonnement ;

7° Il est porté au double lorsque l'infraction est punie de trois ans d'emprisonnement au plus.

Le présent article n'est pas applicable aux infractions prévues aux articles 222-13,225-1 et 432-7 du présent code, ou au septième alinéa de l'article 24, au deuxième alinéa de l'article 32 et au troisième alinéa de l'article 33 de la loi du 29 juillet 1881 sur la liberté de la presse.

Article 132-77

Lorsqu'un crime ou un délit est précédé, accompagné ou suivi de propos, écrits, images, objets ou actes de toute nature qui soit portent atteinte à l'honneur ou à la considération de la victime ou d'un groupe de personnes dont fait partie la victime à raison de son sexe, son orientation sexuelle ou identité de genre vraie ou supposée, soit établissent que les faits ont été commis contre la victime pour l'une de ces raisons, le maximum de la peine privative de liberté encourue est relevé ainsi qu'il suit :

1° Il est porté à la réclusion criminelle à perpétuité lorsque l'infraction est punie de trente ans de réclusion criminelle ;

2° Il est porté à trente ans de réclusion criminelle lorsque l'infraction est punie de vingt ans de réclusion criminelle ;

3° Il est porté à vingt ans de réclusion criminelle lorsque l'infraction est punie de quinze ans de réclusion criminelle ;

4° Il est porté à quinze ans de réclusion criminelle lorsque l'infraction est punie de dix ans d'emprisonnement ;

5° Il est porté à dix ans d'emprisonnement lorsque l'infraction est punie de sept ans d'emprisonnement ;

6° Il est porté à sept ans d'emprisonnement lorsque l'infraction est punie de cinq ans d'emprisonnement ;

7° Il est porté au double lorsque l'infraction est punie de trois ans d'emprisonnement au plus.

Le présent article n'est pas applicable aux infractions prévues aux articles 222-13,222-33,225-1,225-4-13 et 432-7 du présent code, ou au huitième alinéa de l'article 24, au troisième alinéa de l'article 32 et au quatrième alinéa de l'article 33 de la loi du 29 juillet 1881 sur la liberté de la presse, ni lorsque l'infraction est déjà aggravée soit parce qu'elle est commise par le conjoint, le concubin de la victime ou le partenaire lié à celle- ci par un pacte civil de solidarité, soit parce qu'elle est commise contre une personne afin de la contraindre à contracter un mariage ou à conclure une union ou en raison de son refus de contracter ce mariage ou cette union.

Article 132-78

La personne qui a tenté de commettre un crime ou un délit est, dans les cas prévus par la loi, exempte de peine si, ayant averti l'autorité administrative ou judiciaire, elle a permis d'éviter la réalisation de l'infraction.

Dans les cas prévus par la loi, la durée de la peine privative de liberté encourue par une personne ayant commis un crime ou un délit est réduite si, ayant averti l'autorité administrative ou judiciaire, elle a permis de faire cesser l'infraction, d'éviter que l'infraction ne produise un dommage ou d'identifier les autres auteurs ou complices.

Les dispositions de l'alinéa précédent sont également applicables lorsque la personne a permis soit d'éviter la réalisation d'une infraction connexe de même nature que le crime ou le délit pour lequel elle était poursuivie, soit de faire cesser une telle infraction, d'éviter qu'elle ne produise un dommage ou d'en identifier les auteurs ou complices.

Aucune condamnation ne peut être prononcée sur le seul fondement de déclarations émanant de personnes ayant fait l'objet des dispositions du présent article.

Article 132-78-1

Lorsque la personne a bénéficié de l'exemption ou de la réduction de peine mentionnée à l'article 132-78, la décision de condamnation fixe également la durée maximale de l'emprisonnement encouru par le condamné si, au cours d'une durée de dix ans en cas de condamnation pour délit ou de vingt ans en cas de condamnation pour crime, surviennent des éléments nouveaux faisant apparaître le caractère mensonger ou volontairement incomplet des déclarations ou s'il commet un nouveau crime ou délit. La durée de l'emprisonnement encouru, cumulée à la peine d'emprisonnement prononcée, ne peut excéder le maximum légal en l'absence de l'exemption ou de la réduction de peine mentionnée au même article 132-78.

Les conditions dans lesquelles le tribunal de l'application des peines peut décider de l'exécution de tout ou partie de la peine d'emprisonnement sont fixées par le code de procédure pénale.

Article 132-79

Lorsqu'un moyen de cryptologie au sens de l'article 29 de la loi n° 2004-575 du 21 juin 2004 pour la confiance dans l'économie numérique a été utilisé pour préparer ou commettre un crime ou un délit, ou pour en faciliter la préparation ou la commission, le maximum de la peine privative de liberté encourue est relevé ainsi qu'il suit :

1° Il est porté à la réclusion criminelle à perpétuité lorsque l'infraction est punie de trente ans de réclusion criminelle ;

2° Il est porté à trente ans de réclusion criminelle lorsque l'infraction est punie de vingt ans de réclusion criminelle ;

3° Il est porté à vingt ans de réclusion criminelle lorsque l'infraction est punie de quinze ans de réclusion criminelle ;

4° Il est porté à quinze ans de réclusion criminelle lorsque l'infraction est punie de dix ans d'emprisonnement ;

5° Il est porté à dix ans d'emprisonnement lorsque l'infraction est punie de sept ans d'emprisonnement ;

6° Il est porté à sept ans d'emprisonnement lorsque l'infraction est punie de cinq ans d'emprisonnement ;

7° Il est porté au double lorsque l'infraction est punie de trois ans d'emprisonnement au plus.

Les dispositions du présent article ne sont toutefois pas applicables à l'auteur ou au complice de l'infraction qui, à la demande des autorités judiciaires ou administratives, leur a remis la version en clair des messages chiffrés ainsi que les conventions secrètes nécessaires au déchiffrement.

Article 132-80

Dans les cas respectivement prévus par la loi ou le règlement, les peines encourues pour un crime, un délit ou une contravention sont aggravées lorsque l'infraction est commise par le conjoint, le concubin ou le partenaire lié à la victime par un pacte civil de solidarité, y compris lorsqu'ils ne cohabitent pas.

La circonstance aggravante prévue au premier alinéa est également constituée lorsque les faits sont commis par l'ancien conjoint, l'ancien concubin ou l'ancien partenaire lié à la victime par un pacte civil de solidarité. Les dispositions du présent alinéa sont applicables dès lors que l'infraction est commise en raison des relations ayant existé entre l'auteur des faits et la victime.

Chapitre III : De l'extinction des peines et de l'effacement des condamnations

Article 133-1

Le décès du condamné ou la dissolution de la personne morale, sauf dans le cas où la dissolution est prononcée par la juridiction pénale, la grâce et l'amnistie, empêchent ou arrêtent l'exécution de la peine. Toutefois, il peut être procédé au recouvrement de l'amende et des frais de justice ainsi qu'à l'exécution de la confiscation après le décès du condamné ou après la dissolution de la personne morale jusqu'à la clôture des opérations de liquidation.

La prescription de la peine empêche l'exécution de celle-ci. La réhabilitation efface la condamnation.

Section 1 : De la prescription

Article 133-2

Les peines prononcées pour un crime se prescrivent par vingt années révolues à compter de la date à laquelle la décision de condamnation est devenue définitive.

Par dérogation au premier alinéa, les peines prononcées pour les crimes mentionnés aux articles 214-1 à 214-4 et 221-12 et au livre IV bis du présent code ainsi qu'aux articles 706-16, 706-26 et 706-167 du code de procédure pénale se prescrivent par trente années révolues à compter de la date à laquelle la décision de condamnation est devenue définitive.

Par dérogation au premier alinéa du présent article, les peines prononcées pour les crimes mentionnés aux articles 211-1 à 212-3 du présent code sont imprescriptibles.

Article 133-3

Les peines prononcées pour un délit se prescrivent par six années révolues à compter de la date à laquelle la décision de condamnation est devenue définitive.

Les peines prononcées pour les délits mentionnés au livre IV bis du présent code, aux articles 706-16 et 706-26 du code de procédure pénale et, lorsqu'ils sont punis de dix ans d'emprisonnement, à l'article 706-167 du même code se prescrivent par vingt années révolues à compter de la date à laquelle la décision de condamnation est devenue définitive.

Article 133-4

Les peines prononcées pour une contravention se prescrivent par trois années révolues à compter de la date à laquelle la décision de condamnation est devenue définitive.

Article 133-4-1

Le délai de prescription des peines est interrompu dans les conditions prévues à l'avant-dernier alinéa de l'article 707-1 du code de procédure pénale.

Article 133-5

Les condamnés par contumace dont la peine est prescrite ne sont pas admis à purger la contumace.

Article 133-6

Les obligations de nature civile résultant d'une décision pénale devenue définitive se prescrivent d'après les règles du code civil.

Section 2 : De la grâce

Article 133-7

La grâce emporte seulement dispense d'exécuter la peine.

Article 133-8

La grâce ne fait pas obstacle au droit, pour la victime, d'obtenir réparation du préjudice causé par l'infraction.

Section 3 : De l'amnistie

Article 133-9

L'amnistie efface les condamnations prononcées. Elle entraîne, sans qu'elle puisse donner lieu à restitution, la remise de toutes les peines. Elle rétablit l'auteur ou le complice de l'infraction dans le bénéfice du sursis qui avait pu lui être accordé lors d'une condamnation antérieure.

Article 133-10

L'amnistie ne préjudicie pas aux tiers.

Article 133-11

Il est interdit à toute personne qui, dans l'exercice de ses fonctions, a connaissance de condamnations pénales, de sanctions disciplinaires ou professionnelles ou d'interdictions, déchéances et incapacités effacées par l'amnistie, d'en rappeler l'existence sous quelque forme que ce soit ou d'en laisser subsister la mention dans un document quelconque. Toutefois, les minutes des jugements, arrêts et décisions échappent à cette interdiction. En outre, l'amnistie ne met pas obstacle à l'exécution de la publication ordonnée à titre de réparation.

Section 4 : De la réhabilitation

Article 133-12

Toute personne frappée d'une peine criminelle, correctionnelle ou contraventionnelle peut bénéficier, soit d'une réhabilitation de plein droit dans les conditions prévues à la présente section, soit d'une réhabilitation judiciaire accordée dans les conditions prévues par le code de procédure pénale.

Article 133-13

La réhabilitation est acquise de plein droit à la personne physique condamnée qui n'a, dans les délais ci-après déterminés, subi aucune condamnation nouvelle à une peine criminelle ou correctionnelle :

1° Pour la condamnation à l'amende ou à la peine de jours-amende après un délai de trois ans à compter du jour du paiement de l'amende ou du montant global des jours-amende, de l'expiration de la contrainte judiciaire ou du délai de l'incarcération prévue par l'article 131-25 ou de la prescription accomplie ;

2° Pour la condamnation unique soit à un emprisonnement n'excédant pas un an, soit à une peine autre que la réclusion criminelle, la détention criminelle, l'emprisonnement, l'amende ou le jour-amende, après un délai de cinq ans à compter soit de l'exécution de la peine, soit de la prescription accomplie ;

3° Pour la condamnation unique à un emprisonnement n'excédant pas dix ans ou pour les condamnations multiples à l'emprisonnement dont l'ensemble ne dépasse pas cinq ans, après un délai de dix ans à compter soit de l'expiration de la peine subie, soit de la prescription accomplie.

Les délais prévus au présent article sont doublés lorsque la personne a été condamnée pour des faits commis en état de récidive légale.

Lorsqu'il s'agit de condamnations assorties en tout ou partie du sursis, du sursis probatoire ou du sursis avec obligation d'accomplir un travail d'intérêt général, les délais de réhabilitation courent, pour chacune de ces condamnations et y compris en cas de condamnations multiples, à compter de la date à laquelle la condamnation est non avenue.

Article 133-14

La réhabilitation est acquise de plein droit à la personne morale condamnée qui n'a, dans les délais ci-après déterminés, subi aucune condamnation nouvelle à une peine criminelle ou correctionnelle :

1° Pour la condamnation à l'amende, après un délai de cinq ans à compter du jour du paiement de l'amende ou de la prescription accomplie ;

2° Pour la condamnation à une peine autre que l'amende ou la dissolution, après un délai de cinq ans à compter soit de l'exécution de la peine, soit de la prescription accomplie.

Les délais prévus au présent article sont doublés lorsque la personne a été condamnée pour des faits commis en état de récidive légale.

Lorsqu'il s'agit d'une condamnation assortie du sursis, les délais de réhabilitation courent à compter de la date à laquelle la condamnation est non avenue.

Article 133-15

Les peines dont la confusion a été accordée sont considérées comme constituant une peine unique pour l'application des dispositions des articles 133-13 et 133-14.

Article 133-16

La réhabilitation produit les mêmes effets que ceux qui sont prévus par les articles 133-10 et 133-11. Elle efface toutes les incapacités et déchéances qui résultent de la condamnation.

Toutefois, lorsque la personne a été condamnée au suivi socio-judiciaire prévu à l'article 131-36-1 ou à la peine d'interdiction d'exercer une activité professionnelle ou bénévole impliquant un contact habituel avec des mineurs, la réhabilitation ne produit ses effets qu'à la fin de la mesure. Par ailleurs, la réhabilitation ne produit ses effets qu'à l'issue d'un délai de quarante ans lorsqu'a été prononcée, comme peine complémentaire, une interdiction, incapacité ou déchéance à titre définitif.

La réhabilitation n'interdit pas la prise en compte de la condamnation, par les seules autorités judiciaires, en cas de nouvelles poursuites, pour l'application des règles sur la récidive légale.

Article 133-16-1

Si la personne a été condamnée par une juridiction pénale d'un Etat membre de l'Union européenne à une des peines suivantes, la réhabilitation n'est susceptible de produire ses effets sur les condamnations françaises antérieures qu'à l'issue des délais ci-après déterminés :

1° Lorsque la peine prononcée est une sanction pécuniaire, qu'à partir de l'effacement de cette condamnation ou de l'écoulement d'un délai de trois ans à compter de son prononcé ;

2° Lorsque la peine prononcée est une peine d'emprisonnement d'une durée supérieure à un an, qu'à partir de l'effacement de cette condamnation ou de l'écoulement d'un délai de dix ans à compter de son prononcé ;

3° Lorsque la peine prononcée est une peine d'emprisonnement d'une durée supérieure à dix ans, qu'à partir de l'effacement de cette condamnation ou de l'écoulement d'un délai de quarante ans à compter de son prononcé ;

4° Lorsque la personne a été condamnée à une peine autre que celles définies aux 1° à 3°, qu'à partir de l'effacement de cette condamnation ou de l'écoulement d'un délai de cinq ans à compter de son prononcé.

Article 133-17

Pour l'application des règles sur la réhabilitation, la remise gracieuse d'une peine équivaut à son exécution.

Livre II : Des crimes et délits contre les personnes

Titre Ier : Des crimes contre l'humanité et contre l'espèce humaine

Sous-titre Ier : Des crimes contre l'humanité

Chapitre Ier : Du génocide

Article 211-1

Constitue un génocide le fait, en exécution d'un plan concerté tendant à la destruction totale ou partielle d'un groupe national, ethnique, racial ou religieux, ou d'un groupe déterminé à partir de tout autre critère arbitraire, de commettre ou de faire commettre, à l'encontre de membres de ce groupe, l'un des actes suivants :

- atteinte volontaire à la vie ;
- atteinte grave à l'intégrité physique ou psychique ;
- soumission à des conditions d'existence de nature à entraîner la destruction totale ou partielle du groupe ;
- mesures visant à entraver les naissances ;
- transfert forcé d'enfants.

Le génocide est puni de la réclusion criminelle à perpétuité.

Les deux premiers alinéas de l'article 132-23 relatif à la période de sûreté sont applicables au crime prévu par le présent article.

Article 211-2

La provocation publique et directe, par tous moyens, à commettre un génocide est punie de la réclusion criminelle à perpétuité si cette provocation a été suivie d'effet.

Si la provocation n'a pas été suivie d'effet, les faits sont punis de sept ans d'emprisonnement et de 100 000 € d'amende.

Chapitre II : Des autres crimes contre l'humanité

Article 212-1

Constitue également un crime contre l'humanité et est puni de la réclusion criminelle à perpétuité l'un des actes ci-après commis en exécution d'un plan concerté à l'encontre d'un groupe de population civile dans le cadre d'une attaque généralisée ou systématique :

1° L'atteinte volontaire à la vie ;

2° L'extermination ;

3° La réduction en esclavage ;

4° La déportation ou le transfert forcé de population ;

5° L'emprisonnement ou toute autre forme de privation grave de liberté physique en violation des dispositions fondamentales du droit international ;

6° La torture ;

7° Le viol, la prostitution forcée, la grossesse forcée, la stérilisation forcée ou toute autre forme de violence sexuelle de gravité comparable ;

8° La persécution de tout groupe ou de toute collectivité identifiable pour des motifs d'ordre politique, racial, national, ethnique, culturel, religieux ou sexiste ou en fonction d'autres critères universellement reconnus comme inadmissibles en droit international ;

9° La disparition forcée ;

10° Les actes de ségrégation commis dans le cadre d'un régime institutionnalisé d'oppression systématique et de domination d'un groupe racial sur tout autre groupe racial ou tous autres groupes raciaux et dans l'intention de maintenir ce régime ;

11° Les autres actes inhumains de caractère analogue causant intentionnellement de grandes souffrances ou des atteintes graves à l'intégrité physique ou psychique.

Les deux premiers alinéas de l'article 132-23 relatif à la période de sûreté sont applicables aux crimes prévus par le présent article.

Article 212-2

Lorsqu'ils sont commis en temps de guerre en exécution d'un plan concerté contre ceux qui combattent le système idéologique au nom duquel sont perpétrés des crimes contre l'humanité, les actes visés à l'article 212-1 sont punis de la réclusion criminelle à perpétuité.

Les deux premiers alinéas de l'article 132-23 relatif à la période de sûreté sont applicables aux crimes prévus par le présent article.

Article 212-3

La participation à un groupement formé ou à une entente établie en vue de la préparation, caractérisée par un ou plusieurs faits matériels, de l'un des crimes définis par les articles 211-1, 212-1 et 212-2 est punie de la réclusion criminelle à perpétuité.

Les deux premiers alinéas de l'article 132-23 relatif à la période de sûreté sont applicables au crime prévu au présent article.

Chapitre III : Dispositions communes

Article 213-1

Les personnes physiques coupables des infractions prévues par le présent sous-titre encourent également les peines suivantes :

1° L'interdiction des droits civiques, civils et de famille, selon les modalités prévues par l'article 131-26. Toutefois, le maximum de l'interdiction est porté à quinze ans ;

2° L'interdiction, suivant les modalités prévues par l'article 131-27, d'exercer une fonction publique ou d'exercer l'activité professionnelle ou sociale dans l'exercice ou à l'occasion de l'exercice de laquelle l'infraction a été commise. Toutefois, le maximum de l'interdiction temporaire est porté à dix ans ;

3° L'interdiction de séjour, selon les modalités prévues par l'article 131-31. Toutefois, le maximum de l'interdiction est porté à quinze ans ;

4° La confiscation de tout ou partie des biens leur appartenant ou, sous réserve des droits du propriétaire de bonne foi, dont elles ont la libre disposition ;

5° L'interdiction, suivant les modalités prévues par l'article 131-27, soit d'exercer une fonction publique ou d'exercer l'activité professionnelle ou sociale dans l'exercice ou à l'occasion de l'exercice de laquelle l'infraction a été commise, soit d'exercer une profession commerciale ou industrielle, de diriger, d'administrer, de gérer ou de contrôler à un titre quelconque, directement ou indirectement, pour son propre compte ou pour le compte d'autrui, une entreprise commerciale ou industrielle ou une société commerciale. Ces interdictions d'exercice peuvent être prononcées cumulativement.

Article 213-3

Les personnes morales déclarées responsables pénalement, dans les conditions prévues par l'article 121-2, de crimes contre l'humanité encourent, outre l'amende suivant les modalités prévues par l'article 131-38 :

1° Les peines mentionnées à l'article 131-39 ;

2° La confiscation de tout ou partie des biens leur appartenant ou, sous réserve des droits du propriétaire de bonne foi, dont elles ont la libre disposition.

Article 213-4

L'auteur ou le complice d'un crime visé par le présent sous-titre ne peut être exonéré de sa responsabilité du seul fait qu'il a accompli un acte prescrit ou autorisé par des dispositions législatives ou réglementaires ou un acte commandé par l'autorité légitime. Toutefois, la juridiction tient compte de cette circonstance lorsqu'elle détermine la peine et en fixe le montant.

Article 213-4-1

Sans préjudice de l'application des dispositions de l'article 121-7, est considéré comme complice d'un crime visé par le présent sous-titre commis par des subordonnés placés sous son autorité et son contrôle effectifs le chef militaire ou la personne qui en faisait fonction, qui savait ou, en raison des circonstances, aurait dû savoir que ces subordonnés commettaient ou allaient commettre ce crime et qui n'a pas pris toutes les mesures nécessaires et raisonnables qui étaient en son pouvoir pour en empêcher ou en réprimer l'exécution ou pour en référer aux autorités compétentes aux fins d'enquête et de poursuites.

Sans préjudice de l'application des dispositions de l'article 121-7, est également considéré comme complice d'un crime visé par le présent sous-titre commis par des subordonnés placés sous son autorité et son contrôle effectifs le supérieur hiérarchique, n'exerçant pas la fonction de chef militaire, qui savait que ces subordonnés commettaient ou allaient commettre ce crime ou a délibérément négligé de tenir compte d'informations qui l'indiquaient clairement et qui n'a pas pris toutes les mesures nécessaires et raisonnables qui étaient en son pouvoir pour en empêcher ou en réprimer l'exécution ou pour en référer aux autorités compétentes aux fins d'enquête et de poursuites, alors que ce crime était lié à des activités relevant de sa responsabilité et de son contrôle effectifs.

Sous-titre II : Des crimes contre l'espèce humaine

Chapitre Ier : Des crimes d'eugénisme et de clonage reproductif

---

Article 214-1

Le fait de mettre en oeuvre une pratique eugénique tendant à l'organisation de la sélection des personnes est puni de trente ans de réclusion criminelle et de 7 500 000 euros d'amende.

Article 214-2

Le fait de procéder à une intervention ayant pour but de faire naître un enfant génétiquement identique à une autre personne vivante ou décédée est puni de trente ans de réclusion criminelle et de 7 500 000 euros d'amende.

Article 214-3

Les infractions prévues par les articles 214-1 et 214-2 sont punies de la réclusion criminelle à perpétuité et de 7 500 000 euros d'amende lorsqu'elles sont commises en bande organisée.

Les deux premiers alinéas de l'article 132-23 relatif à la période de sûreté sont applicables aux infractions prévues par le présent article.

Article 214-4

La participation à un groupement formé ou à une entente établie en vue de la préparation, caractérisée par un ou plusieurs faits matériels, de l'un des crimes définis par les articles 214-1 et 214-2 est punie de la réclusion criminelle à perpétuité et de 7 500 000 euros d'amende.

Les deux premiers alinéas de l'article 132-23 relatif à la période de sûreté sont applicables aux infractions prévues par le présent article.

Chapitre II : Dispositions communes

Article 215-1

Les personnes physiques coupables des infractions prévues par le présent sous-titre encourent également les peines suivantes :

1° L'interdiction des droits civiques, civils et de famille, selon les modalités prévues à l'article 131-26 ;

2° L'interdiction d'exercer une fonction publique, selon les modalités prévues par l'article 131-27 ;

3° L'interdiction de séjour, selon les modalités prévues par l'article 131-31 ;

4° La confiscation de tout ou partie des biens leur appartenant ou, sous réserve des droits du propriétaire de bonne foi, dont elles ont la libre disposition, meubles ou immeubles, divis ou indivis ;

5° La confiscation du matériel qui a servi à commettre l'infraction ;

6° L'interdiction, suivant les modalités prévues par l'article 131-27, soit d'exercer une fonction publique ainsi que l'activité de prestataire de formation professionnelle continue au sens de l'article L. 6313-1 du code du travail pour une durée de cinq ans, ou d'exercer l'activité professionnelle ou sociale dans l'exercice ou à l'occasion de l'exercice de laquelle l'infraction a été commise, soit d'exercer une profession commerciale ou industrielle, de diriger, d'administrer, de gérer ou de contrôler à un titre quelconque, directement ou indirectement, pour son propre compte ou pour le compte d'autrui, une entreprise commerciale ou industrielle ou une société commerciale. Ces interdictions d'exercice peuvent être prononcées cumulativement.

Article 215-3

Les personnes morales déclarées responsables pénalement, dans les conditions prévues par l'article 121-2, des infractions définies au présent sous-titre encourent, outre l'amende suivant les modalités prévues par l'article 131-38 :

1° (Abrogé) ;

2° Les peines mentionnées à l'article 131-39 ;

3° La confiscation de tout ou partie des biens leur appartenant ou, sous réserve des droits du propriétaire de bonne foi, dont elles ont la libre disposition, meubles ou immeubles, divis ou indivis ;

4° L'interdiction d'exercer une fonction de prestataire de formation professionnelle continue au sens de l'article L. 6313-1 du code du travail pour une durée de cinq ans.

Titre II : Des atteintes à la personne humaine

Chapitre Ier : Des atteintes à la vie de la personne

Section 1 : Des atteintes volontaires à la vie

Article 221-1

Le fait de donner volontairement la mort à autrui constitue un meurtre. Il est puni de trente ans de réclusion criminelle.

Article 221-2

Le meurtre qui précède, accompagne ou suit un autre crime est puni de la réclusion criminelle à perpétuité.

Le meurtre qui a pour objet soit de préparer ou de faciliter un délit, soit de favoriser la fuite ou d'assurer l'impunité de l'auteur ou du complice d'un délit est puni de la réclusion criminelle à perpétuité.

Les deux premiers alinéas de l'article 132-23 relatif à la période de sûreté sont applicables aux infractions prévues par le présent article.

Article 221-3

Le meurtre commis avec préméditation ou guet-apens constitue un assassinat. Il est puni de la réclusion criminelle à perpétuité.

Les deux premiers alinéas de l'article 132-23 relatif à la période de sûreté sont applicables à l'infraction prévue par le présent article. Toutefois, lorsque la victime est un mineur de quinze ans et que l'assassinat est précédé ou accompagné d'un viol, de tortures ou d'actes de barbarie ou lorsque l'assassinat a été commis sur un magistrat, un fonctionnaire de la police nationale, un militaire de la gendarmerie, un membre du personnel de l'administration pénitentiaire ou toute autre personne dépositaire de l'autorité publique, à l'occasion de l'exercice ou en raison de ses fonctions, la cour d'assises peut, par décision spéciale, soit porter la période de sûreté jusqu'à trente ans, soit, si elle prononce la réclusion criminelle à perpétuité, décider qu'aucune des mesures énumérées à l'article 132-23 ne pourra être accordée au condamné ; en cas de commutation de la peine, et sauf si le décret de grâce en dispose autrement, la période de sûreté est alors égale à la durée de la peine résultant de la mesure de grâce.

Article 221-4

Le meurtre est puni de la réclusion criminelle à perpétuité lorsqu'il est commis :

1° Sur un mineur de quinze ans ;

2° Sur un ascendant légitime ou naturel ou sur les père ou mère adoptifs ;

3° Sur une personne dont la particulière vulnérabilité, due à son âge, à une maladie, à une infirmité, à une déficience physique ou psychique ou à un état de grossesse, est apparente ou connue de son auteur ;

3° bis Sur une personne dont l'état de sujétion psychologique ou physique, au sens de l'article 223-15-3, est connu de son auteur ;

4° Sur un magistrat, un juré, un avocat, un officier public ou ministériel, un militaire de la gendarmerie nationale, un fonctionnaire de la police nationale, des douanes, de l'administration pénitentiaire ou toute autre personne dépositaire de l'autorité publique, un sapeur-pompier ou un marin-pompier, un gardien assermenté d'immeubles ou de groupes d'immeubles ou un agent exerçant pour le compte d'un bailleur des fonctions de gardiennage ou de surveillance des immeubles à usage d'habitation en application de l'article L. 271-1 du code de la sécurité intérieure, dans l'exercice ou du fait de ses fonctions, lorsque la qualité de la victime est apparente ou connue de l'auteur ;

4° bis Sur un enseignant ou tout membre des personnels travaillant dans les établissements d'enseignement scolaire, sur un agent d'un exploitant de réseau de transport public de voyageurs ou toute personne chargée d'une mission de service public, ainsi que sur un professionnel de santé, dans l'exercice ou du fait de ses fonctions, lorsque la qualité de la victime est apparente ou connue de l'auteur ;

4° ter Sur le conjoint, les ascendants ou les descendants en ligne directe ou sur toute autre personne vivant habituellement au domicile des personnes mentionnées aux 4° et 4° bis, en raison des fonctions exercées par ces dernières ;

5° Sur un témoin, une victime ou une partie civile, soit pour l'empêcher de dénoncer les faits, de porter plainte ou de déposer en justice, soit en raison de sa dénonciation, de sa plainte ou de sa déposition ;

6° et 7° (abrogés)

8° Par plusieurs personnes agissant en bande organisée ;

9° Par le conjoint ou le concubin de la victime ou le partenaire lié à la victime par un pacte civil de solidarité ;

10° Contre une personne en raison de son refus de contracter un mariage ou de conclure une union ;

11° Par une personne agissant en état d'ivresse manifeste ou sous l'emprise manifeste de produits stupéfiants.

Les deux premiers alinéas de l'article 132-23 relatif à la période de sûreté sont applicables aux infractions prévues par le présent article. Toutefois, lorsque la victime est un mineur de quinze ans et que le meurtre est précédé ou accompagné d'un viol, de tortures ou d'actes de barbarie ou lorsque le meurtre a été commis sur un magistrat, un fonctionnaire de la police nationale, un militaire de la gendarmerie, un membre du personnel de l'administration pénitentiaire ou toute autre personne dépositaire de l'autorité publique, à l'occasion de l'exercice ou en raison de ses fonctions, la cour d'assises peut, par décision spéciale, soit porter la période de sûreté jusqu'à trente ans, soit, si elle prononce la réclusion criminelle à perpétuité, décider qu'aucune des mesures énumérées à l'article 132-23 ne pourra être accordée au condamné ; en cas de commutation de la peine, et sauf si le décret de grâce en dispose autrement, la période de sûreté est alors égale à la durée de la peine résultant de la mesure de grâce.

Article 221-5

Le fait d'attenter à la vie d'autrui par l'emploi ou l'administration de substances de nature à entraîner la mort constitue un empoisonnement.

L'empoisonnement est puni de trente ans de réclusion criminelle.

Il est puni de la réclusion criminelle à perpétuité lorsqu'il est commis dans l'une des circonstances prévues aux articles 221-2, 221-3 et 221-4.

Les deux premiers alinéas de l'article 132-23 relatif à la période de sûreté sont applicables à l'infraction prévue par le présent article.

Article 221-5-1

Le fait de faire à une personne des offres ou des promesses ou de lui proposer des dons, présents ou avantages quelconques afin qu'elle commette, y compris hors du territoire national, un assassinat ou un empoisonnement est puni, lorsque ce crime n'a été ni commis ni tenté, de dix ans d'emprisonnement et de 150 000 euros d'amende.

Article 221-5-2

Les personnes morales déclarées responsables pénalement, dans les conditions prévues par l'article 121-2, des infractions définies à la présente section encourent, outre l'amende suivant les modalités prévues par l'article 131-38, les peines prévues par l'article 131-39.

L'interdiction mentionnée au 2° de l'article 131-39 porte sur l'activité dans l'exercice ou à l'occasion de l'exercice de laquelle l'infraction a été commise.

Article 221-5-3

Toute personne qui a tenté de commettre les crimes de meurtre ou d'empoisonnement est exempte de peine si, ayant averti l'autorité administrative ou judiciaire, elle a permis d'éviter la mort de la victime.

La peine privative de liberté encourue par l'auteur ou le complice du crime de meurtre est réduite des deux tiers si, ayant averti l'autorité administrative ou judiciaire, il a permis d'identifier les autres auteurs ou complices ou d'éviter la répétition de l'infraction. Lorsque la peine encourue est la réclusion criminelle à perpétuité, elle est ramenée à quinze ans de réclusion criminelle.

La peine privative de liberté encourue par l'auteur ou le complice d'un empoisonnement est réduite des deux tiers si, ayant averti l'autorité administrative ou judiciaire, il a permis d'éviter la mort de la victime ou d'identifier, le cas échéant, les autres auteurs ou complices. Lorsque la peine encourue est la réclusion criminelle à perpétuité, elle est ramenée à quinze ans de réclusion criminelle.

Article 221-5-4

Dans le cas où le crime prévu par le 10° de l'article 221-4 est commis à l'étranger à l'encontre d'une personne résidant habituellement sur le territoire français, la loi française est applicable par dérogation aux dispositions de l'article 113-7.

Section 1 bis : De l'atteinte à la vie résultant d'une intoxication volontaire

Article 221-5-6

Est puni de dix ans d'emprisonnement et de 150 000 euros d'amende le fait pour une personne d'avoir consommé volontairement, de façon illicite ou manifestement excessive, des substances psychoactives en ayant connaissance du fait que cette consommation est susceptible de la conduire à mettre délibérément autrui en danger, lorsque cette consommation a entraîné un trouble psychique ou neuropsychique temporaire sous l'empire duquel elle a commis un homicide volontaire dont elle est déclarée pénalement irresponsable en application du premier alinéa de l'article 122-1.

Si l'infraction prévue au premier alinéa du présent article a été commise par une personne qui a été précédemment déclarée pénalement irresponsable d'un homicide volontaire en application du premier alinéa de l'article 122-1 en raison d'une abolition de son discernement ou du contrôle de ses actes résultant d'un trouble psychique ou neuropsychique temporaire provoqué par la même consommation volontaire de substances psychoactives, la peine est portée à quinze ans de réclusion criminelle. Dans les cas prévus au présent alinéa, les articles 132-8 et 132-9 ne sont pas applicables.

Section 2 : Des atteintes involontaires à la vie

Article 221-6

Le fait de causer, dans les conditions et selon les distinctions prévues à l'article 121-3, par maladresse, imprudence, inattention, négligence ou manquement à une obligation de prudence ou de sécurité imposée par la loi ou le règlement, la mort d'autrui constitue un homicide involontaire puni de trois ans d'emprisonnement et de 45 000 euros d'amende.

En cas de violation manifestement délibérée d'une obligation particulière de prudence ou de sécurité imposée par la loi ou le règlement, les peines encourues sont portées à cinq ans d'emprisonnement et à 75 000 euros d'amende.

Article 221-6-1

Lorsque la maladresse, l'imprudence, l'inattention, la négligence ou le manquement à une obligation législative ou réglementaire de prudence ou de sécurité prévu par l'article 221-6 est commis par le conducteur d'un véhicule terrestre à moteur, l'homicide involontaire est puni de cinq ans d'emprisonnement et de 75 000 euros d'amende.

Article 221-6-2

Lorsque l'homicide involontaire prévu par l'article 221-6 résulte de l'agression commise par un chien, le propriétaire ou celui qui détient le chien au moment des faits est puni de cinq ans d'emprisonnement et de 75 000 euros d'amende.

Les peines sont portées à sept ans d'emprisonnement et à 100 000 euros d'amende lorsque :

1° La propriété ou la détention du chien est illicite en application de dispositions législatives ou réglementaires ou d'une décision judiciaire ou administrative ;

2° Le propriétaire ou le détenteur du chien se trouvait en état d'ivresse manifeste ou sous l'emprise manifeste de produits stupéfiants ;

3° Le propriétaire ou le détenteur du chien n'avait pas exécuté les mesures prescrites par le maire, conformément à l'article L. 211-11 du code rural et de la pêche maritime, pour prévenir le danger présenté par l'animal ;

4° Le propriétaire ou le détenteur du chien n'était pas titulaire du permis de détention prévu à l'article L. 211-14 du code rural et de la pêche maritime ;

5° Le propriétaire ou le détenteur du chien ne justifie pas d'une vaccination antirabique de son animal en cours de validité lorsqu'elle est obligatoire ;

6° Il s'agissait d'un chien de la première ou de la deuxième catégorie prévues à l'article L. 211-12 du code rural et de la pêche maritime qui n'était pas muselé ou tenu en laisse par une personne majeure conformément aux dispositions prévues au II de l'article L. 211-16 du même code ;

7° Il s'agissait d'un chien ayant fait l'objet de mauvais traitements de la part de son propriétaire ou de son détenteur.

Les peines sont portées à dix ans d'emprisonnement et à 150 000 euros d'amende lorsque l'homicide involontaire a été commis avec deux ou plusieurs des circonstances mentionnées aux 1° et suivants du présent article.

Article 221-7

Les personnes morales déclarées responsables pénalement, dans les conditions prévues par l'article 121-2, des infractions définies à l'article 221-6 encourent, outre l'amende suivant les modalités prévues par l'article 131-38, les peines prévues par les 2°, 3°, 8° et 9° de l'article 131-39.

L'interdiction mentionnée au 2° de l'article 131-39 porte sur l'activité dans l'exercice ou à l'occasion de l'exercice de laquelle l'infraction a été commise.

Dans les cas visés au second alinéa de l'article 221-6, est en outre encourue la peine mentionnée au 4° de l'article 131-39.

Section 3 : Peines complémentaires applicables aux personnes physiques

---

Article 221-8

I. – Les personnes physiques coupables des infractions prévues au présent chapitre encourent également les peines complémentaires suivantes :

1° L'interdiction, suivant les modalités prévues par l'article 131-27, soit d'exercer une fonction publique ou d'exercer l'activité professionnelle ou sociale dans l'exercice ou à l'occasion de l'exercice de laquelle l'infraction a été commise, soit, pour les crimes prévus par les articles 221-1,221-2,221-3,221-4 et 221-5, d'exercer une profession commerciale ou industrielle, de diriger, d'administrer, de gérer ou de contrôler à un titre quelconque, directement ou indirectement, pour son propre compte ou pour le compte d'autrui, une entreprise commerciale ou industrielle ou une société commerciale. Ces interdictions d'exercice peuvent être prononcées cumulativement ;

2° L'interdiction de détenir ou de porter, pour une durée de cinq ans au plus, une arme soumise à autorisation ;

3° La suspension, pour une durée de cinq ans au plus, du permis de conduire, cette suspension pouvant être limitée à la conduite en dehors de l'activité professionnelle ; dans les cas prévus par l'article 221-6-1, la suspension ne peut pas être assortie du sursis, même partiellement, et ne peut pas être limitée à la conduite en dehors de l'activité professionnelle ;

4° L'annulation du permis de conduire avec interdiction de solliciter la délivrance d'un nouveau permis pendant cinq ans au plus ;

4° bis (abrogé)

5° La confiscation d'une ou de plusieurs armes dont le condamné est propriétaire ou dont il a la libre disposition ;

6° Le retrait du permis de chasser avec interdiction de solliciter la délivrance d'un nouveau permis pendant cinq ans au plus ;

7° Dans les cas prévus par l'article 221-6-1, l'interdiction de conduire certains véhicules terrestres à moteur, y compris ceux pour la conduite desquels le permis de conduire n'est pas exigé, pour une durée de cinq ans au plus ;

8° (abrogé)

9° Dans les cas prévus par l'article 221-6-1, l'immobilisation, pendant une durée d'un an au plus, du véhicule dont le condamné s'est servi pour commettre l'infraction, s'il en est le propriétaire ;

10° Dans les cas prévus par l'article 221-6-1, la confiscation du véhicule dont le condamné s'est servi pour commettre l'infraction, s'il en est le propriétaire ;

II. – En cas de condamnation pour les infractions prévues à la section 1 du présent chapitre, le prononcé des peines complémentaires prévues aux 2°, 5° et 6° du I est obligatoire. La durée des peines prévues aux 2° et 6° du I est portée à quinze ans au plus.

Toutefois, la juridiction peut, par une décision spécialement motivée lorsque la condamnation est prononcée par une juridiction correctionnelle, décider de ne pas prononcer ces peines, en considération des circonstances de l'infraction et de la personnalité de son auteur.

Article 221-9

Les personnes physiques coupables des infractions prévues aux sections 1 et 1 bis du présent chapitre encourent également les peines complémentaires suivantes :

1° L'interdiction des droits civiques, civils et de famille, selon les modalités prévues par l'article 131-26 ;

2° L'interdiction d'exercer une fonction publique, selon les modalités prévues par l'article 131-27 ;

3° La confiscation prévue par l'article 131-21 ;

4° L'interdiction de séjour, suivant les modalités prévues par l'article 131-31.

Article 221-9-1

Les personnes physiques coupables des crimes prévus aux sections 1 et 1 bis du présent chapitre encourent également le suivi socio-judiciaire selon les modalités prévues par les articles 131-36-1 à 131-36-13.

Article 221-9-2

Les personnes physiques coupables des crimes prévus à la section 1 du présent chapitre, lorsque ces crimes ont été commis à l'encontre de leur époux assuré, encourent également la peine complémentaire d'interdiction de percevoir la pension due au conjoint survivant ou divorcé en application des dispositions du code de la sécurité sociale ou du code rural et de la pêche maritime.

Le prononcé de cette peine est obligatoire. Toutefois, la juridiction peut, par une décision spécialement motivée, décider de ne pas prononcer cette peine, en considération des circonstances de l'infraction et de la personnalité de son auteur.

Article 221-10

Les personnes physiques coupables des infractions prévues par la section 2 du présent chapitre encourent également la peine complémentaire d'affichage ou de diffusion de la décision prévue par l'article 131-35.

Article 221-11-1

Dans le cas prévu au 10° de l'article 221-4, peut être également prononcée l'interdiction, pour une durée de dix ans au plus, de quitter le territoire de la République.

Chapitre Ier bis : Des atteintes à la personne constituées par les disparitions forcées

---

Article 221-12

Constitue une disparition forcée l'arrestation, la détention, l'enlèvement ou toute autre forme de privation de liberté d'une personne, dans des conditions la soustrayant à la protection de la loi, par un ou plusieurs agents de l'Etat ou par une personne ou un groupe de personnes agissant avec l'autorisation, l'appui ou l'acquiescement des autorités de l'Etat, lorsque ces agissements sont suivis de sa disparition et accompagnés soit du déni de la reconnaissance de la privation de liberté, soit de la dissimulation du sort qui lui a été réservé ou de l'endroit où elle se trouve.

La disparition forcée est punie de la réclusion criminelle à perpétuité.

Les deux premiers alinéas de l'article 132-23, relatifs à la période de sûreté, sont applicables au crime prévu par le présent article.

Article 221-13

Sans préjudice de l'application de l'article 121-7, est considéré comme complice d'un crime de disparition forcée mentionné à l'article 221-12 commis par des subordonnés placés sous son autorité et son contrôle effectifs le supérieur qui savait, ou a délibérément négligé de tenir compte d'informations qui indiquaient clairement que ses subordonnés commettaient ou allaient commettre un crime de disparition forcée et qui n'a pas pris toutes les mesures nécessaires et raisonnables qui étaient en son pouvoir pour en empêcher ou en réprimer l'exécution ou pour en référer aux autorités compétentes aux fins d'enquête et de poursuites, alors que ce crime était lié à des activités relevant de sa responsabilité et de son contrôle effectifs.

Article 221-14

I. – Les personnes physiques coupables du crime prévu à l'article 221-12 encourent également les peines complémentaires suivantes :

1° L'interdiction des droits civiques, civils et de famille, selon les modalités prévues à l'article 131-26 ;

2° L'interdiction, suivant les modalités prévues à l'article 131-27, soit d'exercer une fonction publique ou l'activité professionnelle ou sociale dans l'exercice ou à l'occasion de l'exercice de laquelle l'infraction a été commise, soit d'exercer une profession commerciale ou industrielle, de diriger, d'administrer, de gérer ou de contrôler à un titre quelconque, directement ou indirectement, pour son propre compte ou pour le compte d'autrui, une entreprise commerciale ou industrielle ou une société commerciale. Ces interdictions d'exercice peuvent être prononcées cumulativement ;

3° L'interdiction de séjour, selon les modalités prévues à l'article 131-31 ;

4° La confiscation prévue à l'article 131-21.

II. – En cas de condamnation pour le crime prévu à l'article 221-12, le prononcé des peines complémentaires suivantes est obligatoire :

1° L'interdiction de détenir ou de porter, pour une durée de quinze ans au plus, une arme soumise à autorisation ;

2° La confiscation d'une ou de plusieurs armes dont le condamné est propriétaire ou dont il a la libre disposition.

Toutefois, la cour d'assises peut décider de ne pas prononcer ces peines, en considération des circonstances de l'infraction et de la personnalité de son auteur.

Article 221-15

Les personnes physiques coupables du crime prévu à l'article 221-12 encourent également le suivi socio- judiciaire selon les modalités prévues aux articles 131-36-1 à 131-36-13.

Article 221-17

Les personnes morales déclarées responsables pénalement, dans les conditions prévues à l'article 121-2, du crime défini à l'article 221-12 encourent, outre l'amende suivant les modalités prévues à l'article 131-38, les peines mentionnées à l'article 131-39.

Chapitre Ier ter : Des homicides et blessures routiers

Article 221-18

Le fait, pour le conducteur d'un véhicule terrestre à moteur, de causer, dans les conditions et selon les distinctions prévues à l'article 121-3, la mort d'autrui sans intention de la donner constitue un homicide routier puni de sept ans d'emprisonnement et de 100 000 euros d'amende lorsque :

1° Le conducteur a commis une violation manifestement délibérée d'une obligation particulière de prudence ou de sécurité prévue par la loi ou le règlement autre que celles mentionnées aux 2° à 10° du présent article ;

2° Le conducteur se trouvait en état d'ivresse manifeste, était sous l'empire d'un état alcoolique au sens du code de la route ou a refusé de se soumettre aux vérifications prévues au même code destinées à établir l'existence d'un état alcoolique ;

3° Il résulte d'une analyse sanguine ou salivaire que le conducteur avait fait usage de substances ou de plantes classées comme stupéfiants ou il a refusé de se soumettre aux vérifications prévues par ledit code destinées à établir s'il conduisait en ayant fait usage de stupéfiants ;

4° Le conducteur a volontairement consommé, de façon détournée ou manifestement excessive, une ou plusieurs substances psychoactives figurant sur une liste dressée dans des conditions déterminées par décret en Conseil d'Etat ;

5° Le conducteur n'était pas titulaire du permis de conduire ou son permis avait été annulé, invalidé, suspendu ou retenu ;

6° Le conducteur a commis un dépassement de la vitesse maximale autorisée égal ou supérieur à 30 kilomètres à l'heure ;

7° Le conducteur, sachant qu'il vient de causer ou d'occasionner un accident, ne s'est pas arrêté et a tenté ainsi d'échapper à la responsabilité pénale ou civile qu'il peut encourir ou n'a pas porté secours ou prêté assistance à une personne en danger ;

8° Le conducteur a contrevenu aux dispositions du code de la route réglementant l'usage du téléphone portable tenu en main ou le port à l'oreille d'un dispositif susceptible d'émettre du son ;

9° Le conducteur a omis d'obtempérer à une sommation de s'arrêter émanant d'un fonctionnaire ou d'un agent chargé de constater les infractions et muni des insignes extérieurs et apparents de sa qualité ;

10° Le conducteur a contrevenu à l'article L. 236-1 du code de la route.

Les peines sont portées à dix ans d'emprisonnement et à 150 000 euros d'amende lorsque l'homicide routier a été commis avec deux ou plus des circonstances mentionnées aux 1° à 10° du présent article.

Article 221-19

Le fait, pour le conducteur d'un véhicule terrestre à moteur, de causer à autrui, dans les conditions et selon les distinctions prévues à l'article 121-3, sans intention de nuire, une incapacité totale de travail pendant plus de trois mois, constitue des blessures routières ayant entraîné une incapacité totale de travail supérieure à trois mois punies de cinq ans d'emprisonnement et de 75 000 euros d'amende lorsque :

1° Le conducteur a commis une violation manifestement délibérée d'une obligation particulière de prudence ou de sécurité prévue par la loi ou le règlement autre que celles mentionnées aux 2° à 10° du présent article ;

2° Le conducteur se trouvait en état d'ivresse manifeste, était sous l'empire d'un état alcoolique au sens du code de la route ou a refusé de se soumettre aux vérifications prévues au même code et destinées à établir l'existence d'un état alcoolique ;

3° Il résulte d'une analyse sanguine ou salivaire que le conducteur avait fait usage de substances ou de plantes classées comme stupéfiants ou il a refusé de se soumettre aux vérifications prévues par ledit code destinées à établir s'il conduisait en ayant fait usage de stupéfiants ;

4° Le conducteur a volontairement consommé, de façon détournée ou manifestement excessive, une ou plusieurs substances psychoactives figurant sur une liste dressée dans des conditions déterminées par décret en Conseil d'Etat ;

5° Le conducteur n'était pas titulaire du permis de conduire ou son permis avait été annulé, invalidé, suspendu ou retenu ;

6° Le conducteur a commis un dépassement de la vitesse maximale autorisée égal ou supérieur à 30 kilomètres à l'heure ;

7° Le conducteur, sachant qu'il vient de causer ou d'occasionner un accident, ne s'est pas arrêté et a tenté ainsi d'échapper à la responsabilité pénale ou civile qu'il peut encourir ou n'a pas porté secours ou prêté assistance à une personne en danger ;

8° Le conducteur a contrevenu aux dispositions du code de la route réglementant l'usage du téléphone portable tenu en main ou le port à l'oreille d'un dispositif susceptible d'émettre du son ;

9° Le conducteur a omis d'obtempérer à une sommation de s'arrêter émanant d'un fonctionnaire ou d'un agent chargé de constater les infractions et muni des insignes extérieurs et apparents de sa qualité ;

10° Le conducteur a contrevenu à l'article L. 236-1 du code de la route.

Les peines sont portées à sept ans d'emprisonnement et à 100 000 euros d'amende lorsque les blessures routières ont été commises avec deux ou plus des circonstances mentionnées aux 1° à 10° du présent article.

Article 221-20

Le fait, pour le conducteur d'un véhicule terrestre à moteur, de causer à autrui, dans les conditions et selon les distinctions prévues à l'article 121-3, sans intention de nuire, une incapacité totale de travail pendant une durée inférieure ou égale à trois mois constitue des blessures routières ayant entraîné une incapacité totale de travail inférieure ou égale à trois mois punies de trois ans d'emprisonnement et de 45 000 euros d'amende lorsque :

1° Le conducteur a commis une violation manifestement délibérée d'une obligation particulière de prudence ou de sécurité prévue par la loi ou le règlement autre que celles mentionnées aux 2° à 9° du présent article ;

2° Le conducteur se trouvait en état d'ivresse manifeste, était sous l'empire d'un état alcoolique au sens du code de la route ou a refusé de se soumettre aux vérifications prévues au même code destinées à établir l'existence d'un état alcoolique ;

3° Il résulte d'une analyse sanguine ou salivaire que le conducteur avait fait usage de substances ou de plantes classées comme stupéfiants ou il a refusé de se soumettre aux vérifications prévues par ledit code destinées à établir s'il conduisait en ayant fait usage de stupéfiants ;

4° Le conducteur a volontairement consommé, de façon détournée ou manifestement excessive, une ou plusieurs substances psychoactives figurant sur une liste dressée dans des conditions déterminées par décret en Conseil d'Etat ;

5° Le conducteur n'était pas titulaire du permis de conduire ou son permis avait été annulé, invalidé, suspendu ou retenu ;

6° Le conducteur a commis un dépassement de la vitesse maximale autorisée égal ou supérieur à 30 kilomètres à l'heure ;

7° Le conducteur, sachant qu'il vient de causer ou d'occasionner un accident, ne s'est pas arrêté et a tenté ainsi d'échapper à la responsabilité pénale ou civile qu'il peut encourir ou n'a pas porté secours ou prêté assistance à une personne en danger ;

8° Le conducteur a contrevenu aux dispositions du code de la route réglementant l'usage du téléphone portable tenu en main ou le port à l'oreille d'un dispositif susceptible d'émettre du son ;

9° Le conducteur a contrevenu à l'article L. 236-1 du code de la route.

Les peines sont portées à cinq ans d'emprisonnement et à 75 000 euros d'amende lorsque les blessures routières ont été commises avec deux ou plus des circonstances mentionnées aux 1° à 9° du présent article.

Article 221-21

I.-Les personnes physiques coupables des délits prévus au présent chapitre encourent également les peines complémentaires suivantes :

1° L'interdiction, suivant les modalités prévues à l'article 131-27, d'exercer une fonction publique ou d'exercer l'activité professionnelle ou sociale dans l'exercice ou à l'occasion de l'exercice de laquelle l'infraction a été commise ;

2° La suspension, pour une durée de dix ans au plus, du permis de conduire ;

3° L'annulation du permis de conduire, avec l'interdiction de solliciter la délivrance d'un nouveau permis pendant dix ans au plus ;

4° L'interdiction de conduire certains véhicules terrestres à moteur, y compris ceux pour la conduite desquels le permis de conduire n'est pas exigé, pour une durée de cinq ans au plus ;

5° L'interdiction, pendant une durée de cinq ans au plus, de conduire un véhicule qui ne soit pas équipé, par un professionnel agréé ou par construction, d'un dispositif d'anti-démarrage par éthylotest électronique, homologué dans les conditions prévues à l'article L. 234-17 du code de la route. Lorsque cette interdiction est prononcée en même temps que la peine d'annulation ou de suspension du permis de conduire, elle s'applique, pour la durée fixée par la juridiction, à l'issue de l'exécution de cette peine ;

6° La confiscation du véhicule dont le condamné s'est servi pour commettre l'infraction, s'il en est le propriétaire ou si le propriétaire du véhicule l'a laissé à la disposition du condamné en ayant connaissance du fait que ce dernier :

a) Se trouvait en état d'ivresse manifeste ;

b) Avait fait usage de substances ou de plantes classées comme stupéfiants ;

c) Avait volontairement consommé, de façon détournée ou manifestement excessive, une ou plusieurs substances psychoactives figurant sur une liste dressée dans des conditions déterminées par décret en Conseil d'Etat ;

d) N'était pas titulaire du permis de conduire exigé par la loi ou le règlement ou avait vu son permis être annulé, invalidé, suspendu ou retenu ;

7° La confiscation d'un ou de plusieurs véhicules appartenant au condamné ;

8° L'immobilisation, pendant une durée d'un an au plus, du véhicule dont le condamné s'est servi pour commettre l'infraction, s'il en est le propriétaire ou si le véhicule a été laissé à sa libre disposition dans les conditions prévues au 6° du présent I ;

9° L'interdiction de détenir ou de porter, pour une durée de cinq ans au plus, une arme soumise à autorisation ;

10° La confiscation d'une ou de plusieurs armes dont le condamné est propriétaire ou dont il a la libre disposition ;

11° Le retrait du permis de chasser, avec l'interdiction de solliciter la délivrance d'un nouveau permis pendant cinq ans au plus ;

12° La peine complémentaire d'affichage ou de diffusion de la décision prévue à l'article 131-35.

II.-Toute condamnation pour les délits prévus aux articles 221-18 et 221-19 donne lieu de plein droit à l'annulation du permis de conduire, avec l'interdiction de solliciter un nouveau permis pendant une durée comprise entre cinq et dix ans. En cas de récidive, la durée de l'interdiction est portée de plein droit à dix ans et le tribunal peut, par décision spécialement motivée, prévoir que cette interdiction est définitive.

III.-Le prononcé des peines complémentaires suivantes est obligatoire :

1° Dans les cas prévus au 5° et au dernier alinéa des articles 221-18,221-19 et 221-20, les peines complémentaires prévues aux 6° et 7° du I du présent article ;

2° Dans les cas prévus au 2° des articles 221-18,221-19 et 221-20, la peine complémentaire prévue au 5° du I du présent article ;

3° Dans les cas prévus aux 2°, 3° et 6° des articles 221-18,221-19 et 221-20, en cas de récidive ou si la personne a déjà été définitivement condamnée pour un des délits prévus aux articles L. 221-2, L. 224-16, L. 234-1, L. 234-8, L. 235-1, L. 235-3 ou L. 413-1 du code de la route ou pour la contravention mentionnée au même article L. 413-1, les peines complémentaires prévues aux 6° et 7° du I du présent article.

Toutefois, la juridiction peut, par une décision spécialement motivée, décider de ne pas prononcer ces peines, en considération des circonstances de l'infraction et de la personnalité de son auteur.

Chapitre II : Des atteintes à l'intégrité physique ou psychique de la personne

Section 1 : Des atteintes volontaires à l'intégrité de la personne

Paragraphe 1 : Des tortures et actes de barbarie

Article 222-1

Le fait de soumettre une personne à des tortures ou à des actes de barbarie est puni de quinze ans de réclusion criminelle.

Les deux premiers alinéas de l'article 132-23 relatif à la période de sûreté sont applicables à l'infraction prévue par le présent article.

Article 222-2

L'infraction définie à l'article 222-1 est punie de la réclusion criminelle à perpétuité lorsqu'elle précède, accompagne ou suit un crime autre que le meurtre ou le viol.

Les deux premiers alinéas de l'article 132-23 relatif à la période de sûreté sont applicables à l'infraction prévue par le présent article.

Article 222-3

L'infraction définie à l'article 222-1 est punie de vingt ans de réclusion criminelle lorsqu'elle est commise :

1° Sur un mineur de quinze ans ;

2° Sur une personne dont la particulière vulnérabilité, due à son âge, à une maladie, à une infirmité, à une déficience physique ou psychique ou à un état de grossesse, est apparente ou connue de son auteur ;

2° bis Sur une personne dont l'état de sujétion psychologique ou physique, au sens de l'article 223-15-3, est connu de son auteur ;

3° Sur un ascendant légitime ou naturel ou sur les père ou mère adoptifs ;

4° Sur un magistrat, un juré, un avocat, un officier public ou ministériel, un membre ou un agent de la Cour pénale internationale, un militaire de la gendarmerie nationale, un fonctionnaire de la police nationale, des douanes, de l'administration pénitentiaire ou toute autre personne dépositaire de l'autorité publique, un sapeur pompier ou un marin-pompier, un gardien assermenté d'immeubles ou de groupes d'immeubles ou un agent exerçant pour le compte d'un bailleur des fonctions de gardiennage ou de surveillance des immeubles à usage d'habitation en application de de l'article L. 271-1 du code de la sécurité intérieure, dans l'exercice ou du fait de ses fonctions, lorsque la qualité de la victime est apparente ou connue de l'auteur ;

4° bis Sur un enseignant ou tout membre des personnels travaillant dans les établissements d'enseignement scolaire, sur un agent d'un exploitant de réseau de transport public de voyageurs ou toute personne chargée d'une mission de service public, ainsi que sur un professionnel de santé, dans l'exercice ou du fait de ses fonctions, lorsque la qualité de la victime est apparente ou connue de l'auteur ;

4° ter Sur le conjoint, les ascendants ou les descendants en ligne directe ou sur toute autre personne vivant habituellement au domicile des personnes mentionnées aux 4° et 4° bis, en raison des fonctions exercées par ces dernières ;

5° Sur un témoin, une victime ou une partie civile, soit pour l'empêcher de dénoncer les faits, de porter plainte ou de déposer en justice, soit en raison de sa dénonciation ou de sa plainte, soit à cause de sa déposition devant une juridiction nationale ou devant la Cour pénale internationale ;

5° bis et 5° ter (abrogés)

5° quater Sur une personne qui se livre à la prostitution, y compris de façon occasionnelle, si les faits sont commis dans l'exercice de cette activité ;

6° Par le conjoint ou le concubin de la victime ou le partenaire lié à la victime par un pacte civil de solidarité ;

6° bis Contre une personne afin de la contraindre à contracter un mariage ou à conclure une union ou en raison de son refus de contracter ce mariage ou cette union ;

7° Par une personne dépositaire de l'autorité publique ou chargée d'une mission de service public dans l'exercice ou à l'occasion de l'exercice de ses fonctions ou de sa mission ;

8° Par plusieurs personnes agissant en qualité d'auteur ou de complice ;

9° Avec préméditation ou avec guet-apens ;

10° Avec usage ou menace d'une arme ;

11° Par une personne agissant en état d'ivresse manifeste ou sous l'emprise manifeste de produits stupéfiants.

L'infraction définie à l'article 222-1 est également punie de vingt ans de réclusion criminelle lorsqu'elle est accompagnée d'agressions sexuelles autres que le viol.

La peine encourue est portée à trente ans de réclusion criminelle lorsque l'infraction définie à l'article 222-1 est commise sur un mineur de quinze ans par un ascendant légitime, naturel ou adoptif ou par toute autre personne ayant autorité sur le mineur.

Les deux premiers alinéas de l'article 132-23 relatif à la période de sûreté sont applicables aux infractions prévues par le présent article.

Article 222-4

L'infraction définie à l'article 222-1 est punie de trente ans de réclusion criminelle lorsqu'elle est commise en bande organisée ou de manière habituelle sur un mineur de quinze ans ou sur une personne dont la particulière vulnérabilité, due à son âge, à une maladie, à une infirmité, à une déficience physique ou psychique ou à un état de grossesse, est apparente ou connue de son auteur ou sur une personne dont l'état de sujétion psychologique ou physique, au sens de l'article 223-15-3, est connu de son auteur.

Les deux premiers alinéas de l'article 132-23 relatif à la période de sûreté sont applicables à l'infraction prévue par le présent article.

Article 222-5

L'infraction définie à l'article 222-1 est punie de trente ans de réclusion criminelle lorsqu'elle a entraîné une mutilation ou une infirmité permanente.

Les deux premiers alinéas de l'article 132-23 relatif à la période de sûreté sont applicables à l'infraction prévue par le présent article.

Article 222-6

L'infraction définie à l'article 222-1 est punie de la réclusion criminelle à perpétuité lorsqu'elle a entraîné la mort de la victime sans intention de la donner.

Les deux premiers alinéas de l'article 132-23 relatif à la période de sûreté sont applicables à l'infraction prévue par le présent article.

Article 222-6-1

Les personnes morales déclarées responsables pénalement, dans les conditions prévues par l'article 121-2, des infractions définies au présent paragraphe encourent, outre l'amende suivant les modalités prévues par l'article 131-38, les peines prévues par l'article 131-39.

L'interdiction mentionnée au 2° de l'article 131-39 porte sur l'activité dans l'exercice ou à l'occasion de l'exercice de laquelle l'infraction a été commise.

Article 222-6-2

Toute personne qui a tenté de commettre les crimes prévus par le présent paragraphe est exempte de peine si, ayant averti l'autorité administrative ou judiciaire, elle a permis d'éviter la réalisation de l'infraction.

La peine privative de liberté encourue par l'auteur ou le complice d'un des crimes prévus au présent paragraphe est réduite des deux tiers si, ayant averti l'autorité administrative ou judiciaire, il a permis de faire cesser l'infraction ou d'éviter que l'infraction n'entraîne mort d'homme ou infirmité permanente ou d'identifier, le cas échéant, les autres auteurs ou complices. Lorsque la peine encourue est la réclusion criminelle à perpétuité, celle-ci est ramenée à vingt ans de réclusion criminelle.

Article 222-6-3

Dans le cas où le crime prévu par le 6° bis de l'article 222-3 est commis à l'étranger à l'encontre d'une personne résidant habituellement sur le territoire français, la loi française est applicable par dérogation aux dispositions de l'article 113-7.

Article 222-6-4

Le fait de faire à une personne des offres ou des promesses ou de lui proposer des dons, présents ou avantages quelconques afin qu'elle commette, y compris hors du territoire national, un des crimes prévus par le présent paragraphe est puni, lorsque ce crime n'a été ni commis, ni tenté, de dix ans d'emprisonnement et de 150 000 € d'amende.

Paragraphe 2 : Des violences

Article 222-7

Les violences ayant entraîné la mort sans intention de la donner sont punies de quinze ans de réclusion criminelle.

Article 222-8

L'infraction définie à l'article 222-7 est punie de vingt ans de réclusion criminelle lorsqu'elle est commise :

1° Sur un mineur de quinze ans ;

2° Sur une personne dont la particulière vulnérabilité, due à son âge, à une maladie, à une infirmité, à une déficience physique ou psychique ou à un état de grossesse, est apparente ou connue de son auteur ;

2° bis Sur une personne dont l'état de sujétion psychologique ou physique, au sens de l'article 223-15-3, est connu de son auteur ;

3° Sur un ascendant légitime ou naturel ou sur les père ou mère adoptifs ;

4° Sur un magistrat, un juré, un avocat, un officier public ou ministériel, un membre ou un agent de la Cour pénale internationale, un militaire de la gendarmerie nationale, un fonctionnaire de la police nationale, des douanes, de l'administration pénitentiaire ou toute autre personne dépositaire de l'autorité publique, un sapeur-pompier ou un marin-pompier, un gardien assermenté d'immeubles ou de groupes d'immeubles ou un agent exerçant pour le compte d'un bailleur des fonctions de gardiennage ou de surveillance des immeubles à usage d'habitation en application de l'article L. 271-1 du code de la sécurité intérieure, dans l'exercice ou du fait de ses fonctions, lorsque la qualité de la victime est apparente ou connue de l'auteur ;

4° bis A Sur une personne exerçant une activité privée de sécurité mentionnée aux articles L. 611-1 ou L. 621-1 du code de la sécurité intérieure dans l'exercice ou du fait de ses fonctions, lorsque la qualité de la victime est apparente ou connue de l'auteur ;

4° bis Sur un enseignant ou tout membre des personnels travaillant dans les établissements d'enseignement scolaire, sur un agent d'un exploitant de réseau de transport public de voyageurs ou toute personne chargée d'une mission de service public, ainsi que sur un professionnel de santé ou une personne exerçant au sein d'un établissement de santé, d'un centre de santé, d'une maison de santé, d'une maison de naissance, d'un cabinet d'exercice libéral d'une profession de santé, d'une officine de pharmacie, d'un prestataire de santé à domicile, d'un laboratoire de biologie médicale, d'un établissement ou d'un service social ou médico- social, dans l'exercice ou du fait de ses fonctions, lorsque la qualité de la victime est apparente ou connue de l'auteur ;

4° ter Sur le conjoint, les ascendants ou les descendants en ligne directe ou sur toute autre personne vivant habituellement au domicile des personnes mentionnées aux 4°, 4° bis A et 4° bis, en raison des fonctions exercées par ces dernières ;

5° Sur un témoin, une victime ou une partie civile, soit pour l'empêcher de dénoncer les faits, de porter plainte ou de déposer en justice, soit en raison de sa dénonciation ou de sa plainte, soit à cause de sa déposition devant une juridiction nationale ou devant la Cour pénale internationale ;

5° bis et 5° ter (abrogés)

5° quater Sur une personne qui se livre à la prostitution, y compris de façon occasionnelle, si les faits sont commis dans l'exercice de cette activité ;

6° Par le conjoint ou le concubin de la victime ou le partenaire lié à la victime par un pacte civil de solidarité ;

6° bis Contre une personne afin de la contraindre à contracter un mariage ou à conclure une union ou en raison de son refus de contracter ce mariage ou cette union ;

7° Par une personne dépositaire de l'autorité publique ou chargée d'une mission de service public dans l'exercice ou à l'occasion de l'exercice de ses fonctions ou de sa mission ;

7° bis Par une personne exerçant une activité privée de sécurité mentionnée aux articles L. 611-1 ou L. 621-1 du code de la sécurité intérieure dans l'exercice ou à l'occasion de l'exercice de ses fonctions ou de sa mission ;

8° Par plusieurs personnes agissant en qualité d'auteur ou de complice ;

9° Avec préméditation ou avec guet-apens ;

10° Avec usage ou menace d'une arme ;

11° Par une personne agissant en état d'ivresse manifeste ou sous l'emprise manifeste de produits stupéfiants.

La peine encourue est portée à trente ans de réclusion criminelle lorsque l'infraction définie à l'article 222-7 est commise :

a) Sur un mineur de quinze ans par un ascendant légitime, naturel ou adoptif ou par toute autre personne ayant autorité sur le mineur ;

b) Alors qu'un mineur assiste aux faits et que ceux-ci sont commis par le conjoint ou le concubin de la victime ou le partenaire lié à la victime par un pacte civil de solidarité ou, si la victime est mineure, par un ascendant légitime, naturel ou adoptif ou par toute autre personne ayant autorité sur le mineur victime.

Les deux premiers alinéas de l'article 132-23 relatif à la période de sûreté sont applicables aux infractions prévues par le présent article.

Article 222-9

Les violences ayant entraîné une mutilation ou une infirmité permanente sont punies de dix ans d'emprisonnement et de 150 000 euros d'amende.

Article 222-10

L'infraction définie à l'article 222-9 est punie de quinze ans de réclusion criminelle lorsqu'elle est commise :

1° Sur un mineur de quinze ans ;

2° Sur une personne dont la particulière vulnérabilité, due à son âge, à une maladie, à une infirmité, à une déficience physique ou psychique ou à un état de grossesse, est apparente ou connue de son auteur ;

2° bis Sur une personne dont l'état de sujétion psychologique ou physique, au sens de l'article 223-15-3, est connu de son auteur ;

3° Sur un ascendant légitime ou naturel ou sur les père ou mère adoptifs ;

4° Sur un magistrat, un juré, un avocat, un officier public ou ministériel, un membre ou un agent de la Cour pénale internationale, un militaire de la gendarmerie nationale, un fonctionnaire de la police nationale, des douanes, de l'administration pénitentiaire ou toute autre personne dépositaire de l'autorité publique, un sapeur-pompier ou un marin-pompier, un gardien assermenté d'immeubles ou de groupes d'immeubles ou un agent exerçant pour le compte d'un bailleur des fonctions de gardiennage ou de surveillance des immeubles à usage d'habitation en application de l'article L. 271-1 du code de la sécurité intérieure, dans l'exercice ou du fait de ses fonctions, lorsque la qualité de la victime est apparente ou connue de l'auteur ;

4° bis A Sur une personne exerçant une activité privée de sécurité mentionnée aux articles L. 611-1 ou L. 621-1 du code de la sécurité intérieure dans l'exercice ou du fait de ses fonctions, lorsque la qualité de la victime est apparente ou connue de l'auteur ;

4° bis Sur un enseignant ou tout membre des personnels travaillant dans les établissements d'enseignement scolaire, sur un agent d'un exploitant de réseau de transport public de voyageurs ou toute personne chargée d'une mission de service public, ainsi que sur un professionnel de santé ou une personne exerçant au sein d'un établissement de santé, d'un centre de santé, d'une maison de santé, d'une maison de naissance, d'un cabinet d'exercice libéral d'une profession de santé, d'une officine de pharmacie, d'un prestataire de santé à domicile, d'un laboratoire de biologie médicale, d'un établissement ou d'un service social ou médico- social, dans l'exercice ou du fait de ses fonctions, lorsque la qualité de la victime est apparente ou connue de l'auteur ;

4° ter Sur le conjoint, les ascendants ou les descendants en ligne directe ou sur toute autre personne vivant habituellement au domicile des personnes mentionnées aux 4°, 4° bis A et 4° bis, en raison des fonctions exercées par ces dernières ;

5° Sur un témoin, une victime ou une partie civile, soit pour l'empêcher de dénoncer les faits, de porter plainte ou de déposer en justice, soit en raison de sa dénonciation ou de sa plainte, soit à cause de sa déposition devant une juridiction nationale ou devant la Cour pénale internationale ;

5° bis et 5° ter (abrogés)

5° quater Sur une personne qui se livre à la prostitution, y compris de façon occasionnelle, si les faits sont commis dans l'exercice de cette activité ;

6° Par le conjoint ou le concubin de la victime ou le partenaire lié à la victime par un pacte civil de solidarité ;

6° bis Contre une personne afin de la contraindre à contracter un mariage ou à conclure une union ou en raison de son refus de contracter ce mariage ou cette union ;

7° Par une personne dépositaire de l'autorité publique ou chargée d'une mission de service public dans l'exercice ou à l'occasion de l'exercice de ses fonctions ou de sa mission ;

7° bis Par une personne exerçant une activité privée de sécurité mentionnée aux articles L. 611-1 ou L. 621-1 du code de la sécurité intérieure dans l'exercice ou à l'occasion de l'exercice de ses fonctions ou de sa mission ;

8° Par plusieurs personnes agissant en qualité d'auteur ou de complice ;

9° Avec préméditation ou avec guet-apens ;

10° Avec usage ou menace d'une arme ;

11° Par une personne agissant en état d'ivresse manifeste ou sous l'emprise manifeste de produits stupéfiants.

La peine encourue est portée à vingt ans de réclusion criminelle lorsque l'infraction définie à l'article 222-9 est commise :

a) Sur un mineur de quinze ans par un ascendant légitime, naturel ou adoptif ou par toute autre personne ayant autorité sur le mineur ;

b) Alors qu'un mineur assiste aux faits et que ceux-ci sont commis par le conjoint ou le concubin de la victime ou le partenaire lié à la victime par un pacte civil de solidarité ou, si la victime est mineure, par un ascendant légitime, naturel ou adoptif ou par toute autre personne ayant autorité sur le mineur victime.

Les deux premiers alinéas de l'article 132-23 relatif à la période de sûreté sont applicables aux infractions prévues par le présent article.

Article 222-11

Les violences ayant entraîné une incapacité totale de travail pendant plus de huit jours sont punies de trois ans d'emprisonnement et de 45 000 euros d'amende.

Article 222-12

L'infraction définie à l'article 222-11 est punie de cinq ans d'emprisonnement et de 75 000 euros d'amende lorsqu'elle est commise :

1° Sur un mineur de quinze ans ;

2° Sur une personne dont la particulière vulnérabilité, due à son âge, à une maladie, à une infirmité, à une déficience physique ou psychique ou à un état de grossesse, est apparente ou connue de son auteur ;

2° bis Sur une personne dont l'état de sujétion psychologique ou physique, au sens de l'article 223-15-3, est connu de son auteur ;

3° Sur un ascendant légitime ou naturel ou sur les père ou mère adoptifs ;

4° Sur un magistrat, un juré, un avocat, un officier public ou ministériel, un membre ou un agent de la Cour pénale internationale, une personne dépositaire de l'autorité publique autre que celles mentionnées à l'article 222-14-5, un gardien assermenté d'immeubles ou de groupes d'immeubles ou un agent exerçant pour le compte d'un bailleur des fonctions de gardiennage ou de surveillance des immeubles à usage d'habitation en application de l'article L. 271-1 du code de la sécurité intérieure, dans l'exercice ou du fait de ses fonctions, lorsque la qualité de la victime est apparente ou connue de l'auteur ;

4° bis A Sur une personne exerçant une activité privée de sécurité mentionnée aux articles L. 611-1 ou L. 621-1 du code de la sécurité intérieure dans l'exercice ou du fait de ses fonctions, lorsque la qualité de la victime est apparente ou connue de l'auteur ;

4° bis Sur un enseignant ou tout membre des personnels travaillant dans les établissements d'enseignement scolaire, sur un agent d'un exploitant de réseau de transport public de voyageurs ou une personne chargée d'une mission de service public autre que celles mentionnées à l'article 222-14-5 du présent code ainsi que sur un professionnel de santé ou une personne exerçant au sein d'un établissement de santé, d'un centre de santé, d'une maison de santé, d'une maison de naissance, d'un cabinet d'exercice libéral d'une profession de santé, d'une officine de pharmacie, d'un prestataire de santé à domicile, d'un laboratoire de biologie médicale, d'un établissement ou d'un service social ou médico-social, dans l'exercice ou du fait de ses fonctions, lorsque la qualité de la victime est apparente ou connue de l'auteur ;

4° ter Sur le conjoint, les ascendants ou les descendants en ligne directe ou sur toute autre personne vivant habituellement au domicile des personnes mentionnées aux 4°,

4° bis A et 4° bis, en raison des fonctions exercées par ces dernières ;

5° Sur un témoin, une victime ou une partie civile, soit pour l'empêcher de dénoncer les faits, de porter plainte ou de déposer en justice, soit en raison de sa dénonciation ou de sa plainte, soit à cause de sa déposition devant une juridiction nationale ou devant la Cour pénale internationale ;

5° bis et 5° ter (abrogés)

5° quater Sur une personne qui se livre à la prostitution, y compris de façon occasionnelle, si les faits sont commis dans l'exercice de cette activité ;

6° Par le conjoint ou le concubin de la victime ou le partenaire lié à la victime par un pacte civil de solidarité ;

6° bis Contre une personne, en raison de son refus de contracter un mariage ou de conclure une union ou afin de la contraindre à contracter un mariage ou à conclure une union ;

7° Par une personne dépositaire de l'autorité publique ou chargée d'une mission de service public dans l'exercice ou à l'occasion de l'exercice de ses fonctions ou de sa mission ;

7° bis Par une personne exerçant une activité privée de sécurité mentionnée aux articles L. 611-1 ou L. 621-1 du code de la sécurité intérieure dans l'exercice ou à l'occasion de l'exercice de ses fonctions ou de sa mission ;

8° Par plusieurs personnes agissant en qualité d'auteur ou de complice ;

9° Avec préméditation ou avec guet-apens ;

10° Avec usage ou menace d'une arme ;

11° Dans des établissements d'enseignement ou d'éducation ou dans les locaux de l'administration, ainsi que, lors des entrées ou sorties des élèves ou du public ou dans un temps très voisin de celles-ci, aux abords de ces établissements ou locaux ;

11° bis Dans un établissement de santé, un centre de santé, une maison de santé, une maison de naissance, un cabinet d'exercice libéral d'une profession de santé, une officine de pharmacie, un laboratoire de biologie médicale, un établissement ou un service social ou médico-social ;

12° Par un majeur agissant avec l'aide ou l'assistance d'un mineur ;

13° Dans un moyen de transport collectif de voyageurs ou dans un lieu destiné à l'accès à un moyen de transport collectif de voyageurs ;

14° Par une personne agissant en état d'ivresse manifeste ou sous l'emprise manifeste de produits stupéfiants ;

15° Par une personne dissimulant volontairement en tout ou partie son visage afin de ne pas être identifiée.

Les peines encourues sont portées à dix ans d'emprisonnement et à 150 000 euros d'amende lorsque l'infraction définie à l'article 222-11 est commise :

a) Sur un mineur de quinze ans par un ascendant légitime, naturel ou adoptif ou par toute autre personne ayant autorité sur le mineur ;

b) Alors qu'un mineur assiste aux faits et que ceux-ci sont commis par le conjoint ou le concubin de la victime ou le partenaire lié à la victime par un pacte civil de solidarité ou, si la victime est mineure, par un ascendant légitime, naturel ou adoptif ou par toute autre personne ayant autorité sur le mineur victime.

Les peines sont portées à sept ans d'emprisonnement et 100 000 euros d'amende lorsque cette infraction est commise dans deux des circonstances prévues aux 1° et suivants du présent article. Les peines sont portées à dix ans d'emprisonnement et 150 000 euros d'amende lorsqu'elle est commise dans trois de ces circonstances.

Les deux premiers alinéas de l'article 132-23 relatif à la période de sûreté sont applicables aux infractions prévues au présent article lorsqu'elles sont punies de dix ans d'emprisonnement.

Article 222-13

Les violences ayant entraîné une incapacité de travail inférieure ou égale à huit jours ou n'ayant entraîné aucune incapacité de travail sont punies de trois ans d'emprisonnement et de 45 000 euros d'amende lorsqu'elles sont commises :

1° Sur un mineur de quinze ans ;

2° Sur une personne dont la particulière vulnérabilité, due à son âge, à une maladie, à une infirmité, à une déficience physique ou psychique ou à un état de grossesse, est apparente ou connue de leur auteur ;

2° bis Sur une personne dont l'état de sujétion psychologique ou physique, au sens de l'article 223-15-3, est connu de leur auteur ;

3° Sur un ascendant légitime ou naturel ou sur les père ou mère adoptifs ;

4° Sur un magistrat, un juré, un avocat, un officier public ou ministériel, un membre ou un agent de la Cour pénale internationale, une personne dépositaire de l'autorité publique autre que celles mentionnées à l'article 222-14-5, un gardien assermenté d'immeubles ou de groupes d'immeubles ou un agent exerçant pour le compte d'un bailleur des fonctions de gardiennage ou de surveillance des immeubles à usage d'habitation en application de l'article L. 271-1 du code de la sécurité intérieure, dans l'exercice ou du fait de ses fonctions, lorsque la qualité de la victime est apparente ou connue de l'auteur ;

4° bis A Sur une personne exerçant une activité privée de sécurité mentionnée aux articles L. 611-1 ou L. 621-1 du code de la sécurité intérieure dans l'exercice ou du fait de ses fonctions, lorsque la qualité de la victime est apparente ou connue de l'auteur ;

4° bis Sur un enseignant ou tout membre des personnels travaillant dans les établissements d'enseignement scolaire, sur un agent d'un exploitant de réseau de transport public de voyageurs ou une personne chargée d'une mission de service public autre que celles mentionnées à l'article 222-14-5 du présent code ainsi que sur un professionnel de santé ou une personne exerçant au sein d'un établissement de santé, d'un centre de santé, d'une maison de santé, d'une maison de naissance, d'un cabinet d'exercice libéral d'une profession de santé, d'une officine de pharmacie, d'un prestataire de santé à domicile, d'un laboratoire de biologie médicale, d'un établissement ou d'un service social ou médico-social, dans l'exercice ou du fait de ses fonctions, lorsque la qualité de la victime est apparente ou connue de l'auteur ;

4° ter Sur le conjoint, les ascendants ou les descendants en ligne directe ou sur toute autre personne vivant habituellement au domicile des personnes mentionnées aux 4°,

4° bis A et 4° bis, en raison des fonctions exercées par ces dernières ;

5° Sur un témoin, une victime ou une partie civile, soit pour l'empêcher de dénoncer les faits, de porter plainte ou de déposer en justice, soit en raison de sa dénonciation ou de sa plainte, soit à cause de sa déposition devant une juridiction nationale ou devant la Cour pénale internationale ;

5° bis A raison de l'appartenance ou de la non-appartenance, vraie ou supposée, de la victime à une ethnie, une nation, une prétendue race ou une religion déterminée ;

5° ter A raison du sexe, de l'orientation sexuelle ou de l'identité de genre vraie ou supposée de la victime ;

5° quater Sur une personne qui se livre à la prostitution, y compris de façon occasionnelle, si les faits sont commis dans l'exercice de cette activité ;

6° Par le conjoint ou le concubin de la victime ou le partenaire lié à la victime par un pacte civil de solidarité ;

6° bis Contre une personne, en raison de son refus de contracter un mariage ou de conclure une union ou afin de la contraindre à contracter un mariage ou à conclure une union ;

7° Par une personne dépositaire de l'autorité publique ou chargée d'une mission de service public dans l'exercice ou à l'occasion de l'exercice de ses fonctions ou de sa mission ;

7° bis Par une personne exerçant une activité privée de sécurité mentionnée aux articles L. 611-1 ou L. 621-1 du code de la sécurité intérieure dans l'exercice ou à l'occasion de l'exercice de ses fonctions ou de sa mission ;

8° Par plusieurs personnes agissant en qualité d'auteur ou de complice ;

9° Avec préméditation ou avec guet-apens ;

10° Avec usage ou menace d'une arme ;

11° Dans les établissements d'enseignement ou d'éducation ou dans les locaux de l'administration, ainsi que, lors des entrées ou sorties des élèves ou du public ou dans un temps très voisin de celles-ci, aux abords de ces établissements ou locaux ;

11° bis Dans un établissement de santé, un centre de santé, une maison de santé, une maison de naissance, un cabinet d'exercice libéral d'une profession de santé, une officine de pharmacie, un laboratoire de biologie médicale, un établissement ou un service social ou médico-social ;

12° Par un majeur agissant avec l'aide ou l'assistance d'un mineur ;

13° Dans un moyen de transport collectif de voyageurs ou dans un lieu destiné à l'accès à un moyen de transport collectif de voyageurs ;

14° Par une personne agissant en état d'ivresse manifeste ou sous l'emprise manifeste de produits stupéfiants ;

15° Par une personne dissimulant volontairement en tout ou partie son visage afin de ne pas être identifiée.

Les peines encourues sont portées à cinq ans d'emprisonnement et à 75 000 euros d'amende lorsque l'infraction définie au premier alinéa du présent article est commise :

a) Sur un mineur de quinze ans par un ascendant légitime, naturel ou adoptif ou par toute autre personne ayant autorité sur le mineur ;

b) Alors qu'un mineur assiste aux faits et que ceux-ci sont commis par le conjoint ou le concubin de la victime ou le partenaire lié à la victime par un pacte civil de solidarité ou, si la victime est mineure, par un ascendant légitime, naturel ou adoptif ou par toute autre personne ayant autorité sur le mineur victime.

Les peines sont également portées à cinq ans d'emprisonnement et 75 000 euros d'amende lorsque cette infraction, ayant entraîné une incapacité totale de travail inférieure ou égale à huit jours, est commise dans deux des circonstances prévues aux 1° et suivants du présent article. Les peines sont portées à sept ans d'emprisonnement et 100 000 euros d'amende lorsqu'elle est commise dans trois de ces circonstances.

Article 222-14

Les violences habituelles sur un mineur de quinze ans ou sur une personne dont la particulière vulnérabilité, due à son âge, à une maladie, à une infirmité, à une déficience physique ou psychique ou à un état de grossesse, est apparente ou connue de leur auteur ou sur une personne dont l'état de sujétion psychologique ou physique, au sens de l'article 223-15-3, est connu de leur auteur sont punies :

1° De trente ans de réclusion criminelle lorsqu'elles ont entraîné la mort de la victime ;

2° De vingt ans de réclusion criminelle lorsqu'elles ont entraîné une mutilation ou une infirmité permanente ;

3° De dix ans d'emprisonnement et de 150 000 euros d'amende lorsqu'elles ont entraîné une incapacité totale de travail pendant plus de huit jours ;

4° De cinq ans d'emprisonnement et de 75 000 euros d'amende lorsqu'elles n'ont pas entraîné une incapacité totale de travail pendant plus de huit jours.

Les peines prévues par le présent article sont également applicables aux violences habituelles commises par le conjoint ou le concubin de la victime ou par le partenaire lié à celle-ci par un pacte civil de solidarité. Les dispositions du second alinéa de l'article 132-80 sont applicables au présent alinéa.

Les deux premiers alinéas de l'article 132-23 relatif à la période de sûreté sont applicables aux cas prévus aux 1° et 2° du présent article.

Article 222-14-1

Lorsqu'elles sont commises en bande organisée ou avec guet-apens, les violences commises avec usage ou menace d'une arme sur un fonctionnaire de la police nationale, un militaire de la gendarmerie, un membre du personnel de l'administration pénitentiaire ou toute autre personne dépositaire de l'autorité publique, ou sur un sapeur-pompier civil ou militaire ou un agent d'un exploitant de réseau de transport public de voyageurs dans l'exercice, à l'occasion de l'exercice ou en raison de ses fonctions ou de sa mission, sont punies :

1° De trente ans de réclusion criminelle lorsqu'elles ont entraîné la mort de la victime ;

2° De vingt ans de réclusion criminelle lorsqu'elles ont entraîné une mutilation ou une infirmité permanente ;

3° De quinze ans de réclusion criminelle lorsqu'elles ont entraîné une incapacité totale de travail pendant plus de huit jours ;

4° De dix ans d'emprisonnement et de 150 000 euros d'amende lorsqu'elles n'ont pas entraîné une incapacité totale de travail pendant plus de huit jours.

Les mêmes peines sont applicables en cas de violences commises dans les mêmes conditions à l'encontre du conjoint, d'un ascendant ou d'un descendant en ligne directe ou de toute autre personne vivant habituellement au domicile d'une personne mentionnée au premier alinéa, en raison des fonctions exercées par cette dernière.

Les deux premiers alinéas de l'article 132-23 relatif à la période de sûreté sont applicables aux infractions prévues par le présent article.

L'incapacité totale de travail est, à la demande de la victime ou de la personne poursuivie, constatée par un médecin expert selon les modalités prévues par les articles 157 et suivants du code de procédure pénale.

Article 222-14-2

Le fait pour une personne de participer sciemment à un groupement, même formé de façon temporaire, en vue de la préparation, caractérisée par un ou plusieurs faits matériels, de violences volontaires contre les personnes ou de destructions ou dégradations de biens est puni d'un an d'emprisonnement et de 15 000 € d'amende.

Article 222-14-3

Les violences prévues par les dispositions de la présente section sont réprimées quelle que soit leur nature, y compris s'il s'agit de violences psychologiques.

Article 222-14-4

Le fait, dans le but de contraindre une personne à contracter un mariage ou à conclure une union à l'étranger, d'user à son égard de manœuvres dolosives afin de la déterminer à quitter le territoire de la République est puni de trois ans d'emprisonnement et de 45 000 € d'amende.

Article 222-14-5

I.-Lorsqu'elles sont commises sur un militaire de la gendarmerie nationale, un militaire déployé sur le territoire national dans le cadre des réquisitions prévues à l'article L. 1321-1 du code de la défense, un fonctionnaire de la police nationale, un agent de police municipale, un garde champêtre, un agent des douanes, un sapeur-pompier professionnel ou volontaire, un agent de l'administration pénitentiaire, le titulaire d'un mandat électif public ou, dans la limite de six ans à compter de l'expiration du mandat, l'ancien titulaire d'un mandat électif public dans l'exercice ou du fait de ses fonctions, actuelles ou passées, et lorsque la qualité de la victime est apparente ou connue de l'auteur, les violences prévues à la présente section sont punies :

1° De sept ans d'emprisonnement et de 100 000 euros d'amende, si elles ont entraîné une incapacité totale de travail pendant plus de huit jours ;

2° De cinq ans d'emprisonnement et de 75 000 euros d'amende, si elles ont entraîné une incapacité de travail inférieure ou égale à huit jours ou si elles n'ont pas entraîné d'incapacité de travail.

Lorsque les faits sont accompagnés d'une des circonstances aggravantes prévues aux 8° à 15° de l'article 222-12, les peines prévues au 1° du présent I sont portées à dix ans d'emprisonnement et à 150 000 euros d'amende et celles prévues au 2° sont portées à sept ans d'emprisonnement et à 100 000 euros d'amende.

Lorsque les faits sont accompagnés d'au moins deux des circonstances aggravantes prévues aux 8° à 15° de l'article 222-12, les peines prévues au 2° du présent I sont portées à dix ans d'emprisonnement et à 150 000 euros d'amende.

II.-Sont également punies des peines prévues aux quatre derniers alinéas du I les violences commises :

1° En raison des fonctions exercées par les personnes mentionnées au premier alinéa du même I, sur leur conjoint, sur leurs ascendants ou leurs descendants en ligne directe ou sur toute autre personne vivant habituellement à leur domicile ;

2° Dans l'exercice ou du fait de ses fonctions sous l'autorité des personnes mentionnées au premier alinéa dudit I, sur une personne affectée dans les services de police nationale ou de gendarmerie nationale, de police municipale ou de l'administration pénitentiaire et dont la qualité est apparente ou connue de l'auteur.

III.-Les deux premiers alinéas de l'article 132-23 relatif à la période de sûreté sont applicables aux infractions prévues au présent article lorsque la peine encourue est égale ou supérieure à dix ans d'emprisonnement.

Article 222-15

L'administration de substances nuisibles ayant porté atteinte à l'intégrité physique ou psychique d'autrui est punie des peines mentionnées aux articles 222-7 à 222-14-1 suivant les distinctions prévues par ces articles.

Les deux premiers alinéas de l'article 132-23 relatif à la période de sûreté sont applicables à cette infraction dans les mêmes cas que ceux prévus par ces articles.

Article 222-15-1

Constitue une embuscade le fait d'attendre un certain temps et dans un lieu déterminé un fonctionnaire de la police nationale, un militaire de la gendarmerie, un membre du personnel de l'administration pénitentiaire ou toute autre personne dépositaire de l'autorité publique, ainsi qu'un sapeur-pompier civil ou militaire ou un agent d'un exploitant de réseau de transport public de voyageurs, dans le but, caractérisé par un ou plusieurs faits matériels, de commettre à son encontre, soit à l'occasion de l'exercice de ses fonctions ou de sa mission, soit en raison de sa qualité, que l'auteur connaissait ou ne pouvait ignorer, des violences avec usage ou menace d'une arme.

Constitue également une embuscade le fait d'attendre, dans les mêmes conditions, le conjoint, un ascendant ou un descendant en ligne directe ou toute autre personne vivant habituellement au domicile d'une personne mentionnée au premier alinéa dans le but, caractérisé par un ou plusieurs faits matériels, de commettre à son encontre, en raison des fonctions exercées par cette dernière, des violences avec usage ou menace d'une arme.

L'embuscade est punie de cinq ans d'emprisonnement et de 75 000 euros d'amende.

Lorsque les faits sont commis en réunion, les peines sont portées à sept ans d'emprisonnement et à 100 000 euros d'amende.

Article 222-16

Les appels téléphoniques malveillants réitérés, les envois réitérés de messages malveillants émis par la voie des communications électroniques ou les agressions sonores en vue de troubler la tranquillité d'autrui sont punis d'un an d'emprisonnement et de 15 000 euros d'amende.

Lorsqu'ils sont commis par le conjoint ou le concubin ou le partenaire lié à la victime par un pacte civil de solidarité, ces faits sont punis de trois ans d'emprisonnement et de 45 000 euros d'amende.

Article 222-16-1

Les personnes morales déclarées responsables pénalement, dans les conditions prévues par l'article 121-2, des infractions définies au présent paragraphe encourent, outre l'amende suivant les modalités prévues par l'article 131-38, les peines prévues par l'article 131-39.

L'interdiction mentionnée au 2° de l'article 131-39 porte sur l'activité dans l'exercice ou à l'occasion de l'exercice de laquelle l'infraction a été commise.

Article 222-16-2

Dans le cas où les crimes et délits prévus par les articles 222-8, 222-10 ou 222-12 sont commis à l'étranger sur une victime mineure résidant habituellement sur le territoire français, la loi française est applicable par dérogation aux dispositions de l'article 113-7. S'il s'agit d'un délit, les dispositions de la seconde phrase de l'article 113-8 ne sont pas applicables.

Article 222-16-3

Dans le cas où les infractions prévues par le 6° bis des articles 222-8, 222-10, 222-12 et 222-13 sont commises à l'étranger à l'encontre d'une personne résidant habituellement sur le territoire français, la loi française est applicable par dérogation aux dispositions de l'article 113-7. S'il s'agit d'un délit, les dispositions de la seconde phrase de l'article 113-8 ne sont pas applicables.

Paragraphe 3 : Des menaces

Article 222-17

La menace de commettre un crime ou un délit contre les personnes dont la tentative est punissable est punie de six mois d'emprisonnement et de 7 500 euros d'amende lorsqu'elle est, soit réitérée, soit matérialisée par un écrit, une image ou tout autre objet.

La peine est portée à trois ans d'emprisonnement et à 45 000 euros d'amende s'il s'agit d'une menace de mort.

Article 222-18

La menace, par quelque moyen que ce soit, de commettre un crime ou un délit contre les personnes, est punie de trois ans d'emprisonnement et de 45 000 euros d'amende, lorsqu'elle est faite avec l'ordre de remplir une condition.

La peine est portée à cinq ans d'emprisonnement et à 75 000 euros d'amende s'il s'agit d'une menace de mort.

Article 222-18-2

Les personnes morales déclarées responsables pénalement, dans les conditions prévues par l'article 121-2, des infractions définies au présent paragraphe encourent, outre l'amende suivant les modalités prévues par l'article 131-38 :

1° (Abrogé) ;

2° Les peines mentionnées aux 2° à 9° de l'article 131-39 ;

3° La peine mentionnée au 1° de l'article 131-39 pour les infractions définies par les articles 222-17 (deuxième alinéa) et 222-18.

L'interdiction mentionnée au 2° de l'article 131-39 porte sur l'activité dans l'exercice ou à l'occasion de l'exercice de laquelle l'infraction a été commise.

Article 222-18-3

Lorsqu'elles sont commises par le conjoint ou le concubin de la victime ou le partenaire lié à la victime par un pacte civil de solidarité, les menaces prévues au premier alinéa de l'article 222-17 sont punies de trois ans d'emprisonnement et de 45 000 € d'amende, celles prévues au second alinéa du même article et au premier alinéa de l'article 222-18 sont punies de cinq ans d'emprisonnement et de 75 000 € d'amende et celles prévues au second alinéa de l'article 222-18 sont punies de sept ans d'emprisonnement et de 100 000 € d'amende.

Section 1 bis : De l'atteinte à l'intégrité de la personne résultant d'une intoxication volontaire

---

Article 222-18-4

Est puni des peines suivantes le fait pour une personne d'avoir consommé volontairement, de façon illicite ou manifestement excessive, des substances psychoactives en ayant connaissance du fait que cette consommation est susceptible de la conduire à mettre délibérément autrui en danger, lorsque cette consommation a entraîné un trouble psychique ou neuropsychique temporaire sous l'empire duquel elle a commis des tortures, actes de barbarie ou violences dont elle est déclarée pénalement irresponsable en application du premier alinéa de l'article 122-1 :

1° Sept ans d'emprisonnement et 100 000 euros d'amende, si les tortures, actes de barbarie ou violences ont entraîné la mort ;

2° Cinq ans d'emprisonnement et 75 000 euros d'amende, si les tortures, actes de barbarie ou violences ont entraîné une mutilation ou une infirmité permanente ;

3° Deux ans d'emprisonnement et 30 000 euros d'amende, si les tortures, actes de barbarie ou violences ont entraîné une incapacité totale de travail pendant plus de huit jours.

Si l'infraction prévue au premier alinéa du présent article a été commise par une personne qui a été précédemment déclarée pénalement irresponsable d'un homicide volontaire en application du premier alinéa de l'article 122-1 en raison d'une abolition de son discernement ou du contrôle de ses actes résultant d'un trouble psychique ou neuropsychique temporaire provoqué par la même consommation volontaire de substances psychoactives, les peines sont portées à dix ans d'emprisonnement et 150 000 euros d'amende dans le cas prévu au 1° du présent article, à sept ans d'emprisonnement et 75 000 euros d'amende dans le cas prévu au 2° et à trois ans d'emprisonnement et 45 000 euros d'amende dans le cas prévu au 3°. Dans les cas prévus au présent alinéa, les articles 132-8 et 132-9 ne sont pas applicables.

Section 2 : Des atteintes involontaires à l'intégrité de la personne

---

Article 222-19

Le fait de causer à autrui, dans les conditions et selon les distinctions prévues à l'article 121-3, par maladresse, imprudence, inattention, négligence ou manquement à une obligation de prudence ou de sécurité imposée par la loi ou le règlement, une incapacité totale de travail pendant plus de trois mois est puni de deux ans d'emprisonnement et de 30 000 euros d'amende.

En cas de violation manifestement délibérée d'une obligation particulière de prudence ou de sécurité imposée par la loi ou le règlement, les peines encourues sont portées à trois ans d'emprisonnement et à 45 000 euros d'amende.

Article 222-19-1

Lorsque la maladresse, l'imprudence, l'inattention, la négligence ou le manquement à une obligation législative ou réglementaire de prudence ou de sécurité prévu par l'article 222-19 est commis par le conducteur d'un véhicule terrestre à moteur, l'atteinte involontaire à l'intégrité de la personne ayant entraîné une incapacité totale de travail pendant plus de trois mois est punie de trois ans d'emprisonnement et de 45 000 euros d'amende.

Article 222-19-2

I.-Lorsque l'atteinte involontaire à l'intégrité de la personne ayant entraîné une incapacité totale de travail de plus de trois mois prévue par l'article 222-19 résulte de l'agression commise par un chien, le propriétaire ou celui qui détient le chien au moment des faits est puni de trois ans d'emprisonnement et de 45 000 euros d'amende.

Les peines sont portées à cinq ans d'emprisonnement et à 75 000 euros d'amende lorsque :

1° La propriété ou la détention du chien est illicite en application de dispositions législatives ou réglementaires ou d'une décision judiciaire ou administrative ;

2° Le propriétaire ou le détenteur du chien se trouvait en état d'ivresse manifeste ou sous l'emprise manifeste de produits stupéfiants ;

3° Le propriétaire ou le détenteur du chien n'avait pas exécuté les mesures prescrites par le maire, conformément à l'article L. 211-11 du code rural et de la pêche maritime, pour prévenir le danger présenté par l'animal ;

4° Le propriétaire ou le détenteur du chien n'était pas titulaire du permis de détention prévu à l'article L. 211-14 du code rural et de la pêche maritime ;

5° Le propriétaire ou le détenteur du chien ne justifie pas d'une vaccination antirabique de son animal en cours de validité lorsqu'elle est obligatoire ;

6° Il s'agissait d'un chien de la première ou de la deuxième catégorie prévues à l'article L. 211-12 du code rural et de la pêche maritime qui n'était pas muselé ou tenu en laisse par une personne majeure conformément aux dispositions prévues au II de l'article L. 211-16 du même code ;

7° Il s'agissait d'un chien ayant fait l'objet de mauvais traitements de la part de son propriétaire ou de son détenteur.

Les peines sont portées à sept ans d'emprisonnement et à 100 000 euros d'amende lorsque l'atteinte involontaire à l'intégrité de la personne a été commise avec deux ou plusieurs des circonstances mentionnées aux 1° et suivants du présent article.

II.-L'absence de maladresse, d'imprudence, d'inattention, de négligence ou de manquement à une obligation de prudence ou de sécurité imposée par la loi ou le règlement est présumée lorsque l'animal est, au moment des faits, en action de protection d'un troupeau et a été identifié en application de l'article L. 212-10 du code rural et de la pêche maritime.

La présomption prévue au premier alinéa du présent II n'est applicable qu'au propriétaire ou au détenteur du chien qui s'est conformé, le cas échéant, aux mesures prévues au premier alinéa du I de l'article L. 211-11 du code rural et de la pêche maritime, au premier alinéa de l'article L. 211-14-1 du même code, aux trois premiers alinéas de l'article L. 211-14-2 dudit code ainsi qu'aux 1°, 2° et 7° de l'article L. 2212-2 et à l'article L. 2215-1 du code général des collectivités territoriales.

Article 222-20

Le fait de causer à autrui, par la violation manifestement délibérée d'une obligation particulière de prudence ou de sécurité imposée par la loi ou le règlement, une incapacité totale de travail d'une durée inférieure ou égale à trois mois, est puni d'un an d'emprisonnement et de 15 000 euros d'amende.

Article 222-20-1

Lorsque la maladresse, l'imprudence, l'inattention, la négligence ou le manquement à une obligation législative ou réglementaire de prudence ou de sécurité prévu par l'article 222-19 est commis par le conducteur d'un véhicule terrestre à moteur, l'atteinte involontaire à l'intégrité de la personne ayant entraîné une incapacité totale de travail d'une durée inférieure ou égale à trois mois est punie de deux ans d'emprisonnement et de 30 000 euros d'amende.

Article 222-20-2

I.-Lorsque l'atteinte involontaire à l'intégrité de la personne ayant entraîné une incapacité totale de travail de moins de trois mois prévue par l'article 222-20 résulte de l'agression commise par un chien, le propriétaire ou celui qui détient le chien au moment des faits est puni de deux ans d'emprisonnement et de 30 000 euros d'amende.

Les peines sont portées à trois ans d'emprisonnement et à 45 000 euros d'amende lorsque :

1° La propriété ou la détention du chien est illicite en application de dispositions législatives ou réglementaires ou d'une décision judiciaire ou administrative ;

2° Le propriétaire ou le détenteur du chien se trouvait en état d'ivresse manifeste ou sous l'emprise manifeste de produits stupéfiants ;

3° Le propriétaire ou le détenteur du chien n'avait pas exécuté les mesures prescrites par le maire, conformément à l'article L. 211-11 du code rural et de la pêche maritime, pour prévenir le danger présenté par l'animal ;

4° Le propriétaire ou le détenteur du chien n'était pas titulaire du permis de détention prévu à l'article L. 211-14 du code rural et de la pêche maritime ;

5° Le propriétaire ou le détenteur du chien ne justifie pas d'une vaccination antirabique de son animal en cours de validité lorsqu'elle est obligatoire ;

6° Il s'agissait d'un chien de la première ou de la deuxième catégorie prévues à l'article L. 211-12 du code rural et de la pêche maritime qui n'était pas muselé ou tenu en laisse par une personne majeure conformément aux dispositions prévues au II de l'article L. 211-16 du même code ;

7° Il s'agissait d'un chien ayant fait l'objet de mauvais traitements de la part de son propriétaire ou de son détenteur.

Les peines sont portées à cinq ans d'emprisonnement et à 75 000 euros d'amende lorsque l'atteinte involontaire à l'intégrité de la personne a été commise avec deux ou plusieurs des circonstances mentionnées aux 1° et suivants du présent article.

II.-L'absence de maladresse, d'imprudence, d'inattention, de négligence ou de manquement à une obligation de prudence ou de sécurité imposée par la loi ou le règlement est présumée lorsque l'animal est, au moment des faits, en action de protection d'un troupeau et a été identifié en application de l'article L. 212-10 du code rural et de la pêche maritime.

La présomption prévue au premier alinéa du présent II n'est applicable :

1° Qu'au propriétaire ou au détenteur du chien qui s'est conformé, le cas échéant, aux mesures prévues au premier alinéa du I de l'article L. 211-11 du code rural et de la pêche maritime, au premier alinéa de l’article L. 211-14-1 du même code, aux trois premiers alinéas de l'article L. 211-14-2 dudit code ainsi qu'aux 1°, 2° et 7° de l'article L. 2212-2 et à l'article L. 2215-1 du code général des collectivités territoriales ;

2° Qu'au maire de la commune sur le territoire de laquelle les faits se sont produits s'il a demandé au propriétaire ou au détenteur du chien incriminé la mise en œuvre de mesures prévues à l'article L. 211-11 du code rural et de la pêche maritime ou la réalisation d'une évaluation comportementale du chien prévue à l'article L. 211-14-1 du même code.

Article 222-21

Les personnes morales déclarées responsables pénalement, dans les conditions prévues par l'article 121-2, des infractions définies par la présente section encourent, outre l'amende suivant les modalités prévues par l'article 131-38, les peines prévues par les 2°, 3°, 8° et 9° de l'article 131-39.

L'interdiction mentionnée au 2° de l'article 131-39 porte sur l'activité dans l'exercice ou à l'occasion de l'exercice de laquelle l'infraction a été commise.

Dans les cas visés au deuxième alinéa de l'article 222-19 est en outre encourue la peine mentionnée au 4° de l'article 131-39.

Section 3 : Du viol, de l'inceste et des autres agressions sexuelles

---

Article 222-22

Constitue une agression sexuelle toute atteinte sexuelle commise avec violence, contrainte, menace ou surprise ou, dans les cas prévus par la loi, commise sur un mineur par un majeur.

Le viol et les autres agressions sexuelles sont constitués lorsqu'ils ont été imposés à la victime dans les circonstances prévues par la présente section, quelle que soit la nature des relations existant entre l'agresseur et sa victime, y compris s'ils sont unis par les liens du mariage.

Lorsque les agressions sexuelles sont commises à l'étranger contre un mineur par un Français ou par une personne résidant habituellement sur le territoire français, la loi française est applicable par dérogation au deuxième alinéa de l'article 113-6 et les dispositions de la seconde phrase de l'article 113-8 ne sont pas applicables.

Article 222-22-1

La contrainte prévue par le premier alinéa de l'article 222-22 peut être physique ou morale.

Lorsque les faits sont commis sur la personne d'un mineur, la contrainte morale mentionnée au premier alinéa du présent article ou la surprise mentionnée au premier alinéa de l'article 222-22 peuvent résulter de la différence d'âge existant entre la victime et l'auteur des faits et de l'autorité de droit ou de fait que celui-ci a sur la victime, cette autorité de fait pouvant être caractérisée par une différence d'âge significative entre la victime mineure et l'auteur majeur.

Lorsque les faits sont commis sur la personne d'un mineur de quinze ans, la contrainte morale ou la surprise sont caractérisées par l'abus de la vulnérabilité de la victime ne disposant pas du discernement nécessaire pour ces actes.

Article 222-22-2

Constitue également une agression sexuelle le fait d'imposer à une personne, par violence, contrainte, menace ou surprise, le fait de subir une atteinte sexuelle de la part d'un tiers ou de procéder sur elle-même à une telle atteinte.

Ces faits sont punis des peines prévues aux articles 222-23 à 222-30 selon la nature de l'atteinte subie et selon les circonstances mentionnées à ces mêmes articles.

La tentative du délit prévu au présent article est punie des mêmes peines.

Article 222-22-3

Les viols et les agressions sexuelles sont qualifiés d'incestueux lorsqu'ils sont commis par :

1° Un ascendant ;

2° Un frère, une sœur, un oncle, une tante, un grand-oncle, une grand-tante, un neveu ou une nièce ;

3° Le conjoint, le concubin d'une des personnes mentionnées aux 1° et 2° ou le partenaire lié par un pacte civil de solidarité à l'une des personnes mentionnées aux mêmes 1° et 2°, s'il a sur la victime une autorité de droit ou de fait.

Paragraphe 1 : Du viol et du viol incestueux

Article 222-23

Tout acte de pénétration sexuelle, de quelque nature qu'il soit, ou tout acte bucco-génital commis sur la personne d'autrui ou sur la personne de l'auteur par violence, contrainte, menace ou surprise est un viol.

Le viol est puni de quinze ans de réclusion criminelle.

Article 222-23-1

Hors le cas prévu à l'article 222-23, constitue également un viol tout acte de pénétration sexuelle, de quelque nature qu'il soit, ou tout acte bucco-génital commis par un majeur sur la personne d'un mineur de quinze ans ou commis sur l'auteur par le mineur, lorsque la différence d'âge entre le majeur et le mineur est d'au moins cinq ans.

La condition de différence d'âge prévue au premier alinéa du présent article n'est pas applicable si les faits sont commis en échange d'une rémunération, d'une promesse de rémunération, de la fourniture d'un avantage en nature ou de la promesse d'un tel avantage.

Article 222-23-2

Hors le cas prévu à l'article 222-23, constitue un viol incestueux tout acte de pénétration sexuelle, de quelque nature qu'il soit, ou tout acte bucco-génital commis par un majeur sur la personne d'un mineur ou commis sur l'auteur par le mineur, lorsque le majeur est un ascendant ou toute autre personne mentionnée à l'article 222-22-3 ayant sur le mineur une autorité de droit ou de fait.

Article 222-23-3

Les viols définis aux articles 222-23-1 et 222-23-2 sont punis de vingt ans de réclusion criminelle.

Article 222-24

Le viol défini à l'article 222-23 est puni de vingt ans de réclusion criminelle :

1° Lorsqu'il a entraîné une mutilation ou une infirmité permanente ;

2° Lorsqu'il est commis sur un mineur de quinze ans ;

3° Lorsqu'il est commis sur une personne dont la particulière vulnérabilité, due à son âge, à une maladie, à une infirmité, à une déficience physique ou psychique ou à un état de grossesse, est apparente ou connue de l'auteur ;

3° bis Lorsqu'il est commis sur une personne dont la particulière vulnérabilité ou dépendance résultant de la précarité de sa situation économique ou sociale est apparente ou connue de l'auteur ;

4° Lorsqu'il est commis par un ascendant ou par toute autre personne ayant sur la victime une autorité de droit ou de fait ;

5° Lorsqu'il est commis par une personne qui abuse de l'autorité que lui confèrent ses fonctions ;

6° Lorsqu'il est commis par plusieurs personnes agissant en qualité d'auteur ou de complice ;

7° Lorsqu'il est commis avec usage ou menace d'une arme ;

8° Lorsque la victime a été mise en contact avec l'auteur des faits grâce à l'utilisation, pour la diffusion de messages à destination d'un public non déterminé, d'un réseau de communication électronique ;

9° (abrogé)

10° Lorsqu'il est commis en concours avec un ou plusieurs autres viols commis sur d'autres victimes ;

11° Lorsqu'il est commis par le conjoint ou le concubin de la victime ou le partenaire lié à la victime par un pacte civil de solidarité ;

12° Lorsqu'il est commis par une personne agissant en état d'ivresse manifeste ou sous l'emprise manifeste de produits stupéfiants ;

13° Lorsqu'il est commis, dans l'exercice de cette activité, sur une personne qui se livre à la prostitution, y compris de façon occasionnelle ;

14° Lorsqu'un mineur était présent au moment des faits et y a assisté ;

15° Lorsqu'une substance a été administrée à la victime, à son insu, afin d'altérer son discernement ou le contrôle de ses actes.

Article 222-25

Le viol défini aux articles 222-23,222-23-1 et 222-23-2 est puni de trente ans de réclusion criminelle lorsqu'il a entraîné la mort de la victime.

Les deux premiers alinéas de l'article 132-23 relatif à la période de sûreté sont applicables à l'infraction prévue par le présent article.

Article 222-26

Le viol défini aux articles 222-23,222-23-1 et 222-23-2 est puni de la réclusion criminelle à perpétuité lorsqu'il est précédé, accompagné ou suivi de tortures ou d'actes de barbarie.

Les deux premiers alinéas de l'article 132-23 relatif à la période de sûreté sont applicables à l'infraction prévue par le présent article.

Article 222-26-1

Le fait de faire à une personne des offres ou des promesses ou de lui proposer des dons, présents ou avantages quelconques afin qu'elle commette un viol, y compris hors du territoire national, est puni, lorsque ce crime n'a été ni commis, ni tenté, de dix ans d'emprisonnement et de 150 000 € d'amende.

Article 222-26-2

Est puni des peines suivantes le fait pour une personne d'avoir consommé volontairement, de façon illicite ou manifestement excessive, des substances psychoactives en ayant connaissance du fait que cette consommation est susceptible de la conduire à mettre délibérément autrui en danger, lorsque cette consommation a entraîné un trouble psychique ou neuropsychique temporaire sous l'empire duquel elle a commis un viol dont elle est déclarée pénalement irresponsable en application du premier alinéa de l'article 122-1 :

1° Dix ans d'emprisonnement et 150 000 euros d'amende, si le viol a été commis avec des tortures ou des actes de barbarie ou s'il a entraîné la mort ;

2° Sept ans d'emprisonnement et 100 000 euros d'amende dans les autres cas.

Si l'infraction mentionnée au premier alinéa du présent article a été commise par une personne qui a été précédemment déclarée pénalement irresponsable d'un homicide volontaire en application du premier alinéa de l'article 122-1 en raison d'une abolition de son discernement ou du contrôle de ses actes résultant d'un trouble psychique ou neuropsychique provoqué par la même consommation volontaire de substances psychoactives, la peine prévue au 1° du présent article est portée à quinze ans de réclusion criminelle et celle prévue au 2° est portée à dix ans d'emprisonnement et à 150 000 euros d'amende. Dans les cas prévus au présent alinéa, les articles 132-8 et 132-9 ne sont pas applicables.

Paragraphe 2 : Des autres agressions sexuelles

Article 222-27

Les agressions sexuelles autres que le viol sont punies de cinq ans d'emprisonnement et de 75 000 euros d'amende.

Article 222-28

L'infraction définie à l'article 222-27 est punie de sept ans d'emprisonnement et de 100 000 euros d'amende :

1° Lorsqu'elle a entraîné une blessure, une lésion ou une incapacité totale de travail supérieure à huit jours ;

2° Lorsqu'elle est commise par un ascendant ou par toute autre personne ayant sur la victime une autorité de droit ou de fait ;

3° Lorsqu'elle est commise par une personne qui abuse de l'autorité que lui confèrent ses fonctions ;

3° bis Lorsqu'elle est commise sur un professionnel de santé durant l'exercice de son activité ;

4° Lorsqu'elle est commise par plusieurs personnes agissant en qualité d'auteur ou de complice ;

5° Lorsqu'elle est commise avec usage ou menace d'une arme ;

6° Lorsque la victime a été mise en contact avec l'auteur des faits grâce à l'utilisation, pour la diffusion de messages à destination d'un public non déterminé, d'un réseau de communication électronique ;

7° Lorsqu'elle est commise par le conjoint ou le concubin de la victime ou le partenaire lié à la victime par un pacte civil de solidarité ;

8° Lorsqu'elle est commise par une personne agissant en état d'ivresse manifeste ou sous l'emprise manifeste de produits stupéfiants ;

9° Lorsqu'elle est commise, dans l'exercice de cette activité, sur une personne qui se livre à la prostitution, y compris de façon occasionnelle ;

10° Lorsqu'un mineur était présent au moment des faits et y a assisté ;

11° Lorsqu'une substance a été administrée à la victime, à son insu, afin d'altérer son discernement ou le contrôle de ses actes.

Article 222-29

Les agressions sexuelles autres que le viol sont punies de sept ans d'emprisonnement et de 100 000 euros d'amende lorsqu'elles sont imposées à une personne dont la particulière vulnérabilité due à son âge, à une maladie, à une infirmité, à une déficience physique ou psychique ou à un état de grossesse ou résultant de la précarité de sa situation économique ou sociale est apparente ou connue de son auteur.

Article 222-29-1

Les agressions sexuelles autres que le viol sont punies de dix ans d'emprisonnement et de 150 000 € d'amende lorsqu'elles sont imposées à un mineur de quinze ans par violence, contrainte, menace ou surprise.

Article 222-29-2

Hors le cas prévu à l'article 222-29-1, constitue également une agression sexuelle punie de dix ans d'emprisonnement et de 150 000 € d'amende toute atteinte sexuelle autre qu'un viol commise par un majeur sur la personne d'un mineur de quinze ans, lorsque la différence d'âge entre le majeur et le mineur est d'au moins cinq ans.

La condition de différence d'âge prévue au premier alinéa du présent article n'est pas applicable si les faits ont été commis en échange d'une rémunération, d'une promesse de rémunération, de la fourniture d'un avantage en nature ou de la promesse d'un tel avantage.

Article 222-29-3

Hors le cas prévu à l'article 222-29-1, constitue une agression sexuelle incestueuse punie de dix ans d'emprisonnement et de 150 000 € d'amende toute atteinte sexuelle autre qu'un viol commise par un majeur sur la personne d'un mineur, lorsque le majeur est un ascendant ou toute autre personne mentionnée à l'article 222-22-3 ayant sur le mineur une autorité de droit ou de fait.

Article 222-30

L'infraction définie à l'article 222-29 est punie de dix ans d'emprisonnement et de 150 000 euros d'amende :

1° Lorsqu'elle a entraîné une blessure ou une lésion ;

2° Lorsqu'elle est commise par un ascendant ou par toute autre personne ayant sur la victime une autorité de droit ou de fait ;

3° Lorsqu'elle est commise par une personne qui abuse de l'autorité que lui confèrent ses fonctions ;

4° Lorsqu'elle est commise par plusieurs personnes agissant en qualité d'auteur ou de complice ;

5° Lorsqu'elle est commise avec usage ou menace d'une arme ;

6° (abrogé)

7° Lorsqu'elle est commise par une personne agissant en état d'ivresse manifeste ou sous l'emprise manifeste de produits stupéfiants ;

8° Lorsqu'une substance a été administrée à la victime, à son insu, afin d'altérer son discernement ou le contrôle de ses actes.

Article 222-30-1

Le fait d'administrer à une personne, à son insu, une substance de nature à altérer son discernement ou le contrôle de ses actes afin de commettre à son égard un viol ou une agression sexuelle est puni de cinq ans d'emprisonnement et de 75 000 € d'amende.

Lorsque les faits sont commis sur un mineur de quinze ans ou une personne particulièrement vulnérable, les peines sont portées à sept ans d'emprisonnement et à 100 000 € d'amende.

Article 222-30-2

Le fait de faire à une personne des offres ou des promesses ou de lui proposer des dons, présents ou avantages quelconques afin qu'elle commette une agression sexuelle, y compris hors du territoire national, est puni, lorsque cette agression n'a été ni commise, ni tentée, de cinq ans d'emprisonnement et de 75 000 € d'amende.

Lorsque l'agression sexuelle devait être commise sur un mineur, les peines sont portées à sept ans d'emprisonnement et à 100 000 € d'amende.

Article 222-31

La tentative des délits prévus par les articles 222-27 à 222-30-1 est punie des mêmes peines.

Paragraphe 3 : Dispositions communes aux viols et aux agressions sexuelles en cas d'inceste

Paragraphe 4 : De l'exhibition sexuelle et du harcèlement sexuel

---

Article 222-32

L'exhibition sexuelle imposée à la vue d'autrui dans un lieu accessible aux regards du public est punie d'un an d'emprisonnement et de 15 000 euros d'amende.

Même en l'absence d'exposition d'une partie dénudée du corps, l'exhibition sexuelle est constituée si est imposée à la vue d'autrui, dans un lieu accessible aux regards du public, la commission explicite d'un acte sexuel, réel ou simulé.

Lorsque les faits sont commis au préjudice d'un mineur de quinze ans, les peines sont portées à deux ans d'emprisonnement et à 30 000 euros d'amende.

Article 222-33

I. - Le harcèlement sexuel est le fait d'imposer à une personne, de façon répétée, des propos ou comportements à connotation sexuelle ou sexiste qui soit portent atteinte à sa dignité en raison de leur caractère dégradant ou humiliant, soit créent à son encontre une situation intimidante, hostile ou offensante.

L'infraction est également constituée :

1° Lorsque ces propos ou comportements sont imposés à une même victime par plusieurs personnes, de manière concertée ou à l'instigation de l'une d'elles, alors même que chacune de ces personnes n'a pas agi de façon répétée ;

2° Lorsque ces propos ou comportements sont imposés à une même victime, successivement, par plusieurs personnes qui, même en l'absence de concertation, savent que ces propos ou comportements caractérisent une répétition.

II. - Est assimilé au harcèlement sexuel le fait, même non répété, d'user de toute forme de pression grave dans le but réel ou apparent d'obtenir un acte de nature sexuelle, que celui-ci soit recherché au profit de l'auteur des faits ou au profit d'un tiers.

III.- Les faits mentionnés aux I et II sont punis de deux ans d'emprisonnement et de 30 000 € d'amende.

Ces peines sont portées à trois ans d'emprisonnement et 45 000 € d'amende lorsque les faits sont commis :

1° Par une personne qui abuse de l'autorité que lui confèrent ses fonctions ;

2° Sur un mineur de quinze ans ;

3° Sur une personne dont la particulière vulnérabilité, due à son âge, à une maladie, à une infirmité, à une déficience physique ou psychique ou à un état de grossesse, est apparente ou connue de leur auteur ;

4° Sur une personne dont la particulière vulnérabilité ou dépendance résultant de la précarité de sa situation économique ou sociale est apparente ou connue de leur auteur ;

5° Par plusieurs personnes agissant en qualité d'auteur ou de complice ;

6° Par l'utilisation d'un service de communication au public en ligne ou par le biais d'un support numérique ou électronique ;

7° Alors qu'un mineur était présent et y a assisté ;

8° Par un ascendant ou par toute autre personne ayant sur la victime une autorité de droit ou de fait.

Paragraphe 5 : Responsabilité pénale des personnes morales

Article 222-33-1

Les personnes morales déclarées responsables pénalement, dans les conditions prévues par l'article 121-2, des infractions définies aux articles 222-22 à 222-31 encourent, outre l'amende suivant les modalités prévues par l'article 131-38, les peines prévues par l'article 131-39.

L'interdiction mentionnée au 2° de l'article 131-39 porte sur l'activité dans l'exercice ou à l'occasion de l'exercice de laquelle l'infraction a été commise.

Section 4 : De l'outrage sexiste et sexuel

Article 222-33-1-1

I.-Est puni de 3 750 euros d'amende le fait, hors les cas prévus aux articles 222-13,222-32,222-33,222-33-2-2 et 222-33-2-3, d'imposer à une personne tout propos ou tout comportement à connotation sexuelle ou sexiste qui soit porte atteinte à sa dignité en raison de son caractère dégradant ou humiliant, soit crée à son encontre une situation intimidante, hostile ou offensante, lorsque ce fait est commis :

1° Par une personne qui abuse de l'autorité que lui confèrent ses fonctions ;

2° Sur un mineur ;

3° Sur une personne dont la particulière vulnérabilité due à son âge, à une maladie, à une infirmité, à une déficience physique ou psychique ou à un état de grossesse est apparente ou connue de son auteur ;

4° Sur une personne dont la particulière vulnérabilité ou dépendance résultant de la précarité de sa situation économique ou sociale est apparente ou connue de son auteur ;

5° Par plusieurs personnes agissant en qualité d'auteur ou de complice ;

6° Dans un véhicule affecté au transport collectif de voyageurs ou au transport public particulier ou dans un lieu destiné à l'accès à un moyen de transport collectif de voyageurs ;

7° En raison de l'orientation sexuelle ou de l'identité de genre, vraie ou supposée, de la victime ;

8° Par une personne déjà condamnée pour la contravention d'outrage sexiste et sexuel et qui commet la même infraction en étant en état de récidive dans les conditions prévues au second alinéa de l'article 132-11.

II.-Pour le délit prévu au I du présent article, y compris en cas de récidive, l'action publique peut être éteinte, dans les conditions prévues aux articles 495-17 à 495-25 du code de procédure pénale, par le versement d'une amende forfaitaire d'un montant de 300 euros. Le montant de l'amende forfaitaire minorée est de 250 euros et le montant de l'amende forfaitaire majorée est de 600 euros.

Section 5 : Du harcèlement moral

Article 222-33-2

Le fait de harceler autrui par des propos ou comportements répétés ayant pour objet ou pour effet une dégradation des conditions de travail susceptible de porter atteinte à ses droits et à sa dignité, d'altérer sa santé physique ou mentale ou de compromettre son avenir professionnel, est puni de deux ans d'emprisonnement et de 30 000 € d'amende.

Article 222-33-2-1

Le fait de harceler son conjoint, son partenaire lié par un pacte civil de solidarité ou son concubin par des propos ou comportements répétés ayant pour objet ou pour effet une dégradation de ses conditions de vie se traduisant par une altération de sa santé physique ou mentale est puni de trois ans d'emprisonnement et de 45 000 € d'amende lorsque ces faits ont causé une incapacité totale de travail inférieure ou égale à huit jours ou n'ont entraîné aucune incapacité de travail et de cinq ans d'emprisonnement et de 75 000 € d'amende lorsqu'ils ont causé une incapacité totale de travail supérieure à huit jours ou ont été commis alors qu'un mineur était présent et y a assisté.

Les mêmes peines sont encourues lorsque cette infraction est commise par un ancien conjoint ou un ancien concubin de la victime, ou un ancien partenaire lié à cette dernière par un pacte civil de solidarité.

Les peines sont portées à dix ans d'emprisonnement et à 150 000 € d'amende lorsque le harcèlement a conduit la victime à se suicider ou à tenter de se suicider.

Article 222-33-2-2

Le fait de harceler une personne par des propos ou comportements répétés ayant pour objet ou pour effet une dégradation de ses conditions de vie se traduisant par une altération de sa santé physique ou mentale est puni d'un an d'emprisonnement et de 15 000 € d'amende lorsque ces faits ont causé une incapacité totale de travail inférieure ou égale à huit jours ou n'ont entraîné aucune incapacité de travail.

L'infraction est également constituée :

a) Lorsque ces propos ou comportements sont imposés à une même victime par plusieurs personnes, de manière concertée ou à l'instigation de l'une d'elles, alors même que chacune de ces personnes n'a pas agi de façon répétée ;

b) Lorsque ces propos ou comportements sont imposés à une même victime, successivement, par plusieurs personnes qui, même en l'absence de concertation, savent que ces propos ou comportements caractérisent une répétition.

Les faits mentionnés aux premier à quatrième alinéas sont punis de deux ans d'emprisonnement et de 30 000

€ d'amende :

1° Lorsqu'ils ont causé une incapacité totale de travail supérieure à huit jours ;

2° Lorsqu'ils ont été commis sur un mineur ;

3° Lorsqu'ils ont été commis sur une personne dont la particulière vulnérabilité, due à son âge, à une maladie, à une infirmité, à une déficience physique ou psychique ou à un état de grossesse, est apparente ou connue de leur auteur ;

4° Lorsqu'ils ont été commis par l'utilisation d'un service de communication au public en ligne ou par le biais d'un support numérique ou électronique ;

4° bis Lorsqu'ils ont été commis sur le titulaire d'un mandat électif ;

5° Lorsqu'un mineur était présent et y a assisté.

Les faits mentionnés aux premier à quatrième alinéas sont punis de trois ans d'emprisonnement et de 45 000

€ d'amende lorsqu'ils sont commis dans deux des circonstances mentionnées aux 1° à 5°.

Article 222-33-2-3

Constituent un harcèlement scolaire les faits de harcèlement moral définis aux quatre premiers alinéas de l'article 222-33-2-2 lorsqu'ils sont commis à l'encontre d'un élève par toute personne étudiant ou exerçant une activité professionnelle au sein du même établissement d'enseignement.

Le harcèlement scolaire est puni de trois ans d'emprisonnement et de 45 000 € d'amende lorsqu'il a causé une incapacité totale de travail inférieure ou égale à huit jours ou n'a entraîné aucune incapacité de travail.

Les peines sont portées à cinq ans d'emprisonnement et à 75 000 € d'amende lorsque les faits ont causé une incapacité totale de travail supérieure à huit jours.

Les peines sont portées à dix ans d'emprisonnement et à 150 000 € d'amende lorsque les faits ont conduit la victime à se suicider ou à tenter de se suicider.

Le présent article est également applicable lorsque la commission des faits mentionnés au premier alinéa du présent article se poursuit alors que l'auteur ou la victime n'étudie plus ou n'exerce plus au sein de l'établissement.

Section 6 : De l'enregistrement et de la diffusion d'images de violence

---

Article 222-33-3

Est constitutif d'un acte de complicité des atteintes volontaires à l'intégrité de la personne prévues par les articles 222-1 à 222-14-1 et 222-23 à 222-31 et 222-33 et est puni des peines prévues par ces articles le fait d'enregistrer sciemment, par quelque moyen que ce soit, sur tout support que ce soit, des images relatives à la commission de ces infractions.

Le fait de diffuser l'enregistrement de telles images est puni de cinq ans d'emprisonnement et de 75 000 euros d'amende.

Le présent article n'est pas applicable lorsque l'enregistrement ou la diffusion résulte de l'exercice normal d'une profession ayant pour objet d'informer le public ou est réalisé afin de servir de preuve en justice.

Section 7 : Du trafic de stupéfiants

Article 222-34

Le fait de diriger ou d'organiser un groupement ayant pour objet la production, la fabrication, l'importation, l'exportation, le transport, la détention, l'offre, la cession, l'acquisition ou l'emploi illicites de stupéfiants est puni de la réclusion criminelle à perpétuité et de 7 500 000 euros d'amende.

Les deux premiers alinéas de l'article 132-23 relatif à la période de sûreté sont applicables à l'infraction prévue par le présent article.

Article 222-35

La production ou la fabrication illicites de stupéfiants sont punies de vingt ans de réclusion criminelle et de 7 500 000 euros d'amende.

Ces faits sont punis de trente ans de réclusion criminelle et de 7 500 000 euros d'amende lorsqu'ils sont commis en bande organisée.

Les deux premiers alinéas de l'article 132-23 relatif à la période de sûreté sont applicables aux infractions prévues par le présent article.

Article 222-36

L'importation ou l'exportation illicites de stupéfiants sont punies de dix ans d'emprisonnement et de 7 500 000 euros d'amende.

Ces faits sont punis de trente ans de réclusion criminelle et de 7 500 000 euros d'amende lorsqu'ils sont commis en bande organisée.

Les deux premiers alinéas de l'article 132-23 relatif à la période de sûreté sont applicables aux infractions prévues par le présent article.

Les personnes physiques ou morales coupables du délit prévu à la présente section encourent également la peine complémentaire suivante : interdiction de l'activité de prestataire de formation professionnelle continue au sens de l'article L. 6313-1 du code du travail pour une durée de cinq ans.

Article 222-37

Le transport, la détention, l'offre, la cession, l'acquisition ou l'emploi illicites de stupéfiants sont punis de dix ans d'emprisonnement et de 7 500 000 euros d'amende.

Est puni des mêmes peines le fait de faciliter, par quelque moyen que ce soit, l'usage illicite de stupéfiants, de se faire délivrer des stupéfiants au moyen d'ordonnances fictives ou de complaisance, ou de délivrer des stupéfiants sur la présentation de telles ordonnances en connaissant leur caractère fictif ou complaisant.

Les deux premiers alinéas de l'article 132-23 relatif à la période de sûreté sont applicables aux infractions prévues par le présent article.

Article 222-37-1

Lorsque les infractions prévues aux articles 222-35 à 222-37 sont commises par un majeur agissant avec l'aide ou l'assistance, directe ou indirecte, d'un mineur pour le transport, la détention, l'offre, la cession, l'acquisition ou la vente de stupéfiants, les peines privatives de liberté encourues sont portées à :

1° Quinze ans de réclusion criminelle lorsque l'infraction est punie de dix ans d'emprisonnement ;

2° Trente ans de réclusion criminelle lorsque l'infraction est punie de vingt ans de réclusion criminelle ;

3° La réclusion criminelle à perpétuité lorsque l'infraction est punie de trente ans de réclusion criminelle.

L'aide ou l'assistance d'un mineur peut être caractérisée par tout acte de sollicitation, d'incitation ou d'organisation ayant pour effet d'intégrer un mineur dans un réseau de trafic de stupéfiants, que cette participation soit volontaire ou contrainte.

Article 222-38

Est puni de dix ans d'emprisonnement et de 750 000 euros d'amende le fait de faciliter, par tout moyen, la justification mensongère de l'origine des biens ou des revenus de l'auteur de l'une des infractions mentionnées aux articles 222-34 à 222-37 ou d'apporter son concours à une opération de placement, de dissimulation ou de conversion du produit de l'une de ces infractions. La peine d'amende peut être élevée jusqu'à la totalité de la valeur des biens ou des fonds sur lesquels ont porté les opérations de blanchiment.

Lorsque l'infraction a porté sur des biens ou des fonds provenant de l'un des crimes mentionnés aux articles 222-34, 222-35 et 222-36, deuxième alinéa, son auteur est puni des peines prévues pour les crimes dont il a eu connaissance.

Les deux premiers alinéas de l'article 132-23 relatifs à la période de sûreté sont applicables aux infractions prévues par le présent article.

Article 222-39

La cession ou l'offre illicites de stupéfiants à une personne en vue de sa consommation personnelle sont punies de cinq ans d'emprisonnement et de 75 000 euros d'amende.

La peine d'emprisonnement est portée à dix ans lorsque les stupéfiants sont offerts ou cédés, dans les conditions définies à l'alinéa précédent, à des mineurs ou dans des établissements d'enseignement ou d'éducation ou dans les locaux de l'administration, ainsi que, lors des entrées ou sorties des élèves ou du public ou dans un temps très voisin de celles-ci, aux abords de ces établissements ou locaux.

Les deux premiers alinéas de l'article 132-23 relatif à la période de sûreté sont applicables à l'infraction prévue par l'alinéa précédent.

Article 222-40

La tentative des délits prévus par les articles 222-36 (premier alinéa) à 222-39 est punie des mêmes peines.

Article 222-41

Constituent des stupéfiants au sens des dispositions de la présente section les substances ou plantes classées comme stupéfiants en application de l'article L. 5132-7 du code de la santé publique.

Article 222-42

Les personnes morales déclarées responsables pénalement, dans les conditions prévues par l'article 121-2, des infractions définies aux articles 222-34 à 222-39 encourent, outre l'amende suivant les modalités prévues par l'article 131-38, les peines prévues par l'article 131-39.

L'interdiction mentionnée au 2° de l'article 131-39 porte sur l'activité dans l'exercice ou à l'occasion de l'exercice de laquelle l'infraction a été commise.

Article 222-43

La peine privative de liberté encourue par l'auteur ou le complice des infractions prévues par les articles 222-35 à 222-39 est réduite des deux tiers si, ayant averti les autorités administratives ou judiciaires, il a permis de faire cesser les agissements incriminés ou d'identifier, le cas échéant, les autres coupables. Dans le cas prévu à l'article 222-34, la peine de la réclusion criminelle à perpétuité est ramenée à vingt ans de réclusion criminelle.

Article 222-43-1

Toute personne qui a tenté de commettre les infractions prévues par la présente section est exempte de peine si, ayant averti l'autorité administrative ou judiciaire, elle a permis d'éviter la réalisation de l'infraction et d'identifier, le cas échéant, les autres auteurs ou complices.

Section 8 : Peines complémentaires applicables aux personnes physiques

---

Article 222-44

I.-Les personnes physiques coupables des infractions prévues aux sections 1 à 7, à l'exception de la section 4 du présent chapitre encourent également les peines complémentaires suivantes :

1° L'interdiction, suivant les modalités prévues par l'article 131-27, soit d'exercer une fonction publique ou d'exercer l'activité professionnelle ou sociale dans l'exercice ou à l'occasion de l'exercice de laquelle l'infraction a été commise, soit, pour les infractions prévues par les articles 222-1 à 222-6,222-7,222-8,222-10, les 1° et 2° de l'article 222-14, les 1° à 3° de l'article 222-14-1, les articles 222-15,222-23 à 222-26,222-34, 222-35,222-36,222-37,222-38 et 222-39, d'exercer une profession commerciale ou industrielle, de diriger, d'administrer, de gérer ou de contrôler à un titre quelconque, directement ou indirectement, pour son propre compte ou pour le compte d'autrui, une entreprise commerciale ou industrielle ou une société commerciale. Ces interdictions d'exercice peuvent être prononcées cumulativement ;

2° L'interdiction de détenir ou de porter, pour une durée de cinq ans au plus, une arme soumise à autorisation ;

3° La suspension, pour une durée de cinq ans au plus, du permis de conduire, cette suspension pouvant être limitée à la conduite en dehors de l'activité professionnelle ; dans les cas prévus à la section 1 du présent chapitre, la durée de cette suspension est de dix ans au plus ; dans les cas prévus par les articles 222-19-1 et 222-20-1, la suspension ne peut pas être assortie du sursis, même partiellement, et ne peut pas être limitée à la conduite en dehors de l'activité professionnelle ;

4° L'annulation du permis de conduire avec interdiction de solliciter la délivrance d'un nouveau permis pendant cinq ans au plus ; dans les cas prévus à la section 1 du présent chapitre, la durée de l'interdiction est de dix ans au plus ;

5° La confiscation d'un ou plusieurs véhicules appartenant au condamné ;

6° La confiscation d'une ou plusieurs armes dont le condamné est propriétaire ou dont il a la libre disposition ;

7° La confiscation de la chose qui a servi ou était destinée à commettre l'infraction ou de la chose qui en est le produit ;

8° Dans les cas prévus par les articles 222-19-1 et 222-20-1, l'interdiction de conduire certains véhicules terrestres à moteur, y compris ceux pour la conduite desquels le permis de conduire n'est pas exigé, pour une durée de cinq ans au plus ;

9° (Abrogé) ;

9° bis (Abrogé) ;

10° Dans les cas prévus par les articles 222-19-1 et 222-20-1, l'immobilisation, pendant une durée d'un an au plus, du véhicule dont le condamné s'est servi pour commettre l'infraction, s'il en est le propriétaire ;

11° La confiscation de l'animal ayant été utilisé pour commettre l'infraction ;

12° L'interdiction, à titre définitif ou temporaire, de détenir un animal ;

13° Dans les cas prévus par les articles 222-19-1 et 222-20-1, la confiscation du véhicule dont le condamné s'est servi pour commettre l'infraction, s'il en est le propriétaire.

II.-En cas de condamnation pour les crimes ou pour les délits commis avec une arme prévus aux sections 1,3, 6 et 7 du présent chapitre, le prononcé des peines complémentaires prévues aux 2° et 6° du I est obligatoire. La durée de la peine prévue au 2° du I est portée à quinze ans au plus.

Toutefois, la juridiction peut, par une décision spécialement motivée lorsque la condamnation est prononcée par une juridiction correctionnelle, décider de ne pas prononcer ces peines, en considération des circonstances de l'infraction et de la personnalité de son auteur.

Article 222-44-1

Les personnes physiques coupables des infractions prévues au 6° des articles 222-10, 222-12 et 222-13 ou à l'avant-dernier alinéa de l'article 222-14 encourent également la peine complémentaire d'obligation de remboursement du prêt versé à la victime en application de l'article L. 214-9 du code de l'action sociale et des familles, sans que ce remboursement puisse excéder 5 000 euros. Le prononcé de cette peine complémentaire est obligatoire en cas de condamnation pour l'un des crimes ou délits punis au 6° des articles 222-10 et 222-12 et à l'avant-dernier alinéa de l'article 222-14 du présent code. Toutefois, la juridiction peut, par une décision spéciale et motivée lorsque la condamnation est prononcée par une juridiction correctionnelle, décider de ne pas prononcer cette peine en considération des circonstances de l'infraction et de la personnalité de son auteur.

Article 222-44-2

Les personnes physiques coupables des infractions prévues aux articles 222-34 à 222-40 encourent également les peines complémentaires suivantes :

1° Lorsque l'infraction a été commise dans un aéronef réalisant un vol commercial ou dans une embarcation maritime, l'interdiction, pour une durée de trois ans au plus, de prendre place dans tout aéronef réalisant un vol commercial et dans toute embarcation maritime au départ et à destination d'aéroports et de ports dont la liste est fixée par la juridiction ;

2° Lorsque l'infraction a été commise dans un aéroport ou dans un port, l'interdiction, pour une durée de trois ans au plus, de paraître dans les aéroports et dans les ports dont la liste est fixée par la juridiction.

Les interdictions prévues aux 1° et 2° du présent article peuvent être modifiées par le juge de l'application des peines, dans les conditions fixées par le code de procédure pénale.

Est punie de deux ans d'emprisonnement et de 30 000 euros d'amende la violation par le condamné des interdictions prévues aux 1° et 2° du présent article.

Article 222-45

Les personnes physiques coupables des infractions prévues par les sections 1, 1 bis, 3 et 7 encourent également les peines suivantes :

1° L'interdiction, suivant les modalités prévues par l'article 131-26, des droits civiques, civils et de famille ;

2° L'interdiction, suivant les modalités prévues par l'article 131-27, d'exercer une fonction publique ;

3° L'interdiction d'exercer, soit à titre définitif, soit pour une durée de dix ans au plus, une activité professionnelle ou bénévole impliquant un contact habituel avec des mineurs.

Article 222-46

Les personnes physiques coupables des infractions prévues par la section 2 du présent chapitre encourent également la peine complémentaire d'affichage ou de diffusion de la décision prévue par l'article 131-35.

Article 222-47

Dans les cas prévus par les articles 222-1 à 222-15, 222-23 à 222-30 et 222-34 à 222-40, peut être prononcée à titre de peine complémentaire l'interdiction de séjour, suivant les modalités prévues par l'article 131-31.

Dans les cas prévus aux articles 222-7 à 222-13, 222-14-2 et 222-14-5, lorsque les faits sont commis lors du déroulement de manifestations sur la voie publique, peut être prononcée la peine complémentaire d'interdiction de participer à des manifestations sur la voie publique, dans les conditions prévues à l'article 131-32-1.

Dans les cas prévus par les articles 222-23 à 222-30, lorsqu'ils sont commis sur des mineurs, par le 6° bis des articles 222-3, 222-8, 222-10, 222-12 et 222-13, par l'article 222-14-4 et par les articles 222-34 à 222-40, peut être également prononcée l'interdiction, pour une durée de cinq ans au plus, de quitter le territoire de la République.

Article 222-48-1

Les personnes physiques coupables de tortures ou d'actes de barbarie ou des infractions définies aux articles 222-18-4 et 222-23 à 222-32 peuvent également être condamnées à un suivi socio-judiciaire selon les modalités prévues par les articles 131-36-1 à 131-36-13.

Les personnes physiques coupables des infractions définies aux articles 222-8, 222-10, 222-12, 222-13, 222-14 et 222-18-3 peuvent également être condamnées à un suivi socio-judiciaire, selon les modalités prévues par les articles 131-36-1 à 131-36-13, lorsque l'infraction est commise soit par le conjoint ou le concubin de la victime ou par le partenaire lié à celle-ci par un pacte civil de solidarité, ou par son ancien conjoint, son ancien concubin ou l'ancien partenaire lié à elle par un pacte civil de solidarité, soit, sur un mineur de quinze ans, par un ascendant légitime, naturel ou adoptif, ou par toute autre personne ayant autorité sur la victime.

Pour les infractions prévues par l'alinéa précédent qui sont commises sur un mineur de quinze ans par un ascendant légitime, naturel ou adoptif, ou par toute autre personne ayant autorité sur la victime, le suivi socio-judiciaire est obligatoire en matière correctionnelle lorsqu'il s'agit de violences habituelles, sauf en cas de condamnation à une peine d'emprisonnement assortie du sursis probatoire ou si le tribunal correctionnel considère, par décision spécialement motivée, qu'il n'y a pas lieu de prononcer cette mesure ; en matière criminelle, la cour d'assises délibère de façon spécifique sur le prononcé d'un suivi socio-judiciaire.

Article 222-48-3

Les personnes physiques coupables des infractions prévues aux paragraphes 1 et 2 des sections 1 et 3 du présent chapitre, lorsque celles-ci ont été commises à l'encontre de leur époux assuré, encourent également la peine complémentaire d'interdiction de percevoir la pension due au conjoint survivant ou divorcé en application des dispositions du code de la sécurité sociale ou du code rural et de la pêche maritime.

Le prononcé de cette peine est obligatoire. Toutefois, la juridiction peut, par une décision spécialement motivée, décider de ne pas prononcer cette peine, en considération des circonstances de l'infraction et de la personnalité de son auteur.

Article 222-48-4

En cas de condamnation pour une infraction prévue à la section 3 du présent chapitre commise sur un mineur, la peine complémentaire d'interdiction d'exercer une activité professionnelle ou bénévole impliquant un contact habituel avec des mineurs prévue au 3° de l'article 222-45 est prononcée à titre définitif. La juridiction peut, par une décision spécialement motivée, décider de ne pas prononcer cette peine en considération des circonstances de l'infraction et de la personnalité de son auteur ou de la prononcer pour une durée de dix ans au plus.

Article 222-48-5

Les personnes coupables du délit prévu à l'article 222-33-1-1 encourent également les peines complémentaires suivantes :

1° La peine de stage prévue aux 1°, 4°, 5° ou 7° de l'article 131-5-1 ;

2° La peine de travail d'intérêt général pour une durée de vingt à cent cinquante heures.

Section 9 : Dispositions communes aux personnes physiques et aux personnes morales

---

Article 222-49

Dans les cas prévus par les articles 222-34 à 222-40, doit être prononcée la confiscation des installations, matériels et de tout bien ayant servi, directement ou indirectement, à la commission de l'infraction, ainsi que tout produit provenant de celle-ci, à quelque personne qu'ils appartiennent et en quelque lieu qu'ils se trouvent, dès lors que leur propriétaire ne pouvait en ignorer l'origine ou l'utilisation frauduleuse.

Dans les cas prévus par les articles 222-34, 222-35, 222-36, 222-37 et 222-38, peut également être prononcée la confiscation de tout ou partie des biens du condamné ou, sous réserve des droits du propriétaire de bonne foi, dont il a la libre disposition, quelle qu'en soit la nature, meubles ou immeubles, divis ou indivis.

Article 222-50

Les personnes physiques ou morales coupables de l'une des infractions prévues par les articles 222-34 à 222-40 encourent également les peines complémentaires suivantes :

1° Le retrait définitif de la licence de débit de boissons ou de restaurant ;

2° La fermeture, à titre définitif ou pour une durée de cinq ans au plus, de tout établissement ouvert au public ou utilisé par le public dans lequel ont été commises, par l'exploitant ou avec la complicité de celui-ci, les infractions définies par ces articles.

Article 222-50-1

Les personnes physiques ou morales coupables de l'une des infractions prévues par les articles 222-33 et 222-33-2 encourent également la peine complémentaire d'affichage ou de diffusion de la décision prévue par l'article 131-35.

Article 222-51

La fermeture temporaire prévue par l'article 222-50 emporte suspension de la licence de débit de boissons ou de restaurant pour la même durée. Le délai de péremption de celle-ci est suspendu pendant la durée de la fermeture.

La fermeture définitive prévue par l'article 222-50 emporte retrait définitif de la licence de débit de boissons ou de restaurant.

Section 10 : Du trafic d'armes

Article 222-52

Le fait d'acquérir, de détenir ou de céder des matériels de guerre, armes, éléments d'armes ou munitions relevant des catégories A ou B, sans l'autorisation prévue au I de l'article L. 2332-1 du code de la défense, en violation des articles L. 312-1 à L. 312-4, L. 312-4-3, L. 314-2 et L. 314-3 du code de la sécurité intérieure, est puni de cinq ans d'emprisonnement et de 75 000 € d'amende.

Les peines sont portées à sept ans d'emprisonnement et à 100 000 € d'amende si l'auteur des faits a été antérieurement condamné pour une ou plusieurs infractions mentionnées aux articles 706-73 et 706-73-1 du code de procédure pénale à une peine égale ou supérieure à un an d'emprisonnement ferme.

Les peines sont portées à dix ans d'emprisonnement et à 500 000 € d'amende lorsque l'infraction est commise par au moins deux personnes agissant en qualité d'auteur ou de complice.

Article 222-53

Le fait de détenir un dépôt d'armes ou de munitions des catégories A ou B est puni de cinq ans d'emprisonnement et de 75 000 € d'amende.

Les peines sont portées à dix ans d'emprisonnement et à 500 000 € d'amende si l'auteur des faits a été antérieurement condamné pour une ou plusieurs infractions mentionnées aux articles 706-73 et 706-73-1 du code de procédure pénale à une peine égale ou supérieure à un an d'emprisonnement ferme.

Les mêmes peines sont applicables lorsque l'infraction est commise par au moins deux personnes agissant en qualité d'auteur ou de complice.

Article 222-54

Le fait de porter ou de transporter, hors de son domicile, sans motif légitime, et sous réserve des exceptions résultant des articles L. 315-1 et L. 315-2 du code de la sécurité intérieure, des matériels de guerre, armes, éléments d'armes ou munitions relevant des catégories A ou B, même en en étant régulièrement détenteur, est puni de sept ans d'emprisonnement et de 100 000 € d'amende.

Les peines sont portées à dix ans d'emprisonnement et à 500 000 € d'amende si l'auteur des faits a été antérieurement condamné pour une ou plusieurs infractions mentionnées aux articles 706-73 et 706-73-1 du code de procédure pénale à une peine égale ou supérieure à un an d'emprisonnement ferme.

Les mêmes peines sont applicables si deux personnes au moins sont trouvées ensemble porteuses de matériels de guerre, armes, éléments d'armes ou munitions ou si le transport est effectué par au moins deux personnes.

Article 222-55

Le fait pour une personne habilitée ou autorisée à pénétrer dans un établissement scolaire de pénétrer ou de se maintenir dans un tel établissement en étant porteuse d'une arme sans motif légitime est puni de sept ans d'emprisonnement et de 100 000 € d'amende.

Article 222-56

Le fait de frauduleusement supprimer, masquer, altérer ou modifier de façon quelconque les marquages, poinçons, numéros de série, emblèmes ou signes de toute nature apposés ou intégrés sur des matériels mentionnés à l'article L. 311-2 du code de la sécurité intérieure, des armes ou leurs éléments essentiels afin de garantir leur identification de manière certaine suivant les modalités fixées par un décret en Conseil d'Etat est puni de cinq ans d'emprisonnement et de 75 000 € d'amende.

Article 222-57

L'acquisition, la vente, la livraison ou le transport de matériels, d'armes et de leurs éléments essentiels mentionnés à l'article L. 311-2 du code de la sécurité intérieure dépourvus des marquages, poinçons, numéros de série, emblèmes ou signes de toute nature apposés ou intégrés sur les matériels, les armes ou leurs éléments essentiels, nécessaires à leur identification de manière certaine suivant les modalités fixées par le décret en Conseil d'Etat prévu à l'article 222-56 du présent code, ou dont les marquages, poinçons, numéros de série, emblèmes ou signes de toute nature ont été supprimés, masqués, altérés ou modifiés, est puni de cinq ans d'emprisonnement et de 75 000 € d'amende.

Les peines sont portées à dix ans d'emprisonnement et à 500 000 € d'amende lorsque l'infraction est commise en bande organisée.

Article 222-58

Le fait de contrefaire un poinçon d'épreuve ou d'utiliser frauduleusement des poinçons contrefaits est puni de cinq ans d'emprisonnement et de 75 000 € d'amende.

Article 222-59

Le fait de constituer ou de reconstituer une arme est puni de cinq ans d'emprisonnement et de 75 000 € d'amende.

Est puni des mêmes peines le fait de modifier une arme et d'en changer ainsi la catégorie au sens de l'article

L. 311-2 du code de la sécurité intérieure ou de détenir en connaissance de cause une arme ayant fait l'objet d'une modification mentionnée à l'article 222-56 du présent code.

Les peines sont portées à sept ans d'emprisonnement et à 100 000 € d'amende si l'auteur des faits a été antérieurement condamné pour une ou plusieurs infractions mentionnées aux articles 706-73 et 706-73-1 du code de procédure pénale à une peine égale ou supérieure à un an d'emprisonnement ferme.

Les peines sont portées à dix ans d'emprisonnement et à 500 000 € d'amende lorsque l'infraction est commise en bande organisée.

Article 222-60

La tentative des délits prévus aux articles 222-52 et 222-56 à 222-58 est punie des mêmes peines.

Article 222-61

Les personnes morales déclarées responsables pénalement, dans les conditions prévues à l'article 121-2, des infractions définies à la présente section encourent, outre l'amende suivant les modalités prévues à l'article 131-38, les peines prévues à l'article 131-39.

L'interdiction mentionnée au 2° du même article 131-39 porte sur l'activité dans l'exercice ou à l'occasion de l'exercice de laquelle l'infraction a été commise.

Article 222-62

I. – Les personnes physiques coupables des infractions prévues à la présente section encourent également les peines complémentaires suivantes :

1° L'interdiction de détenir ou de porter, pour une durée maximale de quinze ans, une arme soumise à autorisation ;

2° La confiscation d'une ou de plusieurs armes dont le condamné est propriétaire ou dont il a la libre disposition.

II. – En cas de condamnation pour les infractions prévues à la présente section, le prononcé des peines complémentaires est obligatoire. Toutefois, la juridiction peut, par une décision spécialement motivée, décider de ne pas prononcer ces peines, en considération des circonstances de l'infraction et de la personnalité de son auteur.

Article 222-63

Pour les infractions prévues à la présente section, peut être prononcée à titre de peine complémentaire l'interdiction de séjour, suivant les modalités prévues à l'article 131-31.

Article 222-65

Les personnes physiques coupables d'une infraction prévue à la présente section peuvent également être condamnées à un suivi socio-judiciaire, selon les modalités prévues aux articles 131-36-1 à 131-36-13.

Article 222-66

Dans les cas prévus à la présente section, doit être prononcée, à l'encontre des personnes physiques et des personnes morales, la confiscation des installations, des matériels et de tout bien ayant servi, directement ou indirectement, à la commission de l'infraction, ainsi que de tout produit provenant de celle-ci, à quelque personne qu'ils appartiennent et en quelque lieu qu'ils se trouvent, dès lors que leur propriétaire ne pouvait en ignorer l'origine ou l'utilisation frauduleuse.

Peut également être prononcée la confiscation de tout ou partie des biens du condamné ou, sous réserve des droits du propriétaire de bonne foi, dont il a la libre disposition, quelle qu'en soit la nature, meubles ou immeubles, divis ou indivis.

Article 222-67

L'article L. 317-1 du code de la sécurité intérieure est applicable à la présente section.

Article 222-67-1

Toute personne qui a tenté de commettre les infractions prévues à la présente section est exempte de peine si, ayant averti l'autorité administrative ou judiciaire, elle a permis d'éviter leur réalisation.

La peine privative de liberté encourue par l'auteur ou le complice de l'une des infractions prévues à la présente section est réduite des deux tiers si, ayant averti l'autorité administrative ou judiciaire, il a permis de faire cesser la réalisation de l'infraction ou d'identifier, le cas échéant, les autres auteurs ou complices.

Chapitre III : De la mise en danger de la personne

Section 1 : Des risques causés à autrui

Article 223-1

Le fait d'exposer directement autrui à un risque immédiat de mort ou de blessures de nature à entraîner une mutilation ou une infirmité permanente par la violation manifestement délibérée d'une obligation particulière de prudence ou de sécurité imposée par la loi ou le règlement est puni d'un an d'emprisonnement et de 15 000 euros d'amende.

Article 223-1-1

Le fait de révéler, de diffuser ou de transmettre, par quelque moyen que ce soit, des informations relatives à la vie privée, familiale ou professionnelle d'une personne permettant de l'identifier ou de la localiser aux fins de l'exposer ou d'exposer les membres de sa famille à un risque direct d'atteinte à la personne ou aux biens que l'auteur ne pouvait ignorer est puni de trois ans d'emprisonnement et de 45 000 euros d'amende.

Lorsque les faits sont commis au préjudice d'une personne dépositaire de l'autorité publique, chargée d'une mission de service public ou titulaire d'un mandat électif public, d'un candidat à un mandat électif public pendant la durée de la campagne électorale ou d'un journaliste, au sens du deuxième alinéa de l'article 2 de la loi du 29 juillet 1881 sur la liberté de la presse, les peines sont portées à cinq ans d'emprisonnement et à 75 000 euros d'amende. Les mêmes peines sont applicables lorsque les faits sont commis dans les mêmes conditions à l'encontre du conjoint, d'un ascendant ou d'un descendant en ligne directe ou de toute autre personne vivant habituellement au domicile de la personne mentionnée au présent alinéa, en raison des fonctions exercées par cette dernière.

Lorsque les faits sont commis au préjudice d'une personne mineure, les peines sont portées à cinq ans d'emprisonnement et à 75 000 euros d'amende.

Lorsque les faits sont commis au préjudice d'une personne dont la particulière vulnérabilité, due à son âge, à une maladie, à une infirmité, à une déficience physique ou psychique ou à un état de grossesse, est apparente ou connue de leur auteur, les peines sont portées à cinq ans d'emprisonnement et à 75 000 euros d'amende.

Lorsque les faits sont commis par voie de presse écrite ou audiovisuelle ou de communication au public en ligne, les dispositions particulières des lois qui régissent ces matières sont applicables en ce qui concerne la détermination des personnes responsables.

Article 223-1-2

Est punie d'un an d'emprisonnement et de 30 000 euros d'amende la provocation, au moyen de pressions ou de manœuvres réitérées, de toute personne atteinte d'une pathologie à abandonner ou à s'abstenir de suivre un traitement médical thérapeutique ou prophylactique, lorsque cet abandon ou cette abstention est présenté comme bénéfique pour la santé de la personne concernée alors qu'il est, en l'état des connaissances médicales, manifestement susceptible d'entraîner pour elle, compte tenu de la pathologie dont elle est atteinte, des conséquences particulièrement graves pour sa santé physique ou psychique.

Est punie des mêmes peines la provocation à adopter des pratiques présentées comme ayant une finalité thérapeutique ou prophylactique alors qu'il est manifeste, en l'état des connaissances médicales, que ces pratiques exposent à un risque immédiat de mort ou de blessures de nature à entraîner une mutilation ou une infirmité permanente.

Les peines sont portées à trois ans d'emprisonnement et à 45 000 euros d'amende lorsque la provocation prévue aux deux premiers alinéas a été suivie d'effet.

Lorsque les circonstances dans lesquelles a été commise la provocation définie au premier alinéa permettent d'établir la volonté libre et éclairée de la personne, eu égard notamment à la délivrance d'une information claire et complète quant aux conséquences pour la santé, les délits prévus au présent article ne sont pas constitués, sauf s'il est établi que la personne était placée ou maintenue dans un état de sujétion psychologique ou physique, au sens de l'article 223-15-3.

Le signalement ou la divulgation d'une information par un lanceur d'alerte dans les conditions prévues à l'article 6 de la loi n° 2016-1691 du 9 décembre 2016 relative à la transparence, à la lutte contre la corruption et à la modernisation de la vie économique ne constitue pas une provocation au sens du présent article.

Lorsque les délits prévus au présent article sont commis par la voie de la presse écrite ou audiovisuelle, les dispositions particulières des lois qui régissent ces matières sont applicables en ce qui concerne la détermination des personnes responsables.

Article 223-2

Les personnes morales déclarées responsables pénalement, dans les conditions prévues par l'article 121-2, des infractions définies à l'article 223-1 encourent, outre l'amende suivant les modalités prévues par l'article 131-38, les peines prévues par les 2°, 3°, 8° et 9° de l'article 131-39.

L'interdiction mentionnée au 2° de l'article 131-39 porte sur l'activité dans l'exercice ou à l'occasion de l'exercice de laquelle l'infraction a été commise.

Section 2 : Du délaissement d'une personne hors d'état de se protéger

---

Article 223-3

Le délaissement, en un lieu quelconque, d'une personne qui n'est pas en mesure de se protéger en raison de son âge ou de son état physique ou psychique est puni de cinq ans d'emprisonnement et de 75 000 euros d'amende.

Article 223-4

Le délaissement qui a entraîné une mutilation ou une infirmité permanente est puni de quinze ans de réclusion criminelle.

Le délaissement qui a provoqué la mort est puni de vingt ans de réclusion criminelle.

Section 3 : De l'entrave aux mesures d'assistance et de l'omission de porter secours

---

Article 223-5

Le fait d'entraver volontairement l'arrivée de secours destinés à faire échapper une personne à un péril imminent ou à combattre un sinistre présentant un danger pour la sécurité des personnes est puni de sept ans d'emprisonnement et de 100 000 euros d'amende.

Article 223-6

Quiconque pouvant empêcher par son action immédiate, sans risque pour lui ou pour les tiers, soit un crime, soit un délit contre l'intégrité corporelle de la personne s'abstient volontairement de le faire est puni de cinq ans d'emprisonnement et de 75 000 euros d'amende.

Sera puni des mêmes peines quiconque s'abstient volontairement de porter à une personne en péril l'assistance que, sans risque pour lui ou pour les tiers, il pouvait lui prêter soit par son action personnelle, soit en provoquant un secours.

Les peines sont portées à sept ans d'emprisonnement et 100 000 euros d'amende lorsque le crime ou le délit contre l'intégrité corporelle de la personne mentionnée au premier alinéa est commis sur un mineur de quinze ans ou lorsque la personne en péril mentionnée au deuxième alinéa est un mineur de quinze ans.

Article 223-7

Quiconque s'abstient volontairement de prendre ou de provoquer les mesures permettant, sans risque pour lui ou pour les tiers, de combattre un sinistre de nature à créer un danger pour la sécurité des personnes est puni de deux ans d'emprisonnement et de 30 000 euros d'amende.

Article 223-7-1

Les personnes morales déclarées responsables pénalement, dans les conditions prévues par l'article 121-2, des infractions définies à la présente section encourent, outre l'amende suivant les modalités prévues par l'article 131-38 :

1° (Abrogé) ;

2° Les peines mentionnées aux 2° à 9° de l'article 131-39 ;

3° La peine mentionnée au 1° de l'article 131-39 pour les infractions prévues aux articles 223-5 et 223-6.

L'interdiction mentionnée au 2° de l'article 131-39 porte sur l'activité dans l'exercice ou à l'occasion de l'exercice de laquelle l'infraction a été commise.

Section 4 : De l'expérimentation sur la personne humaine

Article 223-8

Le fait de pratiquer ou de faire pratiquer sur une personne une recherche mentionnée aux 1° ou 2° de l'article L. 1121-1 ou sur un essai clinique mentionné à l'article L. 1124-1 du code de la santé publique sans avoir recueilli le consentement libre, éclairé et, le cas échéant, écrit de l'intéressé, des titulaires de l'autorité parentale ou du tuteur ou d'autres personnes, autorités ou organes désignés pour consentir à la recherche ou pour l'autoriser, dans les cas prévus par le code de la santé publique ou par les articles 28 à 31 du règlement (UE) n° 536/2014 du Parlement européen et du Conseil du 16 avril 2014 relatif aux essais cliniques de médicaments, est puni de trois ans d'emprisonnement et de 45 000 € d'amende.

Les mêmes peines sont applicables lorsque la recherche interventionnelle est pratiquée alors que le consentement a été retiré.

Les mêmes peines sont applicables lorsqu'une recherche non interventionnelle est pratiquée alors que la personne s'y est opposée.

Les dispositions du présent article ne sont pas applicables à l'examen des caractéristiques génétiques d'une personne ou à son identification par ses empreintes génétiques effectués à des fins de recherche scientifique.

Article 223-9

Les personnes morales déclarées responsables pénalement, dans les conditions prévues par l'article 121-2, des infractions définies à l'article 223-8 encourent, outre l'amende suivant les modalités prévues par l'article 131-38, les peines prévues par l'article 131-39.

L'interdiction mentionnée au 2° de l'article 131-39 porte sur l'activité dans l'exercice ou à l'occasion de l'exercice de laquelle l'infraction a été commise.

Section 5 : De l'interruption illégale de la grossesse

Article 223-10

L'interruption de la grossesse sans le consentement de l'intéressée est punie de cinq ans d'emprisonnement et de 75000 euros d'amende.

Article 223-11

La tentative du délit prévu à l'article 223-10 est punie des mêmes peines.

Section 6 : De la provocation au suicide

Article 223-13

Le fait de provoquer au suicide d'autrui est puni de trois ans d'emprisonnement et de 45 000 euros d'amende lorsque la provocation a été suivie du suicide ou d'une tentative de suicide.

Les peines sont portées à cinq ans d'emprisonnement et à 75 000 euros d'amende lorsque la victime de l'infraction définie à l'alinéa précédent est un mineur de quinze ans.

Les personnes physiques ou morales coupables du délit prévu à la présente section encourent également la peine complémentaire suivante : interdiction de l'activité de prestataire de formation professionnelle continue au sens de l'article L. 6313-1 du code du travail pour une durée de cinq ans.

Article 223-14

La propagande ou la publicité, quel qu'en soit le mode, en faveur de produits, d'objets ou de méthodes préconisés comme moyens de se donner la mort est punie de trois ans d'emprisonnement et de 45 000 euros d'amende.

Article 223-15

Lorsque les délits prévus par les articles 223-13 et 223-14 sont commis par la voie de la presse écrite ou audiovisuelle, les dispositions particulières des lois qui régissent ces matières sont applicables en ce qui concerne la détermination des personnes responsables.

Article 223-15-1

Les personnes morales déclarées responsables pénalement, dans les conditions prévues par l'article 121-2, des infractions définies à la présente section encourent, outre l'amende suivant les modalités prévues par l'article 131-38 :

1° (Abrogé) ;

2° Les peines mentionnées aux 2° à 9° de l'article 131-39 ;

3° La peine mentionnée au 1° de l'article 131-39 pour l'infraction prévue au deuxième alinéa de l'article 223-13.

L'interdiction mentionnée au 2° de l'article 131-39 porte sur l'activité dans l'exercice ou à l'occasion de l'exercice de laquelle l'infraction a été commise.

Section 6 bis : De l'abus frauduleux de l'état d'ignorance ou de faiblesse et de la sujétion psychologique ou physique

---

Article 223-15-2

Est puni de trois ans d'emprisonnement et de 375 000 euros d'amende l'abus frauduleux de l'état d'ignorance ou de la situation de faiblesse soit d'un mineur, soit d'une personne dont la particulière vulnérabilité, due à son âge, à une maladie, à une infirmité, à une déficience physique ou psychique ou à un état de grossesse, est apparente ou connue de son auteur, pour conduire ce mineur ou cette personne à un acte ou à une abstention qui lui sont gravement préjudiciables.

Lorsque l'infraction est commise par l'utilisation d'un service de communication au public en ligne ou par le biais d'un support numérique ou électronique, les peines sont portées à cinq ans d'emprisonnement et à 750 000 euros d'amende.

Lorsque l'infraction est commise en bande organisée, les peines sont portées à sept ans d'emprisonnement et à un million d'euros d'amende.

Article 223-15-3

I.-Est puni de trois ans d'emprisonnement et de 375 000 euros d'amende le fait de placer ou de maintenir une personne dans un état de sujétion psychologique ou physique résultant de l'exercice de pressions graves ou réitérées ou de techniques propres à altérer son jugement et ayant pour effet de causer une altération grave de sa santé physique ou mentale ou de conduire cette personne à un acte ou à une abstention qui lui sont gravement préjudiciables.

Est puni des mêmes peines le fait d'abuser frauduleusement de l'état de sujétion psychologique ou physique d'une personne résultant de l'exercice des pressions ou des techniques mentionnées au premier alinéa du présent I pour la conduire à un acte ou à une abstention qui lui sont gravement préjudiciables.

II.-Les faits prévus au I sont punis de cinq ans d'emprisonnement et de 750 000 euros d'amende :

1° Lorsqu'ils ont été commis sur un mineur ;

2° Lorsqu'ils ont été commis sur une personne dont la particulière vulnérabilité, due à son âge, à une maladie, à une infirmité, à une déficience physique ou psychique ou à un état de grossesse, est apparente ou connue de leur auteur ;

3° Lorsque l'infraction est commise par le dirigeant de fait ou de droit d'un groupement qui poursuit des activités ayant pour but ou pour effet de créer, de maintenir ou d'exploiter la sujétion psychologique ou physique des personnes qui participent à ces activités ;

4° Lorsque l'infraction est commise par l'utilisation d'un service de communication au public en ligne ou par le biais d'un support numérique ou électronique.

III.-Les peines sont portées à sept ans d'emprisonnement et à un million d'euros d'amende lorsque :

1° Les faits sont commis dans au moins deux des circonstances mentionnées au II ;

2° L'infraction est commise en bande organisée par les membres d'un groupement qui poursuit des activités ayant pour but ou pour effet de créer, de maintenir ou d'exploiter la sujétion psychologique ou physique des personnes qui participent à ces activités.

Article 223-15-4

Les personnes physiques coupables des délits prévus à la présente section encourent également les peines complémentaires suivantes :

1° L'interdiction des droits civiques, civils et de famille, suivant les modalités prévues par l'article 131-26 ;

2° L'interdiction, suivant les modalités prévues par l'article 131-27, d'exercer une fonction publique ou d'exercer l'activité professionnelle ou sociale dans l'exercice ou à l'occasion de l'exercice de laquelle l'infraction a été commise, pour une durée de cinq ans au plus, ainsi que l'activité de prestataire de formation professionnelle continue au sens de l'article L. 6313-1 du code du travail, pour la même durée ;

3° La fermeture, pour une durée de cinq ans au plus, des établissements ou de l'un ou de plusieurs des établissements de l'entreprise ayant servi à commettre les faits incriminés ;

4° La confiscation de la chose qui a servi ou était destinée à commettre l'infraction ou de la chose qui en est le produit, à l'exception des objets susceptibles de restitution ;

5° L'interdiction de séjour, suivant les modalités prévues par l'article 131-31 ;

6° L'interdiction, pour une durée de cinq ans au plus, d'émettre des chèques autres que ceux qui permettent le retrait de fonds par le tireur auprès du tiré ou ceux qui sont certifiés ;

7° L'affichage ou la diffusion de la décision prononcée, dans les conditions prévues par l'article 131-35.

Article 223-15-5

Les personnes morales déclarées responsables pénalement, dans les conditions prévues par l'article 121-2, des infractions définies à la présente section encourent, outre l'amende suivant les modalités prévues par l'article 131-38, les peines prévues par l'article 131-39.

L'interdiction mentionnée au 2° de l'article 131-39 porte sur l'activité dans l'exercice ou à l'occasion de l'exercice de laquelle l'infraction a été commise.

Section 7 : Peines complémentaires applicables aux personnes physiques

---

Article 223-16

Les personnes physiques coupables de l'une des infractions prévues par les articles 223-3 à 223-8, 223-10 à 223-14 encourent également l'interdiction des droits civiques, civils et de famille, suivant les modalités prévues par l'article 131-26.

Article 223-17

Les personnes physiques coupables de l'une des infractions prévues aux articles 223-3, 223-4, 223-8, 223-10 à 223-14 encourent également les peines suivantes :

1° L'interdiction, suivant les modalités prévues par l'article 131-27, soit d'exercer une fonction publique ou d'exercer l'activité professionnelle ou sociale dans l'exercice ou à l'occasion de l'exercice de laquelle l'infraction a été commise, soit, pour le crime prévu par l'article 223-4, d'exercer une profession commerciale ou industrielle, de diriger, d'administrer, de gérer ou de contrôler à un titre quelconque, directement ou indirectement, pour son propre compte ou pour le compte d'autrui, une entreprise commerciale ou industrielle ou une société commerciale. Ces interdictions d'exercice peuvent être prononcées cumulativement ;

2° La confiscation définie à l'article 131-21 ; dans les cas prévus aux articles 223-13 et 223-14, peuvent être saisis ou confisqués les documents écrits, visuels ou sonores ayant servi à réaliser l'infraction ; la juridiction peut en outre ordonner la destruction, en tout ou partie, de ces documents ;

3° La fermeture définitive ou pour une durée de cinq ans au plus de l'un, de plusieurs ou de l'ensemble des établissements de l'entreprise ayant servi à commettre l'infraction.

Dans le cas prévu par l'article 223-8, peut être également prononcée l'exclusion des marchés publics à titre définitif ou pour une durée de cinq ans au plus.

Article 223-18

Les personnes physiques coupables de l'infraction prévue à l'article 223-1 encourent également les peines suivantes :

1° L'interdiction, suivant les modalités prévues par l'article 131-27, d'exercer l'activité professionnelle ou sociale dans l'exercice ou à l'occasion de l'exercice de laquelle l'infraction a été commise ;

2° L'interdiction, pour une durée de cinq ans au plus, de détenir ou de porter une arme soumise à autorisation ;

3° La suspension, pour une durée de cinq ans au plus, du permis de conduire, cette suspension pouvant être limitée à la conduite en dehors de l'activité professionnelle ; si le délit a été commis à l'occasion de la conduite d'un véhicule terrestre à moteur, la suspension ne peut pas être assortie du sursis, même partiellement, et ne peut pas être limitée à la conduite en dehors de l'activité professionnelle ;

4° L'annulation du permis de conduire, avec interdiction de solliciter la délivrance d'un nouveau permis pendant cinq ans au plus ;

4° bis (Abrogé) ;

4° ter (Abrogé) ;

5° Lorsque l'infraction a été commise à l'occasion de la conduite d'un véhicule terrestre à moteur, l'interdiction de conduire certains véhicules terrestres à moteur, y compris ceux pour la conduite desquels le permis de conduire n'est pas exigé, pour une durée de cinq ans au plus ;

6° (Abrogé) ;

7° Lorsque l'infraction a été commise à l'occasion de la conduite d'un véhicule terrestre à moteur, l'immobilisation, pendant une durée d'un an au plus, du véhicule dont le condamné s'est servi pour commettre l'infraction, s'il en est le propriétaire ;

8° Lorsque l'infraction a été commise à l'occasion de la conduite d'un véhicule terrestre à moteur, la confiscation du véhicule dont le condamné s'est servi pour commettre l'infraction, s'il en est le propriétaire.

Article 223-19

Les personnes physiques coupables de l'une des infractions prévues par les articles 223-10 et 223-11 encourent, outre les peines mentionnées par ces articles, l'interdiction, pour une durée de cinq ans au plus, d'exercer une activité de nature médicale ou para-médicale.

Article 223-20

Les personnes physiques coupables de l'une des infractions prévues par les articles 223-1 et 223-8 encourent également la peine complémentaire d'affichage ou de diffusion de la décision prévue par l'article 131-35.

Chapitre IV : Des atteintes aux libertés de la personne

Section 1 : De la réduction en esclavage et de l'exploitation de personnes réduites en esclavage

Article 224-1 A

La réduction en esclavage est le fait d'exercer à l'encontre d'une personne l'un des attributs du droit de propriété.

La réduction en esclavage d'une personne est punie de vingt années de réclusion criminelle.

Les deux premiers alinéas de l'article 132-23 relatif à la période de sûreté sont applicables à l'infraction prévue au présent article.

Article 224-1 B

L'exploitation d'une personne réduite en esclavage est le fait de commettre à l'encontre d'une personne dont la réduction en esclavage est apparente ou connue de l'auteur une agression sexuelle, de la séquestrer ou de la soumettre à du travail forcé ou du service forcé.

L'exploitation d'une personne réduite en esclavage est punie de vingt années de réclusion criminelle.

Les deux premiers alinéas de l'article 132-23 relatif à la période de sûreté sont applicables à l'infraction prévue au présent article.

Article 224-1 C

Le crime de réduction en esclavage défini à l'article 224-1 A et le crime d'exploitation d'une personne réduite en esclavage définis à l'article 224-1 B sont punis de trente années de réclusion criminelle lorsqu'ils sont commis :

1° A l'égard d'un mineur ;

2° A l'égard d'une personne dont la vulnérabilité due à son âge, à une maladie, à une infirmité, à une déficience physique ou psychique ou à un état de grossesse est apparente ou connue de l'auteur ;

3° Par un ascendant légitime, naturel ou adoptif ou par une personne qui a autorité sur la victime ou abuse de l'autorité que lui confèrent ses fonctions ;

4° Par une personne appelée à participer, par ses fonctions, à la lutte contre l'esclavage ou au maintien de l'ordre public ;

5° Lorsque le crime est précédé ou accompagné de tortures ou d'actes de barbarie.

Les deux premiers alinéas de l'article 132-23 relatif à la période de sûreté sont applicables aux infractions prévues au présent article.

Section 1 bis : De l'enlèvement et de la séquestration

Article 224-1

Le fait, sans ordre des autorités constituées et hors les cas prévus par la loi, d'arrêter, d'enlever, de détenir ou de séquestrer une personne, est puni de vingt ans de réclusion criminelle.

Les deux premiers alinéas de l'article 132-23 relatif à la période de sûreté sont applicables à cette infraction.

Toutefois, si la personne détenue ou séquestrée est libérée volontairement avant le septième jour accompli depuis celui de son appréhension, la peine est de cinq ans d'emprisonnement et de 75 000 euros d'amende, sauf dans les cas prévus par l'article 224-2.

Article 224-2

L'infraction prévue à l'article 224-1 est punie de trente ans de réclusion criminelle lorsque la victime a subi une mutilation ou une infirmité permanente provoquée volontairement ou résultant soit des conditions de détention, soit d'une privation d'aliments ou de soins.

Elle est punie de la réclusion criminelle à perpétuité lorsqu'elle est précédée ou accompagnée de tortures ou d'actes de barbarie ou lorsqu'elle est suivie de la mort de la victime.

Les deux premiers alinéas de l'article 132-23 relatif à la période de sûreté sont applicables aux infractions prévues par le présent article.

Article 224-3

L'infraction prévue par l'article 224-1 est punie de trente ans de réclusion criminelle lorsqu'elle est commise à l'égard de plusieurs personnes.

Les deux premiers alinéas de l'article 132-23 relatif à la période de sûreté sont applicables à cette infraction.

Toutefois, si la personne détenue ou séquestrée ou toutes les personnes détenues ou séquestrées sont libérées volontairement dans le délai prévu par le troisième alinéa de l'article 224-1, la peine est de dix ans d'emprisonnement, sauf si la victime ou l'une des victimes a subi l'une des atteintes à son intégrité physique mentionnées à l'article 224-2.

Article 224-4

Si la personne arrêtée, enlevée, détenue ou séquestrée l'a été comme otage soit pour préparer ou faciliter la commission d'un crime ou d'un délit, soit pour favoriser la fuite ou assurer l'impunité de l'auteur ou du complice d'un crime ou d'un délit, soit pour obtenir l'exécution d'un ordre ou d'une condition, notamment le versement d'une rançon, l'infraction prévue par l'article 224-1 est punie de trente ans de réclusion criminelle.

Les deux premiers alinéas de l'article 132-23 relatif à la période de sûreté sont applicables à cette infraction.

Sauf dans les cas prévus à l'article 224-2, la peine est de dix ans d'emprisonnement si la personne prise en otage dans les conditions définies au premier alinéa est libérée volontairement avant le septième jour accompli depuis celui de son appréhension, sans que l'ordre ou la condition ait été exécuté.

Article 224-5

Lorsque la victime de l'un des crimes prévus aux articles 224-1 à 224-4 est un mineur de quinze ans, la peine est portée à la réclusion criminelle à perpétuité si l'infraction est punie de trente ans de réclusion criminelle et à trente ans de réclusion criminelle si l'infraction est punie de vingt ans de réclusion criminelle.

Les deux premiers alinéas de l'article 132-23 relatif à la période de sûreté sont applicables dans les cas prévus par le présent article.

Article 224-5-1

Toute personne qui a tenté de commettre les crimes prévus par la présente section est exempte de peine si, ayant averti l'autorité administrative ou judiciaire, elle a permis d'éviter la réalisation de l'infraction.

La peine privative de liberté encourue par l'auteur ou le complice d'un des crimes prévus à la présente section est réduite des deux tiers si, ayant averti l'autorité administrative ou judiciaire, il a permis de faire cesser l'infraction ou d'éviter que l'infraction n'entraîne mort d'homme ou infirmité permanente ou d'identifier, le cas échéant, les autres auteurs ou complices. Lorsque la peine encourue est la réclusion criminelle à perpétuité, celle-ci est ramenée à vingt ans de réclusion criminelle.

Article 224-5-2

Lorsque les infractions prévues par le premier alinéa de l'article 224-1 et par les articles 224-2 à 224-5 sont commises en bande organisée, les peines sont portées à 1 000 000 euros d'amende et à :

1° Trente ans de réclusion criminelle si l'infraction est punie de vingt ans de réclusion criminelle ;

2° La réclusion criminelle à perpétuité si l'infraction est punie de trente ans de réclusion criminelle.

Les deux premiers alinéas de l'article 132-23 relatif à la période de sûreté sont applicables dans les cas prévus aux 1° et 2°.

Section 2 : Du détournement d'aéronef, de navire ou de tout autre moyen de transport

Article 224-6

Le fait de s'emparer ou de prendre le contrôle par violence ou menace de violence d'un aéronef, d'un navire ou de tout autre moyen de transport à bord desquels des personnes ont pris place, ainsi que d'une plate-forme fixe située sur le plateau continental, est puni de vingt ans de réclusion criminelle.

Les deux premiers alinéas de l'article 132-23 relatif à la période de sûreté sont applicables à cette infraction.

Article 224-6-1

Lorsque l'infraction prévue à l'article 224-6 est commise en bande organisée, la peine est portée à trente ans de réclusion criminelle.

Les deux premiers alinéas de l'article 132-23 sont applicables à cette infraction.

Article 224-7

L'infraction définie à l'article 224-6 est punie de la réclusion criminelle à perpétuité lorsqu'elle est accompagnée de tortures ou d'actes de barbarie ou s'il en est résulté la mort d'une ou de plusieurs personnes.

Les deux premiers alinéas de l'article 132-23 sont applicables à cette infraction.

Article 224-8

Le fait par quiconque, en communiquant une fausse information, de compromettre sciemment la sécurité d'un aéronef en vol ou d'un navire est puni de cinq ans d'emprisonnement et de 75 000 euros d'amende.

La tentative de l'infraction prévue au présent article est punie des mêmes peines.

Article 224-8-1

Toute personne qui a tenté de commettre les crimes prévus par la présente section est exempte de peine si, ayant averti l'autorité administrative ou judiciaire, elle a permis d'éviter la réalisation de l'infraction.

La peine privative de liberté encourue par l'auteur ou le complice d'un des crimes prévus à la présente section est réduite des deux tiers si, ayant averti l'autorité administrative ou judiciaire, il a permis de faire cesser l'infraction ou d'éviter que l'infraction n'entraîne mort d'homme ou infirmité permanente ou d'identifier, le cas échéant, les autres auteurs ou complices. Lorsque la peine encourue est la réclusion criminelle à perpétuité, celle-ci est ramenée à vingt ans de réclusion criminelle.

Section 3 : Peines complémentaires applicables aux personnes physiques

Article 224-9

I. - Les personnes physiques coupables des infractions prévues au présent chapitre encourent les peines complémentaires suivantes :

1° L'interdiction, suivant les modalités prévues par l'article 131-26, des droits civiques, civils et de famille ;

2° L'interdiction, suivant les modalités prévues par l'article 131-27, soit d'exercer une fonction publique ou d'exercer l'activité professionnelle ou sociale dans l'exercice ou à l'occasion de l'exercice de laquelle l'infraction a été commise, soit, pour les crimes prévus par le premier alinéa de l'article 224-1, l'article 224-2, le premier alinéa des articles 224-3 et 224-4 et les articles 224-5, 224-5-2, 224-6 et 224-7, d'exercer une profession commerciale ou industrielle, de diriger, d'administrer, de gérer ou de contrôler à un titre quelconque, directement ou indirectement, pour son propre compte ou pour le compte d'autrui, une entreprise commerciale ou industrielle ou une société commerciale. Ces interdictions d'exercice peuvent être prononcées cumulativement.

II. - En cas de condamnation pour les infractions prévues au présent chapitre, le prononcé de la peine complémentaire d'interdiction de détenir ou de porter, pour une durée de dix ans au plus, une arme soumise à autorisation est obligatoire.

Toutefois, la juridiction peut, par une décision spécialement motivée lorsque la condamnation est prononcée par une juridiction correctionnelle, décider de ne pas prononcer cette peine, en considération des circonstances de l'infraction et de la personnalité de son auteur.

Article 224-10

Les personnes physiques coupables des crimes prévus par les sections 1 et 1 bis du présent chapitre encourent également le suivi socio-judiciaire selon les modalités prévues par les articles 131-36-1 à 131-36-13.

Chapitre V : Des atteintes à la dignité de la personne

Section 1 : Des discriminations

Article 225-1

Constitue une discrimination toute distinction opérée entre les personnes physiques sur le fondement de leur origine, de leur sexe, de leur situation de famille, de leur grossesse, de leur apparence physique, de la particulière vulnérabilité résultant de leur situation économique, apparente ou connue de son auteur, de leur patronyme, de leur lieu de résidence, de leur état de santé, de leur perte d'autonomie, de leur handicap, de leurs caractéristiques génétiques, de leurs mœurs, de leur orientation sexuelle, de leur identité de genre, de leur âge, de leurs opinions politiques, de leurs activités syndicales, de leur qualité de lanceur d'alerte, de facilitateur ou de personne en lien avec un lanceur d'alerte au sens, respectivement, du I de l'article 6 et des 1° et 2° de l'article 6-1 de la loi n° 2016-1691 du 9 décembre 2016 relative à la transparence, à la lutte contre la corruption et à la modernisation de la vie économique, de leur capacité à s'exprimer dans une langue autre que le français, de leur appartenance ou de leur non-appartenance, vraie ou supposée, à une ethnie, une Nation, une prétendue race ou une religion déterminée.

Constitue également une discrimination toute distinction opérée entre les personnes morales sur le fondement de l'origine, du sexe, de la situation de famille, de la grossesse, de l'apparence physique, de la particulière vulnérabilité résultant de la situation économique, apparente ou connue de son auteur, du patronyme, du lieu de résidence, de l'état de santé, de la perte d'autonomie, du handicap, des caractéristiques génétiques, des mœurs, de l'orientation sexuelle, de l'identité de genre, de l'âge, des opinions politiques, des activités syndicales, de la qualité de lanceur d'alerte, de facilitateur ou de personne en lien avec un lanceur d'alerte, au sens, respectivement, du I de l'article 6 et des 1° et 2° de l'article 6-1 de la loi n° 2016-1691 du 9 décembre 2016 précitée, de la capacité à s'exprimer dans une langue autre que le français, de l'appartenance ou de la non-appartenance, vraie ou supposée, à une ethnie, une Nation, une prétendue race ou une religion déterminée des membres ou de certains membres de ces personnes morales.

Article 225-1-1

Constitue une discrimination toute distinction opérée entre les personnes parce qu'elles ont subi ou refusé de subir des faits de harcèlement sexuel tels que définis à l'article 222-33 ou témoigné de tels faits, y compris, dans le cas mentionné au I du même article, si les propos ou comportements n'ont pas été répétés.

Article 225-1-2

Constitue une discrimination toute distinction opérée entre les personnes parce qu'elles ont subi ou refusé de subir des faits de bizutage définis à l'article 225-16-1 ou témoigné de tels faits.

Article 225-2

La discrimination définie aux articles 225-1 à 225-1-2, commise à l'égard d'une personne physique ou morale, est punie de trois ans d'emprisonnement et de 45 000 euros d'amende lorsqu'elle consiste :

1° A refuser la fourniture d'un bien ou d'un service ;

2° A entraver l'exercice normal d'une activité économique quelconque ;

3° A refuser d'embaucher, à sanctionner ou à licencier une personne ;

4° A subordonner la fourniture d'un bien ou d'un service à une condition fondée sur l'un des éléments visés à l'article 225-1 ou prévue aux articles 225-1-1 ou 225-1-2 ;

5° A subordonner une offre d'emploi, une demande de stage ou une période de formation en entreprise à une condition fondée sur l'un des éléments visés à l'article 225-1 ou prévue aux articles 225-1-1 ou 225-1-2 ;

6° A refuser d'accepter une personne à l'un des stages visés par le 2° de l'article L. 412-8 du code de la sécurité sociale.

Lorsque le refus discriminatoire prévu au 1° est commis dans un lieu accueillant du public ou aux fins d'en interdire l'accès, les peines sont portées à cinq ans d'emprisonnement et à 75 000 euros d'amende.

Article 225-3

Les dispositions de l'article précédent ne sont pas applicables :

1° Aux discriminations fondées sur l'état de santé, lorsqu'elles consistent en des opérations ayant pour objet la prévention et la couverture du risque décès, des risques portant atteinte à l'intégrité physique de la personne ou des risques d'incapacité de travail ou d'invalidité. Toutefois, ces discriminations sont punies des peines prévues à l'article précédent lorsqu'elles se fondent sur la prise en compte de tests génétiques prédictifs ayant pour objet une maladie qui n'est pas encore déclarée ou une prédisposition génétique à une maladie ou qu'elles se fondent sur la prise en compte des conséquences sur l'état de santé d'un prélèvement d'organe tel que défini à l'article L. 1231-1 du code de la santé publique ou de données issues de techniques d'imagerie cérébrale ;

2° Aux discriminations fondées sur l'état de santé ou le handicap, lorsqu'elles consistent en un refus d'embauche ou un licenciement fondé sur l'inaptitude médicalement constatée soit dans le cadre du titre IV du livre II du code du travail, soit dans le cadre des lois portant dispositions statutaires relatives à la fonction publique ;

3° Aux discriminations fondées, en matière d'embauche, sur un motif mentionné à l'article 225-1 du présent code, lorsqu'un tel motif constitue une exigence professionnelle essentielle et déterminante et pour autant que l'objectif soit légitime et l'exigence proportionnée ;

4° Aux discriminations fondées, en matière d'accès aux biens et services, sur le sexe lorsque cette discrimination est justifiée par la protection des victimes de violences à caractère sexuel, des considérations liées au respect de la vie privée et de la décence, la promotion de l'égalité des sexes ou des intérêts des hommes ou des femmes, la liberté d'association ou l'organisation d'activités sportives ;

5° Aux refus d'embauche fondés sur la nationalité lorsqu'ils résultent de l'application des dispositions statutaires relatives à la fonction publique ;

6° Aux discriminations liées au lieu de résidence lorsque la personne chargée de la fourniture d'un bien ou service se trouve en situation de danger manifeste.

Les mesures prises en faveur des personnes résidant dans certaines zones géographiques et visant à favoriser l'égalité de traitement ne constituent pas une discrimination.

Article 225-3-1

Les délits prévus par la présente section sont constitués même s'ils sont commis à l'encontre d'une ou plusieurs personnes ayant sollicité l'un des biens, actes, services ou contrats mentionnés à l'article 225-2 dans le but de démontrer l'existence du comportement discriminatoire, dès lors que la preuve de ce comportement est établie.

Article 225-4

Les personnes morales déclarées responsables pénalement, dans les conditions prévues par l'article 121-2, des infractions définies à l'article 225-2 encourent, outre l'amende suivant les modalités prévues par l'article 131-38, les peines prévues par les 2° à 5°, 8° et 9° de l'article 131-39.

L'interdiction mentionnée au 2° de l'article 131-39 porte sur l'activité dans l'exercice ou à l'occasion de l'exercice de laquelle l'infraction a été commise.

Section 1 bis : De la traite des êtres humains

Article 225-4-1

I. - La traite des êtres humains est le fait de recruter une personne, de la transporter, de la transférer, de l'héberger ou de l'accueillir à des fins d'exploitation dans l'une des circonstances suivantes :

1° Soit avec l'emploi de menace, de contrainte, de violence ou de manœuvre dolosive visant la victime, sa famille ou une personne en relation habituelle avec la victime ;

2° Soit par un ascendant légitime, naturel ou adoptif de cette personne ou par une personne qui a autorité sur elle ou abuse de l'autorité que lui confèrent ses fonctions ;

3° Soit par abus d'une situation de vulnérabilité due à son âge, à une maladie, à une infirmité, à une déficience physique ou psychique ou à un état de grossesse, apparente ou connue de son auteur ;

4° Soit en échange ou par l'octroi d'une rémunération ou de tout autre avantage ou d'une promesse de rémunération ou d'avantage.

L'exploitation mentionnée au premier alinéa du présent I est le fait de mettre la victime à sa disposition ou à la disposition d'un tiers, même non identifié, afin soit de permettre la commission contre la victime des infractions de proxénétisme, d'agression ou d'atteintes sexuelles, de réduction en esclavage, de soumission à du travail ou à des services forcés, de réduction en servitude, de prélèvement de l'un de ses organes, d'exploitation de la mendicité, de conditions de travail ou d'hébergement contraires à sa dignité, soit de contraindre la victime à commettre tout crime ou délit.

La traite des êtres humains est punie de sept ans d'emprisonnement et de 150 000 € d'amende.

II. - La traite des êtres humains à l'égard d'un mineur est constituée même si elle n'est commise dans aucune des circonstances prévues aux 1° à 4° du I.

Elle est punie de dix ans d'emprisonnement et de 1 500 000 € d'amende.

Article 225-4-2

I.-L'infraction prévue au I de l'article 225-4-1 est punie de dix ans d'emprisonnement et de 1 500 000 € d'amende lorsqu'elle est commise dans deux des circonstances mentionnées aux 1° à 4° du même I ou avec l'une des circonstances supplémentaires suivantes :

1° A l'égard de plusieurs personnes ;

2° A l'égard d'une personne qui se trouvait hors du territoire de la République ou lors de son arrivée sur le territoire de la République ;

3° Lorsque la personne a été mise en contact avec l'auteur des faits grâce à l'utilisation, pour la diffusion de messages à destination d'un public non déterminé, d'un réseau de communication électronique ;

4° Dans des circonstances qui exposent directement la personne à l'égard de laquelle l'infraction est commise à un risque immédiat de mort ou de blessures de nature à entraîner une mutilation ou une infirmité permanente ;

5° Avec l'emploi de violences qui ont causé à la victime une incapacité totale de travail de plus de huit jours ;

6° Par une personne appelée à participer, par ses fonctions, à la lutte contre la traite ou au maintien de l'ordre public ;

7° Lorsque l'infraction a placé la victime dans une situation matérielle ou psychologique grave.

II.-L'infraction prévue au II de l'article 225-4-1 est punie de quinze ans de réclusion criminelle et de 1 500 000 € d'amende lorsqu'elle a été commise dans l'une des circonstances mentionnées aux 1° à 4° du I du même article 225-4-1 ou dans l'une des circonstances mentionnées aux 1° à 7° du I du présent article.

Article 225-4-3

L'infraction prévue à l'article 225-4-1 est punie de vingt ans de réclusion criminelle et de 3 000 000 euros d'amende lorsqu'elle est commise en bande organisée.

Article 225-4-4

L'infraction prévue à l'article 225-4-1 commise en recourant à des tortures ou à des actes de barbarie est punie de la réclusion criminelle à perpétuité et de 4 500 000 euros d'amende.

Article 225-4-5

Lorsque le crime ou le délit qui a été commis ou qui devait être commis contre la personne victime de l'infraction de traite des êtres humains est puni d'une peine privative de liberté d'une durée supérieure à celle de l'emprisonnement encouru en application des articles 225-4-1 à 225-4-3, l'infraction de traite des êtres humains est punie des peines attachées aux crimes ou aux délits dont son auteur a eu connaissance et, si ce crime ou délit est accompagné de circonstances aggravantes, des peines attachées aux seules circonstances aggravantes dont il a eu connaissance.

Article 225-4-6

Les personnes morales déclarées responsables pénalement, dans les conditions prévues par l'article 121-2, des infractions définies à la présente section encourent, outre l'amende suivant les modalités prévues par l'article 131-38, les peines prévues par l'article 131-39.

Article 225-4-7

La tentative des délits prévus à la présente section est punie des mêmes peines.

Article 225-4-8

Lorsque les infractions prévues aux articles 225-4-1 et 225-4-2 sont commises hors du territoire de la République par un Français, la loi française est applicable par dérogation au deuxième alinéa de l'article 113-6 et la seconde phrase de l'article 113-8 n'est pas applicable.

Article 225-4-9

Toute personne qui a tenté de commettre les infractions prévues par la présente section est exempte de peine si, ayant averti l'autorité administrative ou judiciaire, elle a permis d'éviter la réalisation de l'infraction.

La peine privative de liberté encourue par l'auteur ou le complice d'une des infractions prévues à la présente section est réduite des deux tiers si, ayant averti l'autorité administrative ou judiciaire, il a permis de faire cesser l'infraction ou d'éviter que l'infraction n'entraîne mort d'homme ou infirmité permanente ou d'identifier, le cas échéant, les autres auteurs ou complices. Lorsque la peine encourue est la réclusion criminelle à perpétuité, celle-ci est ramenée à vingt ans de réclusion criminelle.

Section 1 ter : De la dissimulation forcée du visage

Article 225-4-10

Le fait pour toute personne d'imposer à une ou plusieurs autres personnes de dissimuler leur visage par menace, violence, contrainte, abus d'autorité ou abus de pouvoir, en raison de leur sexe, est puni d'un an d'emprisonnement et de 30 000 € d'amende.

Lorsque le fait est commis au préjudice d'un mineur, les peines sont portées à deux ans d'emprisonnement et à 60 000 € d'amende.

Section 1 quater : Des examens en vue d'attester la virginité

Article 225-4-11

Le fait de faire à une personne des offres ou des promesses, de lui proposer des dons, présents ou avantages quelconques ou d'user contre elle de pressions ou de contraintes de toute nature afin qu'elle se soumette à un examen visant à attester sa virginité est puni d'un an d'emprisonnement et de 15 000 € d'amende.

Lorsque la personne est mineure, les peines sont portées à un an d'emprisonnement et à 30 000 € d'amende.

Article 225-4-12

Sans préjudice des cas dans lesquels ces faits constituent un viol, une agression sexuelle ou une atteinte sexuelle, le fait de procéder à un examen visant à attester la virginité d'une personne est puni d'un an d'emprisonnement et de 15 000 € d'amende.

Lorsque la personne est mineure, les peines sont portées à un an d'emprisonnement et 30 000 € d'amende.

Section 1 quinquies : Des pratiques visant à modifier l'orientation sexuelle ou l'identité de genre

Article 225-4-13

Les pratiques, les comportements ou les propos répétés visant à modifier ou à réprimer l'orientation sexuelle ou l'identité de genre, vraie ou supposée, d'une personne et ayant pour effet une altération de sa santé physique ou mentale sont punis de deux ans d'emprisonnement et de 30 000 euros d'amende.

Les faits mentionnés au premier alinéa sont punis de trois ans d'emprisonnement et de 45 000 euros d'amende lorsqu'ils sont commis :

1° Au préjudice d'un mineur ou lorsqu'un mineur était présent au moment des faits et y a assisté ;

2° Par un ascendant ou toute personne ayant sur la victime une autorité de droit ou de fait ;

3° Sur une personne dont la particulière vulnérabilité ou dépendance, due à son âge, à une maladie, à une infirmité, à une déficience physique ou psychique, à un état de grossesse ou à la précarité de sa situation économique ou sociale, est apparente ou connue de leur auteur ;

3° bis Sur une personne dont l'état de sujétion psychologique ou physique, au sens de l'article 223-15-3, est connu de leur auteur ;

4° Par plusieurs personnes agissant en qualité d'auteurs ou de complices ;

5° Par l'utilisation d'un service de communication au public en ligne ou par le biais d'un support numérique ou électronique ;

6° Par le dirigeant de fait ou de droit d'un groupement qui poursuit des activités ayant pour but ou pour effet de créer, de maintenir ou d'exploiter la sujétion psychologique ou physique des personnes qui participent à ces activités.

Lorsque les faits mentionnés au premier alinéa du présent article sont commis en bande organisée par les membres d'un groupement qui poursuit des activités ayant pour but ou pour effet de créer, de maintenir ou d'exploiter la sujétion psychologique ou physique des personnes qui participent à ces activités, ils sont punis de cinq ans d'emprisonnement et de 75 000 euros d'amende.

L'infraction prévue au premier alinéa n'est pas constituée lorsque les propos répétés invitent seulement à la prudence et à la réflexion, eu égard notamment à son jeune âge, la personne qui s'interroge sur son identité de genre et qui envisage un parcours médical tendant au changement de sexe.

Section 2 : Du proxénétisme et des infractions qui en résultent

Article 225-5

Le proxénétisme est le fait, par quiconque, de quelque manière que ce soit :

1° D'aider, d'assister ou de protéger la prostitution d'autrui ;

2° De tirer profit de la prostitution d'autrui, d'en partager les produits ou de recevoir des subsides d'une personne se livrant habituellement à la prostitution ;

3° D'embaucher, d'entraîner ou de détourner une personne en vue de la prostitution ou d'exercer sur elle une pression pour qu'elle se prostitue ou continue à le faire.

Le proxénétisme est puni de sept ans d'emprisonnement et de 150 000 euros d'amende.

Article 225-6

Est assimilé au proxénétisme et puni des peines prévues par l'article 225-5 le fait, par quiconque, de quelque manière que ce soit :

1° De faire office d'intermédiaire entre deux personnes dont l'une se livre à la prostitution et l'autre exploite ou rémunère la prostitution d'autrui ;

2° De faciliter à un proxénète la justification de ressources fictives ;

3° De ne pouvoir justifier de ressources correspondant à son train de vie tout en vivant avec une personne qui se livre habituellement à la prostitution ou tout en étant en relations habituelles avec une ou plusieurs personnes se livrant à la prostitution ;

4° D'entraver l'action de prévention, de contrôle, d'assistance ou de rééducation entreprise par les organismes qualifiés à l'égard de personnes en danger de prostitution ou se livrant à la prostitution.

Article 225-7

Le proxénétisme est puni de dix ans d'emprisonnement et de 1 500 000 euros d'amende lorsqu'il est commis :

1° A l'égard d'un mineur ;

2° A l'égard d'une personne dont la particulière vulnérabilité, due à son âge, à une maladie, à une infirmité, à une déficience physique ou psychique ou à un état de grossesse, est apparente ou connue de son auteur ;

3° A l'égard de plusieurs personnes ;

4° A l'égard d'une personne qui a été incitée à se livrer à la prostitution soit hors du territoire de la République, soit à son arrivée sur le territoire de la République ;

5° Par un ascendant légitime, naturel ou adoptif de la personne qui se prostitue ou par une personne qui a autorité sur elle ou abuse de l'autorité que lui confèrent ses fonctions ;

6° Par une personne appelée à participer, de par ses fonctions, à la lutte contre la prostitution, à la protection de la santé ou au maintien de l'ordre public ;

7° Par une personne porteuse d'une arme ;

8° Avec l'emploi de la contrainte, de violences ou de manoeuvres dolosives ;

9° Par plusieurs personnes agissant en qualité d'auteur ou de complice, sans qu'elles constituent une bande organisée ;

10° Grâce à l'utilisation, pour la diffusion de messages à destination d'un public non déterminé, d'un réseau de communication électronique.

Les deux premiers alinéas de l'article 132-23 relatif à la période de sûreté sont applicables aux infractions prévues par le présent article.

Article 225-7-1

Le proxénétisme est puni de vingt ans de réclusion criminelle et de 3 000 000 euros d'amende lorsqu'il est commis à l'égard d'un mineur de quinze ans.

Article 225-8

Le proxénétisme prévu à l'article 225-7 est puni de vingt ans de réclusion criminelle et de 3 000 000 euros d'amende lorsqu'il est commis en bande organisée.

Les deux premiers alinéas de l'article 132-23 relatif à la période de sûreté sont applicables à l'infraction prévue par le présent article.

Article 225-9

Le proxénétisme commis en recourant à des tortures ou des actes de barbarie est puni de la réclusion criminelle à perpétuité et de 4 500 000 euros d'amende.

Les deux premiers alinéas de l'article 132-23 relatif à la période de sûreté sont applicables à l'infraction prévue au présent article.

Article 225-10

Est puni de dix ans d'emprisonnement et de 750 000 euros d'amende le fait, par quiconque, agissant directement ou par personne interposée :

1° De détenir, gérer, exploiter, diriger, faire fonctionner, financer ou contribuer à financer un établissement de prostitution ;

2° Détenant, gérant, exploitant, dirigeant, faisant fonctionner, finançant ou contribuant à financer un établissement quelconque ouvert au public ou utilisé par le public, d'accepter ou de tolérer habituellement qu'une ou plusieurs personnes se livrent à la prostitution à l'intérieur de l'établissement ou de ses annexes ou y recherchent des clients en vue de la prostitution ;

3° De vendre ou de tenir à la disposition d'une ou de plusieurs personnes des locaux ou emplacements non utilisés par le public, en sachant qu'elles s'y livreront à la prostitution ;

4° De vendre, de louer ou de tenir à la disposition, de quelque manière que ce soit, d'une ou plusieurs personnes, des véhicules de toute nature en sachant qu'elles s'y livreront à la prostitution.

Les deux premiers alinéas de l'article 132-23 relatif à la période de sûreté sont applicables aux infractions prévues par les 1° et 2° du présent article.

Article 225-11

La tentative des délits prévus par la présente section est punie des mêmes peines.

Article 225-11-1

Toute personne qui a tenté de commettre les infractions prévues par la présente section est exempte de peine si, ayant averti l'autorité administrative ou judiciaire, elle a permis d'éviter la réalisation de l'infraction.

La peine privative de liberté encourue par l'auteur ou le complice d'une des infractions prévues à la présente section est réduite des deux tiers si, ayant averti l'autorité administrative ou judiciaire, il a permis de faire cesser l'infraction ou d'éviter que l'infraction n'entraîne mort d'homme ou infirmité permanente ou d'identifier, le cas échéant, les autres auteurs ou complices. Lorsque la peine encourue est la réclusion criminelle à perpétuité, celle-ci est ramenée à vingt ans de réclusion criminelle.

Article 225-11-2

Dans le cas où le délit prévu par le 1° de l'article 225-7 est commis à l'étranger par un Français ou par une personne résidant habituellement sur le territoire français, la loi française est applicable par dérogation au deuxième alinéa de l'article 113-6 et les dispositions de la seconde phrase de l'article 113-8 ne sont pas applicables.

Il en est de même dans le cas où l'un des crimes mentionnés aux articles 225-7-1, 225-8 ou 225-9 a été commis sur un mineur hors du territoire de la République par un étranger résidant habituellement sur le territoire français.

Article 225-12

Les personnes morales déclarées responsables pénalement, dans les conditions prévues par l'article 121-2, des infractions définies aux articles 225-5 à 225-10 encourent, outre l'amende suivant les modalités prévues par l'article 131-38, les peines prévues par l'article 131-39.

Section 2 bis : Du recours à la prostitution

Article 225-12-1

Lorsqu'il est commis en récidive dans les conditions prévues au second alinéa de l'article 132-11, le fait de solliciter, d'accepter ou d'obtenir des relations de nature sexuelle d'une personne qui se livre à la prostitution, y compris de façon occasionnelle, en échange d'une rémunération, d'une promesse de rémunération, de la fourniture d'un avantage en nature ou de la promesse d'un tel avantage est puni de 3 750 € d'amende.

Est puni de cinq ans d'emprisonnement et de 75 000 € d'amende le fait de solliciter, d'accepter ou d'obtenir, en échange d'une rémunération, d'une promesse de rémunération, de la fourniture d'un avantage en nature ou de la promesse d'un tel avantage, des relations de nature sexuelle de la part d'une personne qui se livre à la prostitution, y compris de façon occasionnelle, lorsque cette personne est mineure ou présente une particulière vulnérabilité, apparente ou connue de son auteur, due à une maladie, à une infirmité, à un handicap ou à un état de grossesse.

Article 225-12-2

Les peines prévues au second alinéa de l'article 225-12-1 sont portées à sept ans d'emprisonnement et à 100 000 euros d'amende :

1° Lorsque l'infraction est commise de façon habituelle ou à l'égard de plusieurs personnes ;

2° Lorsque la personne a été mise en contact avec l'auteur des faits grâce à l'utilisation, pour la diffusion de messages à destination d'un public non déterminé, d'un réseau de communication ;

3° Lorsque les faits sont commis par une personne qui abuse de l'autorité que lui confèrent ses fonctions ;

4° Lorsque l'auteur des faits a délibérément ou par imprudence mis la vie de la personne en danger ou a commis contre elle des violences.

Hors les cas dans lesquels ces faits constituent un viol ou une agression sexuelle, les peines prévues au second alinéa de l'article 225-12-1 sont portées à dix ans d'emprisonnement et à 150 000 euros d'amende lorsqu'il s'agit d'un mineur de quinze ans.

Article 225-12-3

Dans le cas où les délits prévus au second alinéa de l'article 225-12-1 et à l'article 225-12-2 sont commis à l'étranger par un Français ou par une personne résidant habituellement sur le territoire français, la loi française est applicable par dérogation au deuxième alinéa de l'article 113-6 et les dispositions de la seconde phrase de l'article 113-8 ne sont pas applicables.

Article 225-12-4

Les personnes morales déclarées responsables pénalement, dans les conditions prévues par l'article 121-2, des infractions définies à la présente section encourent, outre l'amende suivant les modalités prévues par l'article 131-38, les peines prévues par l'article 131-39.

L'interdiction mentionnée au 2° de l'article 131-39 porte sur l'activité dans l'exercice ou à l'occasion de l'exercice de laquelle l'infraction a été commise.

Section 2 ter : De l'exploitation de la mendicité

Article 225-12-5

L'exploitation de la mendicité est le fait par quiconque de quelque manière que ce soit :

1° D'organiser la mendicité d'autrui en vue d'en tirer profit ;

2° De tirer profit de la mendicité d'autrui, d'en partager les bénéfices ou de recevoir des subsides d'une personne se livrant habituellement à la mendicité ;

3° D'embaucher, d'entraîner ou de détourner une personne en vue de la livrer à la mendicité, ou d'exercer sur elle une pression pour qu'elle mendie ou continue de le faire ;

4° D'embaucher, d'entraîner ou de détourner à des fins d'enrichissement personnel une personne en vue de la livrer à l'exercice d'un service moyennant un don sur la voie publique.

Est assimilé à l'exploitation de la mendicité le fait de ne pouvoir justifier de ressources correspondant à son train de vie tout en exerçant une influence de fait, permanente ou non, sur une ou plusieurs personnes se livrant à la mendicité ou en étant en relation habituelle avec cette ou ces dernières.

L'exploitation de la mendicité est punie de trois ans d'emprisonnement et d'une amende de 45 000 euros.

Article 225-12-6

L'exploitation de la mendicité est punie de cinq ans d'emprisonnement et d'une amende de 75 000 euros lorsqu'elle est commise :

1° A l'égard d'un mineur ;

2° A l'égard d'une personne dont la particulière vulnérabilité, due à son âge, à une maladie, à une infirmité, à une déficience physique ou psychique ou à un état de grossesse, est apparente ou connue de son auteur ;

3° A l'égard de plusieurs personnes ;

4° A l'égard d'une personne qui a été incitée à se livrer à la mendicité soit hors du territoire de la République, soit à son arrivée sur le territoire de la République ;

5° Par un ascendant légitime, naturel ou adoptif de la personne qui mendie ou par une personne qui a autorité sur elle ou abuse de l'autorité que lui confèrent ses fonctions ;

6° Avec l'emploi de la contrainte, de violences ou de manoeuvres dolosives sur la personne se livrant à la mendicité, sur sa famille ou sur une personne étant en relation habituelle avec elle ;

7° Par plusieurs personnes agissant en qualité d'auteurs ou de complices, sans qu'elles constituent une bande organisée.

Article 225-12-7

L'exploitation de la mendicité d'autrui est punie de dix ans d'emprisonnement et de 1 500 000 euros d'amende lorsqu'elle est commise en bande organisée.

Section 2 quater : De l'exploitation de la vente à la sauvette

---

Article 225-12-8

L'exploitation de la vente à la sauvette est le fait par quiconque d'embaucher, d'entraîner ou de détourner une personne en vue de l'inciter à commettre l'une des infractions mentionnées à l'article 446-1, ou d'exercer sur elle une pression pour qu'elle commette l'une de ces infractions ou continue de le faire, afin d'en tirer profit de quelque manière que ce soit.

Est assimilé à l'exploitation de la vente à la sauvette le fait de recevoir des subsides d'une personne commettant habituellement l'une des infractions mentionnées au même article 446-1.

Est également assimilé à l'exploitation de la vente à la sauvette le fait de ne pouvoir justifier de ressources correspondant à son train de vie tout en exerçant une influence de fait, permanente ou non, sur une ou plusieurs personnes commettant habituellement l'une des infractions mentionnées audit article 446-1 ou en étant en relation habituelle avec cette ou ces dernières.

L'exploitation de la vente à la sauvette est punie de trois ans d'emprisonnement et d'une amende de 45 000 €.

Article 225-12-9

L'exploitation de la vente à la sauvette est punie de cinq ans d'emprisonnement et d'une amende de 75 000 € lorsqu'elle est commise :

1° A l'égard d'un mineur ;

2° A l'égard d'une personne dont la particulière vulnérabilité, due à son âge, à une maladie, à une infirmité, à une déficience physique ou psychique ou à un état de grossesse est apparente ou connue de son auteur ;

3° A l'égard de plusieurs personnes ;

4° A l'égard d'une personne qui a été incitée à commettre l'une des infractions mentionnées à l'article 446-1 soit hors du territoire de la République, soit à son arrivée sur le territoire de la République ;

5° Par un ascendant légitime, naturel ou adoptif de la personne qui commet l'une des infractions mentionnées à l'article 446-1 ou par une personne qui a autorité sur elle ou abuse de l'autorité que lui confèrent ses fonctions ;

6° Avec l'emploi de la contrainte, de violences ou de manœuvres dolosives sur la personne commettant l'une des infractions mentionnées à l'article 446-1, sur sa famille ou sur une personne étant en relation habituelle avec elle ;

7° Par plusieurs personnes agissant en qualité d'auteurs ou de complices, sans qu'elles constituent une bande organisée.

Article 225-12-10

L'exploitation de la vente à la sauvette est punie de dix ans d'emprisonnement et de 1 500 000 € d'amende lorsqu'elle est commise en bande organisée.

Section 3 : Des conditions de travail et d'hébergement contraires à la dignité de la personne, du travail forcé et de la réduction en servitude

Article 225-13

Le fait d'obtenir d'une personne, dont la vulnérabilité ou l'état de dépendance sont apparents ou connus de l'auteur, la fourniture de services non rétribués ou en échange d'une rétribution manifestement sans rapport avec l'importance du travail accompli est puni de cinq ans d'emprisonnement et de 150 000 euros d'amende.

Les personnes physiques ou morales coupables du délit prévu à la présente section encourent également la peine complémentaire suivante : interdiction de l'activité de prestataire de formation professionnelle continue au sens de l'article L. 6313-1 du code du travail pour une durée de cinq ans.

Article 225-14

Le fait de soumettre une personne, dont la vulnérabilité ou l'état de dépendance sont apparents ou connus de l'auteur, à des conditions de travail ou d'hébergement incompatibles avec la dignité humaine est puni de sept ans d'emprisonnement et de 200 000 euros d'amende.

Article 225-14-1

Le travail forcé est le fait, par la violence ou la menace, de contraindre une personne à effectuer un travail sans rétribution ou en échange d'une rétribution manifestement sans rapport avec l'importance du travail accompli. Il est puni de sept ans d'emprisonnement et de 200 000 € d'amende.

Article 225-14-2

La réduction en servitude est le fait de faire subir, de manière habituelle, l'infraction prévue à l'article 225-14-1 à une personne dont la vulnérabilité ou l'état de dépendance sont apparents ou connus de l'auteur. Elle est punie de dix ans d'emprisonnement et de 300 000 € d'amende.

Article 225-15

I. – Lorsqu'elles sont commises à l'égard de plusieurs personnes :

1° L'infraction définie à l'article 225-13 est punie de sept ans d'emprisonnement et de 200 000 € d'amende ;

2° Les infractions définies aux articles 225-14 et 225-14-1 sont punies de dix ans d'emprisonnement et de 300 000 € d'amende ;

3° L'infraction définie à l'article 225-14-2 est punie de quinze ans de réclusion criminelle et de 400 000 € d'amende.

II. – Lorsqu'elles sont commises à l'égard d'un mineur :

1° L'infraction définie à l'article 225-13 est punie de sept ans d'emprisonnement et de 200 000 € d'amende ;

2° Les infractions définies aux articles 225-14 et 225-14-1 sont punies de dix ans d'emprisonnement et de 300 000 € d'amende ;

3° L'infraction définie à l'article 225-14-2 est punie de quinze ans de réclusion criminelle et de 400 000 € d'amende.

III. – Lorsqu'elles sont commises à l'égard de plusieurs personnes parmi lesquelles figurent un ou plusieurs mineurs :

1° L'infraction définie à l'article 225-13 est punie de dix ans d'emprisonnement et de 300 000 € d'amende ;

2° Les infractions définies aux articles 225-14 et 225-14-1 sont punies de quinze ans de réclusion criminelle et de 400 000 € d'amende ;

3° L'infraction définie à l'article 225-14-2 est punie de vingt ans de réclusion criminelle et de 500 000 € d'amende.

Article 225-15-1

Pour l'application des articles 225-13 à 225-14-2, les mineurs ou les personnes qui ont été victimes des faits décrits par ces articles à leur arrivée sur le territoire français sont considérés comme des personnes vulnérables ou en situation de dépendance.

Article 225-16

Les personnes morales déclarées responsables pénalement, dans les conditions prévues par l'article 121-2, des infractions définies aux articles 225-13 à 225-15 encourent, outre l'amende suivant les modalités prévues par l'article 131-38 :

1° (Abrogé) ;

2° Les peines mentionnées à l'article 131-39 ;

3° La confiscation du fonds de commerce destiné à l'hébergement de personnes et ayant servi à commettre l'infraction prévue à l'article 225-14.

Section 3 bis : Du bizutage

Article 225-16-1

Hors les cas de violences, de menaces ou d'atteintes sexuelles, le fait pour une personne d'amener autrui, contre son gré ou non, à subir ou à commettre des actes humiliants ou dégradants ou à consommer de l'alcool de manière excessive, lors de manifestations ou de réunions liées aux milieux scolaire, sportif et socio- éducatif est puni de six mois d'emprisonnement et de 7 500 euros d'amende.

Article 225-16-2

L'infraction définie à l'article 225-16-1 est punie d'un an d'emprisonnement et de 15 000 euros d'amende lorsqu'elle est commise sur une personne dont la particulière vulnérabilité, due à son âge, à une maladie, à une infirmité, à une déficience physique ou psychique ou à un état de grossesse, est apparente ou connue de son auteur.

Article 225-16-3

Les personnes morales déclarées responsables pénalement, dans les conditions prévues par l'article 121-2, des infractions définies aux articles 225-16-1 et 225-16-2 encourent, outre l'amende suivant les modalités prévues par l'article 131-38, les peines prévues par les 4° et 9° de l'article 131-39.

Section 4 : Des atteintes au respect dû aux morts

Article 225-17

Toute atteinte à l'intégrité du cadavre, par quelque moyen que ce soit, est punie d'un an d'emprisonnement et de 15 000 euros d'amende.

La violation ou la profanation, par quelque moyen que ce soit, de tombeaux, de sépultures, d'urnes cinéraires ou de monuments édifiés à la mémoire des morts est punie d'un an d'emprisonnement et de 15 000 euros d'amende.

La peine est portée à deux ans d'emprisonnement et à 30 000 euros d'amende lorsque les infractions définies à l'alinéa précédent ont été accompagnées d'atteinte à l'intégrité du cadavre.

Article 225-18-1

Les personnes morales déclarées responsables pénalement, dans les conditions prévues à l'article 121-2, de l'infraction définie à l'article 225-17 encourent, outre l'amende suivant les modalités prévues à l'article 131-38, les peines mentionnées aux 1° à 9° de l'article 131-39.

L'interdiction mentionnée au 2° de l'article 131-39 porte sur l'activité dans l'exercice ou à l'occasion de l'exercice de laquelle l'infraction a été commise.

Section 5 : Peines complémentaires applicables aux personnes physiques

Article 225-19

Les personnes physiques coupables des infractions prévues par les sections 1 et 3 du présent chapitre encourent également les peines complémentaires suivantes :

1° L'interdiction des droits prévus aux 2° et 3° de l'article 131-26 pour une durée de cinq ans au plus ;

2° L'affichage ou la diffusion de la décision prononcée, dans les conditions prévues par l'article 131-35 ;

3° La fermeture, pour une durée de cinq ans au plus ou à titre définitif, de l'un, de plusieurs ou de l'ensemble des établissements de l'entreprise appartenant à la personne condamnée ;

4° L'exclusion des marchés publics à titre définitif ou pour une durée de cinq ans au plus ;

4° bis (Abrogé) ;

5° La confiscation de tout ou partie de leurs biens, quelle qu'en soit la nature, meubles ou immeubles, divis ou indivis, ayant servi à commettre les infractions prévues aux articles 225-13 à 225-14-2 ;

5° bis (Abrogé) ;

6° (Abrogé) ;

7° Pour les infractions prévues aux articles 225-13 à 225-15, l'interdiction, suivant les modalités prévues par l'article 131-27, soit d'exercer une fonction publique ou d'exercer l'activité professionnelle ou sociale dans l'exercice ou à l'occasion de l'exercice de laquelle l'infraction a été commise, soit d'exercer une profession commerciale ou industrielle, de diriger, d'administrer, de gérer ou de contrôler à un titre quelconque, directement ou indirectement, pour son propre compte ou pour le compte d'autrui, une entreprise commerciale ou industrielle ou une société commerciale. Ces interdictions d'exercice peuvent être prononcées cumulativement.

Article 225-20

I. – Les personnes physiques coupables des infractions prévues par les sections 1 bis, 2, 2 bis, 2 ter et 2 quater du présent chapitre encourent également les peines complémentaires suivantes :

1° L'interdiction des droits civiques, civils et de famille, suivant les modalités prévues par l'article 131-26 ;

2° L'interdiction, suivant les modalités prévues par l'article 131-27, soit d'exercer une fonction publique ou d'exercer l'activité professionnelle ou sociale dans l'exercice ou à l'occasion de l'exercice de laquelle l'infraction a été commise, soit, pour les infractions prévues par les articles 225-4-3 , 225-4-4, 225-5, 225-6, 225-7, 225-7-1, 225-8, 225-9, 225-10, 225-12-1 et 225-12-2, d'exercer une profession commerciale ou industrielle, de diriger, d'administrer, de gérer ou de contrôler à un titre quelconque, directement ou indirectement, pour son propre compte ou pour le compte d'autrui, une entreprise commerciale ou industrielle ou une société commerciale. Ces interdictions d'exercice peuvent être prononcées cumulativement ;

3° L'interdiction de séjour ;

4° L'interdiction d'exploiter, directement ou indirectement, les établissements ouverts au public ou utilisés par le public énumérés dans la décision de condamnation, d'y être employé à quelque titre que ce soit et d'y prendre ou d'y conserver une quelconque participation financière ;

5° L'interdiction, pour une durée de cinq ans au plus, de détenir ou de porter une arme soumise à autorisation ;

6° L'interdiction, pour une durée de cinq ans au plus, de quitter le territoire de la République ;

7° L'interdiction d'exercer, soit à titre définitif, soit pour une durée de dix ans au plus, une activité professionnelle ou bénévole impliquant un contact habituel avec des mineurs.

II. – En cas de condamnation pour les infractions prévues aux sections 1 bis, 2 et 2 ter du présent chapitre, le prononcé de la peine complémentaire prévue au 5° du I est obligatoire et la durée de l'interdiction est portée à dix ans au plus.

Toutefois, la juridiction peut, par une décision spécialement motivée lorsque la condamnation est prononcée par une juridiction correctionnelle, décider de ne pas prononcer cette peine, en considération des circonstances de l'infraction et de la personnalité de son auteur.

Section 6 : Dispositions communes aux personnes physiques et aux personnes morales

---

Article 225-22

Les personnes physiques ou morales coupables de l'une des infractions prévues par l'article 225-10 encourent également les peines complémentaires suivantes :

1° Le retrait définitif de la licence de débit de boissons ou de restaurant ;

2° La fermeture, à titre définitif ou pour une durée de cinq ans au plus, de la totalité de l'établissement ou des parties de l'établissement utilisées en vue de la prostitution ;

3° La confiscation du fonds de commerce.

Article 225-23

La fermeture temporaire prévue par le troisième alinéa (2°) de l'article 225-22 emporte suspension de la licence de débit de boissons ou de restaurant pour la même durée. Le délai de péremption de celle-ci est suspendu pendant la durée de la fermeture.

La fermeture définitive prévue à l'article 225-22 emporte retrait définitif de la licence de débit de boissons ou de restaurant.

Article 225-24

Les personnes physiques ou morales coupables de l'une des infractions prévues par les articles 225-4-1 à 225-4-9 et 225-5 à 225-10 encourent également :

1° La confiscation des biens meubles ou immeubles, divis ou indivis ayant servi directement ou indirectement à commettre l'infraction ainsi que les produits de l'infraction détenus par une personne autre que la personne victime de la traite des êtres humains ou se livrant à la prostitution elle-même ;

2° Le remboursement des frais de rapatriement de la ou des victimes.

Article 225-25

Les personnes physiques et morales reconnues coupables des infractions prévues aux sections 1 bis et 2 du présent chapitre encourent également la peine complémentaire de confiscation de tout ou partie des biens leur appartenant ou, sous réserve des droits du propriétaire de bonne foi et du treizième alinéa de l'article 131-21, dont elles ont la libre disposition, quelle qu'en soit la nature, meubles ou immeubles, divis ou indivis.

Article 225-26

I.-Les personnes physiques et morales coupables de l'infraction de soumission à des conditions d'hébergement incompatibles avec la dignité humaine prévue à l'article 225-14 encourent également les peines complémentaires suivantes :

1° La confiscation de tout ou partie de leurs biens, quelle qu'en soit la nature, meubles ou immeubles, divis ou indivis, ayant servi à commettre l'infraction. Lorsque les biens immeubles qui appartenaient à la personne condamnée au moment de la commission de l'infraction ont fait l'objet d'une expropriation pour cause d'utilité publique, le montant de la confiscation en valeur prévue au dixième alinéa de l'article 131-21 est égal à celui de l'indemnité d'expropriation ;

2° L'interdiction pour une durée de quinze ans au plus d'acheter un bien immobilier à usage d'habitation ou un fonds de commerce d'un établissement recevant du public à usage total ou partiel d'hébergement ou d'être usufruitier d'un tel bien ou fonds de commerce. Cette interdiction porte sur l'acquisition ou l'usufruit d'un bien ou d'un fonds de commerce soit à titre personnel, soit en tant qu'associé ou mandataire social de la société civile immobilière ou en nom collectif se portant acquéreur ou usufruitier, soit sous forme de parts immobilières ; cette interdiction ne porte toutefois pas sur l'acquisition ou l'usufruit d'un bien immobilier à usage d'habitation à des fins d'occupation à titre personnel ;

3° La confiscation de tout ou partie des biens leur appartenant ou, sous réserve des droits du propriétaire de bonne foi, dont elles ont la libre disposition, quelle qu'en soit la nature, meubles ou immeubles, divis ou indivis.

II.-Le prononcé des peines complémentaires mentionnées aux 1° et 2° du I du présent article est obligatoire. Toutefois, la juridiction peut, par une décision spécialement motivée, décider de ne pas prononcer ces peines, en considération des circonstances de l'infraction et de la personnalité de son auteur.

Chapitre VI : Des atteintes à la personnalité
Section 1 : De l'atteinte à la vie privée

Article 226-1

Est puni d'un an d'emprisonnement et de 45 000 euros d'amende le fait, au moyen d'un procédé quelconque, volontairement de porter atteinte à l'intimité de la vie privée d'autrui :

1° En captant, enregistrant ou transmettant, sans le consentement de leur auteur, des paroles prononcées à titre privé ou confidentiel ;

2° En fixant, enregistrant ou transmettant, sans le consentement de celle-ci, l'image d'une personne se trouvant dans un lieu privé.

3° En captant, enregistrant ou transmettant, par quelque moyen que ce soit, la localisation en temps réel ou en différé d'une personne sans le consentement de celle-ci.

Lorsque les actes mentionnés aux 1° et 2° du présent article ont été accomplis au vu et au su des intéressés sans qu'ils s'y soient opposés, alors qu'ils étaient en mesure de le faire, le consentement de ceux-ci est présumé.

Lorsque les actes mentionnés au présent article ont été accomplis sur la personne d'un mineur, le consentement doit émaner des titulaires de l'autorité parentale, dans le respect de l'article 372-1 du code civil.

Lorsque les faits sont commis par le conjoint ou le concubin de la victime ou le partenaire lié à la victime par un pacte civil de solidarité, les peines sont portées à deux ans d'emprisonnement et à 60 000 euros d'amende.

Lorsque les faits sont commis au préjudice d'une personne dépositaire de l'autorité publique, chargée d'une mission de service public, titulaire d'un mandat électif public ou candidate à un tel mandat ou d'un membre de sa famille, les peines sont également portées à deux ans d'emprisonnement et à 60 000 euros d'amende.

Article 226-2

Est puni des mêmes peines le fait de conserver, porter ou laisser porter à la connaissance du public ou d'un tiers ou d'utiliser de quelque manière que ce soit tout enregistrement ou document obtenu à l'aide de l'un des actes prévus par l'article 226-1.

Lorsque le délit prévu par l'alinéa précédent est commis par la voie de la presse écrite ou audiovisuelle, les dispositions particulières des lois qui régissent ces matières sont applicables en ce qui concerne la détermination des personnes responsables.

Article 226-2-1

Lorsque les délits prévus aux articles 226-1 et 226-2 portent sur des paroles ou des images présentant un caractère sexuel prises dans un lieu public ou privé, les peines sont portées à deux ans d'emprisonnement et à 60 000 € d'amende.

Est puni des mêmes peines le fait, en l'absence d'accord de la personne pour la diffusion, de porter à la connaissance du public ou d'un tiers tout enregistrement ou tout document portant sur des paroles ou des images présentant un caractère sexuel, obtenu, avec le consentement exprès ou présumé de la personne ou par elle-même, à l'aide de l'un des actes prévus à l'article 226-1.

Article 226-3

Est puni de cinq ans d'emprisonnement et de 300 000 € d'amende :

1° La fabrication, l'importation, la détention, l'exposition, l'offre, la location ou la vente d'appareils ou de dispositifs techniques de nature à permettre la réalisation d'opérations pouvant constituer l'infraction prévue par le deuxième alinéa de l'article 226-15 ou qui, conçus pour la détection à distance des conversations, permettent de réaliser l'infraction prévue par l'article 226-1 ou ayant pour objet la captation de données informatiques prévue aux articles 706-102-1 du code de procédure pénale et L. 853-2 du code de la sécurité intérieure et figurant sur une liste dressée dans des conditions fixées par décret en Conseil d'Etat, lorsque ces faits sont commis, y compris par négligence, en l'absence d'autorisation ministérielle dont les conditions d'octroi sont fixées par ce même décret ou sans respecter les conditions fixées par cette autorisation ;

2° Le fait de réaliser une publicité en faveur d'un appareil ou d'un dispositif technique susceptible de permettre la réalisation des infractions prévues par l'article 226-1 et le deuxième alinéa de l'article 226-15 lorsque cette publicité constitue une incitation à commettre cette infraction ou ayant pour objet la captation de données informatiques prévue aux articles 706-102-1 du code de procédure pénale et L. 853-2 du code de la sécurité intérieure lorsque cette publicité constitue une incitation à en faire un usage frauduleux.

Le présent article n'est pas applicable à la détention ou à l'acquisition par les opérateurs mentionnés à l'article L. 1332-1 du code de la défense, ainsi désignés en vertu de leur activité d'exploitant d'un réseau de communications électroniques ouvert au public, des appareils soumis à une autorisation du Premier ministre en application de la section 7 du chapitre II du titre Ier du livre II du code des postes et des communications électroniques.

Article 226-3-1

Le fait d'user de tout moyen afin d'apercevoir les parties intimes d'une personne que celle-ci, du fait de son habillement ou de sa présence dans un lieu clos, a caché à la vue des tiers, lorsqu'il est commis à l'insu ou sans le consentement de la personne, est puni d'un an d'emprisonnement et de 15 000 € d'amende.

Les faits mentionnés au premier alinéa sont punis de deux ans d'emprisonnement et de 30 000 € d'amende :

1° Lorsqu'ils sont commis par une personne qui abuse de l'autorité que lui confèrent ses fonctions ;

2° Lorsqu'ils sont commis sur un mineur ;

3° Lorsqu'ils sont commis sur une personne dont la particulière vulnérabilité, due à son âge, à une maladie, à une infirmité, à une déficience physique ou psychique ou à un état de grossesse, est apparente ou connue de leur auteur ;

4° Lorsqu'ils sont commis par plusieurs personnes agissant en qualité d'auteur ou de complice ;

5° Lorsqu'ils sont commis dans un véhicule affecté au transport collectif de voyageurs ou dans un lieu destiné à l'accès à un moyen de transport collectif de voyageurs ;

6° Lorsque des images ont été fixées, enregistrées ou transmises.

Article 226-4

L'introduction dans le domicile d'autrui à l'aide de manoeuvres, menaces, voies de fait ou contrainte, hors les cas où la loi le permet, est puni de trois ans d'emprisonnement et de 45 000 euros d'amende.

Le maintien dans le domicile d'autrui à la suite de l'introduction mentionnée au premier alinéa, hors les cas où la loi le permet, est puni des mêmes peines.

Constitue notamment le domicile d'une personne, au sens du présent article, tout local d'habitation contenant des biens meubles lui appartenant, que cette personne y habite ou non et qu'il s'agisse de sa résidence principale ou non.

Article 226-4-1

Le fait d'usurper l'identité d'un tiers ou de faire usage d'une ou plusieurs données de toute nature permettant de l'identifier en vue de troubler sa tranquillité ou celle d'autrui, ou de porter atteinte à son honneur ou à sa considération, est puni d'un an d'emprisonnement et de 15 000 € d'amende.

Cette infraction est punie des mêmes peines lorsqu'elle est commise sur un réseau de communication au public en ligne.

Lorsqu'ils sont commis par le conjoint ou le concubin de la victime ou par le partenaire lié à la victime par un pacte civil de solidarité, ces faits sont punis de deux ans d'emprisonnement et de 30 000 euros d'amende.

Article 226-4-2

Le fait de forcer un tiers à quitter le lieu qu'il habite sans avoir obtenu le concours de l'Etat dans les conditions prévues à l'article L. 153-1 du code des procédures civiles d'exécution, à l'aide de manœuvres, menaces, voies de fait ou contraintes, est puni de trois ans d'emprisonnement et de 30 000 € d'amende.

Article 226-4-2-1

La propagande ou la publicité, quel qu'en soit le mode, en faveur de méthodes visant à faciliter ou à inciter à la commission des délits prévus aux articles 226-4 et 315-1 est punie de 3 750 euros d'amende.

Lorsque le délit est commis par la voie de la presse écrite ou audiovisuelle, les dispositions particulières des lois qui régissent ces matières sont applicables en ce qui concerne la détermination des personnes responsables.

Article 226-4-3

Sans préjudice de l'application de l'article 226-4, dans le cas où le caractère privé du lieu est matérialisé physiquement, pénétrer sans autorisation dans la propriété privée rurale ou forestière d'autrui, sauf les cas où la loi le permet, constitue une contravention de la 4e classe.

Article 226-5

La tentative des infractions prévues par la présente section est punie des mêmes peines.

Article 226-6

Dans les cas prévus par les articles 226-1 à 226-2-1, l'action publique ne peut être exercée que sur plainte de la victime, de son représentant légal ou de ses ayants droit.

Article 226-7

Les personnes morales déclarées responsables pénalement, dans les conditions prévues par l'article 121-2, des infractions définies à la présente section encourent, outre l'amende suivant les modalités prévues par l'article 131-38 :

1° (Abrogé) ;

2° L'interdiction, à titre définitif ou pour une durée de cinq ans au plus, d'exercer directement ou indirectement l'activité professionnelle ou sociale dans l'exercice ou à l'occasion de l'exercice de laquelle l'infraction a été commise ;

3° L'affichage ou la diffusion de la décision prononcée, dans les conditions prévues par l'article 131-35.

Section 2 : De l'atteinte à la représentation de la personne

Article 226-8

Est puni d'un an d'emprisonnement et de 15 000 euros d'amende le fait de porter à la connaissance du public ou d'un tiers, par quelque voie que ce soit, le montage réalisé avec les paroles ou l'image d'une personne sans son consentement, s'il n'apparaît pas à l'évidence qu'il s'agit d'un montage ou s'il n'en est pas expressément fait mention. Est assimilé à l'infraction mentionnée au présent alinéa et puni des mêmes peines le fait de porter à la connaissance du public ou d'un tiers, par quelque voie que ce soit, un contenu visuel ou sonore généré par un traitement algorithmique et représentant l'image ou les paroles d'une personne, sans son consentement, s'il n'apparaît pas à l'évidence qu'il s'agit d'un contenu généré algorithmiquement ou s'il n'en est pas expressément fait mention.

Ces peines sont portées à deux ans d'emprisonnement et à 45 000 euros d'amende lorsque les délits prévus au présent article ont été réalisés en utilisant un service de communication au public en ligne.

Lorsque les délits prévus au présent article sont commis par la voie de la presse écrite ou audiovisuelle, les dispositions particulières des lois qui régissent ces matières sont applicables en ce qui concerne la détermination des personnes responsables.

Article 226-8-1

Est puni de deux ans d'emprisonnement et de 60 000 euros d'amende le fait de porter à la connaissance du public ou d'un tiers, par quelque voie que ce soit, un montage à caractère sexuel réalisé avec les paroles ou l'image d'une personne, sans son consentement. Est assimilé à l'infraction mentionnée au présent alinéa et puni des mêmes peines le fait de porter à la connaissance du public ou d'un tiers, par quelque voie que ce soit, un contenu visuel ou sonore à caractère sexuel généré par un traitement algorithmique et reproduisant l'image ou les paroles d'une personne, sans son consentement.

Lorsque le délit prévu au premier alinéa est commis par la voie de la presse écrite ou audiovisuelle, les dispositions particulières des lois qui régissent ces matières sont applicables en ce qui concerne la détermination des personnes responsables.

Les peines prévues au même premier alinéa sont portées à trois ans d'emprisonnement et à 75 000 euros d'amende lorsque la publication du montage ou du contenu généré par un traitement algorithmique a été réalisée en utilisant un service de communication au public en ligne.

Article 226-9

Les articles 226-5 et 226-7 sont applicables à la présente section.

Section 3 : De la dénonciation calomnieuse

Article 226-10

La dénonciation, effectuée par tout moyen et dirigée contre une personne déterminée, d'un fait qui est de nature à entraîner des sanctions judiciaires, administratives ou disciplinaires et que l'on sait totalement ou partiellement inexact, lorsqu'elle est adressée soit à un officier de justice ou de police administrative ou judiciaire, soit à une autorité ayant le pouvoir d'y donner suite ou de saisir l'autorité compétente, soit aux supérieurs hiérarchiques ou à l'employeur de la personne dénoncée est punie de cinq ans d'emprisonnement et de 45 000 euros d'amende.

La fausseté du fait dénoncé résulte nécessairement de la décision, devenue définitive, d'acquittement, de relaxe ou de non-lieu, déclarant que le fait n'a pas été commis ou que celui-ci n'est pas imputable à la personne dénoncée.

En tout autre cas, le tribunal saisi des poursuites contre le dénonciateur apprécie la pertinence des accusations portées par celui-ci.

Article 226-11

Lorsque le fait dénoncé a donné lieu à des poursuites pénales, il ne peut être statué sur les poursuites exercées contre l'auteur de la dénonciation qu'après la décision mettant définitivement fin à la procédure concernant le fait dénoncé.

Article 226-12

Les personnes morales déclarées responsables pénalement, dans les conditions prévues par l'article 121-2, de l'infraction définie à l'article 226-10 encourent, outre l'amende suivant les modalités prévues par l'article 131-38 :

1° (Abrogé) ;

2° L'interdiction à titre définitif ou pour une durée de cinq ans au plus d'exercer directement ou indirectement une activité professionnelle ou sociale dans l'exercice ou à l'occasion de l'exercice de laquelle l'infraction a été commise ;

3° L'affichage ou la diffusion de la décision prononcée, dans les conditions prévues par l'article 131-35.

Section 4 : De l'atteinte au secret

Paragraphe 1 : De l'atteinte au secret professionnel

Article 226-13

La révélation d'une information à caractère secret par une personne qui en est dépositaire soit par état ou par profession, soit en raison d'une fonction ou d'une mission temporaire, est punie d'un an d'emprisonnement et de 15 000 euros d'amende.

Article 226-14

L'article 226-13 n'est pas applicable dans les cas où la loi impose ou autorise la révélation du secret. En outre, il n'est pas applicable :

1° A celui qui informe les autorités judiciaires, médicales ou administratives de maltraitances, de privations ou de sévices, y compris lorsqu'il s'agit d'atteintes ou mutilations sexuelles, dont il a eu connaissance et qui ont été infligées à un mineur ou à une personne qui n'est pas en mesure de se protéger en raison de son âge ou de son incapacité physique ou psychique ;

2° Au médecin ou à tout autre professionnel de santé qui, avec l'accord de la victime, porte à la connaissance du procureur de la République ou de la cellule de recueil, de traitement et d'évaluation des informations préoccupantes relatives aux mineurs en danger ou qui risquent de l'être, mentionnée au deuxième alinéa de l'article L. 226-3 du code de l'action sociale et des familles, ou qui porte à la connaissance de la cellule mentionnée à l'article L. 119-2 du même code les sévices, maltraitances ou privations qu'il a constatés, sur le plan physique ou psychique, dans l'exercice de sa profession et qui lui permettent de présumer que des violences physiques, sexuelles ou psychiques de toute nature ont été commises. Lorsque la victime est un mineur ou une personne qui n'est pas en mesure de se protéger en raison de son âge ou de son incapacité physique ou psychique, son accord n'est pas nécessaire ;

2° bis Au médecin ou à tout autre professionnel de santé qui, avec l'accord de la victime, porte à la connaissance du procureur de la République des informations relatives à des faits de placement, de maintien ou d'abus frauduleux d'une personne dans un état de sujétion psychologique ou physique, au sens de l'article 223-15-3 du présent code, lorsqu'il estime en conscience que cette sujétion a pour effet de causer une altération grave de sa santé physique ou mentale ou de conduire cette personne à un acte ou à une abstention qui lui sont gravement préjudiciables. Lorsque la victime est un mineur ou une personne qui n'est pas en mesure de se protéger en raison de son âge ou de son incapacité physique ou psychique, son accord n'est pas nécessaire. En cas d'impossibilité d'obtenir l'accord de la victime, le médecin ou le professionnel de santé doit l'informer du signalement fait au procureur de la République ;

3° Au médecin ou à tout autre professionnel de santé qui porte à la connaissance du procureur de la République une information relative à des violences exercées au sein du couple relevant de l'article 132-80 du présent code, lorsqu'il estime en conscience que ces violences mettent la vie de la victime majeure en danger immédiat et que celle-ci n'est pas en mesure de se protéger en raison de la contrainte morale résultant de l'emprise exercée par l'auteur des violences. Le médecin ou le professionnel de santé doit s'efforcer d'obtenir l'accord de la victime majeure ; en cas d'impossibilité d'obtenir cet accord, il doit l'informer du signalement fait au procureur de la République ;

4° Aux professionnels de la santé ou de l'action sociale qui informent le préfet et, à Paris, le préfet de police du caractère dangereux pour elles-mêmes ou pour autrui des personnes qui les consultent et dont ils savent qu'elles détiennent une arme ou qu'elles ont manifesté leur intention d'en acquérir une ;

5° Au vétérinaire qui porte à la connaissance du procureur de la République toute information relative à des sévices graves, à un acte de cruauté ou à une atteinte sexuelle sur un animal mentionnés aux articles 521-1 et 521-1-1 et toute information relative à des mauvais traitements sur un animal, constatés dans le cadre de son exercice professionnel. Cette information ne lève pas l'obligation du vétérinaire sanitaire prévue à l'article L. 203-6 du code rural et de la pêche maritime.

Le signalement aux autorités compétentes effectué dans les conditions prévues au présent article ne peut engager la responsabilité civile, pénale ou disciplinaire de son auteur, sauf s'il est établi qu'il n'a pas agi de bonne foi.

Paragraphe 2 : De l'atteinte au secret des correspondances

Article 226-15

Le fait, commis de mauvaise foi, d'ouvrir, de supprimer, de retarder ou de détourner des correspondances arrivées ou non à destination et adressées à des tiers, ou d'en prendre frauduleusement connaissance, est puni d'un an d'emprisonnement et de 45 000 euros d'amende.

Est puni des mêmes peines le fait, commis de mauvaise foi, d'intercepter, de détourner, d'utiliser ou de divulguer des correspondances émises, transmises ou reçues par la voie électronique ou de procéder à l'installation d'appareils de nature à permettre la réalisation de telles interceptions.

Lorsqu'ils sont commis par le conjoint ou le concubin de la victime ou le partenaire lié à la victime par un pacte civil de solidarité, ces faits sont punis d'une peine de deux ans d'emprisonnement et de 60 000 euros d'amende.

Section 5 : Des atteintes aux droits de la personne résultant des fichiers ou des traitements informatiques

Article 226-16

Le fait, y compris par négligence, de procéder ou de faire procéder à des traitements de données à caractère personnel sans qu'aient été respectées les formalités préalables à leur mise en oeuvre prévues par la loi est puni de cinq ans d'emprisonnement et de 300 000 euros d'amende.

Est puni des mêmes peines le fait, y compris par négligence, de procéder ou de faire procéder à un traitement qui a fait l'objet de l'une des mesures prévues au 3° du IV de l'article 20 de la loi n° 78-17 du 6 janvier 1978 relative à l'informatique, aux fichiers et aux libertés.

Article 226-16-1

Le fait, hors les cas où le traitement a été autorisé dans les conditions prévues par la loi n° 78-17 du 6 janvier 1978 précitée, de procéder ou faire procéder à un traitement de données à caractère personnel incluant parmi les données sur lesquelles il porte le numéro d'inscription des personnes au répertoire national d'identification des personnes physiques est puni de cinq ans d'emprisonnement et de 300 000 euros d'amende.

Article 226-16-2

Le fait de procéder ou de faire procéder à un traitement de données à caractère personnel relatives à des fonctionnaires ou à des personnes chargées d'une mission de service public en raison de leur qualité hors des finalités prévues par le règlement (UE) 2016/679 du Parlement européen et du Conseil du 27 avril 2016 relatif à la protection des personnes physiques à l'égard du traitement des données à caractère personnel et à la libre circulation de ces données, et abrogeant la directive 95/46/ CE (règlement général sur la protection des données) et par la loi n° 78-17 du 6 janvier 1978 précitée est puni de cinq ans d'emprisonnement et de 300 000 euros d'amende.

Article 226-17

Le fait de procéder ou de faire procéder à un traitement de données à caractère personnel sans mettre en oeuvre les mesures prescrites aux articles 24,25,30 et 32 du règlement (UE) 2016/679 du 27 avril 2016 précité ou au 6° de l'article 4 et aux articles 99 à 101 de la loi n° 78-17 du 6 janvier 1978 précitée est puni de cinq ans d'emprisonnement et de 300 000 euros d'amende.

Article 226-17-1

Le fait pour un fournisseur de services de communications électroniques ou pour un responsable de traitement de ne pas procéder à la notification d'une violation de données à caractère personnel à la Commission nationale de l'informatique et des libertés ou à l'intéressé, en méconnaissance des articles 33 et 34 du règlement (UE) 2016/679 du 27 avril 2016 précité ou des dispositions du II de l'article 83 et de l'article 102 de la loi n° 78-17 du 6 janvier 1978, est puni de cinq ans d'emprisonnement et de 300 000 € d'amende.

Est puni des mêmes peines le fait pour un sous-traitant de ne pas notifier cette violation au responsable de traitement en méconnaissance de l'article 33 du règlement (UE) 2016/679 du 27 avril 2016 précité ou de l'article 102 de la loi n° 78-17 du 6 janvier 1978 précitée.

Article 226-18

Le fait de collecter des données à caractère personnel par un moyen frauduleux, déloyal ou illicite est puni de cinq ans d'emprisonnement et de 300 000 euros d'amende.

Article 226-18-1

Le fait de procéder à un traitement de données à caractère personnel concernant une personne physique malgré l'opposition de cette personne, lorsque ce traitement répond à des fins de prospection, notamment commerciale, ou lorsque cette opposition est fondée sur des motifs légitimes, est puni de cinq ans d'emprisonnement et de 300 000 euros d'amende.

Article 226-19

Le fait, hors les cas prévus par la loi, de mettre ou de conserver en mémoire informatisée, sans le consentement exprès de l'intéressé, des données à caractère personnel qui, directement ou indirectement, font apparaître les origines raciales ou ethniques, les opinions politiques, philosophiques ou religieuses, ou les appartenances syndicales des personnes, ou qui sont relatives à la santé ou à l'orientation sexuelle ou à l'identité de genre de celles-ci, est puni de cinq ans d'emprisonnement et de 300 000 euros d'amende.

Est puni des mêmes peines le fait, hors les cas prévus par la loi, de mettre ou de conserver en mémoire informatisée des données à caractère personnel concernant des infractions, des condamnations ou des mesures de sûreté.

Les dispositions du présent article sont applicables aux traitements non automatisés de données à caractère personnel dont la mise en œuvre ne se limite pas à l'exercice d'activités exclusivement personnelles.

Article 226-19-1

En cas de traitement de données à caractère personnel ayant pour fin la recherche dans le domaine de la santé, est puni de cinq ans d'emprisonnement et de 300 000 euros d'amende le fait de procéder à un traitement :

1° Sans avoir préalablement informé individuellement les personnes sur le compte desquelles des données à caractère personnel sont recueillies ou transmises de leur droit d'accès, de rectification et d'opposition, de la nature des données transmises et des destinataires de celles-ci ;

2° Malgré l'opposition de la personne concernée ou, lorsqu'il est prévu par la loi, en l'absence du consentement éclairé et exprès de la personne, ou s'il s'agit d'une personne décédée, malgré le refus exprimé par celle-ci de son vivant.

Article 226-20

Le fait de conserver des données à caractère personnel au-delà de la durée prévue par la loi ou le règlement, par la demande d'autorisation ou d'avis, ou par la déclaration préalable adressée à la Commission nationale de l'informatique et des libertés, est puni de cinq ans d'emprisonnement et de 300 000 euros d'amende, sauf si cette conservation est effectuée à des fins historiques, statistiques ou scientifiques dans les conditions prévues par la loi.

Est puni des mêmes peines le fait, hors les cas prévus par la loi, de traiter à des fins autres qu'historiques, statistiques ou scientifiques des données à caractère personnel conservées au-delà de la durée mentionnée au premier alinéa.

Article 226-21

Le fait, par toute personne détentrice de données à caractère personnel à l'occasion de leur enregistrement, de leur classement, de leur transmission ou de toute autre forme de traitement, de détourner ces informations de leur finalité telle que définie par la disposition législative, l'acte réglementaire ou la décision de la Commission nationale de l'informatique et des libertés autorisant le traitement automatisé, ou par les déclarations préalables à la mise en oeuvre de ce traitement, est puni de cinq ans d'emprisonnement et de 300 000 euros d'amende.

Article 226-22

Le fait, par toute personne qui a recueilli, à l'occasion de leur enregistrement, de leur classement, de leur transmission ou d'une autre forme de traitement, des données à caractère personnel dont la divulgation aurait pour effet de porter atteinte à la considération de l'intéressé ou à l'intimité de sa vie privée, de porter, sans autorisation de l'intéressé, ces données à la connaissance d'un tiers qui n'a pas qualité pour les recevoir est puni de cinq ans d'emprisonnement et de 300 000 euros d'amende.

La divulgation prévue à l'alinéa précédent est punie de trois ans d'emprisonnement et de 100 000 euros d'amende lorsqu'elle a été commise par imprudence ou négligence.

Dans les cas prévus aux deux alinéas précédents, la poursuite ne peut être exercée que sur plainte de la victime, de son représentant légal ou de ses ayants droit.

Article 226-22-1

Le fait de procéder ou de faire procéder à un transfert de données à caractère personnel faisant l'objet ou destinées à faire l'objet d'un traitement vers un Etat n'appartenant pas à l'Union européenne ou à une organisation internationale en violation du chapitre V du règlement (UE) 2016/679 du Parlement européen et du Conseil du 27 avril 2016 relatif à la protection des personnes physiques à l'égard du traitement des données à caractère personnel et à la libre circulation de ces données, et abrogeant la directive 95/46/ CE, ou des articles 112 à 114 de la loi n° 78-17 du 6 janvier 1978 précitée est puni de cinq ans d'emprisonnement et de 300 000 euros d'amende.

Article 226-22-2

Est puni d'un an d'emprisonnement et de 15 000 € d'amende le fait d'entraver l'action de la Commission nationale de l'informatique et des libertés :

1° Soit en s'opposant à l'exercice des missions confiées à ses membres ou aux agents habilités en application du dernier alinéa de l'article 10 de la loi n° 78-17 du 6 janvier 1978 précitée lorsque la visite a été autorisée par le juge ;

2° Soit en refusant de communiquer à ses membres ou aux agents habilités en application du dernier alinéa de l'article 10 de la même loi, ou aux agents d'une autorité de contrôle d'un Etat membre de l'Union européenne en application de l'article 62 du règlement (UE) 2016/679 du 27 avril 2016 précité, les renseignements et documents utiles à leur mission, ou en dissimulant lesdits documents ou renseignements, ou en les faisant disparaître ;

3° Soit en communiquant des informations qui ne sont pas conformes au contenu des enregistrements tel qu'il était au moment où la demande a été formulée ou qui ne présentent pas ce contenu sous une forme directement accessible.

Article 226-23

Dans les cas prévus aux articles 226-16 à 226-22-2, l'effacement de tout ou partie des données à caractère personnel faisant l'objet du traitement ayant donné lieu à l'infraction peut être ordonné. Les membres et les agents de la Commission nationale de l'informatique et des libertés sont habilités à constater l'effacement de ces données.

Article 226-24

Les personnes morales déclarées responsables pénalement, dans les conditions prévues par l'article 121-2, des infractions définies à la présente section encourent, outre l'amende suivant les modalités prévues par l'article 131-38, les peines prévues par les 2° à 5° et 7° à 9° de l'article 131-39.

L'interdiction mentionnée au 2° de l'article 131-39 porte sur l'activité dans l'exercice ou à l'occasion de l'exercice de laquelle l'infraction a été commise.

Section 6 : Des atteintes à la personne résultant de l'examen de ses caractéristiques génétiques ou de l'identification par ses empreintes génétiques

Article 226-25

I.-Le fait de procéder à l'examen des caractéristiques génétiques d'une personne à des fins autres que médicales, de recherche scientifique ou de lutte contre le dopage est puni d'un an d'emprisonnement et de 15 000 euros d'amende.

II.-Le fait de procéder à l'examen des caractéristiques génétiques d'une personne à des fins médicales ou de recherche scientifique sans avoir recueilli préalablement son consentement dans les conditions prévues à l'article 16-10 du code civil est puni d'un an d'emprisonnement et de 15 000 euros d'amende.

III.-Le fait de procéder à l'examen des caractéristiques génétiques d'une personne à des fins de lutte contre le dopage sans l'en avoir préalablement informée dans les conditions prévues à l'article L. 232-12-2 du code du sport est puni d'un an d'emprisonnement et de 15 000 euros d'amende.

Article 226-26

Le fait de détourner de leurs finalités médicales ou de recherche scientifique les informations recueillies sur une personne au moyen de l'examen de ses caractéristiques génétiques est puni d'un an d'emprisonnement et de 15 000 euros d'amende.

Article 226-27

Le fait de procéder, sans avoir recueilli le consentement de la personne dans les conditions prévues par l'article 16-11 du code civil, à son identification par ses empreintes génétiques à des fins médicales ou de recherche scientifique ou au prélèvement de ses traces biologiques à titre d'ascendant, descendant ou collatéral aux fins de l'établissement, par ses empreintes génétiques, de l'identité d'une personne mentionnée au 3° du même article, est puni d'un an d'emprisonnement et de 15 000 € d'amende.

Article 226-28

Le fait de rechercher l'identification par ses empreintes génétiques d'une personne en dehors des cas prévus à l'article 16-11 du code civil est puni d'un an d'emprisonnement ou de 15 000 euros d'amende.

Est puni des mêmes peines le fait de divulguer des informations relatives à l'identification d'une personne par ses empreintes génétiques ou de procéder à l'examen des caractéristiques génétiques d'une personne ou à l'identification d'une personne par ses empreintes génétiques sans être titulaire de l'agrément prévu à l'article L. 1131-3 du code de la santé publique et de l'autorisation prévue à l'article L. 1131-2-1 du même code.

Article 226-28-1

Le fait, pour une personne, de solliciter l'examen de ses caractéristiques génétiques ou de celles d'un tiers ou l'identification d'une personne par ses empreintes génétiques en dehors des conditions prévues par la loi est puni de 3 750 € d'amende.

Article 226-29

La tentative des infractions prévues aux articles 226-25,226-26,226-27 et 226-28 est punie des mêmes peines.

Article 226-30

Les personnes morales déclarées responsables pénalement, dans les conditions prévues par l'article 121-2, des infractions définies à la présente section encourent, outre l'amende suivant les modalités prévues par l'article 131-38, les peines prévues par les 2° à 5° et 7° à 9° de l'article 131-39.

L'interdiction mentionnée au 2° de l'article 131-39 porte sur l'activité dans l'exercice ou à l'occasion de l'exercice de laquelle l'infraction a été commise.

Section 7 : Peines complémentaires applicables aux personnes physiques

Article 226-31

Les personnes physiques coupables de l'une des infractions prévues par le présent chapitre encourent également les peines complémentaires suivantes :

1° L'interdiction des droits civiques, civils et de famille, suivant les modalités prévues par l'article 131-26 ;

2° L'interdiction d'exercer l'activité professionnelle ou sociale dans l'exercice ou à l'occasion de l'exercice de laquelle l'infraction a été commise, suivant les modalités prévues par l'article 131-27 ;

3° L'interdiction, pour une durée de cinq ans au plus, de détenir ou de porter une arme soumise à autorisation ;

4° L'affichage ou la diffusion de la décision prononcée, dans les conditions prévues par l'article 131-35.

5° Dans le cas prévu par les articles 226-1 à 226-3, 226-8, 226-15 et 226-28, la confiscation de la chose qui a servi ou était destinée à commettre l'infraction ou de la chose qui en est le produit. La confiscation des appareils visés à l'article 226-3 est obligatoire.

Article 226-32

Les personnes physiques coupables des infractions prévues à l'article 226-28 et de la tentative de ces infractions ayant la qualité d'expert judiciaire encourent également la radiation de la liste sur laquelle elles sont inscrites.

Chapitre VII : Des atteintes aux mineurs et à la famille

Section 1 : Du délaissement de mineur

Article 227-1

Le délaissement d'un mineur de quinze ans en un lieu quelconque est puni de sept ans d'emprisonnement et de 100 000 euros d'amende, sauf si les circonstances du délaissement ont permis d'assurer la santé et la sécurité de celui-ci.

Article 227-2

Le délaissement d'un mineur de quinze ans qui a entraîné une mutilation ou une infirmité permanente de celui-ci est puni de vingt ans de réclusion criminelle.

Le délaissement d'un mineur de quinze ans suivi de la mort de celui-ci est puni de trente ans de réclusion criminelle.

Section 2 : De l'abandon de famille

Article 227-3

Le fait, pour une personne, de ne pas exécuter une décision judiciaire ou l'un des titres mentionnés aux 2° à 6° du I de l'article 373-2-2 du code civil lui imposant de verser au profit d'un enfant mineur, d'un descendant, d'un ascendant ou du conjoint une pension, une contribution, des subsides ou des prestations de toute nature dues en raison de l'une des obligations familiales prévues par le code civil, en demeurant plus de deux mois sans s'acquitter intégralement de cette obligation, est puni de deux ans d'emprisonnement et de 15 000 euros d'amende.

Lorsque l'intermédiation financière des pensions alimentaires est mise en œuvre dans les conditions prévues aux II à IV de l'article 373-2-2 du code civil et à l'article L. 582-1 du code de la sécurité sociale, le fait pour le parent débiteur de demeurer plus de deux mois sans s'acquitter intégralement des sommes dues entre les mains de l'organisme débiteur des prestations familiales assurant l'intermédiation est puni des mêmes peines.

Article 227-4

Est puni de six mois d'emprisonnement et de 7 500 euros d'amende le fait, par une personne tenue, dans les conditions prévues à l'article 227-3, à l'obligation de verser une pension, une contribution, des subsides ou des prestations de toute nature :

1° De ne pas notifier son changement de domicile au créancier ou, lorsque le versement de la pension fait l'objet d'une intermédiation financière dans les conditions prévues aux II et III de l'article 373-2-2 du code civil et à l'article L. 582-1 du code de la sécurité sociale, à l'organisme débiteur des prestations familiales, dans un délai d'un mois à compter de ce changement ;

2° Lorsque le versement de la pension fait l'objet d'une intermédiation financière dans les conditions prévues aux II et III de l'article 373-2-2 du code civil et à l'article L. 582-1 du code de la sécurité sociale, de s'abstenir de transmettre à l'organisme débiteur des prestations familiales les informations nécessaires à l'instruction et à la mise en œuvre de l'intermédiation financière et de s'abstenir d'informer cet organisme de tout changement de situation ayant des conséquences sur cette mise en œuvre.

Article 227-4-1

Les personnes morales déclarées responsables pénalement, dans les conditions prévues par l'article 121-2, des infractions définies à la présente section encourent, outre l'amende suivant les modalités prévues par l'article 131-38, les peines prévues par les 2° à 9° de l'article 131-39.

L'interdiction mentionnée au 2° de l'article 131-39 porte sur l'activité dans l'exercice ou à l'occasion de l'exercice de laquelle l'infraction a été commise.

Section 2 bis : De la violation des ordonnances prises par le juge aux affaires familiales en cas de violences

---

Article 227-4-2

Le fait, pour une personne faisant l'objet d'une ou de plusieurs obligations ou interdictions imposées dans une ordonnance de protection rendue en application des articles 515-9 ou 515-13 du code civil ou dans une ordonnance provisoire de protection immédiate rendue en application de l'article 515-13-1 du même code, de ne pas s'y conformer est puni de trois ans d'emprisonnement et de 45 000 € d'amende.

Les mêmes peines sont applicables à la violation d'une mesure de protection en matière civile ordonnée dans un autre Etat membre de l'Union européenne reconnue et ayant force exécutoire en France en application du règlement (UE) n° 606/2013 du Parlement européen et du Conseil du 12 juin 2013 relatif à la reconnaissance mutuelle des mesures de protection en matière civile.

Article 227-4-3

Le fait, pour une personne tenue de verser une contribution ou des subsides au titre de l'ordonnance de protection rendue en application de l'article 515-9 du code civil, de ne pas notifier son changement de domicile au créancier dans un délai d'un mois à compter de ce changement est puni de six mois d'emprisonnement et de 7 500 € d'amende.

Section 3 : Des atteintes à l'exercice de l'autorité parentale

---

Article 227-5

Le fait de refuser indûment de représenter un enfant mineur à la personne qui a le droit de le réclamer est puni d'un an d'emprisonnement et de 15 000 euros d'amende.

Article 227-6

Le fait, pour une personne qui transfère son domicile en un autre lieu, alors que ses enfants résident habituellement chez elle, de ne pas notifier son changement de domicile, dans un délai d'un mois à compter de ce changement, à ceux qui peuvent exercer à l'égard des enfants un droit de visite ou d'hébergement en vertu d'un jugement, d'une convention judiciairement homologuée ou d'une convention prévue à l'article 229-1 du code civil, est puni de six mois d'emprisonnement et de 7 500 euros d'amende.

Article 227-7

Le fait, par tout ascendant, de soustraire un enfant mineur des mains de ceux qui exercent l'autorité parentale ou auxquels il a été confié ou chez qui il a sa résidence habituelle, est puni d'un an d'emprisonnement et de 15 000 euros d'amende.

Article 227-8

Le fait, par une personne autre que celles mentionnées à l'article 227-7 de soustraire, sans fraude ni violence, un enfant mineur des mains de ceux qui exercent l'autorité parentale ou auxquels il a été confié ou chez qui il a sa résidence habituelle, est puni de cinq ans d'emprisonnement et de 75 000 euros d'amende.

Article 227-9

Les faits définis par les articles 227-5 et 227-7 sont punis de trois ans d'emprisonnement et de 45 000 € d'amende :

1° Si l'enfant mineur est retenu au-delà de cinq jours sans que ceux qui ont le droit de réclamer qu'il leur soit représenté sachent où il se trouve ;

2° Si l'enfant mineur est retenu indûment hors du territoire de la République.

Article 227-10

Si la personne coupable des faits définis par les articles 227-5 et 227-7 a été déchue de l'autorité parentale ou a fait l'objet d'une décision de retrait de l'exercice de cette autorité, ces faits sont punis de trois ans d'emprisonnement et de 45 000 euros d'amende.

Article 227-11

La tentative des infractions prévues aux articles 227-7 et 227-8 est punie des mêmes peines.

Section 4 : Des atteintes à la filiation

Article 227-12

Le fait de provoquer soit dans un but lucratif, soit par don, promesse, menace ou abus d'autorité, les parents ou l'un d'entre eux à abandonner un enfant né ou à naître est puni de six mois d'emprisonnement et de 7 500 euros d'amende.

Le fait, dans un but lucratif, de s'entremettre entre une personne désireuse d'adopter un enfant et un parent désireux d'abandonner son enfant né ou à naître est puni d'un an d'emprisonnement et de 15 000 euros d'amende.

Est puni des peines prévues au deuxième alinéa le fait de s'entremettre entre une personne ou un couple désireux d'accueillir un enfant et une femme acceptant de porter en elle cet enfant en vue de le leur remettre. Lorsque ces faits ont été commis à titre habituel ou dans un but lucratif, les peines sont portées au double.

La tentative des infractions prévues par les deuxième et troisième alinéas du présent article est punie des mêmes peines.

Article 227-13

La substitution volontaire, la simulation ou dissimulation ayant entraîné une atteinte à l'état civil d'un enfant est punie de trois ans d'emprisonnement et de 45 000 euros d'amende.

La tentative est punie des mêmes peines.

Article 227-14

Les personnes morales déclarées responsables pénalement, dans les conditions prévues par l'article 121-2, des infractions définies à la présente section encourent, outre l'amende suivant les modalités prévues par l'article 131-38, les peines prévues par les 1° à 3°, 8° et 9° de l'article 131-39.

Section 5 : De la mise en péril des mineurs

Paragraphe 1 : De la mise en péril de la santé et de la moralité des mineurs

Article 227-15

Le fait, par un ascendant ou toute autre personne exerçant à son égard l'autorité parentale ou ayant autorité sur un mineur de quinze ans, de priver celui-ci d'aliments ou de soins au point de compromettre sa santé est puni de sept ans d'emprisonnement et de 100 000 euros d'amende.

Constitue notamment une privation de soins le fait de maintenir un enfant de moins de six ans sur la voie publique ou dans un espace affecté au transport collectif de voyageurs, dans le but de solliciter la générosité des passants.

Lorsque la personne mentionnée au premier alinéa s'est rendue coupable sur le même mineur du délit prévu à l'article 433-18-1, les peines sont portées à dix ans d'emprisonnement et à 300 000 euros d'amende.

Article 227-16

L'infraction définie à l'article précédent est punie de trente ans de réclusion criminelle lorsqu'elle a entraîné la mort de la victime.

Article 227-17

Le fait, par le père ou la mère, de se soustraire, sans motif légitime, à ses obligations légales au point de compromettre la santé, la sécurité, la moralité ou l'éducation de son enfant mineur est puni de deux ans d'emprisonnement et de 30 000 euros d'amende.

Lorsque cette soustraction a directement conduit à la commission, par le mineur, d'au moins un crime ou de plusieurs délits ayant donné lieu à une condamnation définitive, elle est punie de trois ans d'emprisonnement et de 45 000 euros d'amende.

Lorsque la personne mentionnée au premier alinéa s'est rendue coupable sur le même mineur ou au détriment de ce dernier des délits prévus aux articles 227-3, 227-4, 227-4-3, 227-5 à 227-7, 227-17-1 et 433-18-1, les peines sont portées à trois ans d'emprisonnement et à 45 000 euros d'amende.

Article 227-17-1

Le fait, par les parents d'un enfant ou toute personne exerçant à son égard l'autorité parentale ou une autorité de fait de façon continue, de ne pas l'inscrire dans un établissement d'enseignement, sans excuse valable, en dépit d'une mise en demeure de l'autorité de l'Etat compétente en matière d'éducation, est puni de six mois d'emprisonnement et de 7 500 euros d'amende.

Le fait, pour un directeur d'établissement privé accueillant des classes hors contrat ou son représentant légal, de n'avoir pas pris, malgré la mise en demeure des autorités compétentes de l'Etat, les dispositions nécessaires pour remédier aux manquements relevés est puni d'un an d'emprisonnement et de 15 000 euros d'amende. En outre, le tribunal peut prononcer à l'encontre de ce directeur ou de son représentant légal la peine complémentaire d'interdiction de diriger ou d'enseigner.

Le fait de ne pas procéder à la fermeture des classes ou de l'établissement faisant l'objet d'une mesure de fermeture prononcée en application des IV ou V de l'article L. 442-2 ou de l'article L. 441-3-1 du code de l'éducation ou de faire obstacle à l'exécution d'une telle mesure est puni d'un an d'emprisonnement et de 75 000 euros d'amende.

Article 227-17-2

Les personnes morales déclarées responsables pénalement, dans les conditions prévues par l'article 121-2, des infractions définies aux articles 227-15 à 227-17-1 encourent, outre l'amende suivant les modalités prévues par l'article 131-38, les peines prévues par l'article 131-39.

Article 227-18

Le fait de provoquer directement un mineur à faire un usage illicite de stupéfiants est puni de cinq ans d'emprisonnement et de 100 000 euros d'amende.

Lorsqu'il s'agit d'un mineur de quinze ans ou que les faits sont commis dans les établissements d'enseignement ou d'éducation ou dans les locaux de l'administration, ainsi que, lors des entrées ou sorties des élèves ou du public ou dans un temps très voisin de celles-ci, aux abords de ces établissements ou locaux, l'infraction définie par le présent article est punie de sept ans d'emprisonnement et de 150 000 euros d'amende.

Article 227-18-1

Le fait de provoquer directement un mineur à transporter, détenir, offrir ou céder des stupéfiants ou à se rendre complice de tels actes est puni de sept ans d'emprisonnement et de 150 000 euros d'amende.

Lorsqu'il s'agit d'un mineur de quinze ans ou que les faits sont commis dans des établissements d'enseignement ou d'éducation ou dans les locaux de l'administration, ainsi que, lors des entrées ou sortie des élèves ou du public ou dans un temps très voisin de celles-ci, aux abords de ces établissements ou locaux, l'infraction définie par le présent article est punie de dix ans d'emprisonnement et de 300 000 euros d'amende.

Article 227-18-2

Le fait de publier, sur une plateforme en ligne ou sur un service de réseaux sociaux en ligne, définis respectivement aux 4 et 5 du I de l'article 6 de la loi n° 2004-575 du 21 juin 2004 pour la confiance dans l'économie numérique, un contenu accessible aux mineurs proposant aux utilisateurs de transporter, de détenir, d'offrir ou de céder des stupéfiants ou de se rendre complice de tels actes est puni de sept ans d'emprisonnement et de 150 000 euros d'amende.

Article 227-19

Le fait de provoquer directement un mineur à la consommation excessive d'alcool est puni d'un an d'emprisonnement et de 15 000 € d'amende.

Le fait de provoquer directement un mineur à la consommation habituelle d'alcool est puni de deux ans d'emprisonnement et de 45 000 € d'amende.

Lorsqu'il s'agit d'un mineur de quinze ans ou que les faits sont commis dans des établissements d'enseignement ou d'éducation ou dans les locaux de l'administration, ainsi que lors des entrées ou sorties des élèves ou du public ou dans un temps très voisin de celles-ci, aux abords de ces établissements ou locaux le fait de se rendre coupable de l'une des infractions définies au présent article porte au double le maximum des peines encourues.

Article 227-21

Le fait de provoquer directement un mineur à commettre un crime ou un délit est puni de cinq ans d'emprisonnement et de 150 000 euros d'amende.

Lorsqu'il s'agit d'un mineur de quinze ans, que le mineur est provoqué à commettre habituellement des crimes ou des délits ou que les faits sont commis dans les établissements d'enseignement ou d'éducation ou dans les locaux de l'administration, ainsi que, lors des entrées ou sorties des élèves ou du public ou dans un temps très voisin de celles-ci, aux abords de ces établissements ou locaux, l'infraction définie par le présent article est punie de sept ans d'emprisonnement et de 150 000 euros d'amende.

Paragraphe 2 : Des infractions sexuelles commises contre les mineurs

---

Article 227-21-1

Les infractions de nature sexuelle pouvant être commises sur des mineurs sont prévues au présent paragraphe, sans préjudice des dispositions de la section 3 du chapitre II du présent titre réprimant les viols, les agressions sexuelles, l'inceste, l'exhibition sexuelle et le harcèlement sexuel, qui peuvent être également commis au préjudice de victimes mineures.

Article 227-22

Le fait de favoriser ou de tenter de favoriser la corruption d'un mineur est puni de cinq ans d'emprisonnement et de 75 000 euros d'amende. Ces peines sont portées à sept ans d'emprisonnement et 100 000 euros d'amende lorsque le mineur a été mis en contact avec l'auteur des faits grâce à l'utilisation, pour la diffusion de messages à destination d'un public non déterminé, d'un réseau de communications électroniques ou que les faits sont commis dans les établissements d'enseignement ou d'éducation ou dans les locaux de l'administration, ainsi que, lors des entrées ou sorties des élèves ou du public ou dans un temps très voisin de celles-ci, aux abords de ces établissements ou locaux.

Les mêmes peines sont notamment applicables au fait, commis par un majeur, d'organiser des réunions comportant des exhibitions ou des relations sexuelles auxquelles un mineur assiste ou participe ou d'assister en connaissance de cause à de telles réunions.

Les peines sont portées à dix ans d'emprisonnement et à 150 000 euros d'amende lorsque les faits ont été commis à l'encontre d'un mineur de quinze ans. Elles sont portées à dix ans d'emprisonnement et à un million d'euros d'amende lorsque les faits ont été commis en bande organisée.

Article 227-22-1

Le fait pour un majeur de faire des propositions sexuelles à un mineur de quinze ans ou à une personne se présentant comme telle en utilisant un moyen de communication électronique est puni de deux ans d'emprisonnement et de 30 000 euros d'amende.

Ces peines sont portées à cinq ans d'emprisonnement et 75 000 euros d'amende lorsque les propositions ont été suivies d'une rencontre.

Article 227-22-2

Hors les cas de viol ou d'agression sexuelle, le fait pour un majeur d'inciter un mineur, par un moyen de communication électronique, à commettre tout acte de nature sexuelle, soit sur lui-même, soit sur ou avec un tiers, y compris si cette incitation n'est pas suivie d'effet, est puni de sept ans d'emprisonnement et de 100 000 euros d'amende.

Les peines sont portées à dix ans d'emprisonnement et à 150 000 euros d'amende lorsque les faits ont été commis à l'encontre d'un mineur de quinze ans. Elles sont portées à dix ans d'emprisonnement et à un million d'euros d'amende si les faits ont été commis en bande organisée.

Article 227-23

Le fait, en vue de sa diffusion, de fixer, d'enregistrer ou de transmettre l'image ou la représentation d'un mineur lorsque cette image ou cette représentation présente un caractère pornographique est puni de cinq ans d'emprisonnement et de 75 000 euros d'amende. Lorsque l'image ou la représentation concerne un mineur de quinze ans, ces faits sont punis même s'ils n'ont pas été commis en vue de la diffusion de cette image ou représentation.

Le fait d'offrir, de rendre disponible ou de diffuser une telle image ou représentation, par quelque moyen que ce soit, de l'importer ou de l'exporter, de la faire importer ou de la faire exporter, est puni des mêmes peines.

Les peines sont portées à sept ans d'emprisonnement et à 100 000 euros d'amende lorsqu'il a été utilisé, pour la diffusion de l'image ou de la représentation du mineur à destination d'un public non déterminé, un réseau de communications électroniques.

Le fait de consulter habituellement ou en contrepartie d'un paiement un service de communication au public en ligne mettant à disposition une telle image ou représentation, d'acquérir ou de détenir une telle image ou représentation par quelque moyen que ce soit est puni de cinq ans d'emprisonnement et de 75 000 euros d'amende.

Les infractions prévues au présent article sont punies de dix ans d'emprisonnement et de 500 000 euros d'amende lorsqu'elles sont commises en bande organisée.

La tentative des délits prévus au présent article est punie des mêmes peines.

Les dispositions du présent article sont également applicables aux images pornographiques d'une personne dont l'aspect physique est celui d'un mineur, sauf s'il est établi que cette personne était âgée de dix-huit ans au jour de la fixation ou de l'enregistrement de son image.

Article 227-23-1

Le fait pour un majeur de solliciter auprès d'un mineur la diffusion ou la transmission d'images, vidéos ou représentations à caractère pornographique dudit mineur est puni de sept ans d'emprisonnement et de 100 000 euros d'amende.

Les peines sont portées à dix ans d'emprisonnement et à 150 000 euros d'amende lorsque les faits ont été commis à l'encontre d'un mineur de quinze ans. Elles sont portées à dix ans d'emprisonnement et à un million d'euros d'amende lorsque les faits ont été commis en bande organisée.

Article 227-24

Le fait soit de fabriquer, de transporter, de diffuser par quelque moyen que ce soit et quel qu'en soit le support un message à caractère violent, incitant au terrorisme, pornographique, y compris des images pornographiques impliquant un ou plusieurs animaux, ou de nature à porter gravement atteinte à la dignité humaine ou à inciter des mineurs à se livrer à des jeux les mettant physiquement en danger, soit de faire commerce d'un tel message, est puni de trois ans d'emprisonnement et de 75 000 euros d'amende lorsque ce message est susceptible d'être vu ou perçu par un mineur.

Lorsque les infractions prévues au présent article sont soumises par la voie de la presse écrite ou audiovisuelle ou de la communication au public en ligne, les dispositions particulières des lois qui régissent ces matières sont applicables en ce qui concerne la détermination des personnes responsables.

Les infractions prévues au présent article sont constituées y compris si l'accès d'un mineur aux messages mentionnés au premier alinéa résulte d'une simple déclaration de celui-ci indiquant qu'il est âgé d'au moins dix-huit ans.

Article 227-24-1

Le fait de faire à un mineur des offres ou des promesses ou de lui proposer des dons, présents ou avantages quelconques, ou d'user contre lui de pressions ou de contraintes de toute nature, afin qu'il se soumette à une mutilation sexuelle est puni, lorsque cette mutilation n'a pas été réalisée, de sept ans d'emprisonnement et de 100 000 € d'amende.

Est puni des mêmes peines le fait d'inciter directement autrui, par l'un des moyens énoncés au premier alinéa, à commettre une mutilation sexuelle sur la personne d'un mineur, lorsque cette mutilation n'a pas été réalisée.

Article 227-25

Hors les cas de viol ou d'agression sexuelle prévus à la section 3 du chapitre II du présent titre, le fait, pour un majeur, d'exercer une atteinte sexuelle sur un mineur de quinze ans est puni de sept ans d'emprisonnement et de 100000 € d'amende.

Article 227-26

L'infraction définie à l'article 227-25 est punie de dix ans d'emprisonnement et de 150 000 euros d'amende :

1° Lorsqu'elle est commise par une personne majeure ayant sur la victime une autorité de droit ou de fait ;

2° Lorsqu'elle est commise par une personne qui abuse de l'autorité que lui confèrent ses fonctions ;

3° Lorsqu'elle est commise par plusieurs personnes agissant en qualité d'auteur ou de complice ;

4° Lorsque le mineur a été mis en contact avec l'auteur des faits grâce à l'utilisation, pour la diffusion de messages à destination d'un public non déterminé, d'un réseau de communication électronique ;

5° Lorsqu'elle est commise par une personne agissant en état d'ivresse manifeste ou sous l'emprise manifeste de produits stupéfiants.

Article 227-27

Hors les cas de viol ou d'agression sexuelle prévus à la section 3 du chapitre II du présent titre, les atteintes sexuelles sur un mineur âgé de plus de quinze ans sont punies de cinq ans d'emprisonnement et de 45 000 € d'amende :

1° Lorsqu'elles sont commises par toute personne majeure ayant sur la victime une autorité de droit ou de fait ;

2° Lorsqu'elles sont commises par une personne majeure qui abuse de l'autorité que lui confèrent ses fonctions.

Article 227-27-1

Dans le cas où les infractions prévues par les articles 227-22,227-23 ou 227-25 à 227-27 sont commises à l'étranger par un Français ou par une personne résidant habituellement sur le territoire français, la loi française est applicable par dérogation au deuxième alinéa de l'article 113-6 et les dispositions de la seconde phrase de l'article 113-8 ne sont pas applicables.

Article 227-27-2

La tentative des délits prévus aux articles 227-25,227-26 et 227-27 est punie des mêmes peines.

Article 227-27-2-1

Les infractions définies aux articles 227-25 à 227-27 sont qualifiées d'incestueuses lorsqu'elles sont commises sur la personne d'un mineur par :

1° Un ascendant ;

2° Un frère, une sœur, un oncle, une tante, un grand-oncle, une grand-tante, un neveu ou une nièce ;

3° Le conjoint, le concubin d'une des personnes mentionnées aux 1° et 2° ou le partenaire lié par un pacte civil de solidarité avec l'une des personnes mentionnées aux mêmes 1° et 2°, s'il a sur le mineur une autorité de droit ou de fait.

Article 227-28

Lorsque les délits prévus aux articles 227-18 à 227-21 et 227-23 sont commis par la voie de la presse écrite ou audiovisuelle, les dispositions particulières des lois qui régissent ces matières sont applicables en ce qui concerne la détermination des personnes responsables.

Article 227-28-1

Les personnes morales déclarées responsables pénalement, dans les conditions prévues par l'article 121-2, des infractions définies aux articles 227-18 à 227-26 encourent, outre l'amende suivant les modalités prévues par l'article 131-38, les peines prévues par les 2° à 5° et 7° à 9° de l'article 131-39.

L'interdiction mentionnée au 2° de l'article 131-39 porte sur l'activité dans l'exercice ou à l'occasion de l'exercice de laquelle l'infraction a été commise.

Article 227-28-3

Le fait de faire à une personne des offres ou des promesses ou de lui proposer des dons, présents ou avantages quelconques afin qu'elle commette à l'encontre d'un mineur l'un des crimes ou délits visés aux articles 225-5 à 225-11, 227-22, 227-23 et 227-25 à 227-28 est puni, lorsque cette infraction n'a été ni commise ni tentée, de trois ans d'emprisonnement et 45 000 euros d'amende si cette infraction constitue un délit, et de sept ans d'emprisonnement et 100 000 euros d'amende si elle constitue un crime.

Section 6 : Peines complémentaires applicables aux personnes physiques

---

Article 227-29

Les personnes physiques coupables des infractions prévues au présent chapitre encourent également les peines complémentaires suivantes :

1° L'interdiction des droits civiques, civils et de famille, suivant les modalités définies à l'article 131-26 ;

2° La suspension, pour une durée de cinq ans au plus, du permis de conduire, cette suspension pouvant être limitée à la conduite en dehors de l'activité professionnelle ;

3° L'annulation du permis de conduire avec interdiction de solliciter la délivrance d'un nouveau permis pendant cinq ans au plus ;

4° L'interdiction, pour une durée de cinq ans au plus, de quitter le territoire de la République ;

5° La confiscation de la chose qui a servi ou était destinée à commettre l'infraction ou de la chose qui en est le produit ;

6° L'interdiction, soit à titre définitif, soit pour une durée de dix ans au plus, d'exercer une activité professionnelle ou bénévole impliquant un contact habituel avec des mineurs ;

7° (Abrogé) ;

8° Pour les crimes prévus par les articles 227-2 et 227-16, l'interdiction, suivant les modalités prévues par l'article 131-27, soit d'exercer une fonction publique ou d'exercer l'activité professionnelle ou sociale dans l'exercice ou à l'occasion de l'exercice de laquelle l'infraction a été commise, soit d'exercer une profession commerciale ou industrielle, de diriger, d'administrer, de gérer ou de contrôler à un titre quelconque, directement ou indirectement, pour son propre compte ou pour le compte d'autrui, une entreprise commerciale ou industrielle ou une société commerciale. Ces interdictions d'exercice peuvent être prononcées cumulativement.

Article 227-30

Les personnes physiques coupables des infractions prévues par la section 4 du présent chapitre encourent également la peine complémentaire d'affichage ou de diffusion de la décision prévue par l'article 131-35.

Article 227-31

Les personnes coupables des infractions définies aux articles 227-22 à 227-27 peuvent également être condamnées à un suivi socio-judiciaire selon les modalités prévues par les articles 131-36-1 à 131-36-13.

Article 227-31-1

En cas de condamnation pour une infraction prévue aux articles 227-22 à 227-27,227-27-2 ou 227-28-3, la peine complémentaire d'interdiction d'exercer une activité professionnelle ou bénévole impliquant un contact habituel avec des mineurs prévue au 6° de l'article 227-29 est prononcée à titre définitif. La juridiction peut, par une décision spécialement motivée, décider de ne pas prononcer cette peine en considération des circonstances de l'infraction et de la personnalité de son auteur ou de la prononcer pour une durée de dix ans au plus.

Section 7 : Peine complémentaire commune aux personnes physiques et aux personnes morales

---

Article 227-33

Les personnes physiques ou morales coupables des infractions prévues au troisième alinéa de l'article 227-22 et au sixième alinéa de l'article 227-23 encourent également la peine complémentaire de confiscation de tout ou partie des biens leur appartenant ou, sous réserve des droits du propriétaire de bonne foi, dont elles ont la libre disposition, quelle qu'en soit la nature, meubles ou immeubles, divis ou indivis.

Chapitre VIII : Du retrait total ou partiel de l'autorité parentale et du retrait de l'exercice de l'autorité parentale

---

Article 228-1

I. - En cas de condamnation d'un parent comme auteur, coauteur ou complice soit d'un crime prévu au présent titre ou d'une agression sexuelle incestueuse commis sur la personne de son enfant, soit d'un crime prévu au présent titre commis sur la personne de l'autre parent, la juridiction de jugement ordonne le retrait total de l'autorité parentale, sauf décision contraire spécialement motivée. Si elle ne décide pas le retrait total de l'autorité parentale, la juridiction ordonne le retrait partiel de l'autorité parentale ou le retrait de l'exercice de l'autorité parentale, sauf décision contraire spécialement motivée.

En cas de condamnation d'un parent comme auteur, coauteur ou complice d'un délit prévu au présent titre commis sur la personne de son enfant, autre qu'une agression sexuelle incestueuse, la juridiction de jugement se prononce sur le retrait total ou partiel de l'autorité parentale ou sur le retrait de l'exercice de cette autorité.

En cas de condamnation d'un parent comme auteur, coauteur ou complice d'un délit commis prévu au présent titre sur la personne de l'autre parent ou comme coauteur ou complice d'un crime ou d'un délit commis par son enfant, la juridiction de jugement peut ordonner le retrait total ou partiel de l'autorité parentale ou le retrait de l'exercice de cette autorité.

II. - La décision de la juridiction de jugement est assortie de plein droit de l'exécution provisoire.

La juridiction de jugement peut aussi se prononcer sur le retrait de cette autorité ou de l'exercice de cette autorité à l'égard des autres enfants du parent condamné.

Si les poursuites ont lieu devant la cour d'assises, celle-ci statue sur cette question sans l'assistance des jurés.

Livre III : Des crimes et délits contre les biens

Titre Ier : Des appropriations frauduleuses

Chapitre Ier : Du vol

Section 1 : Du vol simple et des vols aggravés

Article 311-1

Le vol est la soustraction frauduleuse de la chose d'autrui.

Article 311-2

La soustraction frauduleuse d'énergie au préjudice d'autrui est assimilée au vol.

Article 311-3

Le vol est puni de trois ans d'emprisonnement et de 45 000 euros d'amende.

Article 311-3-1

Lorsque le vol prévu à l'article 311-3 porte sur une chose dont la valeur est inférieure ou égale à 300 euros et qu'il apparaît au moment de la constatation de l'infraction que cette chose a été restituée à la victime ou que celle-ci a été indemnisée de son préjudice, l'action publique peut être éteinte, y compris en cas de récidive, dans les conditions prévues aux articles 495-17 à 495-25 du code de procédure pénale, par le versement d'une amende forfaitaire d'un montant de 300 euros. Le montant de l'amende forfaitaire minorée est de 250 euros et le montant de l'amende forfaitaire majorée est de 600 euros.

Article 311-4

Le vol est puni de cinq ans d'emprisonnement et de 75 000 euros d'amende :

1° Lorsqu'il est commis par plusieurs personnes agissant en qualité d'auteur ou de complice, sans qu'elles constituent une bande organisée ;

2° Lorsqu'il est commis par une personne dépositaire de l'autorité publique ou chargée d'une mission de service public, dans l'exercice ou à l'occasion de l'exercice de ses fonctions ou de sa mission ;

3° Lorsqu'il est commis par une personne qui prend indûment la qualité d'une personne dépositaire de l'autorité publique ou chargée d'une mission de service public ;

4° Lorsqu'il est précédé, accompagné ou suivi de violences sur autrui n'ayant pas entraîné une incapacité totale de travail ;

5° Lorsqu'il porte sur du matériel médical ou paramédical ou lorsqu'il est commis dans un établissement de santé ou au préjudice d'un professionnel de santé à l'occasion de l'exercice ou en raison de ses fonctions ;

6° Lorsqu'il est commis dans un local d'habitation ou dans un lieu utilisé ou destiné à l'entrepôt de fonds, valeurs, marchandises ou matériels ;

7° Lorsqu'il est commis dans un véhicule affecté au transport collectif de voyageurs ou dans un lieu destiné à l'accès à un moyen de transport collectif de voyageurs ;

8° Lorsqu'il est précédé, accompagné ou suivi d'un acte de destruction, dégradation ou détérioration ;

9° (Abrogé)

10° Lorsqu'il est commis par une personne dissimulant volontairement en tout ou partie son visage afin de ne pas être identifiée ;

11° Lorsqu'il est commis dans les établissements d'enseignement ou d'éducation ainsi que, lors des entrées ou sorties des élèves ou dans un temps très voisin de celles-ci, aux abords de ces établissements ;

12° Lorsqu'il est destiné à alimenter le commerce illégal d'animaux.

Les peines sont portées à sept ans d'emprisonnement et à 100 000 euros d'amende lorsque le vol est commis dans deux des circonstances prévues par le présent article. Elles sont portées à dix ans d'emprisonnement et à 150 000 euros d'amende lorsque le vol est commis dans trois de ces circonstances.

Article 311-4-1

Le vol est puni de sept ans d'emprisonnement et de 100 000 euros d'amende lorsqu'il est commis par un majeur avec l'aide d'un ou plusieurs mineurs, agissant comme auteurs ou complices.

Les peines sont portées à dix ans d'emprisonnement et 150 000 euros d'amende lorsque le majeur est aidé d'un ou plusieurs mineurs âgés de moins de treize ans.

Article 311-4-2

Le vol est puni de sept ans d'emprisonnement et de 100 000 € d'amende lorsqu'il porte sur :

1° Un objet mobilier classé ou inscrit en application des dispositions du code du patrimoine ou un document d'archives privées classé en application des dispositions du même code ;

2° Une découverte archéologique faite au cours de fouilles ou fortuitement ;

3° Un bien culturel qui relève du domaine public mobilier ou qui est exposé, conservé ou déposé, même de façon temporaire, soit dans un musée de France, une bibliothèque, une médiathèque ou un service d'archives, soit dans un lieu dépendant d'une personne publique ou d'une personne privée assurant une mission d'intérêt général, soit dans un édifice affecté au culte.

Les peines sont portées à dix ans d'emprisonnement et 150 000 € d'amende lorsque l'infraction prévue au présent article est commise avec l'une des circonstances prévues à l'article 311-4.

Les peines d'amende mentionnées au présent article peuvent être élevées jusqu'à la moitié de la valeur du bien volé.

Article 311-5

Le vol est puni de sept ans d'emprisonnement et de 100 000 € d'amende :

1° Lorsqu'il est précédé, accompagné ou suivi de violence sur autrui ayant entraîné une incapacité totale de travail pendant huit jours au plus ;

2° Lorsqu'il est facilité par l'état d'une personne dont la particulière vulnérabilité, due à son âge, à une maladie, à une infirmité, à une déficience physique ou psychique ou à un état de grossesse, est apparente ou connue de son auteur ;

3° Lorsqu'il est commis dans un local d'habitation ou dans un lieu utilisé ou destiné à l'entrepôt de fonds, valeurs, marchandises ou matériels, en pénétrant dans les lieux par ruse, effraction ou escalade.

Les peines sont portées à dix ans d'emprisonnement et à 150 000 € d'amende lorsque le vol est commis dans deux des circonstances prévues par le présent article ou lorsque le vol prévu au présent article est également commis dans l'une des circonstances prévues par l'article 311-4.

Article 311-6

Le vol est puni de dix ans d'emprisonnement et de 150 000 euros d'amende lorsqu'il est précédé, accompagné ou suivi de violences sur autrui ayant entraîné une incapacité totale de travail pendant plus de huit jours.

Les deux premiers alinéas de l'article 132-23 relatif à la période de sûreté sont applicables à l'infraction prévue par le présent article.

Article 311-7

Le vol est puni de quinze ans de réclusion criminelle et de 150 000 euros d'amende lorsqu'il est précédé, accompagné ou suivi de violences sur autrui ayant entraîné une mutilation ou une infirmité permanente.

Les deux premiers alinéas de l'article 132-23 relatif à la période de sûreté sont applicables à l'infraction prévue par le présent article.

Article 311-8

Le vol est puni de vingt ans de réclusion criminelle et de 150 000 euros d'amende lorsqu'il est commis soit avec usage ou menace d'une arme, soit par une personne porteuse d'une arme soumise à autorisation ou dont le port est prohibé.

Les deux premiers alinéas de l'article 132-23 relatif à la période de sûreté sont applicables à l'infraction prévue par le présent article.

Article 311-9

Le vol en bande organisée est puni de quinze ans de réclusion criminelle et de 150 000 euros d'amende.

Il est puni de vingt ans de réclusion criminelle et de 150 000 euros d'amende lorsqu'il est précédé, accompagné ou suivi de violences sur autrui.

Il est puni de trente ans de réclusion criminelle et de 150 000 euros d'amende lorsqu'il est commis soit avec usage ou menace d'une arme, soit par une personne porteuse d'une arme soumise à autorisation ou dont le port est prohibé.

Les deux premiers alinéas de l'article 132-23 relatif à la période de sûreté sont applicables aux infractions prévues par le présent article.

Article 311-9-1

Toute personne qui a tenté de commettre un vol en bande organisée prévu par l'article 311-9 est exempte de peine si, ayant averti l'autorité administrative ou judiciaire, elle a permis d'éviter la réalisation de l'infraction.

La peine privative de liberté encourue par l'auteur ou le complice d'un vol en bande organisée est réduite des deux tiers si, ayant averti l'autorité administrative ou judiciaire, il a permis de faire cesser l'infraction en cours ou d'éviter que l'infraction n'entraîne mort d'homme ou infirmité permanente ou d'identifier, le cas échéant, les autres auteurs ou complices.

Article 311-10

Le vol est puni de la réclusion criminelle à perpétuité et de 150 000 euros d'amende lorsqu'il est précédé, accompagné ou suivi soit de violences ayant entraîné la mort, soit de tortures ou d'actes de barbarie.

Les deux premiers alinéas de l'article 132-23 relatif à la période de sûreté sont applicables à l'infraction prévue par le présent article.

Article 311-11

Constitue, au sens des articles 311-4,311-5,311-6,311-7,311-9 et 311-10, un vol suivi de violences le vol à la suite duquel des violences ont été commises pour favoriser la fuite ou assurer l'impunité d'un auteur ou d'un complice.

Section 2 : Dispositions générales

Article 311-12

Ne peut donner lieu à des poursuites pénales le vol commis par une personne :

1° Au préjudice de son ascendant ou de son descendant ;

2° Au préjudice de son conjoint, sauf lorsque les époux sont séparés de corps ou autorisés à résider séparément.

Le présent article n'est pas applicable :

a) Lorsque le vol porte sur des objets ou des documents indispensables à la vie quotidienne de la victime, tels que des documents d'identité, relatifs au titre de séjour ou de résidence d'un étranger, ou des moyens de paiement ou de télécommunication ;

b) Lorsque l'auteur des faits est le tuteur, le curateur, le mandataire spécial désigné dans le cadre d'une sauvegarde de justice, la personne habilitée dans le cadre d'une habilitation familiale ou le mandataire exécutant un mandat de protection future de la victime.

Article 311-13

La tentative des délits prévus au présent chapitre est punie des mêmes peines.

Section 3 : Peines complémentaires applicables aux personnes physiques et responsabilité des personnes morales

Article 311-14

I.-Les personnes physiques coupables de l'une des infractions prévues au présent chapitre encourent également les peines complémentaires suivantes :

1° L'interdiction des droits civiques, civils et de famille, suivant les modalités prévues par l'article 131-26 ;

2° L'interdiction, suivant les modalités prévues par l'article 131-27, soit d'exercer une fonction publique ou d'exercer l'activité professionnelle ou sociale dans l'exercice ou à l'occasion de l'exercice de laquelle l'infraction a été commise, soit d'exercer une profession commerciale ou industrielle, de diriger, d'administrer, de gérer ou de contrôler à un titre quelconque, directement ou indirectement, pour son propre compte ou pour le compte d'autrui, une entreprise commerciale ou industrielle ou une société commerciale, cette interdiction étant définitive ou provisoire dans les cas prévus aux articles 311-6 à 311-10 et pour une durée de cinq ans au plus dans les cas prévus aux articles 311-3 à 311-5. Ces interdictions d'exercice peuvent être prononcées cumulativement ;

3° L'interdiction de détenir ou de porter, pour une durée de cinq ans au plus, une arme soumise à autorisation ;

4° La confiscation de la chose qui a servi ou était destinée à commettre l'infraction ou de la chose qui en est le produit, à l'exception des objets susceptibles de restitution ;

5° L'interdiction de séjour, suivant les modalités prévues par l'article 131-31, dans les cas prévus par les articles 311-5 à 311-10.

II.-En cas de condamnation pour vol commis avec violence ou pour vol puni d'une peine criminelle, le prononcé de la peine complémentaire prévue au 3° du I est obligatoire.

Toutefois, la juridiction peut, par une décision spécialement motivée lorsque la condamnation est prononcée par une juridiction correctionnelle, décider de ne pas prononcer cette peine, en considération des circonstances de l'infraction et de la personnalité de son auteur.

Article 311-16

Les personnes morales déclarées responsables pénalement, dans les conditions prévues par l'article 121-2, des infractions définies au présent chapitre encourent, outre l'amende suivant les modalités prévues par l'article 131-38 :

1° (Abrogé) ;

2° La peine mentionnée au 2° de l'article 131-39, à titre définitif ou provisoire dans les cas prévus aux articles 311-6 à 311-10 et pour une durée de cinq ans au plus dans les cas prévus aux articles 311-3 à 311-5 ;

3° La peine mentionnée au 8° de l'article 131-39.

L'interdiction mentionnée au 2° de l'article 131-39 porte sur l'activité dans l'exercice ou à l'occasion de l'exercice de laquelle l'infraction a été commise.

Chapitre II : De l'extorsion
Section 1 : De l'extorsion

Article 312-1

L'extorsion est le fait d'obtenir par violence, menace de violences ou contrainte soit une signature, un engagement ou une renonciation, soit la révélation d'un secret, soit la remise de fonds, de valeurs ou d'un bien quelconque.

L'extorsion est punie de sept ans d'emprisonnement et de 100 000 euros d'amende.

Article 312-2

L'extorsion est punie de dix ans d'emprisonnement et de 150 000 euros d'amende :

1° Lorsqu'elle est précédée, accompagnée ou suivie de violences sur autrui ayant entraîné une incapacité totale de travail pendant huit jours au plus ;

2° Lorsqu'elle est commise au préjudice d'une personne dont la particulière vulnérabilité, due à son âge, à une maladie, à une infirmité, à une déficience physique ou psychique ou à un état de grossesse, est apparente ou connue de son auteur ;

3° (abrogé)

4° Lorsqu'elle est commise par une personne dissimulant volontairement en tout ou partie son visage afin de ne pas être identifiée ;

5° Lorsqu'elle est commise dans les établissements d'enseignement ou d'éducation ainsi que, lors des entrées ou sorties des élèves ou dans un temps très voisin de celles-ci, aux abords de ces établissements.

Article 312-3

L'extorsion est punie de quinze ans de réclusion criminelle et de 150 000 euros d'amende lorsqu'elle est précédée, accompagnée ou suivie de violences sur autrui ayant entraîné une incapacité totale de travail pendant plus de huit jours.

Les deux premiers alinéas de l'article 132-23 relatif à la période de sûreté sont applicables à l'infraction prévue par le présent article.

Article 312-4

L'extorsion est punie de vingt ans de réclusion criminelle et de 150 000 euros d'amende lorsqu'elle est précédée, accompagnée ou suivie de violences sur autrui ayant entraîné une mutilation ou une infirmité permanente.

Les deux premiers alinéas de l'article 132-23 relatif à la période de sûreté sont applicables à l'infraction prévue par le présent article.

Article 312-5

L'extorsion est punie de trente ans de réclusion criminelle et de 150 000 euros d'amende lorsqu'elle est commise soit avec usage ou menace d'une arme, soit par une personne porteuse d'une arme soumise à autorisation ou dont le port est prohibé.

Les deux premiers alinéas de l'article 132-23 relatif à la période de sûreté sont applicables à l'infraction prévue par le présent article.

Article 312-6

L'extorsion en bande organisée est punie de vingt ans de réclusion criminelle et de 150 000 euros d'amende.

Elle est punie de trente ans de réclusion criminelle et de 150 000 euros d'amende lorsqu'elle est précédée, accompagnée ou suivie de violences sur autrui ayant entraîné une mutilation ou une infirmité permanente.

Elle est punie de la réclusion criminelle à perpétuité lorsqu'elle est commise soit avec usage ou menace d'une arme, soit par une personne porteuse d'une arme soumise à autorisation ou dont le port est prohibé.

Les deux premiers alinéas de l'article 132-23 relatif à la période de sûreté sont applicables aux infractions prévues par le présent article.

Article 312-6-1

Toute personne qui a tenté de commettre une extorsion en bande organisée prévue par l'article 312-6 est exempte de peine si, ayant averti l'autorité administrative ou judiciaire, elle a permis d'éviter la réalisation de l'infraction.

La peine privative de liberté encourue par l'auteur ou le complice d'une extorsion en bande organisée est réduite des deux tiers si, ayant averti l'autorité administrative ou judiciaire, il a permis de faire cesser l'infraction ou d'éviter que l'infraction n'entraîne mort d'homme ou infirmité permanente ou d'identifier, le cas échéant, les autres auteurs ou complices. Lorsque la peine encourue est la réclusion criminelle à perpétuité, celle-ci est ramenée à vingt ans de réclusion criminelle.

Article 312-7

L'extorsion est punie de la réclusion criminelle à perpétuité et de 150 000 euros d'amende lorsqu'elle est précédée, accompagnée ou suivie soit de violences ayant entraîné la mort, soit de tortures ou d'actes de barbarie.

Les deux premiers alinéas de l'article 132-23 relatif à la période de sûreté sont applicables à l'infraction prévue par le présent article.

Article 312-8

Constitue, au sens des articles 312-2,312-3,312-4,312-6 et 312-7, une extorsion suivie de violences l'extorsion à la suite de laquelle des violences ont été commises pour favoriser la fuite ou assurer l'impunité d'un auteur ou d'un complice.

Article 312-9

La tentative des délits prévus par la présente section est punie des mêmes peines.

Les dispositions de l'article 311-12 sont applicables aux infractions prévues par la présente section.

Section 2 : Du chantage

Article 312-10

Le chantage est le fait d'obtenir, en menaçant de révéler ou d'imputer des faits de nature à porter atteinte à l'honneur ou à la considération, soit une signature, un engagement ou une renonciation, soit la révélation d'un secret, soit la remise de fonds, de valeurs ou d'un bien quelconque.

Le chantage est puni de cinq ans d'emprisonnement et de 75 000 euros d'amende.

La peine d'emprisonnement est portée à sept ans d'emprisonnement et à 100 000 euros d'amende lorsque le chantage est exercé par un service de communication au public en ligne :

1° Au moyen d'images ou de vidéos à caractère sexuel ;

2° En vue d'obtenir des images ou des vidéos à caractère sexuel.

Article 312-11

Lorsque l'auteur du chantage a mis sa menace à exécution, la peine est portée à sept ans d'emprisonnement et à 100000 euros d'amende.

Article 312-12

La tentative des délits prévus par la présente section est punie des mêmes peines.

Les dispositions de l'article 311-12 sont applicables aux infractions prévues par la présente section.

Section 2 bis : De la demande de fonds sous contrainte

Article 312-12-1

Le fait, en réunion et de manière agressive, ou sous la menace d'un animal dangereux, de solliciter, sur la voie publique, la remise de fonds, de valeurs ou d'un bien est puni de six mois d'emprisonnement et de 3 750 euros d'amende.

Section 3 : Peines complémentaires applicables aux personnes physiques et responsabilité des personnes morales

Article 312-13

I. – Les personnes physiques coupables de l'une des infractions prévues au présent chapitre encourent également les peines complémentaires suivantes :

1° L'interdiction des droits civiques, civils et de famille, suivant les modalités prévues par l'article 131-26 ;

2° L'interdiction, suivant les modalités prévues par l'article 131-27, soit d'exercer une fonction publique ou d'exercer l'activité professionnelle ou sociale dans l'exercice ou à l'occasion de l'exercice de laquelle l'infraction a été commise, cette interdiction étant définitive ou provisoire dans les cas prévus aux articles 312-3 à 312-7 et pour une durée de cinq ans au plus dans les cas prévus aux articles 312-1,312-2 et 312-10, soit d'exercer une profession commerciale ou industrielle, de diriger, d'administrer, de gérer ou de contrôler à un titre quelconque, directement ou indirectement, pour son propre compte ou pour le compte d'autrui, une entreprise commerciale ou industrielle ou une société commerciale. Ces interdictions d'exercice peuvent être prononcées cumulativement ;

3° (Abrogé) ;

4° La confiscation de la chose qui a servi ou était destinée à commettre l'infraction ou de la chose qui en est le produit, à l'exception des objets susceptibles de restitution ;

5° L'interdiction de séjour suivant les modalités prévues par l'article 131-31.

II. – En cas de condamnation pour les infractions prévues au présent chapitre, le prononcé de la peine complémentaire d'interdiction de détenir ou de porter, pour une durée de cinq ans au plus, une arme soumise à autorisation est obligatoire.

Toutefois, la juridiction peut, par une décision spécialement motivée lorsque la condamnation est prononcée par une juridiction correctionnelle, décider de ne pas prononcer cette peine, en considération des circonstances de l'infraction et de la personnalité de son auteur.

Article 312-15

Les personnes morales déclarées responsables pénalement, dans les conditions prévues par l'article 121-2, des infractions définies au présent chapitre encourent, outre l'amende suivant les modalités prévues par l'article 131-38, les peines prévues par l'article 131-39.

L'interdiction mentionnée au 2° de l'article 131-39 porte sur l'activité dans l'exercice ou à l'occasion de l'exercice de laquelle l'infraction a été commise.

Chapitre III : De l'escroquerie et des infractions voisines

Section 1 : De l'escroquerie

Article 313-1

L'escroquerie est le fait, soit par l'usage d'un faux nom ou d'une fausse qualité, soit par l'abus d'une qualité vraie, soit par l'emploi de manoeuvres frauduleuses, de tromper une personne physique ou morale et de la déterminer ainsi, à son préjudice ou au préjudice d'un tiers, à remettre des fonds, des valeurs ou un bien quelconque, à fournir un service ou à consentir un acte opérant obligation ou décharge.

L'escroquerie est punie de cinq ans d'emprisonnement et de 375 000 euros d'amende.

Article 313-2

Les peines sont portées à sept ans d'emprisonnement et à 750 000 euros d'amende lorsque l'escroquerie est réalisée :

1° Par une personne dépositaire de l'autorité publique ou chargée d'une mission de service public, dans l'exercice ou à l'occasion de l'exercice de ses fonctions ou de sa mission ;

2° Par une personne qui prend indûment la qualité d'une personne dépositaire de l'autorité publique ou chargée d'une mission de service public ;

3° Par une personne qui fait appel au public en vue de l'émission de titres ou en vue de la collecte de fonds à des fins d'entraide humanitaire ou sociale ;

4° Au préjudice d'une personne dont la particulière vulnérabilité, due à son âge, à une maladie, à une infirmité, à une déficience physique ou psychique ou à un état de grossesse, est apparente ou connue de son auteur ;

4° bis Au préjudice d'une personne dont l'état de sujétion psychologique ou physique, au sens de l'article 223-15-3, est connu de son auteur ;

5° Au préjudice d'une personne publique, d'un organisme de protection sociale ou d'un organisme chargé d'une mission de service public, pour l'obtention d'une allocation, d'une prestation, d'un paiement ou d'un avantage indu.

Les peines sont portées à dix ans d'emprisonnement et à 1 000 000 euros d'amende lorsque l'escroquerie est commise en bande organisée.

Article 313-3

La tentative des infractions prévues par la présente section est punie des mêmes peines. Les dispositions de l'article 311-12 sont applicables au délit d'escroquerie.

Section 2 : Des infractions voisines de l'escroquerie

Article 313-5

La filouterie est le fait par une personne qui sait être dans l'impossibilité absolue de payer ou qui est déterminée à ne pas payer :

1° De se faire servir des boissons ou des aliments dans un établissement vendant des boissons ou des aliments ;

2° De se faire attribuer et d'occuper effectivement une ou plusieurs chambres dans un établissement louant des chambres, lorsque l'occupation n'a pas excédé dix jours ;

3° De se faire servir des carburants ou lubrifiants dont elle fait remplir tout ou partie des réservoirs d'un véhicule par des professionnels de la distribution ;

4° De se faire transporter en taxi ou en voiture de place.

La filouterie est punie de six mois d'emprisonnement et de 7 500 euros d'amende.

L'action publique peut être éteinte, y compris en cas de récidive, dans les conditions prévues aux articles 495-17 à 495-25 du code de procédure pénale, par le versement d'une amende forfaitaire d'un montant de 300 euros. Le montant de l'amende forfaitaire minorée est de 250 euros et le montant de l'amende forfaitaire majorée est de 600 euros.

Les dispositions des articles 495-20 et 495-21 du même code relatives à l'exigence d'une consignation préalable à la contestation de l'amende forfaitaire ne sont pas applicables.

Article 313-6

Le fait, dans une adjudication publique, par dons, promesses, ententes ou tout autre moyen frauduleux, d'écarter un enchérisseur ou de limiter les enchères ou les soumissions, est puni de six mois d'emprisonnement et de 22 500 euros d'amende. Est puni des mêmes peines le fait d'accepter de tels dons ou promesses.

Est puni des mêmes peines :

1° Le fait, dans une adjudication publique, d'entraver ou de troubler la liberté des enchères ou des soumissions, par violences, voies de fait ou menaces ;

2° Le fait de procéder ou de participer, après une adjudication publique, à une remise aux enchères sans le concours de l'officier ministériel ou du courtier de marchandises assermenté compétent ou d'un opérateur de ventes volontaires de meubles aux enchères publiques déclaré.

La tentative des infractions prévues au présent article est punie des mêmes peines.

Article 313-6-1

Le fait de mettre à disposition d'un tiers, en vue qu'il y établisse son habitation moyennant le versement d'une contribution ou la fourniture de tout avantage en nature, un bien immobilier appartenant à autrui, sans être

en mesure de justifier de l'autorisation du propriétaire ou de celle du titulaire du droit d'usage de ce bien, est puni de trois ans d'emprisonnement et de 45 000 euros d'amende.

Article 313-6-2

Le fait de vendre, d'offrir à la vente ou d'exposer en vue de la vente ou de la cession ou de fournir les moyens en vue de la vente ou de la cession des titres d'accès à une manifestation sportive, culturelle ou commerciale ou à un spectacle vivant, de manière habituelle et sans l'autorisation du producteur, de l'organisateur ou du propriétaire des droits d'exploitation de cette manifestation ou de ce spectacle, est puni de 15 000 € d'amende. Cette peine est portée à 30 000 € d'amende en cas de récidive.

Pour l'application du premier alinéa, est considéré comme titre d'accès tout billet, document, message ou code, quels qu'en soient la forme et le support, attestant de l'obtention auprès du producteur, de l'organisateur ou du propriétaire des droits d'exploitation du droit d'assister à la manifestation ou au spectacle.

Section 3 : Peines complémentaires applicables aux personnes physiques et responsabilité des personnes morales

Article 313-7

Les personnes physiques coupables de l'un des délits prévus aux articles 313-1, 313-2, 313-6 et 313-6-1 encourent également les peines complémentaires suivantes :

1° L'interdiction des droits civiques, civils et de famille, suivant les modalités prévues par l'article 131-26 ;

2° L'interdiction, suivant les modalités prévues par l'article 131-27, soit d'exercer une fonction publique ou d'exercer l'activité professionnelle ou sociale dans l'exercice ou à l'occasion de l'exercice de laquelle l'infraction a été commise, soit d'exercer une profession commerciale ou industrielle, de diriger, d'administrer, de gérer ou de contrôler à un titre quelconque, directement ou indirectement, pour son propre compte ou pour le compte d'autrui, une entreprise commerciale ou industrielle ou une société commerciale. Ces interdictions d'exercice peuvent être prononcées cumulativement ;

3° La fermeture, pour une durée de cinq ans au plus, des établissements ou de l'un ou de plusieurs des établissements de l'entreprise ayant servi à commettre les faits incriminés ;

4° La confiscation de la chose qui a servi ou était destinée à commettre l'infraction ou de la chose qui en est le produit, à l'exception des objets susceptibles de restitution et sous réserve du treizième alinéa de l'article 131-21 ;

5° L'interdiction de séjour, suivant les modalités prévues par l'article 131-31 ;

6° L'interdiction, pour une durée de cinq ans au plus, d'émettre des chèques autres que ceux qui permettent le retrait de fonds par le tireur auprès du tiré ou ceux qui sont certifiés ;

7° L'affichage ou la diffusion de la décision prononcée dans les conditions prévues par l'article 131-35.

Les personnes physiques ou morales coupables du délit prévu à la présente section encourent également la peine complémentaire suivante : interdiction de l'activité de prestataire de formation professionnelle continue au sens de l'article L. 6313-1 du code du travail pour une durée de cinq ans.

Article 313-8

Les personnes physiques coupables de l'un des délits prévus aux articles 313-1,313-2,313-6 et 313-6-1 encourent également l'exclusion des marchés publics pour une durée de cinq ans au plus.

Article 313-9

Les personnes morales déclarées responsables pénalement, dans les conditions prévues par l'article 121-2, des infractions définies aux articles 313-1 à 313-3 et aux articles 313-6-1 et 313-6-2 encourent, outre l'amende suivant les modalités prévues par l'article 131-38, les peines prévues par l'article 131-39.

L'interdiction mentionnée au 2° de l'article 131-39 porte sur l'activité dans l'exercice ou à l'occasion de l'exercice de laquelle l'infraction a été commise.

Chapitre IV : Des détournements

Section 1 : De l'abus de confiance

Article 314-1

L'abus de confiance est le fait par une personne de détourner, au préjudice d'autrui, des fonds, des valeurs ou un bien quelconque qui lui ont été remis et qu'elle a acceptés à charge de les rendre, de les représenter ou d'en faire un usage déterminé.

L'abus de confiance est puni de cinq ans d'emprisonnement et de 375 000 euros d'amende.

Article 314-1-1

Les peines prévues à l'article 314-1 sont portées à sept ans d'emprisonnement et à 750 000 € d'amende lorsque l'infraction est commise en bande organisée.

La tentative des infractions prévues à la présente section est punie des mêmes peines.

Article 314-2

Les peines sont portées à sept ans d'emprisonnement et à 750 000 euros d'amende lorsque l'abus de confiance est réalisé :

1° Par une personne qui fait appel au public afin d'obtenir la remise de fonds ou de valeurs soit pour son propre compte, soit comme dirigeant ou préposé de droit ou de fait d'une entreprise industrielle ou commerciale ;

2° Par toute autre personne qui, de manière habituelle, se livre ou prête son concours, même à titre accessoire, à des opérations portant sur les biens des tiers pour le compte desquels elle recouvre des fonds ou des valeurs ;

3° Au préjudice d'une association qui fait appel au public en vue de la collecte de fonds à des fins d'entraide humanitaire ou sociale ;

4° Au préjudice d'une personne dont la particulière vulnérabilité, due à son âge, à une maladie, à une infirmité, à une déficience physique ou psychique ou à un état de grossesse, est apparente ou connue de son auteur.

Article 314-3

Les peines sont portées à dix ans d'emprisonnement et à 1 500 000 euros d'amende lorsque l'abus de confiance est réalisé par un mandataire de justice ou par un officier public ou ministériel soit dans l'exercice ou à l'occasion de l'exercice de ses fonctions, soit en raison de sa qualité.

Article 314-4

Les dispositions de l'article 311-12 sont applicables au délit d'abus de confiance.

Section 2 : Du détournement de gage ou d'objet saisi

Article 314-5

Le fait, par un débiteur, un emprunteur ou un tiers donneur de gage, de détruire ou de détourner l'objet constitué en gage est puni de trois ans d'emprisonnement et de 375 000 euros d'amende.

La tentative de l'infraction prévue au présent article est punie des mêmes peines.

Article 314-6

Le fait, par le saisi, de détruire ou de détourner un objet saisi entre ses mains en garantie des droits d'un créancier et confié à sa garde ou à celle d'un tiers est puni de trois ans d'emprisonnement et de 375 000 euros d'amende.

La tentative de l'infraction prévue au présent article est punie des mêmes peines.

Section 3 : De l'organisation frauduleuse de l'insolvabilité

Article 314-7

Le fait, par un débiteur, même avant la décision judiciaire constatant sa dette, d'organiser ou d'aggraver son insolvabilité soit en augmentant le passif ou en diminuant l'actif de son patrimoine, soit en diminuant ou en dissimulant tout ou partie de ses revenus, soit en dissimulant certains de ses biens, en vue de se soustraire à l'exécution d'une condamnation de nature patrimoniale prononcée par une juridiction répressive ou, en matière délictuelle, quasi délictuelle ou d'aliments, prononcée par une juridiction civile, est puni de trois ans d'emprisonnement et de 45 000 euros d'amende.

Commet le même délit le dirigeant de droit ou de fait d'une personne morale qui organise ou aggrave l'insolvabilité de celle-ci dans les conditions définies à l'alinéa précédent en vue de la soustraire aux obligations pécuniaires résultant d'une condamnation prononcée en matière pénale, délictuelle ou quasi délictuelle.

Article 314-8

La juridiction peut décider que la personne condamnée comme complice de l'infraction définie à l'article 314-7 est tenue solidairement, dans la limite des fonds ou de la valeur vénale des biens reçus à titre gratuit ou onéreux, aux obligations pécuniaires résultant de la condamnation à l'exécution de laquelle l'auteur de l'infraction a voulu se soustraire.

Lorsque la condamnation de nature patrimoniale a été prononcée par une juridiction répressive, le tribunal peut décider que la peine qu'il prononce ne se confondra pas avec celle qui a été précédemment prononcée.

La prescription de l'action publique ne court qu'à compter de la condamnation à l'exécution de laquelle le débiteur a voulu se soustraire ; toutefois, elle ne court qu'à compter du dernier agissement ayant pour objet d'organiser ou d'aggraver l'insolvabilité du débiteur lorsque le dernier agissement est postérieur à cette condamnation.

Article 314-9

Pour l'application de l'article 314-7, les décisions judiciaires et les conventions judiciairement homologuées portant obligation de verser des prestations, subsides ou contributions aux charges du mariage sont assimilées aux condamnations au paiement d'aliments.

Section 4 : Peines complémentaires applicables aux personnes physiques et responsabilité des personnes morales

---

Article 314-10

Les personnes physiques coupables de l'un des délits prévus aux articles 314-1,314-2 et 314-3 encourent également les peines complémentaires suivantes :

1° L'interdiction des droits civiques, civils et de famille, suivant les modalités prévues par l'article 131-26 ;

2° L'interdiction, suivant les modalités prévues par l'article 131-27, soit d'exercer une fonction publique ou d'exercer l'activité professionnelle ou sociale dans l'exercice ou à l'occasion de l'exercice de laquelle l'infraction a été commise, soit d'exercer une profession commerciale ou industrielle, de diriger, d'administrer, de gérer ou de contrôler à un titre quelconque, directement ou indirectement, pour son propre compte ou pour le compte d'autrui, une entreprise commerciale ou industrielle ou une société commerciale. Ces interdictions d'exercice peuvent être prononcées cumulativement ;

3° La fermeture, pour une durée de cinq ans au plus, des établissements ou de l'un ou de plusieurs des établissements de l'entreprise ayant servi à commettre les faits incriminés ;

4° L'exclusion des marchés publics pour une durée de cinq ans au plus ;

5° L'interdiction, pour une durée de cinq ans au plus, d'émettre des chèques autres que ceux qui permettent le retrait de fonds par le tireur auprès du tiré ou ceux qui sont certifiés ;

6° La confiscation de la chose qui a servi ou était destinée à commettre l'infraction ou de la chose qui en est le produit, à l'exception des objets susceptibles de restitution ;

7° L'affichage ou la diffusion de la décision prononcée dans les conditions prévues par l'article 131-35.

Article 314-11

Les personnes physiques coupables de l'un des délits prévus aux articles 314-5,314-6 et 314-7 encourent également les peines complémentaires suivantes :

1° La confiscation de la chose qui a servi ou était destinée à commettre l'infraction ou de la chose qui en est le produit, à l'exception des objets susceptibles de restitution ;

2° L'affichage ou la diffusion de la décision prononcée dans les conditions prévues par l'article 131-35.

Article 314-12

Les personnes morales déclarées responsables pénalement, dans les conditions prévues par l'article 121-2, des infractions définies aux articles 314-1 et 314-2 encourent, outre l'amende suivant les modalités prévues par l'article 131-38, les peines prévues par l'article 131-39.

L'interdiction mentionnée au 2° de l'article 131-39 porte sur l'activité dans l'exercice ou à l'occasion de l'exercice de laquelle l'infraction a été commise.

Article 314-13

Les personnes morales déclarées responsables pénalement, dans les conditions prévues par l'article 121-2, des infractions définies aux articles 314-5,314-6 et 314-7 encourent, outre l'amende suivant les modalités prévues par l'article 131-38, les peines prévues par les 8° et 9° de l'article 131-39.

Chapitre V : De l'occupation frauduleuse d'un local à usage d'habitation ou à usage commercial, agricole ou professionnel

Article 315-1

L'introduction dans un local à usage d'habitation ou à usage commercial, agricole ou professionnel à l'aide de manœuvres, de menaces, de voies de fait ou de contrainte, hors les cas où la loi le permet, est punie de deux ans d'emprisonnement et de 30 000 euros d'amende.

Le maintien dans le local à la suite de l'introduction mentionnée au premier alinéa, hors les cas où la loi le permet, est puni des mêmes peines.

Article 315-2

Le maintien sans droit ni titre dans un local à usage d'habitation en violation d'une décision de justice définitive et exécutoire ayant donné lieu à un commandement régulier de quitter les lieux depuis plus de deux mois est puni de 7 500 euros d'amende.

Le présent article n'est pas applicable lorsque l'occupant bénéficie des dispositions de l'article L. 412-6 du code des procédures civiles d'exécution, lorsque le juge de l'exécution est saisi sur le fondement de l'article L. 412-3 du même code, jusqu'à la décision rejetant la demande ou jusqu'à l'expiration des délais accordés par le juge à l'occupant, ou lorsque le logement appartient à un bailleur social ou à une personne morale de droit public.

Titre II : Des autres atteintes aux biens

Chapitre Ier : Du recel et des infractions assimilées ou voisines

Section 1 : Du recel

Article 321-1

Le recel est le fait de dissimuler, de détenir ou de transmettre une chose, ou de faire office d'intermédiaire afin de la transmettre, en sachant que cette chose provient d'un crime ou d'un délit.

Constitue également un recel le fait, en connaissance de cause, de bénéficier, par tout moyen, du produit d'un crime ou d'un délit.

Le recel est puni de cinq ans d'emprisonnement et de 375 000 euros d'amende.

Article 321-2

Le recel est puni de dix ans d'emprisonnement et de 750 000 euros d'amende :

1° Lorsqu'il est commis de façon habituelle ou en utilisant les facilités que procure l'exercice d'une activité professionnelle ;

2° Lorsqu'il est commis en bande organisée.

Article 321-3

Les peines d'amende prévues par les articles 321-1 et 321-2 peuvent être élevées au-delà de 375 000 euros jusqu'à la moitié de la valeur des biens recelés.

Article 321-4

Lorsque l'infraction dont provient le bien recelé est punie d'une peine privative de liberté d'une durée supérieure à celle de l'emprisonnement encouru en application des articles 321-1 ou 321-2, le receleur est puni des peines attachées à l'infraction dont il a eu connaissance et, si cette infraction est accompagnée de circonstances aggravantes, des peines attachées aux seules circonstances dont il a eu connaissance.

Article 321-5

Le recel est assimilé, au regard de la récidive, à l'infraction dont provient le bien recelé.

Section 2 : Des infractions assimilées au recel ou voisines de celui-ci

Article 321-6

Le fait de ne pas pouvoir justifier de ressources correspondant à son train de vie ou de ne pas pouvoir justifier de l'origine d'un bien détenu, tout en étant en relations habituelles avec une ou plusieurs personnes qui soit se livrent à la commission de crimes ou de délits punis d'au moins cinq ans d'emprisonnement et procurant à celles-ci un profit direct ou indirect, soit sont les victimes d'une de ces infractions, est puni d'une peine de trois ans d'emprisonnement et de 75 000 euros d'amende.

Est puni des mêmes peines le fait de faciliter la justification de ressources fictives pour des personnes se livrant à la commission de crimes ou de délits punis d'au moins cinq ans d'emprisonnement et procurant à celles-ci un profit direct ou indirect.

Sous réserve du treizième alinéa de l'article 131-21 et des droits du propriétaire de bonne foi, la confiscation des biens saisis dont le propriétaire ne peut justifier de l'origine et qui, pour ce motif, a été condamné en application du présent article est obligatoire. Cette confiscation n'a pas à être motivée. Toutefois, la juridiction peut, par une décision spécialement motivée, décider de ne pas prononcer la confiscation de tout ou partie des biens mentionnés au présent alinéa, en considération des circonstances de l'infraction et de la personnalité de son auteur.

Article 321-6-1

Les peines prévues par l'article 321-6 sont portées à cinq ans d'emprisonnement et 150 000 euros d'amende lorsque les crimes et délits sont commis par un mineur sur lequel la personne ne pouvant justifier ses ressources a autorité.

Elles sont portées à sept ans d'emprisonnement et 200 000 euros d'amende lorsque les infractions commises constituent les crimes ou délits de traite des êtres humains, d'extorsion ou d'association de malfaiteurs ou les délits et crimes en matière d'armes et de produits explosifs prévus par les articles 222-52 et 222-53 du code pénal, par les articles L. 2339-2, L. 2339-3, L. 2339-10, L. 2341-4, L. 2353-4 et L. 2353-5 du code de la défense ainsi que par les articles L. 317-2 et L. 317-7 du code de la sécurité intérieure. Il en est de même lorsqu'elles constituent les crimes ou délits de trafic de stupéfiants, y compris en cas de relations habituelles avec une ou plusieurs personnes faisant usage de stupéfiants.

Elles sont portées à dix ans d'emprisonnement et 300 000 euros d'amende lorsqu'il s'agit d'une infraction mentionnée à l'alinéa précédent commise par un ou plusieurs mineurs.

Article 321-7

Est puni de six mois d'emprisonnement et de 30 000 euros d'amende le fait, par une personne dont l'activité professionnelle comporte la vente d'objets mobiliers usagés ou acquis à des personnes autres que celles qui les fabriquent ou en font le commerce, d'omettre, y compris par négligence, de tenir jour par jour, dans des conditions prévues par décret en Conseil d'Etat, un registre indiquant la nature, les caractéristiques, la provenance, le mode de règlement de l'objet et contenant une description des objets acquis ou détenus en vue de la vente ou de l'échange et permettant l'identification de ces objets ainsi que celle des personnes qui les ont vendus ou apportés à l'échange.

Est puni des mêmes peines le fait, par une personne, à l'exception des officiers publics ou ministériels, qui organise, dans un lieu public ou ouvert au public, une manifestation en vue de la vente ou de l'échange d'objets visés à l'alinéa précédent, d'omettre, y compris par négligence, de tenir jour par jour, dans des conditions prévues par décret en Conseil d'Etat, un registre permettant l'identification des vendeurs.

Lorsque l'activité professionnelle définie au premier alinéa est exercée par une personne morale, ou que l'organisateur de la manifestation prévue au deuxième alinéa est une personne morale, l'obligation de tenir le registre incombe aux dirigeants de cette personne morale.

Article 321-8

Est puni de six mois d'emprisonnement et de 30 000 euros d'amende le fait, par une personne visée à l'article précédent, d'apposer sur le registre prévu par cet article des mentions inexactes.

Est puni des mêmes peines le fait, par cette personne, de refuser de présenter ce registre à l'autorité compétente.

Section 3 : Peines complémentaires applicables aux personnes physiques et responsabilité de personnes morales

---

Article 321-9

Les personnes physiques coupables des infractions prévues au présent chapitre encourent également les peines complémentaires suivantes :

1° L'interdiction des droits civiques, civils et de famille, suivant les modalités prévues par l'article 131-26 ;

2° L'interdiction, suivant les modalités prévues par l'article 131-27, soit d'exercer une fonction publique ou d'exercer l'activité professionnelle ou sociale dans l'exercice ou à l'occasion de l'exercice de laquelle l'infraction a été commise, cette interdiction étant définitive ou provisoire dans les cas prévus aux articles 321-2 et 321-4 et pour une durée de cinq ans au plus dans les cas prévus aux articles 321-1,321-6, 321-7 et 321-8, soit d'exercer une profession commerciale ou industrielle, de diriger, d'administrer, de gérer ou de contrôler à un titre quelconque, directement ou indirectement, pour son propre compte ou pour le compte d'autrui, une entreprise commerciale ou industrielle ou une société commerciale. Ces interdictions d'exercice peuvent être prononcées cumulativement ;

3° La fermeture des établissements ou de l'un ou de plusieurs des établissements de l'entreprise ayant servi à commettre les faits incriminés, cette fermeture étant définitive ou temporaire dans les cas prévus aux articles 321-2 et 321-4 et pour une durée de cinq ans au plus dans les cas prévus aux articles 321-1,321-6,321-7 et 321-8 ;

4° L'exclusion des marchés publics à titre définitif ou temporaire dans les cas prévus aux articles 321-2 et 321-4 et pour une durée de cinq ans au plus dans les cas prévus aux articles 321-1,321-6,321-7 et 321-8 ;

5° L'interdiction, pour une durée de cinq ans au plus, d'émettre des chèques autres que ceux qui permettent le retrait de fonds par le tireur auprès du tiré ou ceux qui sont certifiés ;

6° La confiscation de la chose qui a servi ou était destinée à commettre l'infraction ou de la chose qui en est le produit, à l'exception des objets susceptibles de restitution ;

7° La confiscation d'une ou de plusieurs armes dont le condamné est propriétaire ou dont il a la libre disposition ;

8° L'interdiction de séjour, suivant les modalités prévues par l'article 131-31, dans les cas prévus aux articles 321-1 à 321-4 ;

9° L'affichage ou la diffusion de la décision prononcée dans les conditions prévues par l'article 131-35.

Article 321-10

Dans les cas prévus aux articles 321-1 à 321-4, peuvent être également prononcées les autres peines complémentaires encourues pour les crimes ou les délits dont provient le bien recélé.

Lorsque les peines complémentaires prévues pour ces crimes ou délits sont obligatoires, elles doivent également être obligatoirement prononcées contre la personne condamnée pour recel, sauf décision spécialement motivée de la juridiction, s'il s'agit d'une juridiction correctionnelle, en considération des circonstances de l'infraction et de la personnalité de son auteur.

Article 321-10-1

Les personnes physiques coupables des délits prévus aux articles 321-6 et 321-6-1 encourent également la peine complémentaire de confiscation de tout ou partie de leurs biens, quelle qu'en soit la nature, meuble ou immeuble, divis ou indivis, dont elles n'ont pu justifier l'origine.

Peuvent également être prononcées les peines complémentaires encourues pour les crimes ou les délits commis par la ou les personnes avec lesquelles l'auteur des faits était en relations habituelles.

Article 321-12

Les personnes morales déclarées responsables pénalement, dans les conditions prévues par l'article 121-2, des infractions définies aux articles 321-1 à 321-4, 321-7 et 321-8 encourent, outre l'amende suivant les modalités prévues par l'article 131-38 :

1° (Abrogé) ;

2° Dans les cas prévus par les articles 321-1 à 321-4, les peines mentionnées à l'article 131-39 ;

3° Dans les cas prévus par les articles 321-7 et 321-8, les peines mentionnées aux 2°, 4°, 5°, 6°, 7°, 8° et 9°

de l'article 131-39.

L'interdiction mentionnée au 2° de l'article 131-39 porte sur l'activité dans l'exercice ou à l'occasion de laquelle l'infraction a été commise.

Chapitre II : Des destructions, dégradations et détériorations

Section 1 : Des destructions, dégradations et détériorations ne présentant pas de danger pour les personnes

---

Article 322-1

I. - La destruction, la dégradation ou la détérioration d'un bien appartenant à autrui est punie de deux ans d'emprisonnement et de 30 000 euros d'amende, sauf s'il n'en est résulté qu'un dommage léger.

II. - Le fait de tracer des inscriptions, des signes ou des dessins, sans autorisation préalable, sur les façades, les véhicules, les voies publiques ou le mobilier urbain est puni de 3 750 euros d'amende et d'une peine de travail d'intérêt général lorsqu'il n'en est résulté qu'un dommage léger.

L'action publique peut être éteinte, y compris en cas de récidive, dans les conditions prévues aux articles 495-17 à

495-25 du code de procédure pénale, par le versement d'une amende forfaitaire d'un montant de 200 euros. Le montant de l'amende forfaitaire minorée est de 150 euros et le montant de l'amende forfaitaire majorée est de 450 euros.

Les dispositions des articles 495-20 et 495-21 du même code relatives à l'exigence d'une consignation préalable à la contestation de l'amende forfaitaire ne sont pas applicables.

Article 322-2

L'infraction définie au I de l'article 322-1 est punie de trois ans d'emprisonnement et de 45 000 euros d'amende et celle définie au premier alinéa du II du même article 322-1 de 7 500 euros d'amende et d'une peine de travail d'intérêt général, lorsque le bien détruit, dégradé ou détérioré est :

1° (Abrogé) ;

2° Un registre, une minute ou un acte original de l'autorité publique.

Article 322-3

L'infraction définie au I de l'article 322-1 est punie de cinq ans d'emprisonnement et de 75 000 euros d'amende et celle définie au II du même article de 15 000 euros d'amende et d'une peine de travail d'intérêt général :

1° Lorsqu'elle est commise par plusieurs personnes agissant en qualité d'auteur ou de complice ;

2° Lorsqu'elle est facilitée par l'état d'une personne dont la particulière vulnérabilité, due à son âge, à une maladie, à une infirmité, à une déficience physique ou psychique ou à un état de grossesse, est apparente ou connue de son auteur ;

3° Lorsqu'elle est commise au préjudice d'un magistrat, d'un juré, d'un avocat, d'un officier public ou ministériel, d'un militaire de la gendarmerie, d'un fonctionnaire de la police nationale, des douanes, de l'administration pénitentiaire ou de toute autre personne dépositaire de l'autorité publique ou chargée d'une mission de service public, en vue d'influencer son comportement dans l'exercice de ses fonctions ou de sa mission ;

3° bis Lorsqu'elle est commise au préjudice du conjoint, d'un ascendant ou d'un descendant en ligne directe ou de toute autre personne vivant habituellement au domicile des personnes mentionnées au 3°, en raison des fonctions ou de la qualité de ces personnes ;

4° Lorsqu'elle est commise au préjudice d'un temoin, d'une victime ou d'une partie civile, soit pour l'empêcher de dénoncer le fait, de porter plainte ou de déposer en justice, soit en raison de sa dénonciation, de sa plainte ou de sa déposition ;

5° Lorsqu'elle est commise dans un local d'habitation ou dans un lieu utilisé ou destiné à l'entrepôt de fonds, valeurs, marchandises ou matériels, en pénétrant dans les lieux par ruse, effraction ou escalade ;

6° Lorsqu'elle est commise à l'encontre d'un lieu classifié au titre du secret de la défense nationale ;

7° Lorsqu'elle est commise par une personne dissimulant volontairement en tout ou partie son visage afin de ne pas être identifiée ;

8° Lorsque le bien détruit, dégradé ou détérioré est destiné à l'utilité ou à la décoration publique et appartient à une personne publique ou chargée d'une mission de service public ;

9° Lorsqu'elle porte sur du matériel destiné à prodiguer des soins de premiers secours ;

10° Lorsque le bien détruit, dégradé ou détérioré est destiné à la vaccination.

Lorsque l'infraction définie au I de l'article 322-1 est commise à l'encontre d'un établissement scolaire, éducatif ou de loisirs ou d'un véhicule transportant des enfants, les peines encourues sont également portées à cinq ans d'emprisonnement et à 75 000 euros d'amende.

Les peines sont portées à sept ans d'emprisonnement et 100 000 € d'amende lorsque l'infraction définie au I de l'article 322-1 est commise dans deux des circonstances prévues aux 1° et suivants du présent article.

Article 322-3-1

La destruction, la dégradation ou la détérioration est punie de sept ans d'emprisonnement et de 100 000 € d'amende lorsqu'elle porte sur :

1° Un immeuble ou objet mobilier classé ou inscrit en application des dispositions du code du patrimoine ou un document d'archives privées classé en application des dispositions du même code ;

2° Le patrimoine archéologique, au sens de l'article L. 510-1 du code du patrimoine ;

3° Un bien culturel qui relève du domaine public mobilier ou qui est exposé, conservé ou déposé, même de façon temporaire, soit dans un musée de France, une bibliothèque, une médiathèque ou un service d'archives, soit dans un lieu dépendant d'une personne publique ou d'une personne privée assurant une mission d'intérêt général, soit dans un édifice affecté au culte ;

4° Un édifice affecté au culte.

Les peines sont portées à dix ans d'emprisonnement et 150 000 € d'amende lorsque l'infraction prévue au présent article est commise avec la circonstance prévue au 1° de l'article 322-3.

Les peines d'amende mentionnées au présent article peuvent être élevées jusqu'à la moitié de la valeur du bien détruit, dégradé ou détérioré.

Article 322-3-2

Est puni de sept ans d'emprisonnement et de 100 000 € d'amende le fait d'importer, d'exporter, de faire transiter, de transporter, de détenir, de vendre, d'acquérir ou d'échanger un bien culturel présentant un intérêt archéologique, artistique, historique ou scientifique en sachant que ce bien a été soustrait d'un territoire qui constituait, au moment de la soustraction, un théâtre d'opérations de groupements terroristes et sans pouvoir justifier la licéité de l'origine de ce bien.

Les peines sont portées à dix ans d'emprisonnement et à 150 000 € d'amende lorsque l'infraction prévue au présent article est commise avec la circonstance mentionnée au 1° de l'article 322-3.

Article 322-4

La tentative des infractions prévues à la présente section est punie des mêmes peines.

Article 322-4-1

Le fait de s'installer en réunion, en vue d'y établir une habitation, même temporaire, sur un terrain appartenant soit à une commune qui s'est conformée aux obligations lui incombant en vertu du schéma départemental prévu à l'article 1er de la loi n° 2000-614 du 5 juillet 2000 relative à l'accueil et à l'habitat des gens du voyage ou qui n'est pas inscrite à ce schéma, soit à tout autre propriétaire autre qu'une commune, sans être en mesure de justifier de son autorisation ou de celle du titulaire du droit d'usage du terrain, est puni d'un an d'emprisonnement et de 7 500 € d'amende.

Dans les conditions prévues à l'article 495-17 du code de procédure pénale, l'action publique peut être éteinte par le versement d'une amende forfaitaire d'un montant de 500 €. Le montant de l'amende forfaitaire minorée est de 400 € et le montant de l'amende forfaitaire majorée de 1 000 €.

Lorsque l'installation s'est faite au moyen de véhicules automobiles, il peut être procédé à leur saisie, à l'exception des véhicules destinés à l'habitation, en vue de leur confiscation par la juridiction pénale.

Section 2 : Des destructions, dégradations et détériorations dangereuses pour les personnes

---

Article 322-5

La destruction, la dégradation ou la détérioration involontaire d'un bien appartenant à autrui par l'effet d'une explosion ou d'un incendie provoqués par manquement à une obligation de prudence ou de sécurité imposée par la loi ou le règlement est punie d'un an d'emprisonnement et de 15 000 euros d'amende.

En cas de violation manifestement délibérée d'une obligation particulière de prudence ou de sécurité prévue par la loi ou le règlement, les peines encourues sont portées à deux ans d'emprisonnement et à 30 000 euros d'amende.

Lorsqu'il s'agit de l'incendie de bois, forêts, landes, maquis, plantations ou reboisements d'autrui, les peines sont portées à deux ans d'emprisonnement et à 30 000 euros d'amende dans le cas prévu par le premier alinéa, et à trois ans d'emprisonnement et à 45 000 euros d'amende dans le cas prévu par le deuxième alinéa.

Si cet incendie est intervenu dans des conditions de nature à exposer les personnes à un dommage corporel ou à créer un dommage irréversible à l'environnement, les peines sont portées à trois ans d'emprisonnement et à 45 000 euros d'amende dans le cas prévu par le premier alinéa, et à cinq ans d'emprisonnement et à 100 000 euros d'amende dans le cas prévu par le deuxième alinéa.

Si l'incendie a provoqué pour autrui une incapacité totale de travail pendant au moins huit jours, les peines sont portées à cinq ans d'emprisonnement et à 75 000 euros d'amende dans le cas prévu par le premier alinéa, et à sept ans d'emprisonnement et à 100 000 euros d'amende dans le cas prévu par le deuxième alinéa.

S'il a provoqué la mort d'une ou plusieurs personnes, les peines sont portées à sept ans d'emprisonnement et à 100 000 euros d'amende dans le cas prévu par le premier alinéa, et à dix ans d'emprisonnement et à 150 000 euros d'amende dans le cas prévu par le deuxième alinéa.

Article 322-6

La destruction, la dégradation ou la détérioration d'un bien appartenant à autrui par l'effet d'une substance explosive, d'un incendie ou de tout autre moyen de nature à créer un danger pour les personnes est punie de dix ans d'emprisonnement et de 150 000 euros d'amende.

Lorsqu'il s'agit de l'incendie de bois, forêts, landes, maquis, plantations ou reboisements d'autrui intervenu dans des conditions de nature à exposer les personnes à un dommage corporel ou à créer un dommage irréversible à l'environnement, les peines sont portées à quinze ans de réclusion criminelle et à 150 000 euros d'amende.

Article 322-6-1

Le fait de diffuser par tout moyen, sauf à destination des professionnels, des procédés permettant la fabrication d'engins de destruction élaborés à partir de poudre ou de substances explosives, de matières nucléaires, biologiques ou chimiques, ou à partir de tout autre produit destiné à l'usage domestique, industriel ou agricole, est puni de trois ans d'emprisonnement et de 45 000 euros d'amende.

Les peines sont portées à cinq ans d'emprisonnement et à 75 000 euros d'amende lorsqu'il a été utilisé, pour la diffusion des procédés, un réseau de communication électronique à destination d'un public non déterminé.

Article 322-7

L'infraction définie à l'article 322-6 est punie de quinze ans de réclusion criminelle et de 150 000 euros d'amende lorsqu'elle a entraîné pour autrui une incapacité totale de travail pendant huit jours au plus.

Lorsqu'il s'agit de l'incendie de bois, forêts, landes, maquis, plantations ou reboisements d'autrui, les peines sont portées à vingt ans de réclusion criminelle et à 200 000 euros d'amende.

Article 322-8

L'infraction définie à l'article 322-6 est punie de vingt ans de réclusion criminelle et de 150 000 euros d'amende :

1° Lorsqu'elle est commise en bande organisée ;

2° Lorsqu'elle a entraîné pour autrui une incapacité totale de travail pendant plus de huit jours ;

3° Lorsqu'elle est commise en raison de la qualité de magistrat, de militaire de la gendarmerie nationale, de fonctionnaire de la police nationale, des douanes ou de l'administration pénitentiaire ou de toute autre

personne dépositaire de l'autorité publique ou chargée d'une mission de service public, ou de sapeur-pompier ou de marin-pompier, de la personne propriétaire ou utilisatrice du bien.

Lorsqu'il s'agit de l'incendie de bois, forêts, landes, maquis, plantations ou reboisements d'autrui, les peines sont portées à trente ans de réclusion criminelle et à 200 000 euros d'amende.

Les deux premiers alinéas de l'article 132-23 relatif à la période de sûreté sont applicables aux infractions prévues par le présent article.

Article 322-9

L'infraction définie à l'article 322-6 est punie de trente ans de réclusion criminelle et de 150 000 euros d'amende lorsqu'elle a entraîné pour autrui une mutilation ou un infirmité permanente.

Lorsqu'il s'agit de l'incendie de bois, forêts, landes, maquis, plantations ou reboisements d'autrui, les peines sont portées à la réclusion criminelle à perpétuité et à 200 000 euros d'amende.

Les deux premiers alinéas de l'article 132-23 relatif à la période de sûreté sont applicables à l'infraction prévue par le présent article.

Article 322-10

L'infraction définie à l'article 322-6 est punie de la réclusion criminelle à perpétuité et de 150 000 euros d'amende lorsqu'elle a entraîné la mort d'autrui.

Les deux premiers alinéas de l'article 132-23 relatif à la période de sûreté sont applicables à l'infraction prévue par le présent article.

Article 322-11

La tentative du délit prévu par l'article 322-6 est punie des mêmes peines.

Article 322-11-1

La détention ou le transport de substances ou produits incendiaires ou explosifs ainsi que d'éléments ou substances destinés à entrer dans la composition de produits ou engins incendiaires ou explosifs en vue de la préparation, caractérisée par un ou plusieurs faits matériels, des infractions définies à l'article 322-6 ou d'atteintes aux personnes est puni de sept ans d'emprisonnement et de 100 000 euros d'amende.

Les peines sont portées à dix ans d'emprisonnement et à 500 000 euros d'amende lorsque ces faits sont commis en bande organisée.

Hors les cas prévus aux deux premiers alinéas, est puni de trois ans d'emprisonnement et de 45 000 euros d'amende la détention ou le transport sans motif légitime :

1° De substances ou produits explosifs permettant de commettre les infractions définies à l'article 322-6, lorsque ces substances ou produits ne sont pas soumis, pour la détention ou le transport, à un régime particulier ;

2° De substances ou produits incendiaires permettant de commettre les infractions définies à l'article 322-6 ainsi que d'éléments ou substances destinés à entrer dans la composition de produits ou engins incendiaires ou explosifs, lorsque leur détention ou leur transport ont été interdit par arrêté préfectoral en raison de l'urgence ou du risque de trouble à l'ordre public.

Section 3 : Des menaces de destruction, de dégradation ou de détérioration et des fausses alertes

---

Article 322-12

La menace de commettre une destruction, une dégradation ou une détérioration dangereuses pour les personnes est punie de six mois d'emprisonnement et de 7 500 euros d'amende lorsqu'elle est soit réitérée, soit matérialisée par un écrit, une image ou tout autre objet.

Article 322-13

La menace, par quelque moyen que ce soit, de commettre une destruction, une dégradation ou une détérioration est punie d'un an d'emprisonnement et de 15 000 euros d'amende lorsqu'elle est faite avec l'ordre de remplir une condition.

La peine est portée à trois ans d'emprisonnement et 45 000 euros d'amende s'il s'agit d'une menace de destruction, de dégradation ou de détérioration dangereuses pour les personnes.

Article 322-14

Le fait de communiquer ou de divulguer une fausse information dans le but de faire croire qu'une destruction, une dégradation ou une détérioration dangereuse pour les personnes va être ou a été commise est puni de deux ans d'emprisonnement et de 30 000 euros d'amende.

Est puni des mêmes peines le fait de communiquer ou de divulguer une fausse information faisant croire à un sinistre et de nature à provoquer l'intervention inutile des secours.

Section 4 : Peines complémentaires applicables aux personnes physiques et responsabilité des personnes morales

---

Article 322-15

I.-Les personnes physiques coupables de l'une des infractions prévues au présent chapitre encourent également les peines complémentaires suivantes :

1° L'interdiction des droits civiques, civils et de famille, suivant les modalités prévues par l'article 131-26 ;

2° L'interdiction, suivant les modalités prévues par l'article 131-27, soit d'exercer une fonction publique ou d'exercer l'activité professionnelle ou sociale dans l'exercice ou à l'occasion de l'exercice de laquelle l'infraction a été commise, cette interdiction étant définitive ou provisoire dans les cas prévus aux articles 322-6 à 322-10 et pour une durée de cinq ans au plus dans les cas prévus aux articles 322-1, 322-2,322-3,322-3-1,322-5,322-12,322-13 et 322-14, soit, pour les crimes prévus au second alinéa de l'article 322-6 ainsi qu'aux articles 322-7,322-8,322-9 et 322-10, d'exercer une profession commerciale ou industrielle, de diriger, d'administrer, de gérer ou de contrôler à un titre quelconque, directement ou indirectement, pour son propre compte ou pour le compte d'autrui, une entreprise commerciale ou industrielle ou une société commerciale. Ces interdictions d'exercice peuvent être prononcées cumulativement ;

3° L'interdiction de détenir ou de porter, pour une durée de cinq ans au plus, une arme soumise à autorisation ;

4° L'interdiction de séjour, suivant les modalités prévues par l'article 131-31, dans les cas prévus par les articles 322-7 à 322-10.

5° (Abrogé) ;

6° (Abrogé) ;

7° L'interdiction de participer à des manifestations sur la voie publique, dans les conditions prévues à l'article 131-32-1, lorsque les faits punis par le I de l'article 322-1 et les articles 322-2,322-3 et 322-6 à 322-10 sont commis lors du déroulement de manifestations sur la voie publique.

II.-En cas de condamnation pour les crimes ou délits prévus aux articles 322-6 à 322-11-1, le prononcé de la peine complémentaire prévue au 3° du I du présent article est obligatoire.

Toutefois, la juridiction peut, par une décision spécialement motivée lorsque la condamnation est prononcée par une juridiction correctionnelle, décider de ne pas prononcer cette peine, en considération des circonstances de l'infraction et de la personnalité de son auteur.

Article 322-15-1

Les personnes physiques coupables de l'infraction prévue à l'article 322-4-1 encourent les peines complémentaires suivantes :

1° La suspension, pour une durée de trois ans au plus, du permis de conduire ;

2° La confiscation du ou des véhicules automobiles utilisés pour commettre l'infraction, à l'exception des véhicules destinés à l'habitation.

Article 322-17

Les personnes morales déclarées responsables pénalement, dans les conditions prévues par l'article 121-2, des infractions définies au présent chapitre encourent, outre l'amende suivant les modalités prévues par l'article 131-38, la peine prévue par le 2° de l'article 131-39, pour une durée de cinq ans au plus dans les cas prévus par les articles 322-1,322-3,322-5,322-12,322-13 et 322-14 et sans limitation de durée dans les cas prévus par les articles 322-6 à 322-10.

L'interdiction mentionnée au 2° de l'article 131-39 porte sur l'activité dans l'exercice ou à l'occasion de l'exercice de laquelle l'infraction a été commise.

Article 322-18

Les personnes physiques coupables des infractions définies aux articles 322-6 à 322-11 peuvent également être condamnées à un suivi socio-judiciaire selon les modalités prévues par les articles 131-36-1 à 131-36-13.

Chapitre III : Des atteintes aux systèmes de traitement automatisé de données

---

Article 323-1

Le fait d'accéder ou de se maintenir, frauduleusement, dans tout ou partie d'un système de traitement automatisé de données est puni de trois ans d'emprisonnement et de 100 000 € d'amende.

Lorsqu'il en est résulté soit la suppression ou la modification de données contenues dans le système, soit une altération du fonctionnement de ce système, la peine est de cinq ans d'emprisonnement et de 150 000 € d'amende.

Lorsque les infractions prévues aux deux premiers alinéas ont été commises à l'encontre d'un système de traitement automatisé de données à caractère personnel mis en œuvre par l'Etat, la peine est portée à sept ans d'emprisonnement et à 300 000 € d'amende.

Article 323-2

Le fait d'entraver ou de fausser le fonctionnement d'un système de traitement automatisé de données est puni de cinq ans d'emprisonnement et de 150 000 € d'amende.

Lorsque cette infraction a été commise à l'encontre d'un système de traitement automatisé de données à caractère personnel mis en œuvre par l'Etat, la peine est portée à sept ans d'emprisonnement et à 300 000 € d'amende.

Article 323-3

Le fait d'introduire frauduleusement des données dans un système de traitement automatisé, d'extraire, de détenir, de reproduire, de transmettre, de supprimer ou de modifier frauduleusement les données qu'il contient est puni de cinq ans d'emprisonnement et de 150 000 € d'amende.
Lorsque cette infraction a été commise à l'encontre d'un système de traitement automatisé de données à caractère personnel mis en œuvre par l'Etat, la peine est portée à sept ans d'emprisonnement et à 300 000 € d'amende.

Article 323-3-1

Le fait, sans motif légitime, notamment de recherche ou de sécurité informatique, d'importer, de détenir, d'offrir, de céder ou de mettre à disposition un équipement, un instrument, un programme informatique ou toute donnée conçus ou spécialement adaptés pour commettre une ou plusieurs des infractions prévues par les articles 323-1 à 323-3 est puni des peines prévues respectivement pour l'infraction elle-même ou pour l'infraction la plus sévèrement réprimée.

Article 323-3-2

I.-Le fait, pour une personne dont l'activité consiste à fournir un service de plateforme en ligne mentionné au 4 du I de l'article 6 de la loi n° 2004-575 du 21 juin 2004 pour la confiance dans l'économie numérique qui restreint l'accès à ce service aux personnes utilisant des techniques d'anonymisation des connexions ou qui ne respecte pas les obligations mentionnées au V du même article 6 ou celles mentionnées aux articles 15,16 et 18 du règlement (UE) 2022/2065 du Parlement européen et du Conseil du 19 octobre 2022 relatif à un marché unique des services numériques et modifiant la directive 2000/31/ CE (règlement sur les services numériques), de permettre sciemment la cession de produits, de contenus ou de services dont la cession, l'offre, l'acquisition ou la détention sont manifestement illicites est puni de sept ans d'emprisonnement et de 500 000 euros d'amende.

II.-Est puni des peines prévues au I du présent article le fait de proposer, par l'intermédiaire d'un fournisseur de plateformes en ligne ou au soutien de transactions qu'elles permettent, des prestations d'intermédiation ou de séquestre qui ont pour objet unique ou principal de mettre en œuvre, de dissimuler ou de faciliter les opérations mentionnées au même I.

III.-Les infractions prévues aux I et II sont punies de dix ans d'emprisonnement et de un million d'euros d'amende lorsqu'elles sont commises en bande organisée.

IV.-La tentative des infractions prévues aux I, II et III est punie des mêmes peines.

Article 323-4

La participation à un groupement formé ou à une entente établie en vue de la préparation, caractérisée par un ou plusieurs faits matériels, d'une ou de plusieurs des infractions prévues par les articles 323-1 à 323-3-1 est punie des peines prévues pour l'infraction elle-même ou pour l'infraction la plus sévèrement réprimée.

Article 323-4-1

Lorsque les infractions prévues aux articles 323-1 à 323-3-1 ont été commises en bande organisée, la peine est portée à dix ans d'emprisonnement et à 300 000 € d'amende.

Article 323-4-2

Lorsque les infractions prévues aux articles 323-1 à 323-3-1 ont pour effet d'exposer autrui à un risque immédiat de mort ou de blessures de nature à entraîner une mutilation ou une infirmité permanente ou de faire obstacle aux secours destinés à faire échapper une personne à un péril imminent ou à combattre un sinistre présentant un danger pour la sécurité des personnes, la peine est portée à dix ans d'emprisonnement et à 300 000 € d'amende.

Article 323-5

Les personnes physiques coupables des délits prévus au présent chapitre encourent également les peines complémentaires suivantes :

1° L'interdiction, pour une durée de cinq ans au plus, des droits civiques, civils et de famille, suivant les modalités de l'article 131-26 ;

2° L'interdiction, pour une durée de cinq ans au plus, d'exercer une fonction publique ou d'exercer l'activité professionnelle ou sociale dans l'exercice de laquelle ou à l'occasion de laquelle l'infraction a été commise ;

3° La confiscation de la chose qui a servi ou était destinée à commettre l'infraction ou de la chose qui en est le produit, à l'exception des objets susceptibles de restitution ;

4° La fermeture, pour une durée de cinq ans au plus, des établissements ou de l'un ou de plusieurs des établissements de l'entreprise ayant servi à commettre les faits incriminés ;

5° L'exclusion, pour une durée de cinq ans au plus, des marchés publics ;

6° L'interdiction, pour une durée de cinq ans au plus, d'émettre des chèques autres que ceux qui permettent le retrait de fonds par le tireur auprès du tiré ou ceux qui sont certifiés ;

7° L'affichage ou la diffusion de la décision prononcée dans les conditions prévues par l'article 131-35.

Article 323-6

Les personnes morales déclarées responsables pénalement, dans les conditions prévues par l'article 121-2, des infractions définies au présent chapitre encourent, outre l'amende suivant les modalités prévues par l'article 131-38, les peines prévues par l'article 131-39.

L'interdiction mentionnée au 2° de l'article 131-39 porte sur l'activité dans l'exercice ou à l'occasion de l'exercice de laquelle l'infraction a été commise.

Article 323-7

La tentative des délits prévus par les articles 323-1 à 323-3-1 est punie des mêmes peines.

Article 323-8

Le présent chapitre n'est pas applicable aux mesures mises en œuvre, par les agents habilités des services de l'Etat désignés par arrêté du Premier ministre parmi les services spécialisés de renseignement mentionnés à l'article L. 811-2 du code de la sécurité intérieure, pour assurer hors du territoire national la protection des intérêts fondamentaux de la Nation mentionnés à l'article L. 811-3 du même code.

Chapitre IV : Du blanchiment

Section 1 : Du blanchiment simple et du blanchiment aggravé

Article 324-1

Le blanchiment est le fait de faciliter, par tout moyen, la justification mensongère de l'origine des biens ou des revenus de l'auteur d'un crime ou d'un délit ayant procuré à celui-ci un profit direct ou indirect. Quels que soient les faits matériels qui le caractérisent, il est réputé occulte au sens de l'article 9-1 du code de procédure pénale.

Constitue également un blanchiment le fait d'apporter un concours à une opération de placement, de dissimulation ou de conversion du produit direct ou indirect d'un crime ou d'un délit.

Le blanchiment est puni de cinq ans d'emprisonnement et de 375 000 euros d'amende.

Article 324-1-1

Pour l'application de l'article 324-1, les biens ou les revenus sont présumés être le produit direct ou indirect d'un crime ou d'un délit dès lors que les conditions matérielles, juridiques ou financières de l'opération de placement, de dissimulation ou de conversion ne peuvent avoir d'autre justification que de dissimuler l'origine ou le bénéficiaire effectif de ces biens ou revenus.

Cette présomption s'applique à toute opération effectuée, dans les conditions prévues au premier alinéa du présent article, au moyen d'un crypto-actif comportant une fonction d'anonymisation intégrée ou au moyen de tout type de compte ou de technique permettant l'anonymisation ou l'opacification des opérations en crypto-actifs.

Article 324-2

Le blanchiment est puni de dix ans d'emprisonnement et de 750 000 euros d'amende :

1° Lorsqu'il est commis de façon habituelle ou en utilisant les facilités que procure l'exercice d'une activité professionnelle ;

2° Lorsqu'il est commis en bande organisée.

Article 324-3

Les peines d'amende mentionnées aux articles 324-1 et 324-2 peuvent être élevées jusqu'à la moitié de la valeur des biens ou des fonds sur lesquels ont porté les opérations de blanchiment.

Article 324-4

Lorsque le crime ou le délit dont proviennent les biens et les fonds sur lesquels ont porté les opérations de blanchiment est puni d'une peine privative de liberté d'une durée supérieure à celle de l'emprisonnement encouru en application des articles 324-1 ou 324-2, le blanchiment est puni des peines attachées à l'infraction dont son auteur a eu connaissance et, si cette infraction est accompagnée de circonstances aggravantes, des peines attachées aux seules circonstances dont il a eu connaissance.

Article 324-5

Le blanchiment est assimilé, au regard de la récidive, à l'infraction à l'occasion de laquelle ont été commises les opérations de blanchiment.

Article 324-6

La tentative des délits prévus à la présente section est punie des mêmes peines.

Article 324-6-1

Toute personne qui a tenté de commettre les infractions prévues à la présente section est exempte de peine si, ayant averti l'autorité administrative ou judiciaire, elle a permis d'éviter la réalisation de l'infraction.

La peine privative de liberté encourue par l'auteur ou le complice d'une des infractions prévues à la présente section est réduite des deux tiers si, ayant averti l'autorité administrative ou judiciaire, il a permis de faire cesser l'infraction ou d'identifier, le cas échéant, les autres auteurs ou complices.

Section 2 : Peines complémentaires applicables aux personnes physiques et responsabilité pénale des personnes morales

Article 324-7

Les personnes physiques coupables des infractions définies aux articles 324-1 et 324-2 encourent également les peines complémentaires suivantes :

1° L'interdiction, suivant les modalités prévues par l'article 131-27, soit d'exercer une fonction publique ou d'exercer l'activité professionnelle ou sociale dans l'exercice ou à l'occasion de l'exercice de laquelle l'infraction a été commise, cette interdiction étant définitive ou provisoire dans le cas prévu à l'article 324-2 et pour une durée de cinq ans au plus dans le cas prévu à l'article 324-1, soit d'exercer une profession commerciale ou industrielle, de diriger, d'administrer, de gérer ou de contrôler à un titre quelconque, directement ou indirectement, pour son propre compte ou pour le compte d'autrui, une entreprise commerciale ou industrielle ou une société commerciale. Ces interdictions d'exercice peuvent être prononcées cumulativement ;

2° L'interdiction de détenir ou de porter, pour une durée de cinq ans au plus, une arme soumise à autorisation ;

3° L'interdiction, pour une durée de cinq ans au plus, d'émettre des chèques autres que ceux qui permettent le retrait de fonds par le tireur auprès du tiré ou ceux qui sont certifiés et d'utiliser les cartes de paiement ;

4° La suspension, pour une durée de cinq ans au plus, du permis de conduire, cette suspension pouvant être limitée à la conduite en dehors de l'activité professionnelle ;

5° L'annulation du permis de conduire avec l'interdiction de solliciter la délivrance d'un nouveau permis pendant cinq ans au plus ;

6° La confiscation d'un ou plusieurs véhicules appartenant au condamné ;

7° La confiscation d'une ou plusieurs armes dont le condamné est le propriétaire ou dont il a la libre disposition ;

8° La confiscation de la chose qui a servi ou était destinée à commettre l'infraction ou de la chose qui en est le produit, à l'exception des objets susceptibles de restitution et sous réserve du treizième alinéa de l'article 131-21 ;

9° L'interdiction, suivant les modalités prévues aux articles 131-26 et 131-26-1, des droits civiques, civils et de famille ;

10° L'interdiction de séjour suivant les modalités prévues par l'article 131-31 ;

11° L'interdiction, pour une durée de cinq ans au plus, de quitter le territoire de la République ;

12° La confiscation de tout ou partie des biens du condamné ou, sous réserve des droits du propriétaire de bonne foi, dont il a la libre disposition, quelle qu'en soit la nature, meubles ou immeubles, divis ou indivis.

Article 324-9

Les personnes morales déclarées responsables pénalement, dans les conditions prévues par l'article 121-2, des infractions définies aux articles 324-1 et 324-2 encourent, outre l'amende suivant les modalités prévues par l'article 131-38, les peines prévues par l'article 131-39 ainsi que la confiscation de tout ou partie de leurs biens ou, sous réserve des droits du propriétaire de bonne foi, de ceux dont elles ont la libre disposition, quelle qu'en soit la nature, meubles ou immeubles, divis ou indivis.

L'interdiction mentionnée au 2° de l'article 131-39 porte sur l'activité dans l'exercice ou à l'occasion de l'exercice de laquelle l'infraction a été commise.

Livre IV : Des crimes et délits contre la nation, l'Etat et la paix publique

Titre Ier : Des atteintes aux intérêts fondamentaux de la nation

Article 410-1

Les intérêts fondamentaux de la nation s'entendent au sens du présent titre de son indépendance, de l'intégrité de son territoire, de sa sécurité, de la forme républicaine de ses institutions, des moyens de sa défense et de sa diplomatie, de la sauvegarde de sa population en France et à l'étranger, de l'équilibre de son milieu naturel et de son environnement et des éléments essentiels de son potentiel scientifique et économique, notamment agricole, et de son patrimoine culturel.

Chapitre Ier : De la trahison et de l'espionnage

Article 411-1

Les faits définis par les articles 411-2 à 411-11 constituent la trahison lorsqu'ils sont commis par un Français ou un militaire au service de la France et l'espionnage lorsqu'ils sont commis par toute autre personne.

Section 1 : De la livraison de tout ou partie du territoire national, de forces armées ou de matériel à une puissance étrangère

Article 411-2

Le fait de livrer à une puissance étrangère, à une organisation étrangère ou sous contrôle étranger ou à leurs agents soit des troupes appartenant aux forces armées françaises, soit tout ou partie du territoire national est puni de la détention criminelle à perpétuité et de 750 000 euros d'amende.

Les deux premiers alinéas de l'article 132-23 relatif à la période de sûreté sont applicables au crime prévu par le présent article.

Article 411-3

Le fait de livrer à une puissance étrangère, à une entreprise ou une organisation étrangère ou sous contrôle étranger ou à leurs agents des matériels, constructions, équipements, installations, appareils affectés à la défense nationale est puni de trente ans de détention criminelle et de 450 000 euros d'amende.

Section 2 : Des intelligences avec une puissance étrangère

Article 411-4

Le fait d'entretenir des intelligences avec une puissance étrangère, avec une entreprise ou organisation étrangère ou sous contrôle étranger ou avec leurs agents, en vue de susciter des hostilités ou des actes d'agression contre la France, est puni de trente ans de détention criminelle et de 450 000 euros d'amende.

Est puni des mêmes peines le fait de fournir à une puissance étrangère, à une entreprise ou une organisation étrangère ou sous contrôle étranger ou à leurs agents les moyens d'entreprendre des hostilités ou d'accomplir des actes d'agression contre la France.

Article 411-5

Le fait d'entretenir des intelligences avec une puissance étrangère, avec une entreprise ou organisation étrangère ou sous contrôle étranger ou avec leurs agents, lorsqu'il est de nature à porter atteinte aux intérêts fondamentaux de la nation, est puni de dix ans d'emprisonnement et de 150 000 euros d'amende.

Section 3 : De la livraison d'informations à une puissance étrangère

Article 411-6

Le fait de livrer ou de rendre accessibles à une puissance étrangère, à une entreprise ou organisation étrangère ou sous contrôle étranger ou à leurs agents des renseignements, procédés, objets, documents, données informatisées ou fichiers dont l'exploitation, la divulgation ou la réunion est de nature à porter atteinte aux intérêts fondamentaux de la nation est puni de quinze ans de détention criminelle et de 225 000 euros d'amende.

Article 411-7

Le fait de recueillir ou de rassembler, en vue de les livrer à une puissance étrangère, à une entreprise ou organisation étrangère ou sous contrôle étranger ou à leurs agents, des renseignements, procédés, objets, documents, données informatisées ou fichiers dont l'exploitation, la divulgation ou la réunion est de nature à porter atteinte aux intérêts fondamentaux de la nation est puni de dix ans d'emprisonnement et de 150 000 euros d'amende.

Article 411-8

Le fait d'exercer, pour le compte d'une puissance étrangère, d'une entreprise ou organisation étrangère ou sous contrôle étranger ou de leurs agents, une activité ayant pour but l'obtention ou la livraison de dispositifs, renseignements, procédés, objets, documents, données informatisées ou fichiers dont l'exploitation, la divulgation ou la réunion est de nature à porter atteinte aux intérêts fondamentaux de la nation est puni de dix ans d'emprisonnement et de 150 000 euros d'amende.

Section 4 : Du sabotage

Article 411-9

Le fait de détruire, détériorer ou détourner tout document, matériel, construction, équipement, installation, appareil, dispositif technique ou système de traitement automatisé d'informations ou d'y apporter des malfaçons, lorsque ce fait est de nature à porter atteinte aux intérêts fondamentaux de la nation, est puni de quinze ans de détention criminelle et de 225 000 euros d'amende.

Lorsqu'il est commis dans le but de servir les intérêts d'une puissance étrangère, d'une entreprise ou organisation étrangère ou sous contrôle étranger, le même fait est puni de vingt ans de détention criminelle et de 300 000 euros d'amende.

Section 5 : De la fourniture de fausses informations

Article 411-10

Le fait de fournir, en vue de servir les intérêts d'une puissance étrangère, d'une entreprise ou organisation étrangère ou sous contrôle étranger, aux autorités civiles ou militaires de la France des informations fausses de nature à les induire en erreur et à porter atteinte aux intérêts fondamentaux de la nation est puni de sept ans d'emprisonnement et de 100 000 euros d'amende.

Section 6 : De la provocation aux crimes prévus au présent chapitre

Article 411-11

Le fait, par promesses, offres, pressions, menaces ou voies de fait, de provoquer directement à commettre l'un des crimes prévus au présent chapitre, lorsque la provocation n'est pas suivie d'effet en raison de circonstances indépendantes de la volonté de son auteur, est puni de sept ans d'emprisonnement et de 100 000 euros d'amende.

Section 7 : Des atteintes aux biens et aux personnes commises pour le compte d'une puissance étrangère

Article 411-12

Lorsqu'un crime ou un délit prévu au titre II du livre II ou au titre Ier et aux chapitres II et III du titre II du livre III est commis dans le but de servir les intérêts d'une puissance étrangère ou d'une entreprise ou d'une organisation étrangère ou sous contrôle étranger, le maximum de la peine privative de liberté est relevé ainsi qu'il suit :

1° Il est porté à la réclusion criminelle à perpétuité lorsque l'infraction est punie de trente ans de réclusion criminelle ;

2° Il est porté à trente ans de réclusion criminelle lorsque l'infraction est punie de vingt ans de réclusion criminelle ;

3° Il est porté à vingt ans de réclusion criminelle lorsque l'infraction est punie de quinze ans de réclusion criminelle ;

4° Il est porté à quinze ans de réclusion criminelle lorsque l'infraction est punie de dix ans d'emprisonnement ;

5° Il est porté à dix ans d'emprisonnement lorsque l'infraction est punie de sept ans d'emprisonnement ;

6° Il est porté à sept ans d'emprisonnement lorsque l'infraction est punie de cinq ans d'emprisonnement ;

7° Il est porté au double lorsque l'infraction est punie de trois ans d'emprisonnement au plus.

Chapitre II : Des autres atteintes aux institutions de la République ou à l'intégrité du territoire national

Section 1 : De l'attentat et du complot

Article 412-1

Constitue un attentat le fait de commettre un ou plusieurs actes de violence de nature à mettre en péril les institutions de la République ou à porter atteinte à l'intégrité du territoire national.

L'attentat est puni de trente ans de détention criminelle et de 450 000 euros d'amende.

Les peines sont portées à la détention criminelle à perpétuité et à 750 000 euros d'amende lorsque l'attentat est commis par une personne dépositaire de l'autorité publique.

Les deux premiers alinéas de l'article 132-23 relatif à la période de sûreté sont applicables à l'infraction prévue au présent article.

Article 412-2

Constitue un complot la résolution arrêtée entre plusieurs personnes de commettre un attentat lorsque cette résolution est concrétisée par un ou plusieurs actes matériels.

Le complot est puni de dix ans d'emprisonnement et de 150 000 euros d'amende.

Les peines sont portées à vingt ans de détention criminelle et à 300 000 euros d'amende lorsque l'infraction est commise par une personne dépositaire de l'autorité publique.

Section 2 : Du mouvement insurrectionnel

Article 412-3

Constitue un mouvement insurrectionnel toute violence collective de nature à mettre en péril les institutions de la République ou à porter atteinte à l'intégrité du territoire national.

Article 412-4

Est puni de quinze ans de détention criminelle et de 225 000 euros d'amende le fait de participer à un mouvement insurrectionnel :

1° En édifiant des barricades, des retranchements ou en faisant tous travaux ayant pour objet d'empêcher ou d'entraver l'action de la force publique ;

2° En occupant à force ouverte ou par ruse ou en détruisant tout édifice ou installation ;

3° En assurant le transport, la subsistance ou les communications des insurgés ;

4° En provoquant à des rassemblements d'insurgés, par quelque moyen que ce soit ;

5° En étant, soi-même, porteur d'une arme ;

6° En se substituant à une autorité légale.

Article 412-5

Est puni de vingt ans de détention criminelle et de 300 000 euros d'amende le fait de participer à un mouvement insurrectionnel :

1° En s'emparant d'armes, de munitions, de substances explosives ou dangereuses ou de matériels de toute espèce soit à l'aide de violences ou de menaces, soit par le pillage, soit en désarmant la force publique ;

2° En procurant aux insurgés des armes, des munitions ou des substances explosives ou dangereuses.

Article 412-6

Le fait de diriger ou d'organiser un mouvement insurrectionnel est puni de la détention criminelle à perpétuité et de 750 000 euros d'amende.

Section 3 : De l'usurpation de commandement, de la levée de forces armées et de la provocation à s'armer illégalement

Article 412-7

Est puni de trente ans de détention criminelle et de 450 000 euros d'amende le fait :

1° Sans droit ou sans autorisation, de prendre un commandement militaire quelconque ou de le retenir contre l'ordre des autorités légales ;

2° De lever des forces armées, sans ordre ou sans autorisation des autorités légales.

Article 412-8

Le fait de provoquer à s'armer contre l'autorité de l'Etat ou contre une partie de la population est puni de cinq ans d'emprisonnement et de 75 000 euros d'amende.

Lorsque la provocation est suivie d'effet, les peines sont portées à trente ans de détention criminelle et à 450 000 euros d'amende.

Lorsque la provocation est commise par la voie de la presse écrite ou audiovisuelle, les dispositions particulières des lois qui régissent ces matières sont applicables en ce qui concerne la détermination des personnes responsables.

Chapitre III : Des autres atteintes à la défense nationale

Section 1 : Des atteintes à la sécurité des forces armées et aux zones protégées intéressant la défense nationale

Article 413-1

Le fait, en vue de nuire à la défense nationale, de provoquer des militaires appartenant aux forces armées françaises à passer au service d'une puissance étrangère est puni de dix ans d'emprisonnement et de 150 000 euros d'amende.

Article 413-2

Le fait, en vue de nuire à la défense nationale, d'entraver le fonctionnement normal du matériel militaire est puni de cinq ans d'emprisonnement et de 75 000 euros d'amende.

Est puni des mêmes peines le fait, en vue de nuire à la défense nationale, d'entraver le mouvement de personnel ou de matériel militaire.

Article 413-3

Le fait, en vue de nuire à la défense nationale, de provoquer à la désobéissance par quelque moyen que ce soit des militaires ou des assujettis affectés à toute forme du service national est puni de cinq ans d'emprisonnement et de 75 000 euros d'amende.

Lorsque la provocation est commise par la voie de la presse écrite ou audiovisuelle, les dispositions particulières des lois qui régissent ces matières sont applicables en ce qui concerne la détermination des personnes responsables.

Article 413-4

Le fait de participer à une entreprise de démoralisation de l'armée en vue de nuire à la défense nationale est puni de cinq ans d'emprisonnement et de 75 000 euros d'amende.

Lorsque l'infraction est commise par la voie de la presse écrite ou audiovisuelle, les dispositions particulières des lois qui régissent ces matières sont applicables en ce qui concerne la détermination des personnes responsables.

Article 413-5

Le fait, sans autorisation des autorités compétentes, de s'introduire frauduleusement sur un terrain, dans un port, dans une construction ou dans un engin ou appareil quelconque affecté à l'autorité militaire ou placé sous son contrôle est puni d'un an d'emprisonnement et de 15 000 euros d'amende.

Article 413-6

Le fait, en vue de nuire à la défense nationale, d'entraver le fonctionnement normal des services, établissements ou entreprises, publics ou privés, intéressant la défense nationale, est puni de trois ans d'emprisonnement et de 45 000 euros d'amende.

Article 413-7

Est puni de six mois d'emprisonnement et de 7 500 euros d'amende le fait, dans les services, établissements ou entreprises, publics ou privés, intéressant la défense nationale, de s'introduire, sans autorisation, à l'intérieur des locaux et terrains clos dans lesquels la libre circulation est interdite et qui sont délimités pour assurer la protection des installations, du matériel ou du secret des recherches, études ou fabrications.

Un décret en Conseil d'Etat détermine, d'une part, les conditions dans lesquelles il est procédé à la délimitation des locaux et terrains visés à l'alinéa précédent et, d'autre part, les conditions dans lesquelles les autorisations d'y pénétrer peuvent être délivrées.

Article 413-8

La tentative des délits prévus aux articles 413-2 et 413-5 à 413-7 est punie des mêmes peines.

Section 2 : Des atteintes au secret de la défense nationale

Article 413-9

Présentent un caractère de secret de la défense nationale au sens de la présente section les procédés, objets, documents, informations, réseaux informatiques, données informatisées ou fichiers intéressant la défense nationale qui ont fait l'objet de mesures de classification destinées à restreindre leur diffusion ou leur accès.

Peuvent faire l'objet de telles mesures les procédés, objets, documents, informations, réseaux informatiques, données informatisées ou fichiers dont la divulgation ou auxquels l'accès est de nature à nuire à la défense nationale ou pourrait conduire à la découverte d'un secret de la défense nationale.

Les niveaux de classification des procédés, objets, documents, informations, réseaux informatiques, données informatisées ou fichiers présentant un caractère de secret de la défense nationale et les autorités chargées de définir les modalités selon lesquelles est organisée leur protection sont déterminés par décret en Conseil d'Etat.

Article 413-10

Est puni de sept ans d'emprisonnement et de 100 000 euros d'amende le fait, par toute personne dépositaire, soit par état ou profession, soit en raison d'une fonction ou d'une mission temporaire ou permanente, d'un procédé, objet, document, information, réseau informatique, donnée informatisée ou fichier qui a un caractère de secret de la défense nationale, soit de le détruire, détourner, soustraire ou de le reproduire, soit d'en donner l'accès à une personne non qualifiée ou de le porter à la connaissance du public ou d'une personne non qualifiée.

Est puni des mêmes peines le fait, par la personne dépositaire, d'avoir laissé accéder à, détruire, détourner, soustraire, reproduire ou divulguer le procédé, objet, document, information, réseau informatique, donnée informatisée ou fichier visé à l'alinéa précédent.

Lorsque la personne dépositaire a agi par imprudence ou négligence, l'infraction est punie de trois ans d'emprisonnement et de 45 000 euros d'amende.

Article 413-11

Est puni de cinq ans d'emprisonnement et de 75 000 euros d'amende le fait, par toute personne non visée à l'article 413-10 de :

1° S'assurer la possession, accéder à, ou prendre connaissance d'un procédé, objet, document, information, réseau informatique, donnée informatisée ou fichier qui présente le caractère d'un secret de la défense nationale ;

2° Détruire, soustraire ou reproduire, de quelque manière que ce soit, un tel procédé, objet, document, information, réseau informatique, donnée informatisée ou fichier ;

3° Porter à la connaissance du public ou d'une personne non qualifiée un tel procédé, objet, document, information, réseau informatique, donnée informatisée ou fichier.

Article 413-12

La tentative des délits prévus au premier alinéa de l'article 413-10 et à l'article 413-11 est punie des mêmes peines.

Section 3 : Des atteintes à certains services ou unités spécialisés

---

Article 413-13

La révélation de toute information qui pourrait conduire, directement ou indirectement, à la découverte de l'usage, en application de l'article L. 861-2 du code de la sécurité intérieure, d'une identité d'emprunt ou d'une fausse qualité, de l'identité réelle d'un agent d'un service mentionné à l'article L. 811-2 du même code ou d'un service désigné par le décret en Conseil d'Etat prévu à l'article L. 811-4 dudit code ou de son appartenance à l'un de ces services est punie de cinq ans d'emprisonnement et de 75 000 € d'amende.

Lorsque cette révélation a causé une atteinte à l'intégrité physique ou psychique à l'encontre de ces personnes ou de leur conjoint ou partenaire lié par un pacte civil de solidarité ou de leurs descendants ou ascendants directs, les peines sont portées à sept ans d'emprisonnement et à 100 000 € d'amende.

Lorsque cette révélation a causé la mort de ces personnes ou de leur conjoint ou partenaire lié par un pacte civil de solidarité ou de leurs descendants ou ascendants directs, les peines sont portées à dix ans d'emprisonnement et à 150 000 € d'amende, sans préjudice, le cas échéant, de l'application du chapitre Ier du titre II du livre II.

La révélation, commise par imprudence ou par négligence, par une personne dépositaire soit par état ou profession, soit en raison d'une fonction ou d'une mission temporaire ou permanente, de l'information mentionnée au premier alinéa est punie de trois ans d'emprisonnement et de 45 000 € d'amende.

Le présent article est applicable à la révélation de toute information qui pourrait conduire, directement ou indirectement, à l'identification réelle ou supposée d'une personne comme source ou collaborateur d'un service mentionné au premier alinéa du présent article.

Article 413-14

La révélation ou la divulgation, par quelque moyen que ce soit, de toute information qui pourrait conduire, directement ou indirectement, à l'identification d'une personne comme membre des unités des forces spéciales désignées par arrêté du ministre de la défense ou des unités d'intervention spécialisées dans la lutte contre le terrorisme désignées par arrêté du ministre de l'intérieur est punie de cinq ans d'emprisonnement et de 75 000 € d'amende.

Les deuxième à avant-dernier alinéas de l'article 413-13 sont applicables à cette révélation ou à cette divulgation.

Chapitre IV : Dispositions particulières

Article 414-1

En cas d'état de siège ou d'urgence déclaré, ou en cas de mobilisation générale ou de mise en garde décidée par le Gouvernement, les infractions prévues par les articles 413-1 à 413-3 sont punies de trente ans de détention criminelle et de 450 000 euros d'amende et l'infraction prévue par l'article 413-6 est punie de sept ans d'emprisonnement et de 100 000 euros d'amende.

Dans les cas visés à l'alinéa qui précède, le fait, en vue de nuire à la défense nationale, de provoquer à commettre les infractions prévues par l'article 413-2 est puni de dix ans d'emprisonnement et de 150 000 euros d'amende et l'infraction prévue par l'article 413-6 de cinq ans d'emprisonnement et de 75 000 euros d'amende.

Article 414-2

Toute personne qui a tenté de commettre l'une des infractions prévues par les articles 411-2, 411-3, 411-6, 411-9 et 412-1 sera exempte de peine si, ayant averti l'autorité administrative ou judiciaire, elle a permis d'éviter que l'infraction ne se réalise et d'identifier, le cas échéant, les autres coupables.

Article 414-3

Toute personne ayant participé au complot défini par l'article 412-2 sera exempte de peine si elle a, avant toute poursuite, révélé le complot aux autorités compétentes et permis l'identification des autres participants.

Article 414-4

La peine privative de liberté encourue par l'auteur ou le complice des infractions prévues par les articles 411-4, 411-5, 411-7, 411-8 et 412-6 est réduite de deux tiers si, ayant averti les autorités administratives ou judiciaires, il a permis de faire cesser les agissements incriminés ou d'éviter que l'infraction n'entraîne mort d'homme ou infirmité permanente ou d'identifier, le cas échéant, les autres coupables.

Lorsque la peine encourue est la détention criminelle à perpétuité, celle-ci est ramenée à vingt ans de détention criminelle.

Article 414-5

Les personnes physiques coupables des crimes et des délits prévus au présent titre encourent également les peines complémentaires suivantes :

1° L'interdiction des droits civiques, civils et de famille suivant les modalités prévues par l'article 131-26 ;

2° L'interdiction, suivant les modalités prévues par l'article 131-27, soit d'exercer une fonction publique ou d'exercer l'activité professionnelle ou sociale dans l'exercice ou à l'occasion de l'exercice de laquelle l'infraction a été commise, soit, pour les crimes prévus par les articles 411-2, 411-3, 411-4, 411-6, 411-9, 412-1, le dernier alinéa de l'article 412-2, les articles 412-4, 412-5, 412-6, 412-7, le deuxième alinéa de l'article 412-8 et le premier alinéa de l'article

414-1, d'exercer une profession commerciale ou industrielle, de diriger, d'administrer, de gérer ou de contrôler à un titre quelconque, directement ou indirectement, pour son propre compte ou pour le compte d'autrui, une entreprise commerciale ou industrielle ou une société commerciale. Ces interdictions d'exercice peuvent être prononcées cumulativement ;

3° La confiscation de la chose qui a servi ou était destinée à commettre l'infraction ou de la chose qui en est le produit, à l'exception des objets susceptibles de restitution ;

4° L'interdiction de séjour, suivant les modalités prévues par l'article 131-31.

Article 414-7

Les personnes morales déclarées responsables pénalement, dans les conditions prévues par l'article 121-2, des infractions définies au présent titre encourent, outre l'amende suivant les modalités prévues par l'article 131-38, les peines prévues par l'article 131-39.

L'interdiction mentionnée au 2° de l'article 131-39 porte sur l'activité dans l'exercice ou à l'occasion de l'exercice de laquelle l'infraction a été commise.

Article 414-8

Les dispositions des articles 411-1 à 411-11 et 413-1 à 413-12 sont applicables aux actes mentionnés par ces dispositions qui seraient commis au préjudice :

1° Des puissances signataires du traité de l'Atlantique Nord ;

2° De l'organisation du traité de l'Atlantique Nord.

Article 414-9

Les dispositions des articles 411-6 à 411-11 et 413-9 à 413-12 sont applicables :

1° Aux informations échangées en vertu d'un accord de sécurité relatif à la protection des informations classifiées conclu entre la France et un ou des Etats étrangers ou une organisation internationale, régulièrement approuvé et publié ;

2° Aux informations échangées entre la France et une institution ou un organe de l'Union européenne et classifiées en vertu des règlements de sécurité de ces derniers qui ont fait l'objet d'une publication au Journal officiel de l'Union européenne.

Titre II : Du terrorisme

Chapitre Ier : Des actes de terrorisme

Article 421-1

Constituent des actes de terrorisme, lorsqu'elles sont intentionnellement en relation avec une entreprise individuelle ou collective ayant pour but de troubler gravement l'ordre public par l'intimidation ou la terreur, les infractions suivantes :

1° Les atteintes volontaires à la vie, les atteintes volontaires à l'intégrité de la personne, l'enlèvement et la séquestration ainsi que le détournement d'aéronef, de navire ou de tout autre moyen de transport, définis par le livre II du présent code ;

2° Les vols, les extorsions, les destructions, dégradations et détériorations, ainsi que les infractions en matière informatique définis par le livre III du présent code ;

3° Les infractions en matière de groupes de combat et de mouvements dissous définies par les articles 431-13 à 431-17 et les infractions définies par les articles 434-6 et 441-2 à 441-5 ;

4° Les infractions en matière d'armes, de produits explosifs ou de matières nucléaires définies par les articles 222-52 à 222-54,322-6-1 et 322-11-1 du présent code, le I de l'article L. 1333-9, les articles L. 1333-11 et L. 1333-13-2, le II des articles L. 1333-13-3 et L. 1333-13-4, les articles L. 1333-13-6, L. 2339-2, L. 2339-14, L. 2339-16, L. 2341-1, L. 2341-4, L. 2341-5, L. 2342-57 à L. 2342-62, L. 2353-4, le 1° de l'article L. 2353-5 et l'article L. 2353-13 du code de la défense, ainsi que les articles L. 317-7 et L. 317-8 à l'exception des armes de la catégorie D définies par décret en Conseil d'Etat, du code de la sécurité intérieure ;

5° Le recel du produit de l'une des infractions prévues aux 1° à 4° ci-dessus ;

6° Les infractions de blanchiment prévues au chapitre IV du titre II du livre III du présent code ;

7° Les délits d'initié prévus aux articles L. 465-1 à L. 465-3 du code monétaire et financier.

Article 421-2

Constitue également un acte de terrorisme, lorsqu'il est intentionnellement en relation avec une entreprise individuelle ou collective ayant pour but de troubler gravement l'ordre public par l'intimidation ou la terreur, le fait d'introduire dans l'atmosphère, sur le sol, dans le sous-sol, dans les aliments ou les composants alimentaires ou dans les eaux, y compris celles de la mer territoriale, une substance de nature à mettre en péril la santé de l'homme ou des animaux ou le milieu naturel.

Article 421-2-1

Constitue également un acte de terrorisme le fait de participer à un groupement formé ou à une entente établie en vue de la préparation, caractérisée par un ou plusieurs faits matériels, d'un des actes de terrorisme mentionnés aux articles précédents.

Article 421-2-2

Constitue également un acte de terrorisme le fait de financer une entreprise terroriste en fournissant, en réunissant ou en gérant des fonds, des valeurs ou des biens quelconques ou en donnant des conseils à cette fin, dans l'intention de voir ces fonds, valeurs ou biens utilisés ou en sachant qu'ils sont destinés à être utilisés, en tout ou partie, en vue de commettre l'un quelconque des actes de terrorisme prévus au présent chapitre, indépendamment de la survenance éventuelle d'un tel acte.

Article 421-2-3

Le fait de ne pouvoir justifier de ressources correspondant à son train de vie, tout en étant en relations habituelles avec une ou plusieurs personnes se livrant à l'un ou plusieurs des actes visés aux articles 421-1 à 421-2-2, est puni de sept ans d'emprisonnement et de 100 000 euros d'amende.

Article 421-2-4

Le fait d'adresser à une personne des offres ou des promesses, de lui proposer des dons, présents ou avantages quelconques, de la menacer ou d'exercer sur elle des pressions afin qu'elle participe à un groupement ou une entente prévu à l'article 421-2-1 ou qu'elle commette un des actes de terrorisme mentionnés aux articles 421-1 et 421-2 est puni, même lorsqu'il n'a pas été suivi d'effet, de dix ans d'emprisonnement et de 150 000 € d'amende.

Article 421-2-4-1

Le fait, par une personne ayant autorité sur un mineur, de faire participer ce mineur à un groupement formé ou à une entente établie en vue de la préparation, caractérisée par un ou plusieurs faits matériels, d'un des actes de terrorisme mentionnés aux articles 421-1 et 421-2 est puni de quinze ans de réclusion criminelle et de 225 000 € d'amende.

Lorsque le fait est commis par une personne titulaire de l'autorité parentale sur le mineur, la juridiction de jugement se prononce sur le retrait total ou partiel de l'autorité parentale ou sur le retrait de l'exercice de cette autorité en application des articles 378 et 379-1 du code civil. Elle peut alors statuer sur le retrait de l'autorité parentale ou de l'exercice de cette autorité en ce qu'elle concerne les autres enfants mineurs de cette personne. Si les poursuites ont lieu devant la cour d'assises, celle-ci statue sur cette question sans l'assistance des jurés.

Article 421-2-5

Le fait de provoquer directement à des actes de terrorisme ou de faire publiquement l'apologie de ces actes est puni de cinq ans d'emprisonnement et de 75 000 € d'amende.

Les peines sont portées à sept ans d'emprisonnement et à 100 000 € d'amende lorsque les faits ont été commis en utilisant un service de communication au public en ligne.

Lorsque les faits sont commis par la voie de la presse écrite ou audiovisuelle ou de la communication au public en ligne, les dispositions particulières des lois qui régissent ces matières sont applicables en ce qui concerne la détermination des personnes responsables.

Article 421-2-5-1

Le fait d'extraire, de reproduire et de transmettre intentionnellement des données faisant l'apologie publique d'actes de terrorisme ou provoquant directement à ces actes afin d'entraver, en connaissance de cause, l'efficacité des procédures prévues à l'article 6-1 de la loi n° 2004-575 du 21 juin 2004 pour la confiance dans l'économie numérique ou à l'article 706-23 du code de procédure pénale est puni de cinq ans d'emprisonnement et de 75 000 € d'amende.

Article 421-2-6

I. – Constitue un acte de terrorisme le fait de préparer la commission d'une des infractions mentionnées au II, dès lors que la préparation de ladite infraction est intentionnellement en relation avec une entreprise individuelle ayant pour but de troubler gravement l'ordre public par l'intimidation ou la terreur et qu'elle est caractérisée par :

1° Le fait de détenir, de se procurer, de tenter de se procurer ou de fabriquer des objets ou des substances de nature à créer un danger pour autrui ;

2° Et l'un des autres faits matériels suivants :

a) Recueillir des renseignements sur des lieux ou des personnes permettant de mener une action dans ces lieux ou de porter atteinte à ces personnes ou exercer une surveillance sur ces lieux ou ces personnes ;

b) S'entraîner ou se former au maniement des armes ou à toute forme de combat, à la fabrication ou à l'utilisation de substances explosives, incendiaires, nucléaires, radiologiques, biologiques ou chimiques ou au pilotage d'aéronefs ou à la conduite de navires ;

c) Consulter habituellement un ou plusieurs services de communication au public en ligne ou détenir des documents provoquant directement à la commission d'actes de terrorisme ou en faisant l'apologie ;

d) Avoir séjourné à l'étranger sur un théâtre d'opérations de groupements terroristes.

II. – Le I s'applique à la préparation de la commission des infractions suivantes :

III. – 1° Soit un des actes de terrorisme mentionnés au 1° de l'article 421-1 ;

2° Soit un des actes de terrorisme mentionnés au 2° du même article 421-1, lorsque l'acte préparé consiste en des destructions, dégradations ou détériorations par substances explosives ou incendiaires devant être réalisées dans des circonstances de temps ou de lieu susceptibles d'entraîner des atteintes à l'intégrité physique d'une ou plusieurs personnes ;

3° Soit un des actes de terrorisme mentionnés à l'article 421-2, lorsque l'acte préparé est susceptible d'entraîner des atteintes à l'intégrité physique d'une ou plusieurs personnes.

Article 421-3

Le maximum de la peine privative de liberté encourue pour les infractions mentionnées à l'article 421-1 est relevé ainsi qu'il suit lorsque ces infractions constituent des actes de terrorisme :

1° Il est porté à la réclusion criminelle à perpétuité lorsque l'infraction est punie de trente ans de réclusion criminelle ;

2° Il est porté à trente ans de réclusion criminelle lorsque l'infraction est punie de vingt ans de réclusion criminelle ;

3° Il est porté à vingt ans de réclusion criminelle lorsque l'infraction est punie de quinze ans de réclusion criminelle ;

4° Il est porté à quinze ans de réclusion criminelle lorsque l'infraction est punie de dix ans d'emprisonnement ;

5° Il est porté à dix ans d'emprisonnement lorsque l'infraction est punie de sept ans d'emprisonnement ;

6° Il est porté à sept ans d'emprisonnement lorsque l'infraction est punie de cinq ans d'emprisonnement ;

7° Il est porté au double lorsque l'infraction est punie d'un emprisonnement de trois ans au plus.

Article 421-4

L'acte de terrorisme défini à l'article 421-2 est puni de vingt ans de réclusion criminelle et de 350 000 euros d'amende.

Lorsque cet acte a entraîné la mort d'une ou plusieurs personnes, il est puni de la réclusion criminelle à perpétuité et de 750 000 euros d'amende.

Article 421-5

Les actes de terrorisme définis aux articles 421-2-1 et 421-2-2 sont punis de dix ans d'emprisonnement et de 225 000 euros d'amende.

Le fait de diriger ou d'organiser le groupement ou l'entente défini à l'article 421-2-1 est puni de trente ans de réclusion criminelle et de 500 000 euros d'amende.

La tentative du délit défini à l'article 421-2-2 est punie des mêmes peines.

L'acte de terrorisme défini à l'article 421-2-6 est puni de dix ans d'emprisonnement et de 150 000 € d'amende.

Article 421-6

Les peines sont portées à trente ans de réclusion criminelle et 450 000 euros d'amende lorsque le groupement ou l'entente définie à l'article 421-2-1 a pour objet la préparation :

1° Soit d'un ou plusieurs crimes d'atteintes aux personnes visés au 1° de l'article 421-1 ;

2° Soit d'une ou plusieurs destructions par substances explosives ou incendiaires visées au 2° de l'article 421-1 et devant être réalisées dans des circonstances de temps ou de lieu susceptibles d'entraîner la mort d'une ou plusieurs personnes ;

3° Soit de l'acte de terrorisme défini à l'article 421-2 lorsqu'il est susceptible d'entraîner la mort d'une ou plusieurs personnes.

Le fait de diriger ou d'organiser un tel groupement ou une telle entente est puni de la réclusion criminelle à perpétuité et de 500 000 euros d'amende.

Article 421-7

Les deux premiers alinéas de l'article 132-23 relatif à la période de sûreté sont applicables aux crimes ainsi qu'aux délits punis de dix ans d'emprisonnement prévus au présent chapitre. Toutefois, lorsque le crime prévu au présent chapitre est puni de la réclusion criminelle à perpétuité, la cour d'assises peut, par décision spéciale, soit porter la période de sûreté jusqu'à trente ans, soit, si elle prononce la réclusion criminelle à perpétuité, décider qu'aucune des mesures énumérées au même article 132-23 ne pourra être accordée au condamné. En cas de commutation de la peine, et sauf si le décret de grâce en dispose autrement, la période de sûreté est égale à la durée de la peine résultant de la mesure de grâce.

Article 421-8

Les personnes coupables des infractions définies aux articles 421-1 à 421-6 sont condamnées à un suivi socio-judiciaire selon les modalités prévues aux articles 131-36-1 à 131-36-13.

Toutefois, la juridiction peut, par une décision spécialement motivée, décider de ne pas prononcer cette peine, en considération des circonstances de l'infraction et de la personnalité de son auteur.

Chapitre II : Dispositions particulières

Article 422-1

Toute personne qui a tenté de commettre un acte de terrorisme est exempte de peine si, ayant averti l'autorité administrative ou judiciaire, elle a permis d'éviter la réalisation de l'infraction et d'identifier, le cas échéant, les autres coupables.

Article 422-2

La peine privative de liberté encourue par l'auteur ou le complice d'un acte de terrorisme est réduite des deux tiers si, ayant averti les autorités administratives ou judiciaires, il a permis de faire cesser les agissements incriminés ou d'éviter que l'infraction n'entraîne mort d'homme ou infirmité permanente ou d'identifier, le cas échéant, les autres coupables. Lorsque la peine encourue est la réclusion criminelle à perpétuité, celle-ci est ramenée à vingt ans de réclusion criminelle.

Article 422-3

Les personnes physiques coupables de l'une des infractions prévues par le présent titre encourent également les peines complémentaires suivantes :

1° L'interdiction des droits civiques, civils et de famille, suivant les modalités prévues par l'article 131-26. Toutefois, le maximum de la durée de l'interdiction est porté à quinze ans en cas de crime et à dix ans en cas de délit ;

2° L'interdiction, suivant les modalités prévues par l'article 131-27, soit d'exercer une fonction publique ou d'exercer l'activité professionnelle ou sociale dans l'exercice ou à l'occasion de l'exercice de laquelle l'infraction a été commise, le maximum de la durée de l'interdiction temporaire étant porté à dix ans, soit, pour les crimes prévus par les 1° à 4° de l'article 421-3, l'article 421-4, le deuxième alinéa de l'article 421-5 et l'article 421-6, d'exercer une profession commerciale ou industrielle, de diriger, d'administrer, de gérer ou de contrôler à un titre quelconque, directement ou indirectement, pour son propre compte ou pour le compte d'autrui, une entreprise commerciale ou industrielle ou une société commerciale. Ces interdictions d'exercice peuvent être prononcées cumulativement ;

3° L'interdiction de séjour, suivant les modalités prévues par l'article 131-31. Toutefois, le maximum de la durée de l'interdiction est porté à quinze ans en cas de crime et à dix ans en cas de délit.

Article 422-4

L'interdiction du territoire français est prononcée par la juridiction de jugement dans les conditions prévues à l'article 131-30, soit à titre définitif, soit pour une durée de dix ans au plus, à l'encontre de tout étranger coupable de l'une des infractions définies au présent titre.

Toutefois, la juridiction peut, par une décision spécialement motivée, décider de ne pas prononcer ces peines, en considération des circonstances de l'infraction et de la personnalité de son auteur.

Article 422-5

Les personnes morales déclarées responsables pénalement, dans les conditions prévues par l'article 121-2, des infractions définies au présent titre encourent, outre l'amende suivant les modalités prévues par l'article 131-38, les peines prévues par l'article 131-39.

L'interdiction mentionnée au 2° de l'article 131-39 porte sur l'activité dans l'exercice ou à l'occasion de l'exercice de laquelle l'infraction a été commise.

Article 422-6

Les personnes physiques ou morales reconnues coupables d'actes de terrorisme encourent également la peine complémentaire de confiscation de tout ou partie des biens leur appartenant ou, sous réserve des droits du. propriétaire de bonne foi, dont elles ont la libre disposition, quelle qu'en soit la nature, meubles ou immeubles, divis ou indivis.

Article 422-7

Le produit des sanctions financières ou patrimoniales prononcées à l'encontre des personnes reconnues coupables d'actes de terrorisme est affecté au fonds de garantie des victimes des actes de terrorisme et d'autres infractions.

Titre III : Des atteintes à l'autorité de l'Etat

Chapitre Ier : Des atteintes à la paix publique

Section 1 : Des entraves à l'exercice des libertés d'expression, du travail, d'association, de réunion ou de manifestation

Article 431-1

Le fait d'entraver, d'une manière concertée et à l'aide de menaces, l'exercice de la liberté d'expression, du travail, d'association, de réunion ou de manifestation ou d'entraver le déroulement des débats d'une assemblée parlementaire ou d'un organe délibérant d'une collectivité territoriale est puni d'un an d'emprisonnement et de 15 000 € d'amende.

Le fait d'entraver, d'une manière concertée et à l'aide de menaces, l'exercice de la liberté de création artistique ou de la liberté de la diffusion de la création artistique est puni d'un an d'emprisonnement et de 15 000 euros d'amende.

Le fait d'entraver, d'une manière concertée et à l'aide de menaces, l'exercice de la fonction d'enseignant est puni d'un an d'emprisonnement et de 15 000 euros d'amende.

Le fait d'entraver, d'une manière concertée et à l'aide de coups, violences, voies de fait, destructions ou dégradations au sens du présent code, l'exercice d'une des libertés visées aux alinéas précédents est puni de trois ans d'emprisonnement et de 45 000 euros d'amende.

Article 431-2

Les personnes physiques coupables de l'une des infractions prévues par l'article 431-1 encourent également les peines complémentaires suivantes :

1° L'interdiction des droits civiques, civils et de famille, suivant les modalités prévues par l'article 131-26 ;

2° L'interdiction, suivant les modalités prévues par l'article 131-27, d'exercer une fonction publique ou d'exercer l'activité professionnelle ou sociale dans l'exercice ou à l'occasion de l'exercice de laquelle l'infraction a été commise ;

3° L'interdiction de détenir ou de porter, pour une durée de cinq ans au plus, une arme soumise à autorisation.

Section 2 : De la participation délictueuse à un attroupement

Article 431-3

Constitue un attroupement tout rassemblement de personnes sur la voie publique ou dans un lieu public susceptible de troubler l'ordre public.

Un attroupement peut être dissipé par la force publique après deux sommations de se disperser restées sans effet adressées dans les conditions et selon les modalités prévues par l'article L. 211-9 du code de la sécurité intérieure.

Article 431-4

Le fait, pour celui qui n'est pas porteur d'une arme, de continuer volontairement à participer à un attroupement après les sommations est puni d'un an d'emprisonnement et de 15 000 € d'amende.

L'infraction définie au premier alinéa est punie de trois ans d'emprisonnement et de 45 000 € d'amende lorsque son auteur dissimule volontairement en tout ou partie son visage afin de ne pas être identifié.

Article 431-5

Le fait de participer à un attroupement en étant porteur d'une arme est puni de trois ans d'emprisonnement et de 45 000 € d'amende.

Si la personne armée a continué volontairement à participer à un attroupement après les sommations, la peine est portée à cinq ans d'emprisonnement et à 75 000 € d'amende.

Si la personne armée dissimule volontairement en tout ou partie son visage afin de ne pas être identifiée, la peine est également portée à cinq ans d'emprisonnement et à 75 000 € d'amende.

Article 431-6

La provocation directe à un attroupement armé, manifestée soit par des cris ou discours publics, soit par des écrits affichés ou distribués, soit par tout autre moyen de transmission de l'écrit, de la parole ou de l'image, est punie d'un an d'emprisonnement et de 15 000 euros d'amende.

Lorsque la provocation est suivie d'effet, la peine est portée à sept ans d'emprisonnement et à 100 000 euros d'amende.

Article 431-7

I - Les personnes physiques coupables de l'une des infractions prévues par les articles 431-5 et 431-6 encourent également les peines complémentaires suivantes :

1° L'interdiction des droits civiques, civils et de famille, suivant les modalités prévues par l'article 131-26 ;

2° et 3° (Abrogés) ;

4° L'interdiction de séjour, suivant les modalités prévues par l'article 131-31.

II - En cas de condamnation pour l'une des infractions prévues par les articles 431-5 et 431-6, le prononcé des peines complémentaires suivantes est obligatoire :

1° L'interdiction de détenir ou de porter, pour une durée de cinq ans au plus, une arme soumise à autorisation ;

2° La confiscation d'une ou de plusieurs armes dont le condamné est propriétaire ou dont il a la libre disposition.

Toutefois, la juridiction peut, par une décision spécialement motivée, décider de ne pas prononcer ces peines, en considération des circonstances de l'infraction et de la personnalité de son auteur.

Article 431-8-1

Les articles 393 à 397-7 et 495-7 à 495-15-1 du code de procédure pénale sont applicables aux délits prévus à la présente section.

Section 3 : Des manifestations illicites et de la participation délictueuse à une manifestation ou à une réunion publique

---

Article 431-9

Est puni de six mois d'emprisonnement et de 7 500 euros d'amende le fait :

1° D'avoir organisé une manifestation sur la voie publique n'ayant pas fait l'objet d'une déclaration préalable dans les conditions fixées par la loi ;

2° D'avoir organisé une manifestation sur la voie publique ayant été interdite dans les conditions fixées par la loi ;

3° D'avoir établi une déclaration incomplète ou inexacte de nature à tromper sur l'objet ou les conditions de la manifestation projetée.

Article 431-9-1

Est puni d'un an d'emprisonnement et de 15 000 € d'amende le fait pour une personne, au sein ou aux abords immédiats d'une manifestation sur la voie publique, au cours ou à l'issue de laquelle des troubles à l'ordre public sont commis ou risquent d'être commis, de dissimuler volontairement tout ou partie de son visage sans motif légitime.

Article 431-10

Le fait de participer à une manifestation ou à une réunion publique en étant porteur d'une arme est puni de trois ans d'emprisonnement et de 45 000 euros d'amende.

Article 431-11

I.-Les personnes physiques coupables des infractions prévues à la présente section encourent également les peines complémentaires suivantes :

1° L'interdiction des droits civiques, civils et de famille, suivant les modalités prévues par l'article 131-26 ;

2° L'interdiction de participer à des manifestations sur la voie publique, dans les conditions prévues à l'article 131-32-1 ;

3° (Abrogé) ;

4° L'interdiction de séjour, suivant les modalités prévues par l'article 131-31.

II.-En cas de condamnation pour les infractions prévues à la présente section, le prononcé des peines complémentaires suivantes est obligatoire :

1° L'interdiction de détenir ou de porter, pour une durée de cinq ans au plus, une arme soumise à autorisation ;

2° La confiscation d'une ou de plusieurs armes dont le condamné est propriétaire ou dont il a la libre disposition.

Toutefois, la juridiction peut, par une décision spécialement motivée, décider de ne pas prononcer ces peines, en considération des circonstances de l'infraction et de la personnalité de son auteur.

Section 4 : Des groupes de combat et des mouvements dissous

Article 431-13

Constitue un groupe de combat, en dehors des cas prévus par la loi, tout groupement de personnes détenant ou ayant accès à des armes, doté d'une organisation hiérarchisée et susceptible de troubler l'ordre public.

Article 431-14

Le fait de participer à un groupe de combat est puni de trois ans d'emprisonnement et de 45 000 euros d'amende.

Article 431-15

Le fait de participer au maintien ou à la reconstitution, ouverte ou déguisée, d'une association ou d'un groupement dissous en application de l'article L. 212-1 du code de la sécurité intérieure est puni de trois ans d'emprisonnement et de 45 000 euros d'amende.

Lorsque l'association ou le groupement maintenu ou reconstitué est un groupe de combat au sens de l'article 431-14 du présent code, la peine est portée à cinq ans d'emprisonnement et à 75 000 euros d'amende.

Article 431-16

Le fait d'organiser un groupe de combat est puni de cinq ans d'emprisonnement et de 75 000 euros d'amende.

Article 431-17

Le fait d'organiser le maintien ou la reconstitution, ouverte ou déguisée, d'un groupe de combat dissous en application de la loi du 10 janvier 1936 précitée est puni de sept ans d'emprisonnement et de 100 000 euros d'amende.

Article 431-18

Les personnes physiques coupables des infractions prévues par la présente section encourent également les peines complémentaires suivantes :

1° L'interdiction des droits civiques, civils et de famille, suivant les modalités prévues par l'article 131-26 ;

1° bis L'interdiction de diriger ou administrer une association pendant une durée de trois ans à compter de la date à laquelle la condamnation est devenue définitive ;

2° La diffusion intégrale ou partielle de la décision ou d'un communiqué informant le public des motifs et du dispositif de celle-ci, dans les conditions prévues par l'article 221-10 ;

3° L'interdiction de séjour, suivant les modalités prévues par l'article 131-31.

Article 431-20

Les personnes morales déclarées responsables pénalement, dans les conditions prévues par l'article 121-2, des infractions définies à la présente section encourent, outre l'amende suivant les modalités prévues par l'article 131-38, les peines prévues par l'article 131-39.

L'interdiction mentionnée au 2° de l'article 131-39 porte sur l'activité dans l'exercice ou à l'occasion de l'exercice de laquelle l'infraction a été commise.

Article 431-21

Les personnes physiques ou morales coupables des infractions prévues par la présente section encourent également les peines suivantes :

1° La confiscation des biens mobiliers et immobiliers appartenant à ou utilisés par le groupe de combat ou l'association ou le groupement maintenu ou reconstitué ;

2° La confiscation des uniformes, insignes, emblèmes, armes et tous matériels utilisés ou destinés à être utilisés par le groupe de combat ou par l'association ou le groupement maintenu ou reconstitué.

Section 5 : De l'intrusion dans un établissement d'enseignement scolaire

---

Article 431-22

Le fait de pénétrer ou de se maintenir dans l'enceinte d'un établissement d'enseignement scolaire sans y être habilité en vertu de dispositions législatives ou réglementaires ou y avoir été autorisé par les autorités compétentes, dans le but de troubler la tranquillité ou le bon ordre de l'établissement, est puni d'un an d'emprisonnement et de 7 500 € d'amende.

L'action publique peut être éteinte, dans les conditions prévues aux articles 495-17 à 495-25 du code de procédure pénale, par le versement d'une amende forfaitaire d'un montant de 500 €. Le montant de l'amende forfaitaire minorée est de 400 € et le montant de l'amende forfaitaire majorée est de 1 000 €.

Les dispositions des articles 495-20 et 495-21 du même code relatives à l'exigence d'une consignation préalable à la contestation de l'amende forfaitaire ne sont pas applicables.

Article 431-23

Lorsque le délit prévu à l'article 431-22 est commis en réunion, les peines sont portées à trois ans d'emprisonnement et 45 000 € d'amende.

Article 431-24

Lorsque le délit prévu à l'article 431-22 est commis par une personne porteuse d'une arme, les peines sont portées à trois ans d'emprisonnement et 45 000 € d'amende.

Article 431-25

Lorsque le délit prévu à l'article 431-22 est commis en réunion par une personne porteuse d'une arme, les peines sont portées à cinq ans d'emprisonnement et 75 000 € d'amende.

Article 431-26

I. - Les personnes physiques coupables de l'une des infractions prévues par la présente section encourent également les peines complémentaires suivantes :

1° L'interdiction des droits civiques, civils et de famille, suivant les modalités prévues par l'article 131-26 ;

2° L'interdiction de détenir ou de porter, pour une durée de cinq ans au plus, une arme soumise à autorisation ;

3° Une peine de travail d'intérêt général ;

4° La confiscation d'une ou de plusieurs armes dont le condamné est propriétaire ou dont il a la libre disposition ;

5° L'interdiction de séjour, suivant les modalités prévues par l'article 131-31.

II. - En cas de condamnation pour les délits prévus aux articles 431-24 et 431-25, le prononcé de la peine complémentaire prévue aux 2° et 4° du I est obligatoire et la durée de l'interdiction est portée à dix ans au plus.

Toutefois, la juridiction peut, par une décision spécialement motivée, décider de ne pas prononcer ces peines, en considération des circonstances de l'infraction et de la personnalité de son auteur.

Section 6 : De l'introduction d'armes dans un établissement scolaire

Section 7 : De la distribution d'argent à des fins publicitaires sur la voie publique

---

Article 431-29

La distribution sur la voie publique, à des fins publicitaires, de pièces de monnaie ou de billets de banque ayant cours légal est puni de six mois d'emprisonnement et 30 000 € d'amende.

Le fait d'annoncer publiquement, par tout moyen, qu'il sera procédé sur la voie publique, à des fins publicitaires, à la distribution de pièces de monnaie ou de billets de banque ayant cours légal est puni de trois mois d'emprisonnement et 15 000 € d'amende.

Dans le cas prévu par le premier alinéa, la peine d'amende peut être portée au double des sommes ayant été distribuées.

Article 431-30

Les personnes morales déclarées responsables pénalement, dans les conditions prévues par l'article 121-2, des infractions définies à la présente section encourent, outre l'amende suivant les modalités prévues par l'article 131-38, la peine d'affichage de la décision prononcée ou de diffusion de celle-ci soit par la presse écrite, soit par tout moyen de communication au public par voie électronique.

Chapitre II : Des atteintes à l'administration publique commises par des personnes exerçant une fonction publique

Section 1 : Des abus d'autorité dirigés contre l'administration

---

Article 432-1

Le fait, par une personne dépositaire de l'autorité publique, agissant dans l'exercice de ses fonctions, de prendre des mesures destinées à faire échec à l'exécution de la loi est puni de cinq ans d'emprisonnement et de 75 000 euros d'amende.

Article 432-2

L'infraction prévue à l'article 432-1 est punie de dix ans d'emprisonnement et de 150 000 euros d'amende si elle a été suivie d'effet.

Article 432-3

Le fait, par une personne dépositaire de l'autorité publique ou chargée d'une mission de service public ou par une personne investie d'un mandat électif public, ayant été officiellement informée de la décision ou de la circonstance mettant fin à ses fonctions, de continuer à les exercer, est puni de deux ans d'emprisonnement et de 30 000 euros d'amende.

Section 2 : Des abus d'autorité commis contre les particuliers

Paragraphe 1 : Des atteintes à la liberté individuelle

Article 432-4

Le fait, par une personne dépositaire de l'autorité publique ou chargée d'une mission de service public, agissant dans l'exercice ou à l'occasion de l'exercice de ses fonctions ou de sa mission, d'ordonner ou d'accomplir arbitrairement un acte attentatoire à la liberté individuelle est puni de sept ans d'emprisonnement et de 100 000 euros d'amende.

Lorsque l'acte attentatoire consiste en une détention ou une rétention d'une durée de plus de sept jours, la peine est portée à trente ans de réclusion criminelle et à 450 000 euros d'amende.

Article 432-5

Le fait, par une personne dépositaire de l'autorité publique ou chargée d'une mission de service public ayant eu connaissance, dans l'exercice ou à l'occasion de l'exercice de ses fonctions ou de sa mission, d'une privation de liberté illégale, de s'abstenir volontairement soit d'y mettre fin si elle en a le pouvoir, soit, dans le cas contraire, de provoquer l'intervention d'une autorité compétente, est puni de trois ans d'emprisonnement et de 45 000 € d'amende.

Le fait, par une personne visée à l'alinéa précédent ayant eu connaissance, dans l'exercice ou à l'occasion de l'exercice de ses fonctions ou de sa mission, d'une privation de liberté dont l'illégalité est alléguée, de s'abstenir volontairement soit de procéder aux vérifications nécessaires si elle en a le pouvoir, soit, dans le cas contraire, de transmettre la réclamation à une autorité compétente, est puni d'un an d'emprisonnement et de 15 000 euros d'amende lorsque la privation de liberté, reconnue illégale, s'est poursuivie.

Article 432-6

Le fait, par un agent de l'administration pénitentiaire, de recevoir ou retenir une personne sans mandat, jugement ou ordre d'écrou établi conformément à la loi, ou de prolonger indûment la durée d'une détention, est puni de deux ans d'emprisonnement et 30 000 euros d'amende.

Paragraphe 2 : Des discriminations

Article 432-7

La discrimination définie aux articles 225-1 et 225-1-1, commise à l'égard d'une personne physique ou morale par une personne dépositaire de l'autorité publique ou chargée d'une mission de service public, dans l'exercice ou à l'occasion de l'exercice de ses fonctions ou de sa mission, est punie de cinq ans d'emprisonnement et de 75 000 euros d'amende lorsqu'elle consiste :

1° A refuser le bénéfice d'un droit accordé par la loi ;

2° A entraver l'exercice normal d'une activité économique quelconque.

Paragraphe 3 : Des atteintes à l'inviolabilité du domicile

Article 432-8

Le fait, par une personne dépositaire de l'autorité publique ou chargée d'une mission de service public, agissant dans l'exercice ou à l'occasion de l'exercice de ses fonctions ou de sa mission, de s'introduire ou de tenter de s'introduire dans le domicile d'autrui contre le gré de celui-ci hors les cas prévus par la loi est puni de deux ans d'emprisonnement et de 30 000 euros d'amende.

Paragraphe 4 : Des atteintes au secret des correspondances

Article 432-9

Le fait, par une personne dépositaire de l'autorité publique ou chargée d'une mission de service public, agissant dans l'exercice ou à l'occasion de l'exercice de ses fonctions ou de sa mission, d'ordonner, de commettre ou de faciliter, hors les cas prévus par la loi, le détournement, la suppression ou l'ouverture de correspondances ou la révélation du contenu de ces correspondances, est puni de trois ans d'emprisonnement et de 45 000 euros d'amende.

Est puni des mêmes peines le fait, par une personne visée à l'alinéa précédent ou un agent d'un exploitant de réseaux ouverts au public de communications électroniques ou d'un fournisseur de services de télécommunications, agissant dans l'exercice de ses fonctions, d'ordonner, de commettre ou de faciliter, hors les cas prévus par la loi, l'interception ou le détournement des correspondances émises, transmises ou reçues par la voie des télécommunications, l'utilisation ou la divulgation de leur contenu.

Section 3 : Des manquements au devoir de probité
Paragraphe 1 : De la concussion

Article 432-10

Le fait, par une personne dépositaire de l'autorité publique ou chargée d'une mission de service public, de recevoir, exiger ou ordonner de percevoir à titre de droits ou contributions, impôts ou taxes publics, une somme qu'elle sait ne pas être due, ou excéder ce qui est dû, est puni de cinq ans d'emprisonnement et d'une amende de 500 000 €, dont le montant peut être porté au double du produit tiré de l'infraction.

Est puni des mêmes peines le fait, par les mêmes personnes, d'accorder sous une forme quelconque et pour quelque motif que ce soit une exonération ou franchise des droits, contributions, impôts ou taxes publics en violation des textes légaux ou réglementaires.

La tentative des délits prévus au présent article est punie des mêmes peines.

Paragraphe 2 : De la corruption passive et du trafic d'influence commis par des personnes exerçant une fonction publique

Article 432-11

Est puni de dix ans d'emprisonnement et d'une amende de 1 000 000 €, dont le montant peut être porté au double du produit tiré de l'infraction, le fait, par une personne dépositaire de l'autorité publique, chargée d'une mission de service public, ou investie d'un mandat électif public, de solliciter ou d'agréer, sans droit, à tout moment, directement ou indirectement, des offres, des promesses, des dons, des présents ou des avantages quelconques pour elle-même ou pour autrui :

1° Soit pour accomplir ou avoir accompli, pour s'abstenir ou s'être abstenue d'accomplir un acte de sa fonction, de sa mission ou de son mandat ou facilité par sa fonction, sa mission ou son mandat ;

2° Soit pour abuser ou avoir abusé de son influence réelle ou supposée en vue de faire obtenir d'une autorité ou d'une administration publique des distinctions, des emplois, des marchés ou toute autre décision favorable.

La peine d'amende est portée à 2 000 000 € ou, s'il excède ce montant, au double du produit de l'infraction, lorsque les infractions prévues au présent article sont commises en bande organisée.

Article 432-11-1

La peine privative de liberté encourue par l'auteur ou le complice de l'infraction prévue à l'article 432-11 est réduite des deux tiers si, ayant averti l'autorité administrative ou judiciaire, il a permis de faire cesser l'infraction ou d'identifier, le cas échéant, les autres auteurs ou complices.

Paragraphe 3 : De la prise illégale d'intérêts

Article 432-12

Le fait, par une personne dépositaire de l'autorité publique ou chargée d'une mission de service public ou par une personne investie d'un mandat électif public, de prendre, recevoir ou conserver, directement ou indirectement, un intérêt de nature à compromettre son impartialité, son indépendance ou son objectivité dans une entreprise ou dans une opération dont elle a, au moment de l'acte, en tout ou partie, la charge d'assurer la surveillance, l'administration, la liquidation ou le paiement, est puni de cinq ans d'emprisonnement et d'une amende de 500 000 €, dont le montant peut être porté au double du produit tiré de l'infraction.

Toutefois, dans les communes comptant 3 500 habitants au plus, les maires, adjoints ou conseillers municipaux délégués ou agissant en remplacement du maire peuvent chacun traiter avec la commune dont ils sont élus pour le transfert de biens mobiliers ou immobiliers ou la fourniture de services dans la limite d'un montant annuel fixé à 16000 euros.

En outre, dans ces communes, les maires, adjoints ou conseillers municipaux délégués ou agissant en remplacement du maire peuvent acquérir une parcelle d'un lotissement communal pour y édifier leur habitation personnelle ou conclure des baux d'habitation avec la commune pour leur propre logement. Ces actes doivent être autorisés, après estimation des biens concernés par le service des domaines, par une délibération motivée du conseil municipal.

Dans les mêmes communes, les mêmes élus peuvent acquérir un bien appartenant à la commune pour la création ou le développement de leur activité professionnelle. Le prix ne peut être inférieur à l'évaluation du service des domaines. L'acte doit être autorisé, quelle que soit la valeur des biens concernés, par une délibération motivée du conseil municipal.

Pour l'application des trois alinéas qui précèdent, la commune est représentée dans les conditions prévues par l'article L. 2122-26 du code général des collectivités territoriales et le maire, l'adjoint ou le conseiller municipal intéressé doit s'abstenir de participer à la délibération du conseil municipal relative à la conclusion ou à l'approbation du contrat. En outre, par dérogation au deuxième alinéa de l'article L. 2121-18 du code général des collectivités territoriales, le conseil municipal ne peut décider de se réunir à huis clos.

Article 432-12-1

Constitue une prise illégale d'intérêts punie des peines prévues à l'article 432-12 le fait, par un magistrat ou toute personne exerçant des fonctions juridictionnelles, de prendre, recevoir ou conserver, directement ou indirectement, dans une entreprise ou dans une opération à l'égard de laquelle elle a la charge de prendre une décision judiciaire ou juridictionnelle, un intérêt de nature à influencer, au moment de sa décision, l'exercice indépendant, impartial et objectif de sa fonction.

Article 432-13

Est puni de trois ans d'emprisonnement et d'une amende de 200 000 €, dont le montant peut être porté au double du produit tiré de l'infraction, le fait, par une personne ayant été chargée, en tant que membre du Gouvernement, membre d'une autorité administrative indépendante ou d'une autorité publique indépendante, titulaire d'une fonction exécutive locale, fonctionnaire, militaire ou agent d'une administration publique, dans le cadre des fonctions qu'elle a effectivement exercées, soit d'assurer la surveillance ou le contrôle d'une entreprise privée, soit de conclure des contrats de toute nature avec une entreprise privée ou de formuler un avis sur de tels contrats, soit de proposer directement à l'autorité compétente des décisions relatives à des opérations réalisées par une entreprise privée ou de formuler un avis sur de telles décisions, de prendre ou de recevoir une participation par travail, conseil ou capitaux dans l'une de ces entreprises avant l'expiration d'un délai de trois ans suivant la cessation de ces fonctions.

Est punie des mêmes peines toute participation par travail, conseil ou capitaux dans une entreprise privée qui possède au moins 30 % de capital commun ou a conclu un contrat comportant une exclusivité de droit ou de fait avec l'une des entreprises mentionnées au premier alinéa.

Pour l'application des deux premiers alinéas, est assimilée à une entreprise privée toute entreprise publique exerçant son activité dans un secteur concurrentiel et conformément aux règles du droit privé.

Ces dispositions sont applicables aux agents des établissements publics, des entreprises publiques, des sociétés d'économie mixte dans lesquelles l'Etat ou les collectivités publiques détiennent directement ou indirectement plus de 50 % du capital et des exploitants publics prévus par la loi n° 90-568 du 2 juillet 1990 relative à l'organisation du service public de la poste et à France Télécom.

L'infraction n'est pas constituée par la seule participation au capital de sociétés cotées en bourse ou lorsque les capitaux sont reçus par dévolution successorale.

Paragraphe 4 : Des atteintes à la liberté d'accès et à l'égalité des candidats dans les marchés publics et les contrats de concession

Article 432-14

Est puni de deux ans d'emprisonnement et d'une amende de 200 000 €, dont le montant peut être porté au double du produit tiré de l'infraction, le fait par une personne dépositaire de l'autorité publique ou chargée d'une mission de service public ou investie d'un mandat électif public ou exerçant les fonctions de représentant, administrateur ou agent de l'Etat, des collectivités territoriales, des établissements publics, des sociétés d'économie mixte d'intérêt national chargées d'une mission de service public et des sociétés d'économie mixte locales ou par toute personne agissant pour le compte de l'une de celles susmentionnées de procurer ou de tenter de procurer à autrui un avantage injustifié par un acte contraire aux dispositions législatives ou réglementaires ayant pour objet de garantir la liberté d'accès et l'égalité des candidats dans les marchés publics et les contrats de concession.

Paragraphe 5 : De la soustraction et du détournement de biens

Article 432-15

Le fait, par une personne dépositaire de l'autorité publique ou chargée d'une mission de service public, un comptable public, un dépositaire public ou l'un de ses subordonnés, de détruire, détourner ou soustraire un acte ou un titre, ou des fonds publics ou privés, ou effets, pièces ou titres en tenant lieu, ou tout autre objet qui lui a été remis en raison de ses fonctions ou de sa mission, est puni de dix ans d'emprisonnement et d'une amende de 1 000 000 €, dont le montant peut être porté au double du produit de l'infraction.

La peine d'amende est portée à 2 000 000 € ou, s'il excède ce montant, au double du produit de l'infraction, lorsque l'infraction est commise en bande organisée.

La tentative des délits prévus aux alinéas qui précèdent est punie des mêmes peines.

Article 432-16

Lorsque la destruction, le détournement ou la soustraction par un tiers des biens visés à l'article 432-15 résulte de la négligence d'une personne dépositaire de l'autorité publique ou chargée d'une mission de service public, d'un comptable public ou d'un dépositaire public, celle-ci est punie d'un an d'emprisonnement et de 15 000 € d'amende.

Section 4 : Peines complémentaires

Article 432-17

Dans les cas prévus par le présent chapitre, peuvent être prononcées, à titre complémentaire, les peines suivantes :

1° L'interdiction des droits civils, civiques et de famille, suivant les modalités prévues aux articles 131-26 et 131-26-1 ;

2° L'interdiction, suivant les modalités prévues par l'article 131-27, soit d'exercer une fonction publique ou d'exercer l'activité professionnelle ou sociale dans l'exercice ou à l'occasion de l'exercice de laquelle l'infraction a été commise, soit, pour les infractions prévues par le second alinéa de l'article 432-4 et les articles 432-11, 432-15 et 432-16, d'exercer une profession commerciale ou industrielle, de diriger, d'administrer, de gérer ou de contrôler à un titre quelconque, directement ou indirectement, pour son propre compte ou pour le compte d'autrui, une entreprise commerciale ou industrielle ou une société commerciale. Ces interdictions d'exercice peuvent être prononcées cumulativement ;

3° La confiscation, suivant les modalités prévues par l'article 131-21, des sommes ou objets irrégulièrement reçus par l'auteur de l'infraction, à l'exception des objets susceptibles de restitution ;

4° Dans les cas prévus aux articles 432-7, 432-10, 432-11 et 432-12 à 432-16, l'affichage ou la diffusion de la décision prononcée, dans les conditions prévues par l'article 131-35.

Article 432-18

Dans les cas prévus à l'article 432-11, peut également être prononcée la confiscation de tout ou partie des biens du condamné ou, sous réserve des droits du propriétaire de bonne foi, des biens dont le condamné a la libre disposition, quelle qu'en soit la nature, meubles ou immeubles, divis ou indivis.

Chapitre III : Des atteintes à l'administration publique commises par les particuliers

Section 1 : De la corruption active et du trafic d'influence commis par les particuliers

---

Article 433-1

Est puni de dix ans d'emprisonnement et d'une amende de 1 000 000 €, dont le montant peut être porté au double du produit tiré de l'infraction, le fait, par quiconque, de proposer sans droit, à tout moment, directement ou indirectement, des offres, des promesses, des dons, des présents ou des avantages quelconques à une personne dépositaire de l'autorité publique, chargée d'une mission de service public ou investie d'un mandat électif public, pour elle-même ou pour autrui :

1° Soit pour qu'elle accomplisse ou s'abstienne d'accomplir, ou parce qu'elle a accompli ou s'est abstenue d'accomplir, un acte de sa fonction, de sa mission ou de son mandat, ou facilité par sa fonction, sa mission ou son mandat ;

2° Soit pour qu'elle abuse, ou parce qu'elle a abusé, de son influence réelle ou supposée en vue de faire obtenir d'une autorité ou d'une administration publique des distinctions, des emplois, des marchés ou toute autre décision favorable.

Est puni des mêmes peines le fait de céder à une personne dépositaire de l'autorité publique, chargée d'une mission de service public ou investie d'un mandat électif public qui sollicite sans droit, à tout moment, directement ou indirectement, des offres, des promesses, des dons, des présents ou des avantages quelconques, pour elle-même ou pour autrui, pour accomplir ou avoir accompli, pour s'abstenir ou s'être abstenue d'accomplir un acte mentionné au 1° ou pour abuser ou avoir abusé de son influence dans les conditions mentionnées au 2°.

La peine d'amende est portée à 2 000 000 € ou, s'il excède ce montant, au double du produit de l'infraction, lorsque les infractions prévues au présent article sont commises en bande organisée.

Article 433-2

Est puni de cinq ans d'emprisonnement et d'une amende de 500 000 €, dont le montant peut être porté au double du produit tiré de l'infraction, le fait, par quiconque, de solliciter ou d'agréer, à tout moment, directement ou indirectement, des offres, des promesses, des dons, des présents ou des avantages quelconques, pour lui-même ou pour autrui, pour abuser ou avoir abusé de son influence réelle ou supposée en vue de faire obtenir d'une autorité ou d'une administration publique des distinctions, des emplois, des marchés ou toute autre décision favorable.

Est puni des mêmes peines le fait de céder aux sollicitations prévues au premier alinéa ou de proposer, sans droit, à tout moment, directement ou indirectement, des offres, des promesses, des dons, des présents ou des avantages quelconques à une personne, pour elle-même ou pour autrui, pour qu'elle abuse ou parce qu'elle a abusé de son influence réelle ou supposée en vue de faire obtenir d'une autorité ou d'une administration publique des distinctions, des emplois, des marchés ou toute autre décision favorable.

Article 433-2-1

La peine privative de liberté encourue par l'auteur ou le complice d'une des infractions prévues à la présente section est réduite de moitié si, ayant averti l'autorité administrative ou judiciaire, il a permis de faire cesser l'infraction ou d'identifier, le cas échéant, les autres auteurs ou complices.

Section 2 : Des menaces et actes d'intimidation commis contre les personnes exerçant une fonction publique

---

Article 433-3

Est punie de trois ans d'emprisonnement et de 45 000 euros d'amende la menace de commettre un crime ou un délit contre les personnes ou les biens proférée à l'encontre d'une personne investie d'un mandat électif public, d'un magistrat, d'un juré, d'un avocat, d'un officier public ou ministériel, d'un militaire de la gendarmerie nationale, d'un fonctionnaire de la police nationale, des douanes, de l'inspection du travail, de l'administration pénitentiaire ou de toute autre personne dépositaire de l'autorité publique, d'un sapeur- pompier ou d'un marin-pompier, d'un gardien assermenté d'immeubles ou de groupes d'immeubles ou d'un agent exerçant pour le compte d'un bailleur des fonctions de gardiennage ou de surveillance des immeubles à usage d'habitation en application de l'article L. 271-1 du code de la sécurité intérieure, dans l'exercice ou du fait de ses fonctions, lorsque la qualité de la victime est apparente ou connue de l'auteur.

Est punie des mêmes peines la menace de commettre un crime ou un délit contre les personnes ou les biens proférée à l'encontre d'un agent d'un exploitant de réseau de transport public de voyageurs, d'un enseignant ou de tout membre des personnels travaillant dans les établissements d'enseignement scolaire ou de toute autre personne chargée d'une mission de service public ainsi que d'un professionnel de santé, dans l'exercice de ses fonctions, lorsque la qualité de la victime est apparente ou connue de l'auteur.

Est punie des mêmes peines la menace de commettre un crime ou un délit contre les personnes ou les biens proférée à l'encontre d'une personne exerçant une activité privée de sécurité mentionnée aux articles L. 611-1 ou L. 621-1 du code de la sécurité intérieure dans l'exercice de ses fonctions, lorsque la qualité de la victime est apparente ou connue de l'auteur.

Les mêmes peines sont applicables en cas de menace proférée à l'encontre du conjoint, des ascendants ou des descendants en ligne directe des personnes mentionnées aux trois premiers alinéas ou de toute autre personne vivant habituellement à leur domicile, en raison des fonctions exercées par ces personnes.

La peine est portée à cinq ans d'emprisonnement et 75 000 euros d'amende lorsqu'il s'agit d'une menace de mort ou d'une menace d'atteinte aux biens dangereuse pour les personnes.

Est puni de dix ans d'emprisonnement et de 150 000 euros d'amende le fait d'user de menaces, de violences ou de commettre tout autre acte d'intimidation pour obtenir d'une personne mentionnée aux trois premiers alinéas soit qu'elle accomplisse ou s'abstienne d'accomplir un acte de sa fonction, de sa mission ou de son mandat, ou facilité par sa fonction, sa mission ou son mandat, soit qu'elle abuse de son autorité vraie ou supposée en vue de faire obtenir d'une autorité ou d'une administration publique des distinctions, des emplois, des marchés ou toute autre décision favorable. Le présent alinéa ne s'applique pas aux faits mentionnés à l'article 433-3-1.

Article 433-3-1

Est puni de cinq ans d'emprisonnement et de 75 000 euros d'amende le fait d'user de menaces ou de violences ou de commettre tout autre acte d'intimidation à l'égard de toute personne participant à l'exécution d'une mission de service public, afin d'obtenir pour soi-même ou pour autrui une exemption totale ou partielle ou une application différenciée des règles qui régissent le fonctionnement dudit service.

Lorsqu'il a connaissance de faits susceptibles de constituer l'infraction prévue au premier alinéa, le représentant de l'administration ou de la personne de droit public ou de droit privé à laquelle a été confiée la mission de service public dépose plainte.

Section 3 : De la soustraction et du détournement de biens contenus dans un dépôt public

---

Article 433-4

Le fait de détruire, détourner ou soustraire un acte ou un titre, ou des fonds publics ou privés, ou des effets, pièces ou titres en tenant lieu ou tout autre objet, qui ont été remis, en raison de ses fonctions, à une personne dépositaire de l'autorité publique ou chargée d'une mission de service public, à un comptable public, à un dépositaire public ou à l'un de ses subordonnés, est puni de sept ans d'emprisonnement et de 100 000 euros d'amende.

La peine d'amende est portée à 750 000 €, lorsque l'infraction prévue au premier alinéa est commise en bande organisée.

La tentative des délits prévus aux alinéas qui précèdent est punie des mêmes peines.

Section 4 : De l'outrage

Article 433-5

Constituent un outrage puni de 7 500 euros d'amende et d'une peine de travail d'intérêt général définie à l'article 131-8 les paroles, gestes ou menaces, les écrits ou images de toute nature non rendus publics ou l'envoi d'objets quelconques adressés à une personne chargée d'une mission de service public, à un professionnel de santé ou à un membre du personnel d'un établissement de santé, d'un centre de santé, d'une maison de santé, d'une maison de naissance, d'un cabinet d'exercice libéral d'une profession de santé, d'une officine de pharmacie, d'un prestataire de santé à domicile, d'un laboratoire de biologie médicale, d'un établissement ou d'un service social ou médico-social, dans l'exercice ou à l'occasion de l'exercice de sa mission, et de nature à porter atteinte à sa dignité ou au respect dû à la fonction dont elle est investie.

Lorsqu'il est adressé à une personne dépositaire de l'autorité publique, à un sapeur-pompier ou à un marin-pompier dans l'exercice ou à l'occasion de l'exercice de ses missions, l'outrage est puni d'un an d'emprisonnement et de 15 000 euros d'amende.

Lorsqu'il est adressé à une personne chargée d'une mission de service public et que les faits ont été commis à l'intérieur d'un établissement de santé, d'un centre de santé, d'une maison de santé, d'une maison de naissance, d'un cabinet d'exercice libéral d'une profession de santé, d'une officine de pharmacie, d'un laboratoire de biologie médicale, d'un établissement ou d'un service social ou médico-social, du domicile du patient ou d'un établissement scolaire ou éducatif, ou, à l'occasion des entrées ou sorties des élèves, aux abords d'un tel établissement, l'outrage est puni de six mois d'emprisonnement et de 7 500 euros d'amende.

Lorsqu'il est commis en réunion, l'outrage prévu au premier alinéa est puni de six mois d'emprisonnement et de 7 500 euros d'amende, et l'outrage prévu au deuxième alinéa est puni de deux ans d'emprisonnement et de 30 000 euros d'amende.

Article 433-5-1

Le fait, au cours d'une manifestation organisée ou réglementée par les autorités publiques, d'outrager publiquement l'hymne national ou le drapeau tricolore est puni de 7 500 euros d'amende.

Lorsqu'il est commis en réunion, cet outrage est puni de six mois d'emprisonnement et de 7 500 euros d'amende.

Section 5 : De la rébellion

Article 433-6

Constitue une rébellion le fait d'opposer une résistance violente à une personne dépositaire de l'autorité publique ou chargée d'une mission de service public agissant, dans l'exercice de ses fonctions, pour l'exécution des lois, des ordres de l'autorité publique, des décisions ou mandats de justice.

Article 433-7

La rébellion est punie de deux ans d'emprisonnement et de 30 000 euros d'amende.

La rébellion commise en réunion est punie de trois ans d'emprisonnement et de 45 000 euros d'amende.

Article 433-8

La rébellion armée est punie de cinq ans d'emprisonnement et de 75 000 euros d'amende.

La rébellion armée commise en réunion est punie de dix ans d'emprisonnement et de 150 000 euros d'amende.

Article 433-9

Lorsque l'auteur de la rébellion est détenu, les peines prononcées pour le délit de rébellion se cumulent, par dérogation aux articles 132-2 à 132-5, sans possibilité de confusion, avec celles que l'intéressé subissait ou celles prononcées pour l'infraction à raison de laquelle il était détenu.

Article 433-10

La provocation directe à la rébellion, manifestée soit par des cris ou des discours publics, soit par des écrits affichés ou distribués, soit par tout autre moyen de transmission de l'écrit, de la parole ou de l'image, est punie de deux mois d'emprisonnement et de 7 500 euros d'amende.

Lorsque le délit prévu à l'alinéa précédent est commis par la voie de la presse écrite ou audiovisuelle, les dispositions particulières des lois qui régissent ces matières sont applicables en ce qui concerne la détermination des personnes responsables.

Section 6 : De l'opposition à l'exécution de travaux publics

Article 433-11

Le fait de s'opposer, par voies de fait ou violences, à l'exécution de travaux publics ou d'utilité publique est puni d'un an d'emprisonnement et de 15 000 euros d'amende.

Section 7 : De l'usurpation de fonctions

Article 433-12

Est puni de trois ans d'emprisonnement et de 45 000 euros d'amende le fait, par toute personne agissant sans titre, de s'immiscer dans l'exercice d'une fonction publique en accomplissant l'un des actes réservés au titulaire de cette fonction.

Article 433-13

Est puni d'un an d'emprisonnement et de 15 000 euros d'amende le fait par toute personne :

1° D'exercer une activité dans des conditions de nature à créer dans l'esprit du public une confusion avec l'exercice d'une fonction publique ou d'une activité réservée aux officiers publics ou ministériels ;

2° D'user de documents ou d'écrits présentant, avec des actes judiciaires ou extrajudiciaires ou avec des documents administratifs, une ressemblance de nature à provoquer une méprise dans l'esprit du public.

Section 8 : De l'usurpation de signes réservés à l'autorité publique

Article 433-14

Est puni d'un an d'emprisonnement et de 15 000 € d'amende le fait, par toute personne, publiquement et sans droit :

1° De porter un costume, un uniforme ou une décoration réglementés par l'autorité publique ;

2° D'user d'un document justificatif d'une qualité professionnelle ou d'un insigne réglementés par l'autorité publique ;

3° D'utiliser un véhicule dont les signes extérieurs sont identiques à ceux utilisés par les fonctionnaires de la police nationale ou les militaires ;

4° D'user de l'emblème ou de la dénomination de l'un des signes distinctifs définis par les conventions signées à Genève le 12 août 1949 et leurs protocoles additionnels.

Article 433-15

Est puni de six mois d'emprisonnement et de 7 500 euros d'amende le fait, par toute personne, publiquement, de porter un costume ou un uniforme, d'utiliser un véhicule, ou de faire usage d'un insigne ou d'un document présentant, avec les costumes, uniformes, véhicules, insignes ou documents distinctifs réservés aux fonctionnaires de la police nationale ou aux militaires, une ressemblance de nature à causer une méprise dans l'esprit du public.

Les mêmes peines sont applicables au fait, par toute personne, de faire publiquement usage d'un emblème ou d'une dénomination présentant avec l'un des signes distinctifs des conventions signées à Genève le 12 août 1949 et de leurs protocoles additionnels une ressemblance de nature à causer une méprise dans l'esprit du public.

Article 433-16

Les infractions définies par les articles 433-14 et 433-15 sont punies de trois ans d'emprisonnement et de 45 000 euros d'amende lorsqu'elles ont pour objet de préparer ou de faciliter la commission d'un crime ou d'un délit.

Section 9 : De l'usurpation de titres

Article 433-17

L'usage, sans droit, d'un titre attaché à une profession réglementée par l'autorité publique ou d'un diplôme officiel ou d'une qualité dont les conditions d'attribution sont fixées par l'autorité publique est puni d'un an d'emprisonnement et de 15 000 euros d'amende.

Les personnes physiques ou morales coupables du délit prévu à la présente section encourent également la peine complémentaire suivante : interdiction de l'activité de prestataire de formation professionnelle continue au sens de l'article L. 6313-1 du code du travail pour une durée de cinq ans.

Section 10 : De l'usage irrégulier de qualité

Article 433-18

Est puni de six mois d'emprisonnement et de 7 500 euros d'amende le fait, par le fondateur ou le dirigeant de droit ou de fait d'une entreprise qui poursuit un but lucratif, de faire figurer ou de laisser figurer, dans une publicité réalisée dans l'intérêt de l'entreprise qu'il se propose de fonder ou qu'il dirige :

1° Le nom, avec mention de sa qualité, d'un membre ou d'un ancien membre du Gouvernement, du Parlement, du Parlement européen, d'une assemblée délibérante d'une collectivité territoriale, du Conseil constitutionnel, du Conseil d'Etat, du Conseil économique, social et environnemental, du Conseil supérieur de la magistrature, de la Cour de cassation, de la Cour des comptes, de l'Institut de France, du conseil de direction de la Banque de France ou d'un organisme collégial investi par la loi d'une mission de contrôle ou de conseil ;

2° Le nom, avec mention de sa fonction, d'un magistrat ou d'un ancien magistrat, d'un fonctionnaire ou d'un ancien fonctionnaire ou d'un officier public ou ministériel ;

3° Le nom d'une personne avec mention de la décoration réglementée par l'autorité publique qui lui a été décernée.

Est puni des mêmes peines le fait, par un banquier ou un démarcheur, de faire usage de la publicité visée à l'alinéa qui précède.

Section 11 : Des atteintes à l'état civil des personnes

Article 433-18-1

Le fait, pour une personne ayant assisté à un accouchement, de ne pas faire la déclaration prescrite par l'article 56 du code civil dans les délais fixés par l'article 55 du même code est puni de six mois d'emprisonnement et de 3 750 euros d'amende.

Article 433-19

Est puni de six mois d'emprisonnement et de 7 500 euros d'amende le fait, dans un acte public ou authentique ou dans un document administratif destiné à l'autorité publique et hors les cas où la réglementation en vigueur autorise à souscrire ces actes ou documents sous un état civil d'emprunt :

1° De prendre un nom ou un accessoire du nom autre que celui assigné par l'état civil ;

2° De changer, altérer ou modifier le nom ou l'accessoire du nom assigné par l'état civil.

Article 433-20

Le fait, pour une personne engagée dans les liens du mariage, d'en contracter un autre avant la dissolution du précédent, est puni d'un an d'emprisonnement et de 45 000 euros d'amende.

Est puni des mêmes peines l'officier public ayant célébré ce mariage en connaissant l'existence du précédent.

Article 433-21

Tout ministre d'un culte qui procédera, de manière habituelle, aux cérémonies religieuses de mariage sans que ne lui ait été justifié l'acte de mariage préalablement reçu par les officiers de l'état civil sera puni d'un an d'emprisonnement et de 7 500 euros d'amende.

Article 433-21-1

Toute personne qui donne aux funérailles un caractère contraire à la volonté du défunt ou à une décision judiciaire, volonté ou décision dont elle a connaissance, sera punie de six mois d'emprisonnement et de 7 500 euros d'amende.

Section 12 : Peines complémentaires et responsabilité des personnes morales

---

Article 433-22

Les personnes physiques coupables de l'une des infractions prévues au présent chapitre encourent également les peines complémentaires suivantes :

1° L'interdiction des droits civiques, civils et de famille, suivant les modalités prévues par l'article 131-26 ;

2° L'interdiction, suivant les modalités prévues par l'article 131-27, soit d'exercer une fonction publique ou d'exercer l'activité professionnelle ou sociale dans l'exercice ou à l'occasion de l'exercice de laquelle l'infraction a été commise, le maximum de la durée de l'interdiction temporaire étant porté à dix ans, soit, pour les infractions prévues par les articles 433-1, 433-2 et 433-4, d'exercer une profession commerciale ou industrielle, de diriger, d'administrer, de gérer ou de contrôler à un titre quelconque, directement ou indirectement, pour leur propre compte ou pour le compte d'autrui, une entreprise commerciale ou industrielle ou une société commerciale. Ces interdictions d'exercice peuvent être prononcées cumulativement ;

3° L'affichage ou la diffusion de la décision prononcée dans les conditions prévues par l'article 131-35.

Article 433-22-1

Dans les cas prévus à l'article 433-1, peut également être prononcée la confiscation de tout ou partie des biens du condamné ou, sous réserve des droits du propriétaire de bonne foi, des biens dont le condamné a la libre disposition, quelle qu'en soit la nature, meubles ou immeubles, divis ou indivis.

Article 433-23

Dans les cas prévus aux articles 433-1, 433-2 et 433-4, peut être également prononcée la confiscation des sommes ou objets irrégulièrement reçus par l'auteur de l'infraction, à l'exception des objets susceptibles de restitution.

Article 433-24

En cas de condamnation pour les infractions prévues à l'article 433-8, le prononcé des peines complémentaires suivantes est obligatoire :

1° L'interdiction de détenir ou de porter, pour une durée de dix ans au plus, une arme soumise à autorisation ;

2° La confiscation d'une ou de plusieurs armes dont le condamné est propriétaire ou dont il a la libre disposition ;

3° Le retrait du permis de chasser avec interdiction de solliciter la délivrance d'un nouveau permis pendant trois ans au plus.

Toutefois, la juridiction peut, par une décision spécialement motivée, décider de ne pas prononcer ces peines, en considération des circonstances de l'infraction et de la personnalité de son auteur.

Article 433-25

Les personnes morales déclarées responsables pénalement, dans les conditions prévues par l'article 121-2, des infractions définies aux sections 1,6,7,9 et 10 du présent chapitre encourent, outre l'amende suivant les modalités prévues par l'article 131-38 :

1° (Abrogé) ;

2° Pour une durée de cinq ans au plus, les peines mentionnées aux 2°, 3°, 4°, 5°, 6° et 7° de l'article 131-39 ;

3° La confiscation prévue à l'article 131-21 ;

4° L'affichage ou la diffusion de la décision prononcée dans les conditions prévues par l'article 131-35.

L'interdiction mentionnée au 2° de l'article 131-39 porte sur l'activité dans l'exercice ou à l'occasion de l'exercice de laquelle l'infraction a été commise.

Article 433-26

Les personnes morales reconnues pénalement responsables dans les conditions prévues à l'article 121-2 des infractions prévues aux articles 433-1 et 433-2 encourent également la peine prévue à l'article 131-39-2.

Chapitre IV : Des atteintes à l'action de justice

Section 1 : Des entraves à la saisine de la justice

Article 434-1

Le fait, pour quiconque ayant connaissance d'un crime dont il est encore possible de prévenir ou de limiter les effets, ou dont les auteurs sont susceptibles de commettre de nouveaux crimes qui pourraient être empêchés, de ne pas en informer les autorités judiciaires ou administratives est puni de trois ans d'emprisonnement et de 45 000 € d'amende.

Sont exceptés des dispositions qui précèdent, sauf en ce qui concerne les crimes commis sur les mineurs :

1° Les parents en ligne directe et leurs conjoints, ainsi que les frères et soeurs et leurs conjoints, de l'auteur ou du complice du crime ;

2° Le conjoint de l'auteur ou du complice du crime, ou la personne qui vit notoirement en situation maritale avec lui.

Sont également exceptées des dispositions du premier alinéa les personnes astreintes au secret dans les conditions prévues par l'article 226-13.

Article 434-2

Lorsque le crime visé au premier alinéa de l'article 434-1 constitue une atteinte aux intérêts fondamentaux de la nation prévue par le titre Ier du présent livre ou un acte de terrorisme prévu par le titre II du présent livre, la peine est portée à cinq ans d'emprisonnement et à 75 000 euros d'amende. Les deuxième, troisième et avant-dernier alinéas de l'article 434-1 ne sont pas applicables.

Article 434-3

Le fait, pour quiconque ayant connaissance de privations, de mauvais traitements ou d'agressions ou atteintes sexuelles infligés à un mineur ou à une personne qui n'est pas en mesure de se protéger en raison de son âge, d'une maladie, d'une infirmité, d'une déficience physique ou psychique ou d'un état de grossesse, de ne pas en informer les autorités judiciaires ou administratives ou de continuer à ne pas informer ces autorités tant que ces infractions n'ont pas cessé est puni de trois ans d'emprisonnement et de 45 000 euros d'amende.

Lorsque le défaut d'information concerne une infraction mentionnée au premier alinéa commise sur un mineur de quinze ans, les peines sont portées à cinq ans d'emprisonnement et 75 000 euros d'amende.

Sauf lorsque la loi en dispose autrement, sont exceptées des dispositions qui précèdent les personnes astreintes au secret dans les conditions prévues par l'article 226-13.

Article 434-4

Est puni de trois ans d'emprisonnement et de 45 000 euros d'amende le fait, en vue de faire obstacle à la manifestation de la vérité :

1° De modifier l'état des lieux d'un crime ou d'un délit soit par l'altération, la falsification ou l'effacement des traces ou indices, soit par l'apport, le déplacement ou la suppression d'objets quelconques ;

2° De détruire, soustraire, receler ou altérer un document public ou privé ou un objet de nature à faciliter la découverte d'un crime ou d'un délit, la recherche des preuves ou la condamnation des coupables.

Lorsque les faits prévus au présent article sont commis par une personne qui, par ses fonctions, est appelée à concourir à la manifestation de la vérité, la peine est portée à cinq ans d'emprisonnement et à 75 000 euros d'amende.

Article 434-4-1

Le fait pour une personne ayant connaissance de la disparition d'un mineur de quinze ans de ne pas en informer les autorités judiciaires ou administratives, en vue d'empêcher ou de retarder la mise en oeuvre des procédures de recherche prévues par l'article 74-1 du code de procédure pénale, est puni de deux ans d'emprisonnement et de 30 000 euros d'amende.

Article 434-4-2

L'article 434-4 est applicable aux atteintes à l'administration de la justice par la Cour pénale internationale.

Article 434-5

Toute menace ou tout autre acte d'intimidation à l'égard de quiconque, commis en vue de déterminer la victime d'un crime ou d'un délit à ne pas porter plainte ou à se rétracter, est puni de trois ans d'emprisonnement et de 45 000 € d'amende.

Article 434-6

Le fait de fournir à la personne auteur ou complice d'un crime ou d'un acte de terrorisme puni d'au moins dix ans d'emprisonnement un logement, un lieu de retraite, des subsides, des moyens d'existence ou tout autre moyen de la soustraire aux recherches ou à l'arrestation est puni de trois ans d'emprisonnement et de 45 000 euros d'amende. Les peines sont portées à cinq ans d'emprisonnement et à 75 000 euros d'amende lorsque l'infraction est commise de manière habituelle.

Sont exceptés des dispositions qui précèdent :

1° Les parents en ligne directe et leurs conjoints, ainsi que les frères et soeurs et leurs conjoints, de l'auteur ou complice du crime ou de l'acte de terrorisme ;

2° Le conjoint de l'auteur ou du complice du crime ou de l'acte de terrorisme, ou la personne qui vit notoirement en situation maritale avec lui.

Article 434-7

Le fait de receler ou de cacher le cadavre d'une personne victime d'un homicide ou décédée des suites de violences est puni de deux ans d'emprisonnement et de 30 000 euros d'amende.

Section 2 : Des entraves à l'exercice de la justice

Article 434-7-1

Le fait, par un magistrat, toute autre personne siégeant dans une formation juridictionnelle ou toute autorité administrative, de dénier de rendre la justice après en avoir été requis et de persévérer dans son déni après avertissement ou injonction de ses supérieurs est puni de 7 500 euros d'amende et de l'interdiction de l'exercice des fonctions publiques pour une durée de cinq à vingt ans.

Article 434-7-2

Sans préjudice des droits de la défense reconnus à la personne suspectée ou poursuivie ou des droits des victimes, le fait pour toute personne qui, en raison de ses fonctions, a connaissance, en application du code de procédure pénale, d'informations issues d'une enquête ou d'une instruction en cours concernant un crime ou un délit de révéler sciemment ces informations à des tiers est puni de trois ans d'emprisonnement et de 45 000 euros d'amende.

Sans préjudice des droits de la défense reconnus à la personne suspectée ou poursuivie ou des droits des victimes, lorsque la révélation par une personne mentionnée au premier alinéa est faite à des personnes qu'elle sait susceptibles d'être impliquées comme auteurs, coauteurs, complices ou receleurs dans la commission de ces infractions, et que cette révélation est réalisée dans le dessein d'entraver le déroulement des investigations ou la manifestation de la vérité, les peines sont portées à cinq ans d'emprisonnement et à 75 000 euros d'amende.

Dans le cas prévu au deuxième alinéa du présent article, lorsque l'enquête ou l'instruction concerne un crime ou un délit puni de dix ans d'emprisonnement relevant de l'article 706-73 du code de procédure pénale, les peines sont portées à sept ans d'emprisonnement et à 100 000 euros d'amende.

Article 434-8

Toute menace ou tout acte d'intimidation commis envers un magistrat, un juré ou toute autre personne siégeant dans une formation juridictionnelle, un arbitre, un interprète, un expert ou l'avocat d'une partie en vue d'influencer son comportement dans l'exercice de ses fonctions est puni de trois ans d'emprisonnement et de 45 000 euros d'amende.

Article 434-9

Est puni de dix ans d'emprisonnement et d'une amende de 1 000 000 €, dont le montant peut être porté au double du produit tiré de l'infraction, le fait, par :

1° Un magistrat, un juré ou toute autre personne siégeant dans une formation juridictionnelle ;

2° Un fonctionnaire au greffe d'une juridiction ;

3° Un expert nommé, soit par une juridiction, soit par les parties ;

4° Une personne chargée par l'autorité judiciaire ou par une juridiction administrative d'une mission de conciliation ou de médiation ;

5° Un arbitre exerçant sa mission sous l'empire du droit national sur l'arbitrage, de solliciter ou d'agréer, sans droit, à tout moment, directement ou indirectement, des offres, des promesses, des dons, des présents ou des avantages quelconques, pour lui-même ou pour autrui, pour accomplir ou avoir accompli, pour s'abstenir ou s'être abstenu d'accomplir un acte de sa fonction ou facilité par sa fonction.

Le fait de céder aux sollicitations d'une personne mentionnée aux 1° à 5° ou de lui proposer sans droit, à tout moment, directement ou indirectement, des offres, des promesses, des dons, des présents ou des avantages quelconques, pour elle-même ou pour autrui, pour qu'elle accomplisse ou s'abstienne d'accomplir, ou parce qu'elle a accompli ou s'est abstenue d'accomplir un acte de sa fonction ou facilité par sa fonction est puni des mêmes peines. Lorsque l'infraction définie aux premier à septième alinéas est commise par un magistrat au bénéfice ou au détriment d'une personne faisant l'objet de poursuites criminelles, la peine est portée à quinze ans de réclusion criminelle et à 225 000 euros d'amende.

Article 434-9-1

Est puni de cinq ans d'emprisonnement et d'une amende de 500 000 €, dont le montant peut être porté au double du produit tiré de l'infraction, le fait, par quiconque, de solliciter ou d'agréer, à tout moment, directement ou indirectement, des offres, des promesses, des dons, des présents ou des avantages quelconques, pour lui-même ou pour autrui, pour abuser ou avoir abusé de son influence réelle ou supposée en vue de faire obtenir d'une des personnes visées à l'article 434-9 toute décision ou tout avis favorable.

Est puni des mêmes peines le fait, par quiconque, à tout moment, de céder aux sollicitations prévues au premier alinéa ou de proposer, sans droit, directement ou indirectement, des offres, des promesses, des dons, des présents ou des avantages quelconques à une personne, pour elle-même ou pour autrui, pour qu'elle abuse ou parce qu'elle a abusé de son influence réelle ou supposée en vue de faire obtenir d'une des personnes visées à l'article 434-9 une décision ou un avis favorable.

Article 434-9-2

La peine privative de liberté encourue par l'auteur ou le complice d'une des infractions prévues aux articles 434-9 et 434-9-1 est réduite de moitié si, ayant averti l'autorité administrative ou judiciaire, il a permis de faire cesser l'infraction ou d'identifier, le cas échéant, les autres auteurs ou complices.

Article 434-10

Le fait, pour tout conducteur d'un véhicule ou engin terrestre, fluvial ou maritime, sachant qu'il vient de causer ou d'occasionner un accident, de ne pas s'arrêter et de tenter ainsi d'échapper à la responsabilité pénale ou civile qu'il peut avoir encourue, est puni de trois ans d'emprisonnement et de 75 000 € d'amende.

Lorsqu'il y a lieu à l'application des articles 221-6 et 222-19, les peines prévues par ces articles sont portées au double hors les cas prévus par les articles 221-6-1,221-18,221-19,221-20,222-19-1 et 222-20-1.

Article 434-11

Le fait, pour quiconque connaissant la preuve de l'innocence d'une personne détenue provisoirement ou jugée pour crime ou délit, de s'abstenir volontairement d'en apporter aussitôt le témoignage aux autorités judiciaires ou administratives est puni de trois ans d'emprisonnement et de 45 000 euros d'amende.

Toutefois, est exempt de peine celui qui apportera son témoignage tardivement, mais spontanément. Sont exceptés des dispositions du premier alinéa :

1° L'auteur ou le complice de l'infraction qui motivait la poursuite, ses parents en ligne directe et leurs conjoints, ainsi que ses frères et soeurs et leurs conjoints ;

2° Le conjoint de l'auteur ou du complice de l'infraction qui motivait la poursuite, ou la personne qui vit notoirement en situation maritale avec lui.

Sont également exceptées des dispositions du premier alinéa les personnes astreintes au secret dans les conditions prévues par l'article 226-13.

Article 434-12

Le fait, pour toute personne ayant déclaré publiquement connaître les auteurs d'un crime ou d'un délit, de refuser de répondre aux questions qui lui sont posées à cet égard par un juge est puni d'un an d'emprisonnement et de 15 000 euros d'amende.

Article 434-13

Le témoignage mensonger fait sous serment devant toute juridiction ou devant un officier de police judiciaire agissant en exécution d'une commission rogatoire est puni de cinq ans d'emprisonnement et de 75 000 euros d'amende.

Toutefois, le faux témoin est exempt de peine s'il a rétracté spontanément son témoignage avant la décision mettant fin à la procédure rendue par la juridiction d'instruction ou par la juridiction de jugement.

Article 434-14

Le témoignage mensonger est puni de sept ans d'emprisonnement et de 100 000 euros d'amende :

1° Lorsqu'il est provoqué par la remise d'un don ou d'une récompense quelconque ;

2° Lorsque celui contre lequel ou en faveur duquel le témoignage mensonger a été commis est passible d'une peine criminelle.

Article 434-15

Le fait d'user de promesses, offres, présents, pressions, menaces, voies de fait, manoeuvres ou artifices au cours d'une procédure ou en vue d'une demande ou défense en justice afin de déterminer autrui soit à faire ou délivrer une déposition, une déclaration ou une attestation mensongère, soit à s'abstenir de faire ou délivrer une déposition, une déclaration ou une attestation, est puni de trois ans d'emprisonnement et de 45 000 euros d'amende, même si la subornation n'est pas suivie d'effet.

Article 434-15-1

Le fait de ne pas comparaître, de ne pas prêter serment ou de ne pas déposer, sans excuse ni justification, devant le juge d'instruction ou devant un officier de police judiciaire agissant sur commission rogatoire par une personne qui a été citée par lui pour y être entendue comme témoin est puni de 3 750 euros d'amende.

Article 434-15-2

Est puni de trois ans d'emprisonnement et de 270 000 € d'amende le fait, pour quiconque ayant connaissance de la convention secrète de déchiffrement d'un moyen de cryptologie susceptible d'avoir été utilisé pour préparer, faciliter ou commettre un crime ou un délit, de refuser de remettre ladite convention aux autorités judiciaires ou de la mettre en oeuvre, sur les réquisitions de ces autorités délivrées en application des titres II et III du livre Ier du code de procédure pénale.

Si le refus est opposé alors que la remise ou la mise en oeuvre de la convention aurait permis d'éviter la commission d'un crime ou d'un délit ou d'en limiter les effets, la peine est portée à cinq ans d'emprisonnement et à 450 000 € d'amende.

Article 434-16

La publication, avant l'intervention de la décision juridictionnelle définitive, de commentaires tendant à exercer des pressions en vue d'influencer les déclarations des témoins ou la décision des juridictions d'instruction ou de jugement est punie de six mois d'emprisonnement et de 7 500 euros d'amende.

Lorsque l'infraction est commise par la voie de la presse écrite ou audiovisuelle, les dispositions particulières des lois qui régissent ces matières sont applicables en ce qui concerne la détermination des personnes responsables.

Article 434-17

Le faux serment en matière civile est puni de trois ans d'emprisonnement et de 45 000 euros d'amende.

Article 434-18

Le fait, par un interprète, en toute matière, de dénaturer la substance des paroles ou documents traduits est puni, selon les distinctions des articles 434-13 et 434-14, de cinq ans d'emprisonnement et 75 000 euros d'amende ou de sept ans d'emprisonnement et 100 000 euros d'amende.

Article 434-19

La subornation de l'interprète est réprimée dans les conditions prévues par l'article 434-15.

Article 434-20

Le fait, par un expert, en toute matière, de falsifier, dans ses rapports écrits ou ses exposés oraux, les données ou les résultats de l'expertise est puni, selon les distinctions des articles 434-13 et 434-14, de cinq ans d'emprisonnement et 75 000 euros d'amende ou de sept ans d'emprisonnement et 100 000 euros d'amende.

Article 434-21

La subornation de l'expert est réprimée dans les conditions prévues par l'article 434-15.

Article 434-22

Le bris de scellés apposés par l'autorité publique est puni de deux ans d'emprisonnement et de 30 000 euros d'amende. La tentative de bris de scellés est punie des mêmes peines.

Est puni des mêmes peines tout détournement d'objet placé sous scellés ou sous main de justice.

Article 434-23

Le fait de prendre le nom d'un tiers, dans des circonstances qui ont déterminé ou auraient pu déterminer contre celui-ci des poursuites pénales, est puni de cinq ans d'emprisonnement et de 75 000 euros d'amende.

Nonobstant les dispositions des articles 132-2 à 132-5, les peines prononcées pour ce délit se cumulent, sans possibilité de confusion, avec celles qui auront été prononcées pour l'infraction à l'occasion de laquelle l'usurpation a été commise.

Est punie des peines prévues par le premier alinéa la fausse déclaration relative à l'état civil d'une personne, qui a déterminé ou aurait pu déterminer des poursuites pénales contre un tiers.

Article 434-23-1

Les articles 434-8, 434-9, 434-13 à 434-15 sont applicables aux atteintes à l'administration de la justice par la Cour pénale internationale.

Section 3 : Des atteintes à l'autorité de la justice

Paragraphe 1 : Des atteintes au respect dû à la justice

Article 434-24

L'outrage par paroles, gestes ou menaces, par écrits ou images de toute nature non rendus publics ou par l'envoi d'objets quelconques adressé à un magistrat, un juré ou toute personne siégeant dans une formation juridictionnelle dans l'exercice de ses fonctions ou à l'occasion de cet exercice et tendant à porter atteinte à sa dignité ou au respect dû à la fonction dont il est investi est puni d'un an d'emprisonnement et de 15 000 euros d'amende.

Si l'outrage a lieu à l'audience d'une cour, d'un tribunal ou d'une formation juridictionnelle, la peine est portée à deux ans d'emprisonnement et à 30 000 euros d'amende.

Article 434-25

Le fait de chercher à jeter le discrédit, publiquement par actes, paroles, écrits ou images de toute nature, sur un acte ou une décision juridictionnelle, dans des conditions de nature à porter atteinte à l'autorité de la justice ou à son indépendance est puni de six mois d'emprisonnement et de 7 500 euros d'amende.

Les dispositions de l'alinéa précédent ne s'appliquent pas aux commentaires techniques ni aux actes, paroles, écrits ou images de toute nature tendant à la réformation, la cassation ou la révision d'une décision.

Lorsque l'infraction est commise par la voie de la presse écrite ou audiovisuelle, les dispositions particulières des lois qui régissent ces matières sont applicables en ce qui concerne la détermination des personnes responsables.

Article 434-26

Le fait de dénoncer mensongèrement à l'autorité judiciaire ou administrative des faits constitutifs d'un crime ou d'un délit qui ont exposé les autorités judiciaires à d'inutiles recherches est puni de six mois d'emprisonnement et de 7 500 euros d'amende.

Paragraphe 2 : De l'évasion

Article 434-27

Constitue une évasion punissable le fait, par un détenu, de se soustraire à la garde à laquelle il est soumis. L'évasion est punie de trois ans d'emprisonnement et de 45 000 euros d'amende.

Lorsque l'évasion est réalisée par violence, effraction ou corruption, lors même que celles-ci auraient été commises, de concert avec le détenu, par un tiers, les peines sont portées à cinq ans d'emprisonnement et à 75 000 € d'amende.

Article 434-28

Pour l'application du présent paragraphe, est regardée comme détenue toute personne :

1° Qui est placée en garde à vue ;

2° Qui se trouve en instance ou en cours de présentation à l'autorité judiciaire à l'issue d'une garde à vue ou en exécution d'un mandat d'amener ou d'arrêt ;

3° Qui s'est vu notifier un mandat de dépôt ou un mandat d'arrêt continuant de produire effet ;

4° Qui exécute une peine privative de liberté ou qui a été arrêtée pour exécuter cette peine ;

5° Qui est placée sous écrou extraditionnel.

Article 434-29

Constitue également une évasion punie des mêmes peines le fait :

1° Par un détenu placé dans un établissement sanitaire ou hospitalier, de se soustraire à la surveillance à laquelle il est soumis ;

2° Par tout condamné, de se soustraire au contrôle auquel il est soumis alors qu'il a fait l'objet d'une décision soit de placement à l'extérieur d'un établissement pénitentiaire, soit de détention à domicile sous surveillance électronique ou qu'il bénéficie soit du régime de la semi-liberté, soit d'une permission de sortir ;

3° Par tout condamné, de ne pas réintégrer l'établissement pénitentiaire à l'issue d'une mesure de suspension ou de fractionnement de l'emprisonnement, de placement à l'extérieur, de semi-liberté ou de permission de sortir ;

4° Par tout condamné placé sous surveillance électronique, de neutraliser par quelque moyen que ce soit le procédé permettant de détecter à distance sa présence ou son absence dans le lieu désigné par le juge de l'application des peines.

Article 434-30

Les infractions prévues à l'article 434-27 et au 1° de l'article 434-29 sont punies de sept ans d'emprisonnement et de 100 000 euros d'amende lorsqu'elles ont été commises sous la menace d'une arme ou d'une substance explosive, incendiaire ou toxique.

Les peines sont portées à dix ans d'emprisonnement et à 150 000 euros d'amende lorsqu'il a été fait usage d'une arme ou d'une substance explosive, incendiaire ou toxique ou lorsque les faits sont commis en bande organisée, que les membres de cette bande soient ou non des détenus.

Article 434-31

Nonobstant les dispositions des articles 132-2 à 132-5, les peines prononcées pour le délit d'évasion se cumulent, sans possibilité de confusion, avec celles que l'évadé subissait ou celles prononcées pour l'infraction à raison de laquelle il était détenu.

Article 434-32

Est puni de trois ans d'emprisonnement et de 45 000 euros d'amende le fait, par toute personne, de procurer à un détenu tout moyen de se soustraire à la garde à laquelle il était soumis.

Si le concours ainsi apporté s'accompagne de violence, d'effraction ou de corruption, l'infraction est punie de cinq ans d'emprisonnement et de 75 000 euros d'amende.

Si ce concours consiste en la fourniture ou l'usage d'une arme ou d'une substance explosive, incendiaire ou toxique, l'infraction est punie de sept ans d'emprisonnement et de 100 000 euros d'amende.

Article 434-33

Est puni de dix ans d'emprisonnement et de 150 000 euros d'amende le fait, par toute personne chargée de sa surveillance, de faciliter ou de préparer, même par abstention volontaire, l'évasion d'un détenu.

Ces dispositions sont également applicables à toute personne habilitée par ses fonctions à pénétrer dans un établissement pénitentiaire ou à approcher, à quelque titre que ce soit, des détenus.

Dans les cas prévus par le présent article, si le concours apporté consiste en la fourniture ou l'usage d'une arme ou d'une substance explosive, incendiaire ou toxique, l'infraction est punie de quinze ans de réclusion criminelle et de 225 000 euros d'amende.

Article 434-34

Les personnes visées aux articles 434-32 et 434-33 peuvent être condamnées solidairement aux dommages- intérêts que la victime aurait eu le droit d'obtenir du détenu par l'exercice de l'action civile en raison de l'infraction qui motivait la détention de celui-ci.

Article 434-35

Est puni d'un an d'emprisonnement et de 15 000 euros d'amende le fait, en quelque lieu qu'il se produise, de remettre ou de faire parvenir à un détenu, ou de recevoir de lui et de transmettre des sommes d'argent, correspondances, objets ou substances quelconques en dehors des cas autorisés par les règlements.

Est puni des mêmes peines le fait, pour une personne se trouvant à l'extérieur d'un établissement pénitentiaire ou d'un établissement de santé habilité à recevoir des détenus, de communiquer avec une personne détenue à l'intérieur de l'un de ces établissements, y compris par la voie des communications électroniques, hors les cas où cette communication est autorisée en application de l'article 145-4 du code de procédure pénale ou des dispositions des articles L. 345-1 à L. 345-6 du code pénitentiaire et réalisée par les moyens autorisés par l'administration pénitentiaire.

La peine est portée à trois ans d'emprisonnement et à 45 000 euros d'amende si le coupable est chargé de la surveillance de détenus ou s'il est habilité par ses fonctions à pénétrer dans un établissement pénitentiaire ou à approcher, à quelque titre que ce soit, des détenus.

Le deuxième alinéa du présent article est applicable aux personnes détenues qui communiquent avec une personne située à l'extérieur de l'établissement, hors les cas où cette communication est autorisée en application de l'article 145-4 du code de procédure pénale ou des articles L. 345-1 à L. 345-6 du code pénitentiaire et est réalisée par les moyens autorisés par l'administration pénitentiaire.

Article 434-35-1

Est puni de six mois d'emprisonnement et de 7 500 euros d'amende le fait de s'introduire ou de tenter de s'introduire, sans motif légitime, dans le domaine matériellement délimité affecté à un établissement pénitentiaire.

Est puni d'un an d'emprisonnement et de 15 000 euros d'amende le fait, dans les mêmes conditions, de pénétrer dans un établissement pénitentiaire ou d'en escalader l'enceinte.

Article 434-36

La tentative des délits prévus au présent paragraphe est punie des mêmes peines.

Article 434-37

Toute personne qui a tenté de commettre, en qualité d'auteur ou de complice, l'une des infractions prévues au présent paragraphe, sera exempte de peine si, ayant averti l'autorité judiciaire ou l'administration pénitentiaire, elle a permis d'éviter que l'évasion ne se réalise.

Paragraphe 3 : Des autres atteintes à l'autorité de la justice pénale

---

Article 434-38

Le fait, par un interdit de séjour, de paraître dans un lieu qui lui est interdit est puni de deux ans d'emprisonnement et de 30 000 euros d'amende.

Est puni des mêmes peines le fait pour l'interdit de séjour de se soustraire aux mesures de surveillance prescrites par le juge.

Article 434-38-1

Le fait, pour une personne condamnée à une peine d'interdiction de participer à des manifestations sur la voie publique, de participer à une manifestation en méconnaissance de cette interdiction est puni d'un an d'emprisonnement et de 15 000 € d'amende.

Article 434-39

Dans le cas où un jugement a ordonné, à titre de peine, l'affichage de la décision de condamnation, le fait de supprimer, dissimuler ou lacérer totalement ou partiellement des affiches apposées est puni de six mois d'emprisonnement et de 7 500 euros d'amende.

Le jugement ordonnera à nouveau l'exécution de l'affichage aux frais du condamné.

Article 434-40

Lorsqu'a été prononcée, à titre de peine, l'interdiction d'exercer une activité professionnelle ou sociale ou une fonction publique prévue au premier alinéa de l'article 131-27 et aux articles 131-28 et 131-29, toute violation de cette interdiction est punie de deux ans d'emprisonnement et de 30 000 € d'amende.

Article 434-40-1

Lorsqu'a été prononcée, à titre de peine, l'interdiction d'exercer une profession commerciale ou industrielle, de diriger, d'administrer, de gérer ou de contrôler à un titre quelconque, directement ou indirectement, pour son propre compte ou pour le compte d'autrui, une entreprise commerciale ou industrielle ou une société commerciale prévue au deuxième alinéa de l'article 131-27, toute violation de cette interdiction est punie de deux ans d'emprisonnement et de 375 000 € d'amende.

Article 434-41

Est punie de deux ans d'emprisonnement et de 30 000 euros d'amende la violation, par le condamné, des obligations ou interdictions résultant des peines de suspension ou d'annulation du permis de conduire, d'interdiction de conduire certains véhicules terrestres à moteur, d'interdiction de paraître dans certains lieux ou de rencontrer certaines personnes, d'obligation d'accomplir un stage, d'interdiction de détenir ou de porter une arme, de retrait du permis de chasser, d'interdiction de détenir un animal, d'interdiction d'émettre des chèques ou d'utiliser des cartes de paiement, de fermeture d'établissement ou d'exclusion des marchés publics prononcées en application des articles 131-5-1, 131-6, 131-10, 131-14,131-16 ou 131-17, d'interdiction de souscrire un nouveau contrat d'abonnement à un service de communication au public en ligne résultant de la peine complémentaire prévue en matière délictuelle par l'article L. 335-7 du code de la propriété intellectuelle, d'interdiction d'acheter un bien immobilier ou un fonds de commerce d'un établissement recevant du public à usage total ou partiel d'hébergement résultant de la peine complémentaire prévue au 2° du I de l'article 225-26 du présent code, au 3° du IV de l'article L. 511-22 du code de la construction et de l'habitation ou d'interdiction d'utiliser les comptes d'accès résultant de la peine complémentaire prévue à l'article 131-35-1 du présent code.

Est puni des mêmes peines le fait de détruire, détourner ou tenter de détruire ou de détourner un véhicule immobilisé ou un véhicule, une arme, tout autre bien, corporel ou incorporel, ou un animal confisqués en application des articles 131-6,131-10,131-14,131-16,131-21 ou 131-39.

Est également puni des mêmes peines le fait, par une personne recevant la notification d'une décision prononçant à son égard, en application des articles précités, la suspension ou l'annulation du permis de conduire, le retrait du permis de chasser ou la confiscation d'un véhicule, d'une arme, de tout autre bien corporel ou incorporel ou d'un animal, de refuser de remettre le permis suspendu, annulé ou retiré, le bien ou l'animal confisqué à l'agent de l'autorité chargé de l'exécution de cette décision.

Article 434-42

La violation, par le condamné, des obligations résultant de la peine de travail d'intérêt général prononcée à titre de peine principale ou de peine complémentaire est punie de deux ans d'emprisonnement et de 30 000 euros d'amende.

Article 434-42-1

Le fait, pour une personne faisant l'objet d'une ou plusieurs obligations ou interdictions imposées par une ordonnance du juge des libertés et de la détention prise en application d'une décision de protection européenne conformément à l'article 696-102 du code de procédure pénale, de ne pas se conformer à l'une de ces obligations ou interdictions, est puni de deux ans d'emprisonnement et de 30 000 € d'amende.

Article 434-43

Lorsqu'a été prononcée contre une personne morale l'une des peines prévues à l'article 131-39, la violation par une personne physique des obligations qui en découlent est punie de deux ans d'emprisonnement et de 30 000 euros d'amende.

Le fait, pour toute personne physique, de participer au maintien ou à la reconstitution, ouverte ou déguisée, d'une personne morale dont la dissolution a été prononcée en application des dispositions du 1° de l'article 131-39 est puni de trois ans d'emprisonnement et de 45 000 euros d'amende.

Lorsque la dissolution a été prononcée pour une infraction commise en récidive, ou pour l'infraction prévue à l'alinéa précédent, la peine est portée à cinq ans d'emprisonnement et 75 000 euros d'amende.

Article 434-43-1

Le fait, pour les organes ou représentants d'une personne morale condamnée à la peine prévue à l'article 131-39-2, de s'abstenir de prendre les mesures nécessaires ou de faire obstacle à la bonne exécution des obligations qui en découlent est puni de deux ans d'emprisonnement et de 50 000 € d'amende.

Le montant de l'amende prononcée à l'encontre des personnes morales déclarées responsables pénalement pour le délit prévu au premier alinéa du présent article peut être porté au montant de l'amende encourue au titre du délit pour lequel elles ont été condamnées et qui a donné lieu au prononcé de la peine prévue à l'article 131-39-2. Les personnes morales déclarées responsables pénalement encourent également l'ensemble des autres peines encourues au titre du délit pour lequel elles ont été condamnées et qui a donné lieu au prononcé de cette peine.

Les personnes physiques et les personnes morales déclarées responsables pénalement encourent également la peine complémentaire d'affichage ou de diffusion de la décision prononcée dans les conditions prévues à l'article 131-35.

Section 4 : Peines complémentaires et responsabilité des personnes morales

Article 434-44

Les personnes physiques coupables de l'un des délits prévus aux articles 434-4 à 434-9-1,434-11,434-13 à 434-15,434-17 à 434-23,434-27,434-29,434-30,434-32,434-33,434-35,434-36 et 434-40 à 434-43 encourent

également l'interdiction des droits civiques, civils et de famille, suivant les modalités prévues par l'article 131-26.

Dans les cas prévus aux articles 434-9,434-9-1,434-16 et 434-25, peuvent être également ordonnés l'affichage ou la diffusion de la décision prononcée dans les conditions prévues par l'article 131-35.

Les personnes physiques coupables de l'une des infractions prévues au troisième alinéa de l'article 434-9, à l'article 434-33 et au troisième alinéa de l'article 434-35 encourent également la peine complémentaire d'interdiction, suivant les modalités prévues par l'article 131-27, soit d'exercer une fonction publique ou d'exercer l'activité professionnelle ou sociale dans l'exercice ou à l'occasion de l'exercice de laquelle l'infraction a été commise, soit, pour les seules infractions prévues au dernier alinéa des articles 434-9 et 434-33, d'exercer une profession commerciale ou industrielle, de diriger, d'administrer, de gérer ou de contrôler à un titre quelconque, directement ou indirectement, pour leur propre compte ou pour le compte d'autrui, une entreprise commerciale ou industrielle ou une société commerciale. Ces interdictions d'exercice peuvent être prononcées cumulativement.

Dans tous les cas prévus au présent chapitre, est en outre encourue la confiscation de la chose qui a servi ou était destinée à commettre l'infraction, à l'exception des objets susceptibles de restitution.

Article 434-45

Les personnes physiques coupables du délit prévu par l'article 434-10 encourent également la suspension, pour une durée de cinq ans au plus, du permis de conduire, cette suspension ne pouvant pas être limitée à la conduite en dehors de l'activité professionnelle.

Article 434-47

Les personnes morales reconnues pénalement responsables, dans les conditions prévues à l'article 121-2, des infractions prévues au huitième alinéa de l'article 434-9, au deuxième alinéa de l'article 434-9-1 et aux articles 434-39 et 434-43 encourent les peines suivantes :

1° L'amende, suivant les modalités prévues par l'article 131-38 ;

2° Pour une durée de cinq ans au plus, les peines mentionnées aux 2°, 3°, 4°, 5°, 6° et 7° de l'article 131-39 ;

3° La confiscation prévue à l'article 131-21 ;

4° L'affichage ou la diffusion de la décision prononcée dans les conditions prévues par l'article 131-35 ;

5° Pour les infractions prévues aux deuxième et troisième alinéas de l'article 434-43, la peine de dissolution mentionnée au 1° de l'article 131-39.

L'interdiction mentionnée au 2° de l'article 131-39 porte sur l'activité dans l'exercice ou à l'occasion de l'exercice de laquelle l'infraction a été commise.

Article 434-48

Les personnes morales reconnues pénalement responsables dans les conditions prévues à l'article 121-2 des infractions prévues à l'avant-dernier alinéa de l'article 434-9 et au second alinéa de l'article 434-9-1 encourent également la peine prévue à l'article 131-39-2.

Chapitre V : Des atteintes à l'administration publique et à l'action de la justice des Communautés européennes, des Etats membres de l'Union européenne, des autres Etats étrangers et des autres organisations internationales publiques

Section 1 : Des atteintes à l'administration publique

Sous-section 1 : De la corruption et du trafic d'influence passifs

Article 435-1

Est puni de dix ans d'emprisonnement et d'une amende de 1 000 000 €, dont le montant peut être porté au double du produit tiré de l'infraction, le fait, par une personne dépositaire de l'autorité publique, chargée d'une mission de service public ou investie d'un mandat électif public dans un Etat étranger ou au sein d'une organisation internationale publique, de solliciter ou d'agréer, sans droit, à tout moment, directement ou indirectement, des offres, des promesses, des dons, des présents ou des avantages quelconques, pour elle- même ou pour autrui, pour accomplir ou avoir accompli, pour s'abstenir ou s'être abstenue d'accomplir un acte de sa fonction, de sa mission ou de son mandat ou facilité par sa fonction, sa mission ou son mandat.

La peine d'amende est portée à 2 000 000 € ou, s'il excède ce montant, au double du produit de l'infraction, lorsque les infractions prévues au présent article sont commises en bande organisée.

Article 435-2

Est puni de cinq ans d'emprisonnement et d'une amende de 500 000 €, dont le montant peut être porté au double du produit tiré de l'infraction, le fait, par quiconque, de solliciter ou d'agréer, à tout moment, directement ou indirectement, des offres, des promesses, des dons, des présents ou des avantages quelconques, pour lui-même ou pour autrui, pour abuser ou avoir abusé de son influence réelle ou supposée en vue de faire obtenir des distinctions, des emplois, des marchés ou toute autre décision favorable d'une personne dépositaire de l'autorité publique, chargée d'une mission de service public ou investie d'un mandat électif public dans un Etat étranger ou au sein d'une organisation internationale publique.

Sous-section 2 : De la corruption et du trafic d'influence actifs

Article 435-3

Est puni de dix ans d'emprisonnement et d'une amende de 1 000 000 €, dont le montant peut être porté au double du produit tiré de l'infraction, le fait, par quiconque, de proposer, sans droit, à tout moment, directement ou indirectement, à une personne dépositaire de l'autorité publique, chargée d'une mission de service public ou investie d'un mandat électif public dans un Etat étranger ou au sein d'une organisation internationale publique, des offres, des promesses, des dons, des présents ou des avantages quelconques, pour elle-même ou pour autrui, pour qu'elle accomplisse ou s'abstienne d'accomplir, ou parce qu'elle a accompli ou s'est abstenue d'accomplir un acte de sa fonction, de sa mission ou de son mandat, ou facilité par sa fonction, sa mission ou son mandat.

Est puni des mêmes peines le fait, par quiconque, de céder à une personne visée au premier alinéa qui sollicite, sans droit, à tout moment, directement ou indirectement, des offres, des promesses, des dons, des présents ou des avantages quelconques, pour elle-même ou pour autrui, pour accomplir ou avoir accompli, pour s'abstenir ou s'être abstenue d'accomplir un acte visé audit alinéa.

La peine d'amende est portée à 2 000 000 € ou, s'il excède ce montant, au double du produit de l'infraction, lorsque les infractions prévues au présent article sont commises en bande organisée.

Article 435-4

Est puni de cinq ans d'emprisonnement et d'une amende de 500 000 €, dont le montant peut être porté au double du produit tiré de l'infraction, le fait, par quiconque, de proposer, sans droit, à tout moment, directement ou indirectement, des offres, des promesses, des dons, des présents ou des avantages quelconques à une personne, pour elle-même ou pour autrui, pour qu'elle abuse ou parce qu'elle a abusé de son influence réelle ou supposée en vue de faire obtenir des distinctions, des emplois, des marchés ou toute autre décision favorable d'une personne dépositaire de l'autorité publique, chargée d'une mission de service public ou investie d'un mandat électif public dans un Etat étranger ou au sein d'une organisation internationale publique.

Est puni des mêmes peines le fait, par quiconque, de céder à toute personne qui sollicite, à tout moment, directement ou indirectement, des offres, des promesses, des dons, des présents ou des avantages quelconques, pour elle-même ou pour autrui, pour abuser ou avoir abusé de son influence réelle ou supposée en vue de faire obtenir des distinctions, des emplois, des marchés ou toute autre décision favorable d'une personne visée au premier alinéa.

Sous-section 3 : Dispositions communes

Article 435-5

Les organismes créés en application du traité sur l'Union européenne sont considérés comme des organisations internationales publiques pour l'application des dispositions de la présente section.

Article 435-6-1

La peine privative de liberté encourue par l'auteur ou le complice d'une des infractions prévues aux articles 435-1 à 435-4 est réduite des deux tiers si, ayant averti l'autorité administrative ou judiciaire, il a permis de faire cesser l'infraction ou d'identifier, le cas échéant, les autres auteurs ou complices.

Article 435-6-2

Dans le cas où les infractions prévues aux articles 435-1 à 435-4 sont commises à l'étranger par un Français ou par une personne résidant habituellement ou exerçant tout ou partie de son activité économique sur le territoire français, la loi française est applicable en toutes circonstances, par dérogation au deuxième alinéa de l'article 113-6, et l'article 113-8 n'est pas applicable.

Pour la poursuite de la personne qui s'est rendue coupable sur le territoire français, comme complice, d'une infraction prévue aux articles 435-1 à 435-4 commise à l'étranger, la condition de constatation de l'infraction par une décision définitive de la juridiction étrangère prévue à l'article 113-5 n'est pas applicable.

Section 2 : Des atteintes à l'action de la justice

Sous-section 1 : De la corruption et du trafic d'influence passifs

---

Article 435-7

Est puni de dix ans d'emprisonnement et d'une amende de 1 000 000 €, dont le montant peut être porté au double du produit tiré de l'infraction, le fait, par :

1° Toute personne exerçant des fonctions juridictionnelles dans un Etat étranger ou au sein ou auprès d'une cour internationale ;

2° Tout fonctionnaire au greffe d'une juridiction étrangère ou d'une cour internationale ;

3° Tout expert nommé par une telle juridiction ou une telle cour ou par les parties ;

4° Toute personne chargée d'une mission de conciliation ou de médiation par une telle juridiction ou par une telle cour ;

5° Tout arbitre exerçant sa mission sous l'empire du droit d'un Etat étranger sur l'arbitrage, de solliciter ou d'agréer, sans droit, à tout moment, directement ou indirectement, des offres, des promesses, des dons, des présents ou des avantages quelconques, pour lui-même ou pour autrui, pour accomplir ou avoir accompli, pour s'abstenir ou s'être abstenu d'accomplir un acte de sa fonction ou facilité par sa fonction.

Article 435-8

Est puni de cinq ans d'emprisonnement et d'une amende de 500 000 €, dont le montant peut être porté au double du produit tiré de l'infraction, le fait, par quiconque, de solliciter ou d'agréer, à tout moment, directement ou indirectement, des offres, des promesses, des dons, des présents ou des avantages quelconques, pour lui-même ou pour autrui, pour abuser ou avoir abusé de son influence réelle ou supposée en vue de faire obtenir toute décision ou tout avis favorable d'une personne visée à l'article 435-7, lorsqu'elle exerce ses fonctions au sein ou auprès d'une cour internationale ou lorsqu'elle est nommée par une telle cour.

Sous-section 2 : De la corruption et du trafic d'influence actifs

Article 435-9

Est puni de dix ans d'emprisonnement et d'une amende de 1 000 000 €, dont le montant peut être porté au double du produit tiré de l'infraction, le fait, par quiconque, de proposer, sans droit, à tout moment, directement ou indirectement, à :

1° Toute personne exerçant des fonctions juridictionnelles dans un Etat étranger ou au sein ou auprès d'une cour internationale ;

2° Tout fonctionnaire au greffe d'une juridiction étrangère ou d'une cour internationale ;

3° Tout expert nommé par une telle juridiction ou une telle cour ou par les parties ;

4° Toute personne chargée d'une mission de conciliation ou de médiation par une telle juridiction ou une telle cour ;

5° Tout arbitre exerçant sa mission sous l'empire du droit d'un Etat étranger sur l'arbitrage, pour lui-même ou pour autrui, des offres, des promesses, des dons, des présents ou des avantages quelconques pour que cette personne accomplisse ou s'abstienne d'accomplir, ou parce qu'elle a accompli ou s'est abstenue d'accomplir un acte de sa fonction ou facilité par sa fonction.

Est puni des mêmes peines le fait, par quiconque, de céder à une personne mentionnée aux 1° à 5° qui sollicite, sans droit, à tout moment, directement ou indirectement, des offres, des promesses, des dons, des présents ou des avantages quelconques, pour elle-même ou pour autrui, pour accomplir ou avoir accompli, pour s'abstenir ou s'être abstenue d'accomplir un acte de sa fonction ou facilité par sa fonction.

Article 435-10

Est puni de cinq ans d'emprisonnement et d'une amende de 500 000 €, dont le montant peut être porté au double du produit tiré de l'infraction, le fait, par quiconque, de proposer, sans droit, à tout moment, directement ou indirectement, des offres, des promesses, des dons, des présents ou des avantages quelconques à une personne, pour elle-même ou pour autrui, pour qu'elle abuse ou parce qu'elle a abusé de son influence réelle ou supposée en vue de faire obtenir toute décision ou avis favorable d'une personne visée à l'article 435-9, lorsqu'elle exerce ses fonctions au sein ou auprès d'une cour internationale ou lorsqu'elle est nommée par une telle cour.

Est puni des mêmes peines le fait, par quiconque, de céder à toute personne qui sollicite, à tout moment, directement ou indirectement, des offres, des promesses, des dons ou des présents ou des avantages quelconques, pour elle-même ou pour autrui, pour abuser ou avoir abusé de son influence réelle ou supposée en vue de faire obtenir d'une personne visée au premier alinéa toute décision ou tout avis favorable.

Sous-section 3 : Dispositions communes

Article 435-11-1

La peine privative de liberté encourue par l'auteur ou le complice d'une des infractions prévues aux articles 435-7 à 435-10 est réduite des deux tiers si, ayant averti l'autorité administrative ou judiciaire, il a permis de faire cesser l'infraction ou d'identifier, le cas échéant, les autres auteurs ou complices.

Article 435-11-2

Dans le cas où les infractions prévues aux articles 435-7 à 435-10 sont commises à l'étranger par un Français ou par une personne résidant habituellement ou exerçant tout ou partie de son activité économique sur le territoire français, la loi française est applicable en toutes circonstances, par dérogation au deuxième alinéa de l'article 113-6, et l'article 113-8 n'est pas applicable.

Pour la poursuite de la personne qui s'est rendue coupable sur le territoire français, comme complice, d'une infraction prévue aux articles 435-7 à 435-10 commise à l'étranger, la condition de constatation de l'infraction par une décision définitive de la juridiction étrangère prévue à l'article 113-5 n'est pas applicable.

Sous-section 4 : Des autres entraves à l'exercice de la justice

Article 435-12

Est puni de trois ans d'emprisonnement et de 45 000 euros d'amende le fait, par quiconque, d'user de promesses, offres, présents, pressions, menaces, voies de fait, manoeuvres ou artifices à l'occasion d'une procédure ou en vue d'une demande ou défense en justice, dans un Etat étranger ou devant une cour internationale, afin de déterminer autrui soit à fournir une déposition, une déclaration ou une attestation mensongère, soit à s'abstenir de fournir une déposition, une déclaration ou une attestation, même si la subornation n'est pas suivie d'effet.

Article 435-13

Est puni de dix ans d'emprisonnement et de 150 000 euros d'amende le fait, par quiconque, d'user de menaces, de violences ou de commettre tout autre acte d'intimidation pour obtenir d'un magistrat, d'un juré, de toute personne siégeant dans une formation juridictionnelle ou participant au service public de la justice, ou d'un agent des services de détection ou de répression des infractions dans un Etat étranger ou dans une cour internationale, qu'il accomplisse ou s'abstienne d'accomplir un acte de sa fonction, de sa mission ou facilité par sa fonction ou sa mission.

Section 3 : Peines complémentaires et responsabilité des personnes morales

Article 435-14

Les personnes physiques coupables de l'une des infractions prévues au présent chapitre encourent également les peines complémentaires suivantes :

1° L'interdiction des droits civiques, civils et de famille, suivant les modalités prévues par l'article 131-26 ;

2° L'interdiction, pour une durée de cinq ans au plus, d'exercer une fonction publique ou d'exercer l'activité professionnelle ou sociale dans l'exercice ou à l'occasion de l'exercice de laquelle l'infraction a été commise ;

3° L'affichage ou la diffusion de la décision prononcée dans les conditions prévues par l'article 131-35 ;

4° La confiscation, suivant les modalités prévues par l'article 131-21, de la chose qui a servi ou était destinée à commettre l'infraction ou de la chose qui en est le produit.

Article 435-15

Les personnes morales reconnues pénalement responsables, dans les conditions prévues à l'article 121-2, des infractions prévues aux articles 435-3, 435-4, 435-9 et 435-10 encourent les peines suivantes :

1° L'amende, suivant les modalités prévues par l'article 131-38 ;

2° Pour une durée de cinq ans au plus, les peines prévues aux 2° à 7° de l'article 131-39 ;

3° La confiscation, suivant les modalités prévues par l'article 131-21, de la chose qui a servi ou était destinée à commettre l'infraction ou de la chose qui en est le produit ;

4° L'affichage ou la diffusion de la décision prononcée dans les conditions prévues par l'article 131-35 ;

5° La peine prévue à l'article 131-39-2.

Article 435-16

Dans les cas prévus aux articles 435-1,435-3,435-7 et 435-9, peut également être prononcée la confiscation de tout ou partie des biens du condamné ou, sous réserve des droits du propriétaire de bonne foi, des biens dont le condamné a la libre disposition, quelle qu'en soit la nature, meubles ou immeubles, divis ou indivis.

Chapitre VI : De la participation à une activité mercenaire

Article 436-1

Est puni de cinq ans d'emprisonnement et de 75 000 euros d'amende le fait :

1° Par toute personne, spécialement recrutée pour combattre dans un conflit armé et qui n'est ni ressortissante d'un Etat partie audit conflit armé, ni membre des forces armées de cet Etat, ni n'a été envoyée en mission par un Etat autre que l'un de ceux parties au conflit en tant que membre des forces armées dudit Etat, de prendre ou tenter de prendre une part directe aux hostilités en vue d'obtenir un avantage personnel ou une rémunération nettement supérieure à celle qui est payée ou promise à des combattants ayant un rang et des fonctions analogues dans les forces armées de la partie pour laquelle elle doit combattre ;

2° Par toute personne, spécialement recrutée pour prendre part à un acte concerté de violence visant à renverser les institutions ou porter atteinte à l'intégrité territoriale d'un Etat et qui n'est ni ressortissante de l'Etat contre lequel cet acte est dirigé, ni membre des forces armées dudit Etat, ni n'a été envoyée en mission par un Etat, de prendre ou tenter de prendre part à un tel acte en vue d'obtenir un avantage personnel ou une rémunération importants.

Article 436-2

Le fait de diriger ou d'organiser un groupement ayant pour objet le recrutement, l'emploi, la rémunération, l'équipement ou l'instruction militaire d'une personne définie à l'article 436-1 est puni de sept ans d'emprisonnement et de 100 000 euros d'amende.

Article 436-3

Lorsque les faits mentionnés au présent chapitre sont commis à l'étranger par un Français ou par une personne résidant habituellement sur le territoire français, la loi française est applicable par dérogation au deuxième alinéa de l'article 113-6 et les dispositions de la seconde phrase de l'article 113-8 ne sont pas applicables.

Article 436-4

Les personnes physiques coupables des infractions prévues par le présent chapitre encourent également les peines complémentaires suivantes :

1° L'interdiction des droits civiques, civils et de famille, suivant les modalités prévues par l'article 131-26 ;

2° La diffusion intégrale ou partielle de la décision ou d'un communiqué informant le public des motifs et du dispositif de celle-ci dans les conditions prévues par l'article 131-35 ;

3° L'interdiction de séjour, suivant les modalités prévues par l'article 131-31.

Article 436-5

Les personnes morales déclarées responsables pénalement, dans les conditions prévues par l'article 121-2, de l'infraction définie à l'article 436-2 encourent, outre l'amende suivant les modalités prévues par l'article 131-38, les peines prévues par l'article 131-39.

L'interdiction mentionnée au 2° de l'article 131-39 porte sur l'activité dans l'exercice ou à l'occasion de l'exercice de laquelle l'infraction a été commise.

Titre IV : Des atteintes à la confiance publique

Chapitre Ier : Des faux

Article 441-1

Constitue un faux toute altération frauduleuse de la vérité, de nature à causer un préjudice et accomplie par quelque moyen que ce soit, dans un écrit ou tout autre support d'expression de la pensée qui a pour objet ou qui peut avoir pour effet d'établir la preuve d'un droit ou d'un fait ayant des conséquences juridiques.

Le faux et l'usage de faux sont punis de trois ans d'emprisonnement et de 45 000 euros d'amende.

Article 441-2

Le faux commis dans un document délivré par une administration publique aux fins de constater un droit, une identité ou une qualité ou d'accorder une autorisation est puni de cinq ans d'emprisonnement et de 75 000 euros d'amende.

L'usage du faux mentionné à l'alinéa précédent est puni des mêmes peines.

Les peines sont portées à sept ans d'emprisonnement et à 100 000 euros d'amende lorsque le faux ou l'usage de faux est commis :

1° Soit par une personne dépositaire de l'autorité publique ou chargée d'une mission de service public agissant dans l'exercice de ses fonctions ;

2° Soit de manière habituelle ;

3° Soit dans le dessein de faciliter la commission d'un crime ou de procurer l'impunité à son auteur.

Article 441-3

La détention frauduleuse de l'un des faux documents définis à l'article 441-2 est punie de deux ans d'emprisonnement et de 30 000 euros d'amende.

La peine est portée à cinq ans d'emprisonnement et à 75 000 euros d'amende en cas de détention frauduleuse de plusieurs faux documents.

Article 441-4

Le faux commis dans une écriture publique ou authentique ou dans un enregistrement ordonné par l'autorité publique est puni de dix ans d'emprisonnement et de 150 000 euros d'amende.

L'usage du faux mentionné à l'alinéa qui précède est puni des mêmes peines.

Les peines sont portées à quinze ans de réclusion criminelle et à 225 000 euros d'amende lorsque le faux ou l'usage de faux est commis par une personne dépositaire de l'autorité publique ou chargée d'une mission de service public agissant dans l'exercice de ses fonctions ou de sa mission.

Article 441-5

Le fait de procurer frauduleusement à autrui un document délivré par une administration publique aux fins de constater un droit, une identité ou une qualité ou d'accorder une autorisation est puni de cinq ans d'emprisonnement et de 75 000 euros d'amende.

Les peines sont portées à sept ans d'emprisonnement et à 100 000 euros d'amende lorsque l'infraction est commise :

1° Soit par une personne dépositaire de l'autorité publique ou chargée d'une mission de service public agissant dans l'exercice de ses fonctions ;

2° Soit de manière habituelle ;

3° Soit dans le dessein de faciliter la commission d'un crime ou de procurer l'impunité à son auteur.

Article 441-6

Le fait de se faire délivrer indûment par une administration publique ou par un organisme chargé d'une mission de service public, par quelque moyen frauduleux que ce soit, un document destiné à constater un droit, une identité ou une qualité ou à accorder une autorisation est puni de deux ans d'emprisonnement et de 30 000 euros d'amende.

Est puni des mêmes peines le fait de fournir sciemment une fausse déclaration ou une déclaration incomplète en vue d'obtenir ou de tenter d'obtenir, de faire obtenir ou de tenter de faire obtenir d'une personne publique, d'un organisme de protection sociale ou d'un organisme chargé d'une mission de service public une allocation, une prestation, un paiement ou un avantage indu.

Article 441-7

Indépendamment des cas prévus au présent chapitre, est puni d'un an d'emprisonnement et de 15 000 € d'amende le fait :

1° D'établir une attestation ou un certificat faisant état de faits matériellement inexacts ;

2° De falsifier une attestation ou un certificat originairement sincère ;

3° De faire usage d'une attestation ou d'un certificat inexact ou falsifié.

Les peines sont portées à trois ans d'emprisonnement et à 45 000 euros d'amende lorsque l'infraction est commise soit en vue de porter préjudice au Trésor public ou au patrimoine d'autrui, soit en vue d'obtenir un titre de séjour ou le bénéfice d'une protection contre l'éloignement.

Article 441-8

Le fait d'utiliser un document d'identité ou de voyage, un titre de séjour ou tout document provisoire mentionné à l'article L. 431-3 du code de l'entrée et du séjour des étrangers et du droit d'asile appartenant à un tiers, avec ou sans son consentement, aux fins d'entrer, de circuler ou de se maintenir sur le territoire français ou d'obtenir indûment un titre, une qualité, un statut ou un avantage est puni de cinq ans d'emprisonnement et de 75 000 € d'amende.

Le fait pour le titulaire du document d'identité ou de voyage, du titre de séjour ou du document provisoire mentionné au même article L. 431-3 d'avoir sciemment facilité la commission de l'infraction mentionnée au premier alinéa est puni de la même peine.

Les peines sont portées à sept ans d'emprisonnement et à 100 000 € d'amende lorsque ces infractions sont commises de manière habituelle.

Article 441-9

La tentative des délits prévus aux articles 441-1,441-2 et 441-4 à 441-8 est punie des mêmes peines.

Article 441-10

Les personnes physiques coupables des crimes et délits prévus au présent chapitre encourent également les peines suivantes :

1° L'interdiction des droits civiques, civils et de famille suivant les modalités prévues par l'article 131-26 ;

2° L'interdiction, suivant les modalités prévues par l'article 131-27, soit d'exercer une fonction publique ou d'exercer l'activité professionnelle ou sociale dans l'exercice ou à l'occasion de l'exercice de laquelle l'infraction a été commise, soit d'exercer une profession commerciale ou industrielle, de diriger, d'administrer, de gérer ou de contrôler à un titre quelconque, directement ou indirectement, pour son propre compte ou pour le compte d'autrui, une entreprise commerciale ou industrielle ou une société commerciale. Ces interdictions d'exercice peuvent être prononcées cumulativement ;

3° L'exclusion des marchés publics ;

4° La confiscation de la chose qui a servi ou était destinée à commettre l'infraction ou de la chose qui en est le produit, à l'exception des objets susceptibles de restitution.

Article 441-11

L'interdiction du territoire français peut être prononcée dans les conditions prévues par l'article 131-30, soit à titre définitif, soit pour une durée de dix ans au plus, à l'encontre de tout étranger coupable de l'une des infractions définies aux articles 441-3 et 441-6.

Article 441-12

Les personnes morales déclarées responsables pénalement, dans les conditions prévues par l'article 121-2, des infractions définies au présent chapitre encourent, outre l'amende suivant les modalités prévues par l'article 131-38, les peines prévues par l'article 131-39.

L'interdiction mentionnée au 2° de l'article 131-39 porte sur l'activité dans l'exercice ou à l'occasion de l'exercice de laquelle l'infraction a été commise.

Chapitre II : De la fausse monnaie

Article 442-1

La contrefaçon ou la falsification des pièces de monnaie ou des billets de banque ayant cours légal en France ou émis par les institutions étrangères ou internationales habilitées à cette fin est punie de trente ans de réclusion criminelle et de 450 000 euros d'amende.

Est punie des mêmes peines la fabrication des pièces de monnaie et des billets de banque mentionnés à l'alinéa précédent réalisée à l'aide d'installations ou de matériels autorisés destinés à cette fin, lorsqu'elle est effectuée en violation des conditions fixées par les institutions habilitées à émettre ces signes monétaires et sans l'accord de ces institutions.

Les deux premiers alinéas de l'article 132-23 relatif à la période de sûreté sont applicables aux infractions prévues par le présent article.

Article 442-2

Le transport, la mise en circulation ou la détention en vue de la mise en circulation des signes monétaires contrefaisants ou falsifiés mentionnés au premier alinéa de l'article 442-1 ou des signes monétaires irrégulièrement fabriqués mentionnés au deuxième alinéa de cet article sont punis de dix ans d'emprisonnement et de 150 000 euros d'amende.

Les infractions prévues au précédent alinéa sont punies de trente ans de réclusion criminelle et de 450 000 euros d'amende lorsqu'elles sont commises en bande organisée.

Les deux premiers alinéas de l'article 132-23 relatif à la période de sûreté sont applicables aux infractions prévues au deuxième alinéa du présent article.

Article 442-3

La contrefaçon ou la falsification de pièces de monnaie ou de billets de banque français ou étrangers n'ayant plus cours légal ou n'étant plus autorisés est punie de cinq ans d'emprisonnement et de 75 000 euros d'amende.

Article 442-4

La mise en circulation de tout signe monétaire non autorisé ayant pour objet de remplacer les pièces de monnaie ou les billets de banque ayant cours légal en France est punie de cinq ans d'emprisonnement et de 75 000 € d'amende.

Article 442-5

La fabrication, l'emploi ou la détention sans autorisation des matières, instruments, programmes informatiques ou de tout autre élément spécialement destinés à la fabrication ou à la protection contre la contrefaçon ou la falsification des billets de banque ou des pièces de monnaie sont punis de deux ans d'emprisonnement et de 30 000 € d'amende.

Article 442-6

Sont punis d'un an d'emprisonnement et de 15 000 euros d'amende la fabrication, la vente, la distribution de tous objets, imprimés ou formules qui présentent avec les signes monétaires visés à l'article 442-1 une ressemblance de nature à faciliter l'acceptation desdits objets, imprimés ou formules au lieu et place des valeurs imitées.

Article 442-7

Le fait, pour celui qui a reçu les signes monétaires contrefaisants ou falsifiés visés à l'article 442-1 en les tenant pour bons, de les remettre en circulation après en avoir découvert les vices est puni de 7 500 euros d'amende.

Article 442-8

La tentative des délits prévus par le premier alinéa de l'article 442-2 et par les articles 442-3 à 442-7 est punie des mêmes peines.

Article 442-9

Toute personne qui a tenté de commettre l'une des infractions prévues au présent chapitre sera exempte de peine si, ayant averti l'autorité administrative ou judiciaire, elle a permis d'éviter que l'infraction ne se réalise et d'identifier, le cas échéant, les autres coupables.

Article 442-10

La peine privative de liberté encourue par l'auteur ou le complice des infractions prévues par les articles 442-1 à 442-4 est réduite des deux tiers si, ayant averti les autorités administratives ou judiciaires, il a permis de faire cesser les agissements incriminés ou d'identifier, le cas échéant, les autres coupables.

Article 442-11

Les personnes physiques coupables des crimes et délits prévus aux articles 442-1 à 442-6 encourent également les peines suivantes :

1° L'interdiction des droits civiques, civils et de famille suivant les modalités prévues par l'article 131-26 ;

2° L'interdiction, suivant les modalités prévues par l'article 131-27, soit d'exercer une fonction publique ou d'exercer l'activité professionnelle ou sociale dans l'exercice ou à l'occasion de l'exercice de laquelle l'infraction a été commise, soit d'exercer une profession commerciale ou industrielle, de diriger, d'administrer, de gérer ou de contrôler à un titre quelconque, directement ou indirectement, pour son propre compte ou pour le compte d'autrui, une entreprise commerciale ou industrielle ou une société commerciale. Ces interdictions d'exercice peuvent être prononcées cumulativement ;

3° L'interdiction de séjour, suivant les modalités prévues par l'article 131-31.

Article 442-13

Dans tous les cas prévus au présent chapitre, peut être également prononcée la confiscation de la chose qui a servi ou était destinée à commettre l'infraction ou de la chose qui en est le produit, à l'exception des objets susceptibles de restitution.

La confiscation des pièces de monnaie et des billets de banque contrefaisants ou falsifiés ainsi que des matières et instruments destinés à servir à leur fabrication est obligatoire.

Selon que la contrefaçon ou la falsification a porté sur des pièces de monnaie ou des billets de banque, les signes monétaires contrefaisants ou falsifiés sont remis à la Monnaie de Paris ou à la Banque de France, aux fins de destruction éventuelle. Leur sont également remis, aux mêmes fins, ceux des matériels et instruments confisqués qu'elles désignent.

La confiscation des objets, imprimés ou formules visés à l'article 442-6 est également obligatoire. Elle entraîne remise de la chose confisquée à la Monnaie de Paris ou à la Banque de France, selon la distinction prévue à l'alinéa précédent, aux fins de destruction éventuelle.

Article 442-14

Les personnes morales déclarées responsables pénalement, dans les conditions prévues par l'article 121-2, des infractions définies au présent chapitre encourent, outre l'amende suivant les modalités prévues par l'article 131-38 :

1° (Abrogé) ;

2° Les peines mentionnées à l'article 131-39 ;

3° La confiscation, suivant les modalités prévues par l'article 442-13.

L'interdiction mentionnée au 2° de l'article 131-39 porte sur l'activité dans l'exercice ou à l'occasion de l'exercice de laquelle l'infraction a été commise.

Article 442-15

Les dispositions des articles 442-1,442-2 et 442-5 à 442-14 sont applicables lorsque sont en cause les billets de banque et pièces de monnaie qui, bien que destinés à être mis en circulation, n'ont pas été encore émis par les institutions habilitées à cette fin et n'ont pas encore cours légal.

Article 442-16

Les personnes physiques ou morales coupables des crimes et délits prévus aux articles 442-1 à 442-3 encourent également la peine complémentaire de confiscation de tout ou partie des biens leur appartenant ou, sous réserve des droits du propriétaire de bonne foi, dont elles ont la libre disposition, quelle qu'en soit la nature, meubles ou immeubles, divis ou indivis.

Chapitre III : De la falsification des titres ou autres valeurs fiduciaires émises par l'autorité publique

Article 443-1

La contrefaçon ou la falsification des effets émis par le Trésor public avec son timbre ou sa marque ou des effets émis par les Etats étrangers avec leur timbre ou leur marque, ainsi que l'usage ou le transport de ces effets contrefaisants ou falsifiés sont punis de sept ans d'emprisonnement et de 100 000 euros d'amende.

Article 443-2

Sont punis de cinq ans d'emprisonnement et de 75 000 euros d'amende la contrefaçon ou la falsification des timbres-poste ou autres valeurs fiduciaires postales, ainsi que des timbres émis par l'administration des finances, la vente, le transport, la distribution ou l'usage de ces timbres ou valeurs contrefaisants ou falsifiés.

Article 443-3

Sont punis d'un an d'emprisonnement et de 15 000 euros d'amende, la fabrication, la vente, le transport ou la distribution de tous objets, imprimés ou formules qui présentent, avec les titres ou autres valeurs fiduciaires émises par l'Etat, les collectivités locales, les établissements publics ou les exploitants publics prévus par la loi n° 90-568 du 2 juillet 1990 relative à l'organisation du service public de la poste et des télécommunications, une ressemblance de nature à faciliter l'acceptation desdits objets, imprimés ou formules au lieu et place des valeurs imitées.

Article 443-4

Sont punis de six mois d'emprisonnement et de 7 500 euros d'amende la contrefaçon ou la falsification des timbres-poste étrangers ou autres valeurs postales émises par le service des postes d'un pays étranger, ainsi que la vente, le transport, la distribution ou l'usage de ces timbres ou valeurs contrefaisants ou falsifiés.

Article 443-5

La tentative des délits prévus au présent chapitre est punie des mêmes peines.

Article 443-6

Les personnes physiques coupables des délits prévus au présent chapitre encourent également les peines suivantes :

1° L'interdiction des droits civiques, civils et de famille suivant les modalités prévues par l'article 131-26 ;

2° L'interdiction, suivant les modalités prévues par l'article 131-27, soit d'exercer une fonction publique ou d'exercer l'activité professionnelle ou sociale dans l'exercice ou à l'occasion de l'exercice de laquelle l'infraction a été commise, soit d'exercer une profession commerciale ou industrielle, de diriger, d'administrer, de gérer ou de contrôler à un titre quelconque, directement ou indirectement, pour son propre compte ou pour le compte d'autrui, une entreprise commerciale ou industrielle ou une société commerciale. Ces interdictions d'exercice peuvent être prononcées cumulativement ;

3° La confiscation de la chose qui a servi ou était destinée à commettre l'infraction ou de la chose qui en est le produit, à l'exception des objets susceptibles de restitution.

Dans tous les cas, la confiscation du corps du délit est obligatoire. Elle entraîne remise à l'administration de la chose confisquée aux fins de destruction éventuelle.

Article 443-8

Les personnes morales déclarées responsables pénalement, dans les conditions prévues par l'article 121-2, des infractions définies au présent chapitre encourent, outre l'amende suivant les modalités prévues par l'article 131-38 :

1° (Abrogé) ;

2° Les peines mentionnées à l'article 131-39 ;

3° La confiscation suivant les modalités prévues par l'article 443-6.

L'interdiction mentionnée au 2° de l'article 131-39 porte sur l'activité dans l'exercice ou à l'occasion de l'exercice de laquelle l'infraction a été commise.

Chapitre IV : De la falsification des marques de l'autorité

Article 444-1

La contrefaçon ou la falsification soit du sceau de l'Etat, soit des timbres nationaux, soit des poinçons servant à marquer les matières d'or, d'argent ou de platine, ou l'usage de ces sceaux, timbres ou poinçons, contrefaisants ou falsifiés, est punie de dix ans d'emprisonnement et de 150 000 euros d'amende.

Article 444-2

L'usage frauduleux du sceau de l'Etat, des timbres nationaux ou des poinçons servant à marquer des matières d'or, d'argent ou de platine est puni de sept ans d'emprisonnement et de 100 000 euros d'amende.

Article 444-3

Sont punies de cinq ans d'emprisonnement et de 75 000 euros d'amende :

1° La contrefaçon ou la falsification des sceaux, timbres ou marques d'une autorité publique, ou l'usage de ces sceaux, timbres ou marques, contrefaisants ou falsifiés ;

2° La contrefaçon ou la falsification des papiers à en-tête ou imprimés officiels utilisés dans les assemblées instituées par la Constitution, les administrations publiques ou les juridictions, la vente, la distribution ainsi que l'usage de ces papiers ou imprimés ainsi contrefaisants ou falsifiés ;

3° La contrefaçon ou la falsification d'estampilles et de marques attestant l'intervention des services d'inspection ou de surveillance sanitaire de la France ou d'un pays étranger.

Article 444-4

L'usage frauduleux des sceaux, marques, timbres, papiers, imprimés ou estampilles et marques attestant l'intervention des services d'inspection ou de surveillance sanitaire visés à l'article 444-3 est puni de trois ans d'emprisonnement et de 45 000 euros d'amende.

Article 444-5

Sont punies d'un an d'emprisonnement et de 15 000 euros d'amende la fabrication, la vente, la distribution ou l'utilisation d'imprimés qui présentent avec les papiers à en-tête ou imprimés officiels en usage dans les assemblées instituées par la Constitution, les administrations publiques ou les juridictions une ressemblance de nature à causer une méprise dans l'esprit du public.

Article 444-6

La tentative des délits prévus au présent chapitre est punie des mêmes peines.

Article 444-7

Les personnes physiques coupables des crimes et délits prévus au présent chapitre encourent également les peines suivantes :

1° L'interdiction des droits civiques, civils et de famille suivant les modalités prévues par l'article 131-26 ;

2° L'interdiction, suivant les modalités prévues par l'article 131-27, soit d'exercer une fonction publique ou d'exercer l'activité professionnelle ou sociale dans l'exercice ou à l'occasion de l'exercice de laquelle l'infraction a été commise, soit d'exercer une profession commerciale ou industrielle, de diriger,

d'administrer, de gérer ou de contrôler à un titre quelconque, directement ou indirectement, pour son propre compte ou pour le compte d'autrui, une entreprise commerciale ou industrielle ou une société commerciale. Ces interdictions d'exercice peuvent être prononcées cumulativement ;

3° L'exclusion des marchés publics ;

4° La confiscation de la chose qui a servi ou était destinée à commettre l'infraction ou de la chose qui en est le produit, à l'exception des objets susceptibles de restitution.

Dans tous les cas, la confiscation du corps du délit est obligatoire. Elle entraîne remise à l'administration de la chose confisquée aux fins de destruction éventuelle.

Article 444-8

L'interdiction du territoire français peut être prononcée dans les conditions prévues par l'article 131-30, soit à titre définitif, soit pour une durée de dix ans au plus, à l'encontre de tout étranger coupable de l'une des infractions définies à l'article 444-5.

Article 444-9

Les personnes morales déclarées responsables pénalement, dans les conditions prévues par l'article 121-2, des infractions définies au présent chapitre encourent, outre l'amende suivant les modalités prévues par l'article 131-38 :

1° (Abrogé) ;

2° Les peines mentionnées à l'article 131-39 ;

3° La confiscation, suivant les modalités prévues par l'article 444-7.

L'interdiction mentionnée au 2° de l'article 131-39 porte sur l'activité dans l'exercice ou à l'occasion de l'exercice de laquelle l'infraction a été commise.

Chapitre V : De la corruption des personnes n'exerçant pas une fonction publique

Section 1 : De la corruption passive et active des personnes n'exerçant pas une fonction publique

---

Article 445-1

Est puni de cinq ans d'emprisonnement et d'une amende de 500 000 €, dont le montant peut être porté au double du produit tiré de l'infraction, le fait, par quiconque, de proposer, sans droit, à tout moment, directement ou indirectement, à une personne qui, sans être dépositaire de l'autorité publique, ni chargée d'une mission de service public, ni investie d'un mandat électif public exerce, dans le cadre d'une activité professionnelle ou sociale, une fonction de direction ou un travail pour une personne physique ou morale ou pour un organisme quelconque, des offres, des promesses, des dons, des présents ou des avantages quelconques, pour elle-même ou pour autrui, pour qu'elle accomplisse ou s'abstienne d'accomplir, ou parce qu'elle a accompli ou s'est abstenue d'accomplir un acte de son activité ou de sa fonction ou facilité par son activité ou sa fonction, en violation de ses obligations légales, contractuelles ou professionnelles.

Est puni des mêmes peines le fait, par quiconque, de céder à une personne visée au premier alinéa qui sollicite, sans droit, à tout moment, directement ou indirectement, des offres, des promesses, des dons, des présents ou des avantages quelconques, pour elle-même ou pour autrui, pour accomplir ou avoir accompli, pour s'abstenir ou s'être abstenue d'accomplir un acte visé audit alinéa, en violation de ses obligations légales, contractuelles ou professionnelles.

Article 445-1-1

Est puni de cinq ans d'emprisonnement et d'une amende de 500 000 €, dont le montant peut être porté au double du produit tiré de l'infraction, le fait, par quiconque, de proposer, sans droit, à tout moment, directement ou indirectement, à un acteur d'une manifestation sportive ou d'une course hippique donnant lieu à des paris, des offres, des promesses, des présents, des dons ou des avantages quelconques, pour lui-même ou pour autrui, pour que cet acteur, par un acte ou une abstention, modifie le déroulement normal et équitable de cette manifestation ou de cette course ou parce que cet acteur, par un acte ou une abstention, a modifié le déroulement normal et équitable de cette manifestation ou de cette course.

Article 445-2

Est puni de cinq ans d'emprisonnement et d'une amende de 500 000 €, dont le montant peut être porté au double du produit tiré de l'infraction, le fait, par une personne qui, sans être dépositaire de l'autorité publique, ni chargée d'une mission de service public, ni investie d'un mandat électif public exerce, dans le cadre d'une activité professionnelle ou sociale, une fonction de direction ou un travail pour une personne physique ou morale ou pour un organisme quelconque, de solliciter ou d'agréer, sans droit, à tout moment, directement ou indirectement, des offres, des promesses, des dons, des présents ou des avantages quelconques, pour elle-même ou pour autrui, pour accomplir ou avoir accompli, pour s'abstenir ou s'être abstenue d'accomplir un acte de son activité ou de sa fonction ou facilité par son activité ou sa fonction, en violation de ses obligations légales, contractuelles ou professionnelles.

Article 445-2-1

Est puni de cinq ans d'emprisonnement et d'une amende de 500 000 €, dont le montant peut être porté au double du produit tiré de l'infraction, le fait, par un acteur d'une manifestation sportive ou d'une course hippique donnant lieu à des paris, de solliciter ou d'agréer de quiconque, sans droit, à tout moment, directement ou indirectement, des offres, des promesses, des présents, des dons ou des avantages quelconques, pour lui-même ou pour autrui, pour modifier ou pour avoir modifié, par un acte ou une abstention, le déroulement normal et équitable de cette manifestation ou de cette course.

Article 445-2-2

Lorsqu'elles sont commises en bande organisée, les infractions prévues à la présente section sont punies de dix ans d'emprisonnement et d'une amende d'un million d'euros, dont le montant peut être porté au double du produit tiré de l'infraction.

Section 2 : Peines complémentaires applicables aux personnes physiques et responsabilité pénale des personnes morales

Article 445-3

Les personnes physiques coupables des infractions définies aux articles 445-1,445-1-1,445-2 et 445-2-1 encourent également les peines complémentaires suivantes :

1° L'interdiction, suivant les modalités prévues par l'article 131-26, des droits civiques, civils et de famille ;

2° L'interdiction, suivant les modalités prévues par l'article 131-27, soit d'exercer une fonction publique ou d'exercer l'activité professionnelle ou sociale dans l'exercice ou à l'occasion de l'exercice de laquelle l'infraction a été commise, soit d'exercer une profession commerciale ou industrielle, de diriger, d'administrer, de gérer ou de contrôler à un titre quelconque, directement ou indirectement, pour son propre compte ou pour le compte d'autrui, une entreprise commerciale ou industrielle ou une société commerciale. Ces interdictions d'exercice peuvent être prononcées cumulativement ;

3° La confiscation, suivant les modalités prévues par l'article 131-21, de la chose qui a servi ou était destinée à commettre l'infraction ou de la chose qui en est le produit, à l'exception des objets susceptibles de restitution ;

4° L'affichage ou la diffusion de la décision prononcée dans les conditions prévues par l'article 131-35.

Article 445-4

Les personnes morales déclarées responsables pénalement, dans les conditions prévues par l'article 121-2, des infractions définies aux articles 445-1,445-1-1,445-2 et 445-2-1 encourent, outre l'amende suivant les modalités prévues par l'article 131-38 :

1° (Abrogé) ;

2° Pour une durée de cinq ans au plus, les peines mentionnées aux 2°, 3°, 4°, 5°, 6° et 7° de l'article 131-39.

L'interdiction mentionnée au 2° de l'article 131-39 porte sur l'activité dans l'exercice ou à l'occasion de laquelle l'infraction a été commise ;

3° La confiscation, suivant les modalités prévues par l'article 131-21, de la chose qui a servi ou était destinée à commettre l'infraction ou de la chose qui en est le produit, à l'exception des objets susceptibles de restitution ;

4° L'affichage ou la diffusion de la décision prononcée dans les conditions prévues par l'article 131-35 ;

5° La peine prévue à l'article 131-39-2.

Chapitre VI : De la violation des dispositions réglementant les professions exercées dans les lieux publics

Article 446-1

La vente à la sauvette est le fait, sans autorisation ou déclaration régulière, d'offrir, de mettre en vente ou d'exposer en vue de la vente des biens ou d'exercer toute autre profession dans les lieux publics en violation des dispositions réglementaires sur la police de ces lieux.

La vente à la sauvette est punie de six mois d'emprisonnement et de 3 750 € d'amende.

Pour le délit prévu au premier alinéa du présent article, y compris en cas de récidive, l'action publique peut être éteinte, dans les conditions prévues aux articles 495-17 à 495-25 du code de procédure pénale, par le versement d'une amende forfaitaire d'un montant de 300 €. Le montant de l'amende forfaitaire minorée est de 250 € et le montant de l'amende forfaitaire majorée est de 600 €.

L'auteur de cette infraction encourt également les peines complémentaires définies à l'article 446-3 du présent code.

Article 446-2

Lorsque la vente à la sauvette est accompagnée de voies de fait ou de menaces ou lorsqu'elle est commise en réunion, la peine est portée à un an d'emprisonnement et à 15 000 € d'amende.

L'action publique peut être éteinte, y compris en cas de récidive, dans les conditions prévues aux articles 495-17 à 495-25 du code de procédure pénale, par le versement d'une amende forfaitaire d'un montant de 500 €. Le montant de l'amende forfaitaire minorée est de 400 € et le montant de l'amende forfaitaire majorée est de 1 000 €.

Article 446-3

Les personnes physiques coupables des délits prévus au présent chapitre encourent également les peines complémentaires suivantes :

1° La confiscation de la chose qui a servi ou était destinée à commettre l'infraction ou de la chose qui en est le produit ;

2° La destruction de la chose qui a servi ou était destinée à commettre l'infraction ou de la chose qui en est le produit.

Article 446-4

Les personnes morales déclarées responsables pénalement, dans les conditions prévues par l'article 121-2, des infractions définies au présent chapitre encourent, outre l'amende suivant les modalités prévues par l'article 131-38, les peines prévues par l'article 131-39.

L'interdiction mentionnée au 2° de l'article 131-39 porte sur l'activité dans l'exercice ou à l'occasion de l'exercice de laquelle l'infraction a été commise.

Titre V : De la participation à une association de malfaiteurs et du concours à une organisation criminelle

Article 450-1

Constitue une association de malfaiteurs tout groupement formé ou entente établie en vue de la préparation, caractérisée par un ou plusieurs faits matériels, d'un ou plusieurs crimes ou d'un ou plusieurs délits punis d'au moins cinq ans d'emprisonnement.

Lorsque l'infraction préparée est un crime pour lequel la loi prévoit une peine de réclusion criminelle à perpétuité ou une répression aggravée en cas de commission en bande organisée, la participation à une association de malfaiteurs est punie de quinze ans de réclusion criminelle et de 225 000 euros d'amende.

Lorsque les infractions préparées sont des crimes autres que ceux mentionnés au deuxième alinéa ou des délits punis de dix ans d'emprisonnement, la participation à une association de malfaiteurs est punie de dix ans d'emprisonnement et de 150 000 euros d'amende.

Lorsque les infractions préparées sont des délits punis d'au moins cinq ans d'emprisonnement, la participation à une association de malfaiteurs est punie de cinq ans d'emprisonnement et de 75 000 euros d'amende.

Article 450-1-1

Constitue une organisation criminelle toute association de malfaiteurs prenant la forme d'une organisation structurée entre ses membres et préparant un ou plusieurs crimes et, le cas échéant, un ou plusieurs délits mentionnés aux 1° à 10°, 12° à 14° et 17° de l'article 706-73 du code de procédure pénale.

Le fait de concourir sciemment et de façon fréquente ou importante à l'organisation ou au fonctionnement d'une organisation criminelle, indépendamment de la préparation d'une infraction particulière, est puni de trois ans d'emprisonnement et 150 000 euros d'amende.

Article 450-2

Toute personne ayant participé au groupement ou à l'entente définis par l'article 450-1 ou ayant commis l'infraction prévue à l'article 450-1-1 est exempte de peine si elle a, avant toute poursuite, révélé le groupement ou l'entente aux autorités compétentes et permis l'identification des autres participants.

La peine privative de liberté encourue par l'auteur ou le complice des infractions prévues aux articles 450-1 et 450-1-1 est réduite des deux tiers si, ayant averti l'autorité administrative ou judiciaire, il a permis de faire cesser l'infraction, d'éviter la commission d'une infraction préparée par le groupement ou l'entente ou d'identifier les autres auteurs ou complices de l'infraction préparée.

Article 450-3

Les personnes physiques coupables des infractions prévues aux articles 450-1 et 450-1-1 encourent également les peines complémentaires suivantes :

1° L'interdiction des droits civiques, civils et de famille, suivant les modalités prévues par l'article 131-26 ;

2° L'interdiction, suivant les modalités prévues par l'article 131-27, soit d'exercer une fonction publique ou d'exercer l'activité professionnelle ou sociale dans l'exercice ou à l'occasion de l'exercice de laquelle l'infraction a été commise, soit d'exercer une profession commerciale ou industrielle, de diriger, d'administrer, de gérer ou de contrôler à un titre quelconque, directement ou indirectement, pour son propre compte ou pour le compte d'autrui, une entreprise commerciale ou industrielle ou une société commerciale. Ces interdictions d'exercice peuvent être prononcées cumulativement ;

3° L'interdiction de séjour, suivant les modalités prévues par l'article 131-31.

Peuvent être également prononcées à l'encontre de ces personnes les autres peines complémentaires encourues pour les crimes et les délits que le groupement ou l'entente avait pour objet de préparer.

Article 450-4

Les personnes morales déclarées responsables pénalement, dans les conditions prévues par l'article 121-2, des infractions définies aux articles 450-1 et 450-1-1 encourent, outre l'amende suivant les modalités prévues par l'article 131-38, les peines prévues par l'article 131-39.

L'interdiction mentionnée au 2° de l'article 131-39 porte sur l'activité dans l'exercice ou à l'occasion de l'exercice de laquelle l'infraction a été commise.

Article 450-5

Les personnes physiques et morales reconnues coupables des infractions prévues aux deuxième et troisième alinéas de l'article 450-1 et à l'article 321-6-1 encourent également la peine complémentaire de confiscation de tout ou partie des biens leur appartenant ou, sous réserve des droits du propriétaire de bonne foi, dont elles ont la libre disposition, quelle qu'en soit la nature, meubles ou immeubles, divis ou indivis.

Livre IV bis : Des crimes et des délits de guerre

Chapitre Ier : Des différents crimes et délits de guerre
Section 1 : De la définition des crimes et délits de guerre

Article 461-1

Constituent des crimes ou des délits de guerre les infractions définies par le présent livre commises, lors d'un conflit armé international ou non international et en relation avec ce conflit, en violation des lois et coutumes de la guerre ou des conventions internationales applicables aux conflits armés, à l'encontre des personnes ou des biens visés aux articles 461-2 à 461-31.

Section 2 : Des crimes et délits de guerre communs aux conflits armés internationaux et non internationaux
Sous-section 1 : Des atteintes à la personne humaine perpétrées lors d'un conflit armé international ou non international
Paragraphe 1 : Des atteintes à la vie et à l'intégrité physique ou psychique

---

Article 461-2

Sont passibles des aggravations de peines prévues à l'article 462-1 les atteintes volontaires à la vie, les atteintes volontaires à l'intégrité physique ou psychique de la personne ainsi que l'enlèvement et la séquestration, définis par le livre II du présent code et commis à l'encontre d'une personne protégée par le droit international des conflits armés en vertu des lois et coutumes de guerre et du droit international humanitaire.

Article 461-3

Le fait de soumettre des personnes d'une partie adverse à des mutilations ou à des expériences médicales ou scientifiques qui ne sont ni justifiées par des raisons thérapeutiques, ni pratiquées dans l'intérêt de ces personnes et qui entraînent leur mort ou portent gravement atteinte à leur santé ou à leur intégrité physique ou psychique est puni de la réclusion criminelle à perpétuité.

Article 461-4

Le fait de forcer une personne protégée par le droit international des conflits armés à se prostituer, de la contraindre à une grossesse non désirée, de la stériliser contre sa volonté ou d'exercer à son encontre toute autre forme de violence sexuelle de gravité comparable est puni de la réclusion criminelle à perpétuité.

Article 461-5

Le fait de se livrer à des traitements humiliants et dégradants sur des personnes de la partie adverse et qui portent gravement atteinte à leur intégrité physique ou psychique est puni de quinze ans de réclusion criminelle.

Paragraphe 2 : Des atteintes à la liberté individuelle

Article 461-6

Sont passibles des aggravations de peines prévues à l'article 462-1 les atteintes à la liberté individuelle définies à l'article 432-4 et commises à l'encontre d'une personne protégée par le droit international des conflits armés, en dehors des cas admis par les conventions internationales.

Paragraphe 3 : Des atteintes aux droits des mineurs dans les conflits armés

---

Article 461-7

Le fait de procéder à la conscription ou à l'enrôlement de mineurs de dix-huit ans dans les forces armées ou dans des groupes armés, ou de les faire participer activement à des hostilités est puni de vingt ans de réclusion criminelle. Ces dispositions ne font pas obstacle à l'enrôlement volontaire des mineurs de plus de quinze ans.

Sous-section 2 : Des crimes et délits de guerre liés à la conduite des hostilités

Paragraphe 1 : Des moyens et des méthodes de combat prohibés

Article 461-8

Le fait d'ordonner qu'il n'y ait pas de survivants ou d'en menacer l'adversaire est puni de la réclusion criminelle à perpétuité.

Article 461-9

Le fait de lancer des attaques délibérées contre la population civile en tant que telle ou contre des personnes civiles qui ne prennent pas part directement aux hostilités est puni de la réclusion criminelle à perpétuité.

Article 461-10

Le fait de causer des blessures ayant porté gravement atteinte à son intégrité physique à un combattant de la partie adverse qui, ayant déposé les armes ou n'ayant plus de moyens de se défendre, s'est rendu est puni de vingt ans de réclusion criminelle.

La peine est portée à trente ans de réclusion criminelle si les blessures ont entraîné une mutilation ou une infirmité permanente ou la mort de la victime sans intention de la donner.

Le fait de lui donner volontairement la mort dans les circonstances définies au premier alinéa est puni de la réclusion criminelle à perpétuité.

Article 461-11

Le fait de causer, par traîtrise, à un individu appartenant à la Nation ou à l'armée adverse ou à un combattant de la partie adverse des blessures ayant porté gravement atteinte à son intégrité physique est puni de vingt ans de réclusion criminelle.

La peine est portée à trente ans de réclusion criminelle si les blessures ont entraîné une mutilation ou une infirmité permanente ou la mort de la victime sans intention de la donner.

Le fait de lui donner volontairement la mort dans les circonstances définies au premier alinéa est puni de la réclusion criminelle à perpétuité.

Article 461-12

Est puni de vingt ans de réclusion criminelle le fait :

1° De lancer des attaques délibérées contre le personnel, les bâtiments, le matériel, les unités et les moyens de transport sanitaires portant, conformément au droit international, les signes distinctifs prévus par les conventions de Genève du 12 août 1949 ou leurs protocoles additionnels ;

2° De lancer des attaques délibérées contre le personnel, les installations, le matériel, les unités ou les véhicules employés dans le cadre d'une mission d'aide humanitaire ou de maintien de la paix conformément à la Charte des Nations unies, pour autant qu'ils aient droit à la protection que le droit international des conflits armés garantit aux civils et aux biens de caractère civil.

Lorsque les infractions décrites aux 1° et 2° ont causé aux personnels susmentionnés des blessures ayant entraîné une mutilation ou une infirmité permanente, la peine est portée à trente ans de réclusion criminelle.

Lorsque ces mêmes infractions ont eu pour conséquence la mort des personnels considérés, la peine est portée à la réclusion criminelle à perpétuité.

Article 461-13

Le fait de lancer des attaques délibérées contre des bâtiments consacrés à la religion, à l'enseignement, à l'art, à la science ou à l'action caritative, des monuments historiques, des hôpitaux et des lieux où des malades ou des blessés sont rassemblés, pour autant que ces bâtiments ne soient pas alors utilisés à des fins militaires, est puni de vingt ans de réclusion criminelle.

Article 461-14

Le fait de lancer des attaques délibérées contre des biens de caractère civil qui ne sont pas des objectifs militaires est puni de quinze ans de réclusion criminelle.

Paragraphe 2 : Des atteintes aux biens dans les conflits armés

Article 461-15

Le fait de se livrer, avec des armes ou à force ouverte, au pillage d'une ville ou d'une localité, même prise d'assaut, est puni de quinze ans de réclusion criminelle.

Article 461-16

A moins qu'elles ne soient justifiées par des nécessités militaires, constituent également des crimes ou des délits de guerre et sont passibles des aggravations de peines prévues à l'article 462-1 les infractions suivantes commises à l'encontre d'une personne protégée par le droit international des conflits armés :

1° Les vols, les extorsions ainsi que les destructions, dégradations et détériorations de biens définis par le livre III du présent code ;

2° Le recel du produit de l'une des infractions prévues au 1° du présent article.

Article 461-17

La tentative des délits prévus au 1° de l'article 461-16 est passible des mêmes causes d'aggravation des peines.

Sous-section 3 : Des groupements formés ou des ententes établies en vue de préparer des crimes ou des délits de guerre

Article 461-18

Le fait de participer à un groupement formé ou à une entente établie en vue de la préparation, caractérisée par un ou plusieurs faits matériels, de l'un des crimes ou des délits de guerre définis au présent chapitre est puni de dix ans d'emprisonnement et de 225 000 € d'amende.

Section 3 : Des crimes et délits de guerre propres aux conflits armés internationaux

Sous-section 1 : Des atteintes à la liberté et aux droits des personnes dans les conflits armés internationaux

Article 461-19

Le fait d'employer une personne protégée par le droit international des conflits armés pour éviter que certains points, zones ou forces militaires ne soient la cible d'opérations militaires est puni de vingt ans de réclusion criminelle.

Article 461-20

Est puni de vingt ans de réclusion criminelle le fait, pour le compte d'une puissance belligérante :

1° De contraindre une personne protégée par le droit international des conflits armés à servir dans ses forces armées ;

2° De contraindre les nationaux de la partie adverse à prendre part aux opérations de guerre dirigées contre leur pays, même s'ils étaient au service de la puissance belligérante avant le commencement de la guerre.

Article 461-21

Le fait de faire obstacle au droit d'une personne protégée par le droit international des conflits armés d'être jugée régulièrement et impartialement, selon les prescriptions des conventions internationales applicables, est puni de vingt ans de réclusion criminelle.

Lorsque l'infraction a conduit à l'exécution de la personne qui a fait l'objet de la condamnation prononcée, la peine est portée à la réclusion criminelle à perpétuité.

Article 461-22

Le fait de déclarer les droits et actions des nationaux de la partie adverse irrecevables en justice, forclos ou suspendus, en raison de la nationalité des requérants, est puni de quinze ans de réclusion criminelle.

Sous-section 2 : Des moyens et méthodes de combat prohibés dans un conflit armé international

Article 461-23

Est puni de la réclusion criminelle à perpétuité le fait :

1° D'utiliser du poison ou des armes empoisonnées ;

2° D'utiliser des gaz asphyxiants, toxiques ou assimilés et tous liquides, matières ou procédés analogues ;

3° D'utiliser des balles qui se déforment facilement dans le corps humain ;

4° D'employer des armes, des projectiles, des matériels ou des méthodes de combat ayant fait l'objet d'une interdiction générale et ayant été inscrits dans une annexe au statut de la Cour pénale internationale acceptée par la France.

Article 461-24

Le fait d'attaquer ou de bombarder, par quelque moyen que ce soit, des villes, villages, habitations ou bâtiments, qui ne sont pas défendus et qui ne sont pas des objectifs militaires, est puni de la réclusion criminelle à perpétuité.

Article 461-25

Le fait d'affamer des personnes civiles, comme méthode de guerre, en les privant délibérément de biens indispensables à leur survie, y compris en empêchant intentionnellement l'envoi des secours prévus par les conventions de Genève du 12 août 1949 et leurs protocoles additionnels, est puni de la réclusion criminelle à perpétuité.

Article 461-26

Le fait de participer soit au transfert, direct ou indirect, par une puissance occupante, d'une partie de sa population civile dans le territoire qu'elle occupe, soit à la déportation ou au transfert à l'intérieur ou hors du territoire occupé de la totalité ou d'une partie de la population civile de ce territoire, est puni de la réclusion criminelle à perpétuité.

Article 461-27

Le fait de lancer une attaque délibérée en sachant qu'elle causera incidemment des pertes en vies humaines dans la population civile ou des blessures parmi cette population, qui seraient manifestement disproportionnées par rapport à l'avantage militaire concret et direct attendu de l'ensemble de l'attaque, est puni de la réclusion criminelle à perpétuité.

Article 461-28

Est puni de vingt ans de réclusion criminelle le fait de lancer une attaque délibérée en sachant qu'elle causera incidemment :

1° Des dommages aux biens de caractère civil, qui seraient manifestement disproportionnés par rapport à l'avantage militaire concret et direct attendu de l'ensemble de l'attaque ;

2° Des dommages étendus, durables et graves à l'environnement naturel, qui seraient manifestement disproportionnés par rapport à l'avantage militaire concret et direct attendu de l'ensemble de l'attaque.

Article 461-29

Le fait d'employer indûment le pavillon parlementaire, le drapeau ou les insignes militaires et l'uniforme de l'ennemi ou de l'Organisation des Nations unies, ainsi que les signes distinctifs prévus par les conventions de Genève du 12 août 1949 et leurs protocoles additionnels et, ce faisant, de causer à un combattant de la partie adverse des blessures ayant porté gravement atteinte à son intégrité physique, est puni de vingt ans de réclusion criminelle.

Lorsque l'infraction définie au premier alinéa a eu pour effet de causer audit combattant des blessures ayant entraîné une mutilation ou une infirmité permanente, la peine est portée à trente ans de réclusion criminelle.

Lorsque l'infraction a eu pour conséquence la mort de la victime, la peine est portée à la réclusion criminelle à perpétuité.

Section 4 : Des crimes et délits de guerre propres aux conflits armés non internationaux

---

Article 461-30

A moins que la sécurité des personnes civiles ou des impératifs militaires ne l'exigent, le fait d'ordonner le déplacement de la population civile pour des raisons ayant trait au conflit est puni de la réclusion criminelle à perpétuité.

Article 461-31

Le fait de prononcer des condamnations et d'exécuter des peines sans un jugement préalable, rendu par un tribunal régulièrement constitué, assorti des garanties judiciaires prévues par les conventions de Genève du 12 août 1949 et leurs protocoles additionnels, est puni de vingt ans de réclusion criminelle.

Lorsque l'infraction définie au premier alinéa a conduit à l'exécution de la personne qui a été condamnée, la peine est portée à la réclusion criminelle à perpétuité.

Chapitre II : Dispositions particulières

Article 462-1

Le maximum de la peine privative de liberté encourue pour les infractions mentionnées aux articles 461-2, 461-6, 461-16 et 461-17 est relevé ainsi qu'il suit lorsque ces infractions constituent des crimes ou des délits de guerre :

1° Il est porté à la réclusion criminelle à perpétuité lorsque l'infraction est punie de trente ans de réclusion criminelle ;

2° Il est porté à trente ans de réclusion criminelle lorsque l'infraction est punie de vingt ans de réclusion criminelle ;

3° Il est porté à vingt ans de réclusion criminelle lorsque l'infraction est punie de quinze ans de réclusion criminelle ;

4° Il est porté à quinze ans de réclusion criminelle lorsque l'infraction est punie de dix ans d'emprisonnement ;

5° Il est porté à dix ans d'emprisonnement lorsque l'infraction est punie de sept ans d'emprisonnement ;

6° Il est porté à sept ans d'emprisonnement lorsque l'infraction est punie de cinq ans d'emprisonnement ;

7° Il est porté au double lorsque l'infraction est punie de trois ans au plus.

Article 462-2

Les deux premiers alinéas de l'article 132-23 relatif à la période de sûreté sont applicables aux crimes, ainsi qu'aux délits punis de dix ans d'emprisonnement, prévus par le présent livre.

Article 462-3

Les personnes physiques coupables de l'une des infractions prévues par le présent livre encourent également les peines suivantes :

1° L'interdiction des droits civiques, civils et de famille, suivant les modalités prévues par l'article 131-26. Toutefois, le maximum de la durée de l'interdiction est porté à quinze ans en cas de crime et à dix ans en cas de délit ;

2° L'interdiction, suivant les modalités prévues par l'article 131-27, d'exercer une fonction publique ou d'exercer l'activité professionnelle ou sociale dans l'exercice ou à l'occasion de l'exercice de laquelle l'infraction a été commise. Toutefois, le maximum de la durée de l'interdiction temporaire est porté à dix ans ;

3° L'interdiction de séjour, suivant les modalités prévues par l'article 131-31. Toutefois, le maximum de la durée de l'interdiction est porté à quinze ans en cas de crime et à dix ans en cas de délit.

Article 462-5

Les peines encourues par les personnes morales déclarées responsables pénalement, dans les conditions prévues par l'article 121-2, des crimes ou des délits de guerre définis au présent livre sont, outre l'amende, suivant les modalités prévues par l'article 131-38, les peines mentionnées à l'article 131-39.

L'interdiction mentionnée au 2° de l'article 131-39 porte sur l'activité dans l'exercice ou à l'occasion de l'exercice de laquelle l'infraction a été commise.

Article 462-6

Les personnes physiques ou les personnes morales reconnues coupables d'un crime ou d'un délit de guerre visé par le présent livre encourent également la peine complémentaire de confiscation de tout ou partie des biens leur appartenant ou, sous réserve des droits du propriétaire de bonne foi, dont elles ont la libre disposition.

Article 462-7

Sans préjudice de l'application des dispositions de l'article 121-7, est considéré comme complice d'un crime ou d'un délit de guerre visé par le présent livre commis par des subordonnés placés sous son autorité et son contrôle effectifs le chef militaire ou la personne qui en faisait fonction qui savait ou, en raison des circonstances, aurait dû savoir que ces subordonnés commettaient ou allaient commettre ce crime ou ce délit et qui n'a pas pris toutes les mesures nécessaires et raisonnables qui étaient en son pouvoir pour en empêcher ou en réprimer l'exécution ou pour en référer aux autorités compétentes aux fins d'enquête et de poursuites.

Sans préjudice de l'application des dispositions de l'article 121-7, est également considéré comme complice d'un crime ou d'un délit de guerre visé par le présent livre et commis par des subordonnés placés sous son autorité et son contrôle effectifs le supérieur hiérarchique, n'exerçant pas la fonction de chef militaire, qui savait que ces subordonnés commettaient ou allaient commettre une telle infraction ou a délibérément négligé de tenir compte d'informations qui l'indiquaient clairement et qui n'a pas pris toutes les mesures nécessaires et raisonnables qui étaient en son pouvoir pour en empêcher ou en réprimer l'exécution ou pour en référer aux autorités compétentes aux fins d'enquête et de poursuites, alors que le crime ou le délit était lié à des activités relevant de sa responsabilité ou de son contrôle effectifs.

Article 462-8

L'auteur ou le complice d'un crime ou d'un délit de guerre visé par le présent livre ne peut être exonéré de sa responsabilité pénale du seul fait qu'il a accompli un acte prescrit ou autorisé par des dispositions législatives ou réglementaires ou un acte commandé par l'autorité légitime. Toutefois, la juridiction tient compte de cette circonstance lorsqu'elle détermine la peine et en fixe le montant.

En outre, l'auteur ou le complice n'est pas pénalement responsable dans le cas où il ne savait pas que l'ordre de l'autorité légitime était illégal et où cet ordre n'était pas manifestement illégal.

Article 462-9

N'est pas pénalement responsable d'un crime ou d'un délit de guerre visé par le présent livre la personne qui a agi raisonnablement pour sauvegarder des biens essentiels à sa survie ou à celle d'autrui ou essentiels à l'accomplissement d'une mission militaire contre un recours imminent et illicite à la force, sauf s'il y a disproportion entre les moyens de défense employés et la gravité du danger couru.

Article 462-11

N'est pas constitutif d'une infraction visée par le présent livre le fait, pour accomplir un acte nécessaire à l'exercice par la France de son droit de légitime défense, d'user de l'arme nucléaire ou de toute autre arme dont l'utilisation n'est pas prohibée par une convention internationale à laquelle la France est partie.

Livre V : Des autres crimes et délits

Titre Ier : Des infractions en matière de santé publique

Chapitre Ier : Des infractions en matière d'éthique biomédicale

Section 1 : De la protection de l'espèce humaine

Article 511-1

Est puni de dix ans d'emprisonnement et de 150 000 euros d'amende le fait de se prêter à un prélèvement de cellules ou de gamètes, dans le but de faire naître un enfant génétiquement identique à une autre personne, vivante ou décédée.

Article 511-1-1

Dans le cas où le délit prévu à l'article 511-1 est commis à l'étranger par un Français ou par une personne résidant habituellement sur le territoire français, la loi française est applicable par dérogation au deuxième alinéa de l'article 113-6 et les dispositions de la seconde phrase de l'article 113-8 ne sont pas applicables.

Article 511-1-2

Est puni de trois ans d'emprisonnement et de 45 000 euros d'amende le fait, par don, promesse, menace, ordre, abus d'autorité ou de pouvoir, de provoquer autrui à se prêter à un prélèvement de cellules ou de gamètes, dans le but de faire naître un enfant génétiquement identique à une autre personne vivante ou décédée.

Est punie des mêmes peines la propagande ou la publicité, quel qu'en soit le mode, en faveur de l'eugénisme ou du clonage reproductif.

Section 2 : De la protection du corps humain

Article 511-2

Le fait d'obtenir d'une personne l'un de ses organes contre un paiement, quelle qu'en soit la forme, est puni de sept ans d'emprisonnement et de 100 000 euros d'amende.

Est puni des mêmes peines, le fait d'apporter son entremise pour favoriser l'obtention d'un organe contre le paiement de celui-ci, ou de céder à titre onéreux un tel organe du corps d'autrui.

Les mêmes peines sont applicables dans le cas où l'organe obtenu dans les conditions prévues au premier alinéa provient d'un pays étranger.

Article 511-3

Le fait de prélever un organe sur une personne vivante majeure, y compris dans une finalité thérapeutique, sans que le consentement de celle-ci ait été recueilli dans les conditions prévues au III de l'article L. 1231-1 du code de la santé publique ou sans que l'autorisation prévue au second alinéa du I et au deuxième alinéa du IV du même article L. 1231-1 ait été délivrée est puni de sept ans d'emprisonnement et de 100 000 euros d'amende.

Est puni des mêmes peines le fait de prélever un organe, un tissu ou des cellules ou de collecter un produit en vue de don sur une personne vivante mineure ou sur une personne vivante majeure faisant l'objet d'une mesure de protection juridique avec représentation relative à la personne, hormis les cas prévus aux articles L. 1241-3 et L. 1241-4 du code de la santé publique.

Article 511-4

Le fait d'obtenir d'une personne le prélèvement de tissus, de cellules ou de produits de son corps contre un paiement, quelle qu'en soit la forme, est puni de cinq ans d'emprisonnement et de 75 000 euros d'amende.

Est puni des mêmes peines le fait d'apporter son entremise pour favoriser l'obtention de tissus, de cellules ou de produits humains contre un paiement, quelle qu'en soit la forme, ou de céder à titre onéreux des tissus, des cellules ou des produits du corps d'autrui.

Article 511-5

Le fait de prélever un tissu ou des cellules ou de collecter un produit sur une personne vivante majeure sans qu'elle ait exprimé son consentement dans les conditions prévues aux trois derniers alinéas de l'article L. 1241-1 du code de la santé publique est puni de cinq ans d'emprisonnement et de 75 000 euros d'amende.

Le fait de prélever sur une personne vivante mineure ou sur une personne vivante majeure faisant l'objet d'une mesure de protection juridique avec représentation à la personne des cellules hématopoïétiques issues de la moelle osseuse, qu'elles soient recueillies par prélèvement osseux ou dans le sang périphérique, sans avoir respecté les conditions prévues, selon le cas, aux articles L. 1241-3 ou L. 1241-4 du code de la santé publique est puni de sept ans d'emprisonnement et de 100 000 euros d'amende.

Article 511-5-1

Le fait de procéder à des prélèvements à des fins scientifiques sur une personne décédée sans avoir transmis le protocole prévu à l'article L. 1232-3 du code de la santé publique est puni de deux ans d'emprisonnement et de 30 000 euros d'amende.

Est puni des mêmes peines le fait de mettre en oeuvre un protocole suspendu ou interdit par le ministre chargé de la recherche.

Article 511-5-2

I. – Est puni de cinq ans d'emprisonnement et de 75 000 euros d'amende le fait de conserver et transformer à des fins scientifiques, y compris à des fins de recherche génétique, des organes, des tissus, des cellules ou du sang, ses composants et ses produits dérivés :

1° Sans en avoir fait la déclaration préalable prévue à l'article L. 1243-3 du code de la santé publique ;

2° Alors que le ministre chargé de la recherche s'est opposé à l'exercice de ces activités ou les a suspendues ou interdites.

II. – Est puni des mêmes peines le fait de conserver et transformer, en vue de leur cession pour un usage scientifique, y compris à des fins de recherche génétique, des organes, des tissus, des cellules ou du sang, ses composants et ses produits dérivés, sans avoir préalablement obtenu l'autorisation prévue à l'article L. 1243-4 du code de la santé publique ou alors que cette autorisation est suspendue ou retirée.

Article 511-6

Le fait de recueillir ou de prélever des gamètes sur une personne vivante sans son consentement écrit est puni de cinq ans d'emprisonnement et de 75 000 euros d'amende.

Article 511-7

Le fait de procéder à des prélèvements d'organes ou des greffes d'organes, à des prélèvements de tissus ou de cellules, à des greffes de tissus ou à des administrations de préparations de thérapie cellulaire, à la conservation ou à la transformation de tissus ou de préparations de thérapie cellulaire dans un établissement n'ayant pas obtenu l'autorisation prévue par les articles L. 1233-1, L. 1234-2, L. 1242-1, L. 1243-2 ou L. 1243-6 du code de la santé publique, ou après le retrait ou la suspension de cette autorisation, est puni de deux ans d'emprisonnement et de 30 000 euros d'amende.

Article 511-8

Le fait de procéder à la distribution ou à la cession d'organes, de tissus, de produits cellulaires à finalité thérapeutique ou de produits humains en vue d'un don sans qu'aient été respectées les règles de sécurité sanitaire exigées en application des dispositions de l'article L. 1211-6 du code de la santé publique est puni de deux ans d'emprisonnement et de 30 000 euros d'amende.

Article 511-8-1

Le fait de procéder à la distribution ou à la cession en vue d'un usage thérapeutique de tissus ou de préparations de thérapie cellulaire en violation des dispositions de l'article L. 1243-2 du code de la santé publique est puni de deux ans d'emprisonnement et de 30 000 euros d'amende.

Article 511-8-2

Le fait de se procurer auprès d'un Etat membre de l'Union européenne ou partie à l'accord sur l'Espace économique européen ou de lui fournir ou d'importer ou d'exporter des organes, des tissus, leurs dérivés, des cellules issus du corps humain et des préparations de thérapie cellulaires, en violation des dispositions prises pour l'application des articles L. 1235-1, L. 1245-5 et L. 1245-5-1 du code de la santé publique, est puni de cinq ans d'emprisonnement et de 75 000 euros d'amende.

Article 511-9

Le fait d'obtenir des gamètes contre un paiement, quelle qu'en soit la forme, à l'exception du paiement des prestations assurées par les établissements effectuant la préparation et la conservation de ces gamètes, est puni de cinq ans d'emprisonnement et de 75 000 euros d'amende.

Est puni des mêmes peines le fait d'apporter son entremise pour favoriser l'obtention de gamètes contre un paiement, quelle qu'en soit la forme, ou de remettre à des tiers, à titre onéreux des gamètes provenant de dons.

Article 511-10

Sauf dans le cas prévu à l'article 16-8-1 du code civil, le fait de divulguer une information permettant à la fois d'identifier une personne ou un couple qui a fait don de gamètes et le couple ou la femme non mariée qui les a reçus est puni de deux ans d'emprisonnement et de 30 000 euros d'amende.

Article 511-11

Le fait de recueillir ou de prélever des gamètes sur une personne vivante en vue d'une assistance médicale à la procréation sans procéder aux tests de dépistage des maladies transmissibles exigés en application de l'article L. 1211-6 du code de la santé publique est puni de deux ans d'emprisonnement et de 30 000 euros d'amende.

Article 511-12

Le fait de procéder à une insémination artificielle par sperme frais ou mélange de sperme provenant de dons en violation de l'article L. 1244-3 du code de la santé publique est puni de deux ans d'emprisonnement et de 30 000 euros d'amende.

Article 511-13

Le fait de subordonner le bénéfice d'un don de gamètes à la désignation par le couple receveur d'une personne ayant volontairement accepté de procéder à un tel don en faveur d'un couple tiers en violation de l'article L. 1244-7 du code de la santé publique est puni de deux ans d'emprisonnement et de 30 000 euros d'amende.

Section 3 : De la protection de l'embryon humain

Article 511-15

Le fait d'obtenir des embryons humains contre un paiement, quelle qu'en soit la forme, est puni de sept ans d'emprisonnement et de 100 000 euros d'amende.

Est puni des mêmes peines le fait d'apporter son entremise pour favoriser l'obtention d'embryons humains contre un paiement, quelle qu'en soit la forme, ou de remettre à des tiers, à titre onéreux, des embryons humains.

Article 511-16

Le fait d'obtenir des embryons humains sans respecter les conditions prévues aux articles L. 2141-5 et L. 2141-6 du code de la santé publique est puni de sept ans d'emprisonnement et de 100 000 euros d'amende.

Article 511-17

Le fait de procéder à la conception in vitro ou à la constitution par clonage d'embryons humains à des fins industrielles ou commerciales est puni de sept ans d'emprisonnement et de 100 000 euros d'amende.

Est puni des mêmes peines le fait d'utiliser des embryons humains à des fins industrielles ou commerciales.

Article 511-18

Le fait de procéder à la conception in vitro ou à la constitution par clonage d'embryons humains à des fins de recherche est puni de sept ans d'emprisonnement et de 100 000 euros d'amende.

Article 511-18-1

Le fait de procéder à la constitution par clonage d'embryons humains à des fins thérapeutiques est puni de sept ans d'emprisonnement et de 100 000 euros d'amende.

Article 511-19

I. – Le fait de procéder à une étude ou une recherche sur l'embryon humain :

1° Sans avoir préalablement obtenu le consentement écrit et l'autorisation visés à l'article L. 2151-5 du code de la santé publique, ou alors que cette autorisation est retirée, suspendue, ou que le consentement est révoqué ;

2° Sans se conformer aux prescriptions législatives et réglementaires ou à celles fixées par cette autorisation, est puni de sept ans d'emprisonnement et de 100 000 euros d'amende.

II.-Est puni de deux ans d'emprisonnement et de 30 000 euros d'amende le fait de procéder à une recherche sur des cellules souches embryonnaires :

1° Sans avoir préalablement déclaré un protocole auprès de l'Agence de la biomédecine conformément à l'article L. 2151-6 du code de la santé publique, ou alors que le directeur général de l'Agence de la biomédecine s'est opposé à cette recherche, l'a suspendue ou l'a interdite en application du même article L. 2151-6 ;

2° Sans se conformer aux prescriptions législatives et réglementaires.

III.-Est puni de deux ans d'emprisonnement et de 30 000 euros d'amende le fait de procéder à une recherche sur des cellules souches pluripotentes induites humaines :

1° Sans avoir préalablement déclaré un protocole auprès de l'Agence de la biomédecine conformément à l'article L. 2151-7 du code de la santé publique, ou alors que le directeur général de l'Agence de la biomédecine s'est opposé à cette recherche, l'a suspendue ou l'a interdite en application du même article L. 2151-7 ;

2° Sans se conformer aux prescriptions législatives et réglementaires.

Article 511-19-1

Le fait, à l'issue d'une interruption de grossesse, de prélever, conserver ou utiliser des tissus ou cellules embryonnaires ou fœtaux dans des conditions non conformes à celles prévues par les premier, deuxième et quatrième alinéas de l'article L. 1241-5 du code de la santé publique ou pour des finalités autres que diagnostiques, thérapeutiques ou scientifiques est puni de deux ans d'emprisonnement et de 30 000 euros d'amende.

Article 511-19-2

Est puni de deux ans d'emprisonnement et de 30 000 euros d'amende :

1° Le fait de conserver des embryons ou des cellules souches embryonnaires sans avoir obtenu l'une des autorisations ou sans avoir effectué l'une des déclarations mentionnées à l'article L. 2151-9 du code de la santé publique ou alors que cette autorisation est retirée ou suspendue ou que le directeur général de l'Agence de la biomédecine a suspendu ou interdit la conservation en application de l'avant-dernier alinéa du même article L. 2151-9 ;

2° Le fait de conserver des embryons ou des cellules souches embryonnaires sans se conformer aux règles mentionnées aux troisième ou avant-dernier alinéas dudit article L. 2151-9 ;

3° Le fait de céder des embryons ou des cellules souches embryonnaires à des organismes n'ayant pas déclaré leur projet de recherche auprès de l'Agence de la biomédecine conformément à l'article L. 2151-6 du même code ou n'étant pas titulaires de l'autorisation délivrée en application des articles L. 2151-5 ou L. 2151-9 dudit code ou n'ayant pas déclaré leurs activités de conservation de cellules souches embryonnaires conformément à l'avant-dernier alinéa du même article L. 2151-9 ;

4° Le fait d'avoir cédé des embryons ou des cellules souches embryonnaires sans en avoir informé préalablement l'Agence de la biomédecine.

Article 511-19-3

Est puni de deux ans d'emprisonnement et de 30 000 euros d'amende le fait d'importer ou d'exporter, à des fins de recherche, des cellules souches embryonnaires sans avoir obtenu l'autorisation mentionnée à l'article L. 2151-8 du code de la santé publique.

Article 511-20

Le fait de procéder au diagnostic prénatal sans avoir reçu l'autorisation mentionnée à l'article L. 2131-1 du code de la santé publique est puni de deux ans d'emprisonnement et de 30 000 euros d'amende.

Article 511-21

Le fait de méconnaître les dispositions des articles L. 2131-4 et L. 2131-4-1 relatifs au diagnostic préimplantatoire est puni de deux ans d'emprisonnement et de 30 000 euros d'amende.

Article 511-22

Le fait de mettre en oeuvre des activités d'assistance médicale à la procréation sans avoir recueilli l'autorisation prévue par le quatrième alinéa de l'article L. 2142-1 du code de la santé publique ou sans se conformer aux prescriptions de cette dernière est puni de deux ans d'emprisonnement et de 30 000 euros d'amende.

Article 511-23

Le fait d'introduire des embryons humains sur le territoire où s'applique le code de la santé publique ou de les sortir de ce territoire sans l'autorisation prévue à l'article L. 2141-9 du code de la santé publique est puni de trois ans d'emprisonnement et de 45 000 euros d'amende.

Article 511-24

Le fait de procéder à des activités d'assistance médicale à la procréation à des fins autres que celles définies à l'article L. 2141-2 du code de la santé publique est puni de cinq ans d'emprisonnement et de 75 000 euros d'amende.

Article 511-25

I. – Le fait d'exercer les activités nécessaires à l'accueil d'un embryon humain dans des conditions fixées à l'article L. 2141-6 du code de la santé publique :

1° Sans avoir pris connaissance des résultats des tests de dépistage des maladies infectieuses exigés au sixième alinéa du même article ;

2° Ou en dehors d'un établissement autorisé conformément aux dispositions du septième alinéa du même article,

est puni de deux ans d'emprisonnement et de 30 000 euros d'amende.

II. – Est puni des mêmes peines le fait de divulguer une information nominative permettant d'identifier à la fois le couple qui a renoncé à l'embryon et le couple qui l'a accueilli.

Article 511-25-1

Est puni de deux ans d'emprisonnement et de 30 000 euros d'amende :

1° Le fait d'importer ou d'exporter des gamètes ou des tissus germinaux sans avoir recueilli l'autorisation prévue à l'article L. 2141-11-1 du code de la santé publique ;

2° Le fait d'importer ou d'exporter des gamètes ou des tissus germinaux pour des finalités autres que celles prévues dans l'autorisation mentionnée à l'article L. 2141-11-1 du code de la santé publique.

Section 4 : Autres dispositions et peines complémentaires applicables aux personnes physiques et responsabilité des personnes morales

Article 511-26

La tentative des délits prévus par les articles 511-2, 511-3, 511-4, 511-5, 511-5-1, 511-5-2, 511-6, 511-9, 511-15, 511-16 et 511-19 est punie des mêmes peines.

Article 511-27

Les personnes physiques coupables des infractions prévues au présent chapitre encourent également la peine complémentaire d'interdiction pour une durée de dix ans au plus, d'exercer l'activité professionnelle ou sociale dans l'exercice de laquelle ou à l'occasion de laquelle l'infraction a été commise.

Article 511-28

Les personnes morales déclarées responsables pénalement, dans les conditions prévues par l'article 121-2, des infractions définies au présent chapitre encourent, outre l'amende suivant les modalités prévues par l'article 131-38, les peines prévues par l'article 131-39.

L'interdiction mentionnée au 2° de l'article 131-39 porte sur l'activité dans l'exercice ou à l'occasion de l'exercice de laquelle l'infraction a été commise.

Titre II : Autres dispositions

Chapitre Ier : Des sévices graves ou actes de cruauté envers les animaux

Article 521-1

Le fait, publiquement ou non, d'exercer des sévices graves ou de commettre un acte de cruauté envers un animal domestique, ou apprivoisé, ou tenu en captivité, est puni de trois ans d'emprisonnement et de 45 000 euros d'amende.

Est considéré comme circonstance aggravante du délit mentionné au premier alinéa le fait de le commettre sur un animal détenu par des agents dans l'exercice de missions de service public.

En cas de sévices graves ou d'actes de cruauté sur un animal domestique, apprivoisé ou tenu en captivité prévus au présent article, est considéré comme circonstance aggravante le fait d'être le propriétaire ou le gardien de l'animal.

Lorsque les faits ont entraîné la mort de l'animal, les peines sont portées à cinq ans d'emprisonnement et à 75 000 euros d'amende.

Est considéré comme circonstance aggravante du délit mentionné au premier alinéa le fait de le commettre en présence d'un mineur.

En cas de condamnation du propriétaire de l'animal ou si le propriétaire est inconnu, le tribunal statue sur le sort de l'animal, qu'il ait été ou non placé au cours de la procédure judiciaire. Le tribunal peut prononcer la confiscation de l'animal et prévoir qu'il sera remis à une fondation ou à une association de protection animale reconnue d'utilité publique ou déclarée, qui pourra librement en disposer.

Les personnes physiques coupables des infractions prévues au présent chapitre encourent également les peines complémentaires d'interdiction, à titre définitif ou non, de détenir un animal et d'exercer, soit définitivement, soit temporairement, dans ce dernier cas pour une durée qui ne peut excéder cinq ans, une activité professionnelle ou sociale dès lors que les facilités que procure cette activité ont été sciemment utilisées pour préparer ou commettre l'infraction. Cette interdiction n'est toutefois pas applicable à l'exercice d'un mandat électif ou de responsabilités syndicales.

Les personnes morales, déclarées pénalement responsables dans les conditions prévues à l'article 121-2 du code pénal, encourent les peines suivantes :

-l'amende suivant les modalités prévues à l'article 131-38 du code pénal ;

-les peines prévues aux 2°, 4°, 7°, 8° et 9° de l'article 131-39 du code pénal.

Les dispositions du présent article ne sont pas applicables aux courses de taureaux lorsqu'une tradition locale ininterrompue peut être invoquée. Elles ne sont pas non plus applicables aux combats de coqs dans les localités où une tradition ininterrompue peut être établie.

Est punie des peines prévues au présent article toute création d'un nouveau gallodrome.

Est également puni des mêmes peines l'abandon d'un animal domestique, apprivoisé ou tenu en captivité, à l'exception des animaux destinés au repeuplement.

Lorsqu'ils sont commis avec circonstance aggravante, sauf lorsque les faits ont entraîné la mort de l'animal, les délits mentionnés au présent article sont punis de quatre ans d'emprisonnement et de 60 000 euros d'amende.

Est considéré comme circonstance aggravante de l'acte d'abandon le fait de le perpétrer, en connaissance de cause, dans des conditions présentant un risque de mort immédiat ou imminent pour l'animal domestique, apprivoisé ou tenu en captivité.

Article 521-1-1

Les atteintes sexuelles sur un animal domestique, apprivoisé ou tenu en captivité sont punies de trois ans d'emprisonnement et de 45 000 euros d'amende.

Les soins médicaux et d'hygiène nécessaires ainsi que les actes nécessaires à l'insémination artificielle ne peuvent être considérés comme des atteintes sexuelles.

Ces peines sont portées à quatre ans d'emprisonnement et à 60 000 euros d'amende lorsque les faits sont commis en réunion, en présence d'un mineur ou par le propriétaire ou le gardien de l'animal.

En cas de condamnation du propriétaire de l'animal ou si le propriétaire est inconnu, le tribunal statue sur le sort de l'animal, qu'il ait été ou non placé au cours de la procédure judiciaire. Le tribunal peut prononcer la confiscation de l'animal et prévoir qu'il sera remis à une fondation ou à une association de protection animale reconnue d'utilité publique ou déclarée, qui pourra librement en disposer.

Les personnes physiques coupables des infractions prévues au présent article encourent également les peines complémentaires d'interdiction, à titre définitif, de détenir un animal et d'exercer une activité professionnelle ou sociale dès lors que les facilités que procure cette activité ont été sciemment utilisées pour préparer ou commettre l'infraction. Cette interdiction n'est toutefois pas applicable à l'exercice d'un mandat électif ou de responsabilités syndicales.

Les personnes morales déclarées pénalement responsables dans les conditions prévues à l'article 121-2 encourent les peines suivantes :

1° L'amende suivant les modalités prévues à l'article 131-38 ;

2° Les peines prévues aux 2°, 4°, 7°, 8° et 9° de l'article 131-39.

Article 521-1-2

Est constitutif d'un acte de complicité des sévices graves, actes de cruauté ou atteintes sexuelles sur un animal domestique, apprivoisé ou tenu en captivité, prévus au premier alinéa des articles 521-1 et 521-1-1, et est puni des peines prévues aux mêmes articles 521-1 et 521-1-1 le fait d'enregistrer sciemment, par quelque moyen que ce soit et sur quelque support que ce soit, des images relatives à la commission des infractions mentionnées au présent alinéa. Est constitutif d'un acte de complicité de mauvais traitements sur un animal et est puni de l'amende prévue pour les contraventions de la quatrième classe le fait d'enregistrer sciemment, par quelque moyen que ce soit et sur quelque support que ce soit, des images relatives à la commission de l'infraction de mauvais traitements précitée.

Le fait de diffuser sur internet l'enregistrement de telles images est puni de deux ans d'emprisonnement et de 30 000 euros d'amende.

Le présent article n'est pas applicable lorsque l'enregistrement, la détention, la diffusion ou la consultation de ces images vise à apporter une contribution à un débat public d'intérêt général ou à servir de preuve en justice.

Article 521-1-3

Le fait de proposer ou de solliciter des actes constitutifs d'atteintes sexuelles sur un animal définies à l'article 521-1-1, par quelque moyen que ce soit, est puni d'un an d'emprisonnement et de 15 000 euros d'amende.

Article 521-2

Le fait de pratiquer des expériences ou recherches scientifiques ou expérimentales sur les animaux sans se conformer aux prescriptions fixées par décret en Conseil d'Etat est puni des peines prévues à l'article 521-1.

Chapitre II : Des atteintes volontaires à la vie d'un animal

Article 522-1

Le fait, sans nécessité, publiquement ou non, de donner volontairement la mort à un animal domestique, apprivoisé ou tenu en captivité, hors du cadre d'activités légales, est puni de six mois d'emprisonnement et de 7 500 euros d'amende.

Le présent article n'est pas applicable aux courses de taureaux lorsqu'une tradition locale ininterrompue peut être invoquée. Il n'est pas non plus applicable aux combats de coqs dans les localités où une tradition ininterrompue peut être établie.

Article 522-2

Les personnes physiques coupables de l'infraction prévue à l'article 522-1 encourent également les peines complémentaires d'interdiction, à titre définitif ou non, de détenir un animal et d'exercer, pour une durée de cinq ans au plus, une activité professionnelle ou sociale dès lors que les facilités que procure cette activité ont été sciemment utilisées pour préparer ou commettre l'infraction. Cette interdiction n'est toutefois pas applicable à l'exercice d'un mandat électif ou de responsabilités syndicales.

Livre VI : Des contraventions

Titre Ier : Du recours à la prostitution

Article 611-1

Le fait de solliciter, d'accepter ou d'obtenir des relations de nature sexuelle d'une personne qui se livre à la prostitution, y compris de façon occasionnelle, en échange d'une rémunération, d'une promesse de rémunération, de la fourniture d'un avantage en nature ou de la promesse d'un tel avantage est puni de l'amende prévue pour les contraventions de la 5e classe.

Les personnes physiques coupables de la contravention prévue au présent article encourent également une ou plusieurs des peines complémentaires mentionnées à l'article 131-16 et au second alinéa de l'article 131-17.

Livre VII : Dispositions relatives à l'outre-mer

Titre Ier : Dispositions applicables dans les collectivités d'outre-mer et en Nouvelle-Calédonie

Chapitre Ier : Dispositions générales

Article 711-1

Sous réserve des adaptations prévues au présent titre, les livres Ier à V du présent code sont applicables, dans leur rédaction résultant de la loi n° 2025-623 du 9 juillet 2025 visant à renforcer la sécurité des professionnels de santé, en Nouvelle-Calédonie, en Polynésie française et dans les îles Wallis et Futuna.

Article 711-2

Les livres Ier à V du présent code sont applicables dans les Terres australes et antarctiques françaises.

Article 711-3

En Nouvelle-Calédonie, en Polynésie française et dans les îles Wallis et Futuna, les sanctions pécuniaires encourues en vertu du présent code sont prononcées en monnaie locale, compte tenu de la contre-valeur dans cette monnaie de l'euro.

Article 711-4

Pour l'application du présent code dans les collectivités d'outre-mer et en Nouvelle-Calédonie :

1° Les références au département sont remplacées par la référence à la collectivité ;

2° Les références au préfet et au sous-préfet sont remplacées par la référence au représentant de l'Etat dans la collectivité.

En l'absence d'adaptation, les références faites, par des dispositions du présent code applicables dans les collectivités d'outre-mer et en Nouvelle-Calédonie, à des dispositions qui n'y sont pas applicables sont remplacées par les références aux dispositions ayant le même objet applicables localement.

Pour l'application du présent code à Saint-Pierre-et-Miquelon, en Nouvelle-Calédonie, en Polynésie française et à Wallis-et-Futuna, les références au tribunal de grande instance sont remplacées par la référence au tribunal de première instance.

Chapitre II : Adaptation du livre Ier

Article 712-1 A

Pour son application en Nouvelle-Calédonie, l'article 131-8 est complété par un alinéa ainsi rédigé :

“ Peuvent également être habilitées à mettre en œuvre des travaux d'intérêt général les institutions de droit coutumier dont la liste est fixée par voie réglementaire. ”

Article 712-1

Le dernier alinéa de l'article 131-35 est ainsi rédigé :

" La diffusion de la décision est faite par le Journal officiel de la République française, par le Journal officiel du territoire, par une ou plusieurs autres publications de presse, ou par un ou plusieurs services de communication audiovisuelle. Les publications ou les services de communication audiovisuelle chargés de cette diffusion sont désignés par la juridiction. Ils ne peuvent s'opposer à cette diffusion. "

Article 712-2

Le 7° de l'article 132-45 est ainsi rédigé : " 7° S'abstenir de conduire certains véhicules terrestres pour la conduite desquels un permis est nécessaire ou de conduire un véhicule qui ne soit pas équipé, par un professionnel agréé ou par construction, d'un dispositif homologué d'antidémarrage par éthylotest électronique. "

Chapitre III : Adaptation du livre II

Article 713-3

Les 2° et 3° de l'article 225-3 sont rédigés comme suit :

" 2° Aux discriminations fondées sur l'état de santé ou le handicap, lorsqu'elles consistent en un refus d'embauche ou un licenciement fondé sur l'inaptitude médicalement constatée dans le cadre des dispositions relatives à la médecine du travail ou à la fonction publique applicables localement ;

" 3° Aux discriminations fondées, en matière d'embauche, sur le sexe lorsque l'appartenance à l'un ou l'autre sexe constitue, conformément aux dispositions applicables localement en matière de droit du travail ou de droit de la fonction publique, la condition déterminante de l'exercice d'un emploi ou d'une activité professionnelle ; ".

Article 713-3-1

Pour l'application de l'article 226-14 :

1° Au 2°, les mots : " ou de la cellule de recueil, de traitement et d'évaluation des informations préoccupantes relatives aux mineurs en danger ou qui risquent de l'être, mentionnée au deuxième alinéa de l'article L. 226-3 du code de l'action sociale et des familles, " sont supprimés ;

2° Au dernier alinéa, le mot : " civile, " et les mots : " ou disciplinaire " sont supprimés.

Article 713-4

Pour son application en Polynésie française et en Nouvelle-Calédonie, l'article 226-28 est ainsi rédigé :

" Art. 226-28.-Le fait de rechercher l'identification par ses empreintes génétiques d'une personne en dehors des cas prévus à l'article 16-11 du code civil est puni d'un an d'emprisonnement et de 15 000 € d'amende.

Est puni des mêmes peines le fait de divulguer des informations relatives à l'identification d'une personne par ses empreintes génétiques ou de procéder à l'identification d'une personne par ses empreintes génétiques sans être titulaire de l'agrément prévu par la réglementation localement applicable. "

Article 713-5

Pour son application à Wallis-et-Futuna et dans les Terres australes et antarctiques françaises, l'article 226-28 est ainsi rédigé :

" Art. 226-28.-Le fait de rechercher l'identification par ses empreintes génétiques d'une personne en dehors des cas prévus à l'article 16-11 du code civil est puni d'un an d'emprisonnement et de 15 000 € d'amende.

Est puni des mêmes peines le fait de divulguer des informations relatives à l'identification d'une personne par ses empreintes génétiques ou de procéder à l'identification d'une personne par ses empreintes génétiques sans être titulaire de l'agrément prévu à l'article L. 1131-3 du code de la santé publique. "

Chapitre IV : Adaptation du livre III

Article 714-1

Les quatre premiers alinéas de l'article 322-3-1 sont remplacés par un alinéa ainsi rédigé :

" La destruction, la dégradation ou la détérioration est punie d'une peine de sept ans d'emprisonnement et de 100 000 € d'amende lorsqu'elle porte sur un immeuble ou un objet mobilier classé, inscrit ou protégé en vertu de la réglementation applicable localement, une découverte archéologique faite au cours de fouilles ou fortuitement, un terrain contenant des vestiges archéologiques ou un objet conservé ou déposé dans des musées, bibliothèques ou archives appartenant à une personne publique, chargée d'un service public ou reconnue d'utilité publique. "

Chapitre V : Adaptation du livre IV

Article 715-1

Le 3° de l'article 421-1 est rédigé comme suit :

" 3° La fabrication ou la détention de machines, engins meurtriers ou explosifs définies à l'article 3 de la loi du 19 juin 1871 qui abroge le décret du 4 septembre 1870 sur la fabrication des armes de guerre :

" – la production, la vente, l'importation ou l'exportation de substances explosives en infraction à la réglementation applicable localement ;

" – l'acquisition, la détention, le transport ou le port illégitimes de substances explosives ou d'engins fabriqués à l'aide desdites substances en infraction à la réglementation applicable localement ;

" – la détention, le port ou le transport d'armes et de munitions en infraction à la réglementation applicable localement ;

" – les infractions définies aux articles L. 2341-1 et L. 2341-4 du code de la défense. "

Article 715-2

Le deuxième alinéa de l'article 432-9 est rédigé comme suit :

" Est puni des mêmes peines le fait, par une personne visée à l'alinéa précédent ou un agent d'un exploitant de réseau de télécommunications autorisé en vertu de la réglementation applicable localement en matière de postes et télécommunications ou d'un fournisseur de services de télécommunications, agissant dans l'exercice de ses fonctions, d'ordonner, de commettre ou de faciliter, hors les cas prévus par la loi, l'interception ou le détournement des correspondances émises, transmises ou reçues par la voie des télécommunications, l'utilisation ou la divulgation de leur contenu. "

Article 715-3

Le dernier alinéa de l'article 432-12 est rédigé comme suit :

" Pour l'application des trois alinéas qui précèdent, la commune est représentée dans les conditions prévues par l'article L. 122-12 du code des communes tel qu'il a été rendu applicable localement et le maire, l'adjoint ou le conseiller municipal intéressé doit s'abstenir de participer à la délibération du conseil municipal relative à la conclusion ou à l'approbation du contrat. En outre, par dérogation au deuxième alinéa de l'article L. 121-15 du code des communes tel qu'il a été rendu applicable localement, le conseil municipal ne peut décider de se réunir à huis clos. "

Article 715-4

Le quatrième alinéa de l'article 432-13 est rédigé comme suit :

" Ces dispositions sont applicables aux agents des établissements publics, des entreprises nationalisées, des sociétés d'économie mixte dans lesquelles l'Etat ou les collectivités publiques détiennent directement ou indirectement plus de 50 % du capital et des exploitants publics intervenant dans le fonctionnement du service public de la poste et des télécommunications. "

Article 715-5

L'article 443-3 est rédigé comme suit :

" Art. 443-3.-Sont punis d'un an d'emprisonnement et de 15 000 euros d'amende, la fabrication, la vente, le transport ou la distribution de tous objets, imprimés ou formules qui présentent, avec les titres ou autres valeurs fiduciaires émises par l'Etat, les collectivités locales, les établissements publics ou les exploitants publics intervenant dans le fonctionnement du service public de la poste et des télécommunications, une ressemblance de nature à faciliter l'acceptation desdits objets, imprimés ou formules au lieu et place des valeurs imitées. "

Chapitre VI : Adaptation du livre V

Article 716-16

L'article 521-2 est ainsi rédigé :

" Art. 521-2.-Le fait de pratiquer des expériences ou recherches scientifiques ou expérimentales sur les animaux sans se conformer aux prescriptions applicables localement est puni des peines prévues à l'article 521-1. "

Chapitre VII : Dispositions diverses

Article 717-2

Le fait, en diffusant, par quelque moyen que ce soit, des informations mensongères ou calomnieuses, en jetant sur le marché des offres destinées à troubler les cours ou des sur-offres faites au prix demandé par les vendeurs, ou en utilisant tout autre moyen frauduleux, d'opérer ou de tenter d'opérer la hausse ou la baisse artificielle du prix de biens ou de services ou d'effets publics ou privés est puni de deux ans d'emprisonnement et de 30 000 euros d'amende.

Lorsque la hausse ou la baisse arificielle des prix concerne des produits alimentaires, la peine est portée à trois ans d'emprisonnement et 45 000 euros d'amende.

Les personnes physiques coupables des infractions prévues au présent article encourent également les peines complémentaires suivantes :

1° L'interdiction des droits civiques, civils et de famille, suivant les modalités prévues par l'article 131-26 ;

2° L'affichage ou la diffusion de la décision prononcée dans les conditions prévues par l'article 131-35.

Article 717-3

Les personnes morales déclarées responsables pénalement, dans les conditions prévues par l'article 121-2, des infractions définies aux deux premiers alinéas de l'article 717-2 encourent, outre l'amende suivant les modalités prévues par l'article 131-38, les peines prévues par les 2° à 6° et 9° de l'article 131-39.

L'interdiction mentionnée au 2° de l'article 131-39 porte sur l'activité dans l'exercice ou à l'occasion de l'exercice de laquelle l'infraction a été commise.

Titre II : Dispositions particulières au Département de Mayotte

Chapitre Ier : Dispositions générales

Article 721-1

Pour l'application des livres Ier à V du présent code dans le Département de Mayotte, il est tenu compte des adaptations prévues par le présent titre.

Article 721-2

Pour l'application du présent code dans le Département de Mayotte, les références à des dispositions qui n'y sont pas applicables sont remplacées par les références aux dispositions ayant le même objet applicables localement.

Chapitre II : Adaptation du livre Ier.

Article 722-1

Le 7° de l'article 132-45 est ainsi rédigé :
" 7° S'abstenir de conduire certains véhicules terrestres pour la conduite desquels un permis est nécessaire. "

Chapitre III : Adaptation du livre II

Article 723-1

Le premier alinéa de l'article 223-8 est rédigé comme suit :

" Le fait de pratiquer ou de faire pratiquer sur une personne une recherche impliquant la personne humaine sans avoir recueilli le consentement libre, éclairé et exprès de l'intéressé, des titulaires de l'autorité parentale ou du tuteur est puni de trois ans d'emprisonnement et de 45 000 euros d'amende. "

Article 723-3

Les 2° et 3° de l'article 225-3 sont rédigés comme suit :

" 2° Aux discriminations fondées sur l'état de santé ou le handicap, lorsqu'elles consistent en un refus d'embauche ou un licenciement fondé sur l'inaptitude médicalement constatée dans le cadre des dispositions relatives à la médecine du travail ou à la fonction publique applicables localement ;

" 3° Aux discriminations fondées, en matière d'embauche, sur le sexe lorsque l'appartenance à l'un ou l'autre sexe constitue, conformément aux dispositions applicables localement en matière de droit du travail ou de droit de la fonction publique, la condition déterminante de l'exercice d'un emploi ou d'une activité professionnelle ; ".

Article 723-4

L'article 226-25 est rédigé comme suit :

" Art. 226-25.-I.-Le fait de procéder à l'étude des caractéristiques génétiques d'une personne à des fins médicales sans avoir préalablement recueilli son consentement par écrit est puni d'un an d'emprisonnement et de 15 000 euros d'amende.

" Les dispositions de l'alinéa précédent ne sont pas applicables :

" 1° Lorsque l'étude est réalisée dans le cadre d'une procédure judiciaire ;

" 2° Ou lorsque, à titre exceptionnel, dans l'intérêt de la personne et le respect de sa confiance, le consentement de celle-ci n'est pas recueilli. "

" II.-Le fait de procéder à l'examen des caractéristiques génétiques d'une personne à des fins de lutte contre le dopage sans l'en avoir préalablement informée est puni d'un an d'emprisonnement et de 15 000 euros d'amende."

Article 723-5

L'article 226-27 est ainsi rédigé :

" Art. 226-27.-Le fait de procéder, sans avoir recueilli le consentement de la personne dans les conditions prévues par l'article 16-11 du code civil, à son identification par ses empreintes génétiques à des fins médicales ou de recherche scientifique ou au prélèvement de ses traces biologiques à titre d'ascendant, descendant ou collatéral aux fins de l'établissement, par ses empreintes génétiques, de l'identité d'une personne mentionnée au 3° du même article, est puni d'un an d'emprisonnement et de 15 000 € d'amende.

L'alinéa précédent n'est pas applicable :

1° Lorsque l'étude est réalisée dans le cadre d'une procédure judiciaire ;

2° Ou lorsque, à titre exceptionnel, dans l'intérêt de la personne et le respect de sa confiance, le consentement de celle-ci n'est pas recueilli. "

Article 723-6

L'article 226-28 est ainsi rédigé :

" Art. 226-28.-Le fait de rechercher l'identification par ses empreintes génétiques d'une personne en dehors des cas prévus à l'article 16-11 du code civil est puni d'un an d'emprisonnement et de 15 000 € d'amende.

Est puni des mêmes peines le fait de divulguer des informations relatives à l'identification d'une personne par ses empreintes génétiques ou de procéder à l'identification d'une personne par ses empreintes génétiques sans être titulaire de l'agrément prévu à l'article L. 1131-3 du code de la santé publique. "

Chapitre IV : Adaptation du livre III

Article 724-1

Les quatre premiers alinéas de l'article 322-3-1 sont remplacés par un alinéa ainsi rédigé :

" La destruction, la dégradation ou la détérioration est punie d'une peine de sept ans d'emprisonnement et de 100 000 € d'amende lorsqu'elle porte sur un immeuble ou un objet mobilier classé, inscrit ou protégé en vertu de la réglementation applicable localement, une découverte archéologique faite au cours de fouilles ou fortuitement, un terrain contenant des vestiges archéologiques ou un objet conservé ou déposé dans des musées, bibliothèques ou archives appartenant à une personne publique, chargée d'un service public ou reconnue d'utilité publique. "

Chapitre V : Adaptation du livre IV

Article 725-1

Le 3° de l'article 421-1 est rédigé comme suit :

" 3° La fabrication ou la détention de machines, engins meurtriers ou explosifs définies à l'article 3 de la loi du 19 juin 1871 qui abroge le décret du 4 septembre 1870 sur la fabrication des armes de guerre :

" – la production, la vente, l'importation ou l'exportation de substances explosives en infraction à la réglementation applicable localement ;

" – l'acquisition, la détention, le transport ou le port illégitimes de substances explosives ou d'engins fabriqués à l'aide desdites substances en infraction à la réglementation applicable localement ;

" – la détention, le port ou le transport d'armes et de munitions en infraction à la réglementation applicable localement ;

" – les infractions définies aux articles L. 2341-1 et L. 2341-4 du code de la défense ; ".

Article 725-2

Le deuxième alinéa de l'article 432-9 est rédigé comme suit :

" Est puni des mêmes peines le fait, par une personne visée à l'alinéa précédent ou un agent d'un exploitant de réseau de télécommunications autorisé en vertu de la réglementation applicable localement en matière de postes et télécommunications ou d'un fournisseur de services de télécommunications, agissant dans l'exercice de ses fonctions, d'ordonner, de commettre ou de faciliter, hors les cas prévus par la loi, l'interception ou le détournement des correspondances émises, transmises ou reçues par la voie des télécommunications, l'utilisation ou la divulgation de leur contenu. "

Article 725-3

Le dernier alinéa de l'article 432-12 est rédigé comme suit :

" Pour l'application des trois alinéas qui précèdent, la commune est représentée dans les conditions prévues à l'article L. 122-12 du code des communes tel qu'il a été rendu applicable localement et le maire, l'adjoint ou le conseiller municipal intéressé doit s'abstenir de participer à la délibération du conseil municipal relative à la conclusion ou à l'approbation du contrat. En outre, par dérogation au deuxième alinéa de l'article L. 121-15 du code des communes tel qu'il a été rendu applicable localement, le conseil municipal ne peut décider de se réunir à huis clos. "

Article 725-4

Le quatrième alinéa de l'article 432-13 est rédigé comme suit :

" Ces dispositions sont applicables aux agents des établissements publics, des entreprises nationalisées, des sociétés d'économie mixte dans lesquelles l'Etat ou les collectivités publiques détiennent directement ou indirectement plus de 50 % du capital et des exploitants publics intervenant dans le fonctionnement du service public de la poste et des télécommunications. "

Article 725-6

L'article 443-3 est rédigé comme suit :

" Art. 443-3.-Sont punis d'un an d'emprisonnement et de 15 000 euros d'amende, la fabrication, la vente, le transport ou la distribution de tous objets, imprimés ou formules qui présentent, avec les titres ou autres valeurs fiduciaires émises par l'Etat, les collectivités locales, les établissements publics ou les exploitants publics intervenant dans le fonctionnement du service public de la poste et des télécommunications, une ressemblance de nature à faciliter l'acceptation desdits objets, imprimés ou formules au lieu et place des valeurs imitées. "

Chapitre VI : Adaptation du livre V

Article 726-1

L'article 511-3 est ainsi rédigé :

" Art. 511-3.-Le fait de prélever un organe sur une personne vivante majeure sans avoir recueilli son consentement ou sans l'avoir préalablement éclairée sur les risques et les conséquences de l'acte est puni de sept ans d'emprisonnement et de 100 000 euros d'amende.

" Est puni des mêmes peines le fait de prélever un organe sur un donneur vivant mineur ou sur un donneur vivant majeur faisant l'objet d'une mesure de protection légale. Toutefois, un prélèvement de moelle osseuse sur un mineur au profit de son frère ou de sa soeur peut être autorisé par un comité médical constitué dans les conditions fixées par la réglementation applicable localement, sous réserve du consentement de chacun des titulaires de l'autorité parentale ou du représentant légal du mineur.

" Les consentements prévus aux alinéas précédents sont exprimés devant le président du tribunal judiciaire ou le magistrat désigné par lui. Ils peuvent être révoqués sans forme à tout moment.

" En cas d'urgence, le consentement est recueilli par tout moyen par le procureur de la République.

" Le comité médical s'assure que le mineur a été informé du prélèvement envisagé en vue d'exprimer sa volonté, si celui-ci y est apte. Le refus du mineur fait obstacle au prélèvement. "

Article 726-2

Le deuxième alinéa de l'article 511-5 est ainsi rédigé :

" Art. 511-5.-Est puni des mêmes peines le fait de prélever un tissu ou des cellules ou de collecter un produit sur une personne vivante mineure ou sur une personne vivante majeure faisant l'objet d'une mesure de protection légale. "

Article 726-3

L'article 511-7 est ainsi rédigé :

" Art. 511-7.-Le fait de procéder à des prélèvements d'organes ou des transplantations d'organes, à des prélèvements ou des greffes de tissus, à la conservation ou à la transformation de tissus ou à la greffe de cellules hors d'un établissement autorisé à cet effet est puni de deux ans d'emprisonnement et de 30 000 euros d'amende. "

Article 726-4

L'article 511-8 est ainsi rédigé :

" Art. 511-8.-Le fait de procéder à la distribution ou à la cession d'organes, de tissus, de cellules et produits humains en vue d'un don sans qu'aient été respectées les règles de sécurité sanitaires exigées par les dispositions applicables localement est puni de deux ans d'emprisonnement et de 30 000 euros d'amende. "

Article 726-5

L'article 511-11 est ainsi rédigé :

" Art. 511-11.-Le fait de recueillir ou de prélever des gamètes sur une personne vivante en vue d'une assistance médicale à la procréation sans procéder aux tests de dépistage des maladies transmissibles exigés en vertu de la réglementation applicable localement est puni de deux ans d'emprisonnement et de 30 000 euros d'amende. "

Article 726-6

L'article 511-12 est ainsi rédigé :

" Art. 511-12.-Le fait de procéder à une insémination artificielle par sperme frais ou mélange de sperme provenant de dons est puni de deux ans d'emprisonnement et de 30 000 euros d'amende. "

Article 726-7

L'article 511-13 est ainsi rédigé :

" Art. 511-13.-Le fait de subordonner le bénéfice d'un don de gamètes à la désignation par le couple receveur d'une personne ayant volontairement accepté de procéder à un tel don en faveur d'un couple tiers anonyme est puni de deux ans d'emprisonnement et de 30 000 euros d'amende. "

Article 726-8

L'article 511-14 et ainsi rédigé :

" Art. 511-14.-Le fait de procéder à des activités de recueil, de traitement, de conservation et de cession de gamètes provenant de dons hors d'un établissement ou organisme à but non lucratif autorisé à cet effet est puni de deux ans d'emprisonnement et de 30 000 euros d'amende. "

Article 726-9

L'article 511-16 est ainsi rédigé :

" Art. 511-16.-Le fait d'obtenir des embryons humains sans autorisation préalable de l'autorité judiciaire est puni de sept ans d'emprisonnement et de 100 000 euros d'amende. L'autorité judiciaire ne peut délivrer une telle autorisation qu'à titre exceptionnel, au vu du consentement écrit du couple à l'origine de la conception ou, si l'un des membres du couple est décédé, du membre survivant, et après avoir vérifié que l'acte ne tombe pas sous le coup des dispositions de l'article 511-24 et que le couple receveur offre des garanties d'accueil satisfaisantes à l'enfant à naître.

" Est également puni d'une peine de sept ans d'emprisonnement et de 100 000 euros d'amende le fait d'obtenir un embryon humain :

" – si l'anonymat entre le couple accueillant l'embryon et celui y ayant renoncé n'est pas respecté ;

" – ou si le couple accueillant l'embryon ne se trouve pas dans une situation où l'assistance médicale à la procréation sans recours à un tiers donneur ne peut aboutir. "

Article 726-10

L'article 511-19 est ainsi rédigé :

" Art. 511-19.-Est puni de sept ans d'emprisonnement et de 100 000 euros d'amende le fait de procéder à une étude ou à une expérimentation sur l'embryon.

" L'alinéa précédent n'est pas applicable à une étude réalisée, à titre exceptionnel, à des fins médicales à condition qu'elle ne porte pas atteinte à l'embryon et qu'elle concerne l'embryon issu d'un couple ayant donné son consentement par écrit, après avis conforme d'une commission constituée dans les conditions fixées par décret en Conseil d'Etat. "

Article 726-11

L'article 511-20 est ainsi rédigé :

" Art. 511-20.-Le fait de procéder au diagnostic prénatal hors d'un établissement autorisé à cet effet est puni de deux ans d'emprisonnement et de 30 000 euros d'amende. "

Article 726-12

L'article 511-21 est ainsi rédigé :

" Art. 511-21.-Le fait de procéder à un diagnostic préimplantatoire sans que soit attestée, par un médecin exerçant son activité dans un établissement mentionné à l'article 511-20, la forte probabilité, pour le couple, de donner naissance à un enfant atteint d'une maladie génétique d'une particulière gravité reconnue comme incurable au moment du diagnostic est puni de deux ans d'emprisonnement et de 30 000 euros d'amende.

" Est puni des mêmes peines le fait de procéder à un diagnostic préimplantatoire : " 1° Sans avoir recueilli par écrit le consentement des deux membres du couple ; " 2° Ou à d'autres fins que de rechercher l'affection, de la prévenir et de la traiter ; " 3° Ou hors d'un établissement autorisé à cet effet. "

Article 726-13

L'article 511-22 est ainsi rédigé :

" Art. 511-22.-Le fait de procéder à des activités d'assistance médicale à la procréation hors d'un établissement autorisé à cet effet est puni de deux ans d'emprisonnement et de 30 000 euros d'amende. "

Article 726-14

L'article 511-24 est ainsi rédigé :

" Art. 511-24.-Est puni de cinq ans d'emprisonnement et de 75 000 euros d'amende le fait de procéder à des activités d'assistance médicale à la procréation lorsque celles-ci ne répondent pas à la demande parentale d'un couple ou lorsque le couple bénéficiaire n'est pas composé d'un homme et d'une femme vivants, en âge de procréer, mariés ou en mesure d'apporter la preuve d'une vie commune d'au moins deux ans et ayant préalablement consenti au transfert des embryons ou à l'insémination artificielle.

" Est puni des mêmes peines le fait de procéder à des activités d'assistance médicale à la procréation en vue d'un objet autre que de remédier à une infertilité dont le caractère pathologique a été médicalement diagnostiqué ou d'éviter la transmission à un enfant d'une maladie d'une particulière gravité. "

Article 726-15

L'article 511-25 est ainsi rédigé :

" Art. 511-25.-Le fait de procéder au transfert d'un embryon sans avoir pris connaissance des résultats des tests dc dépistage de maladies infectieuses exigés en application des dispositions en vigueur localement est puni de deux ans d'emprisonnement et de 30 000 euros d'amende. "

Chapitre VII : Dispositions diverses

Article 727-2

Le fait, en diffusant, par quelque moyen que ce soit, des informations mensongères ou calomnieuses, en jetant sur le marché des offres destinées à troubler les cours ou des sur-offres faites aux prix demandés par les vendeurs, ou en utilisant tout autre moyen frauduleux, d'opérer ou de tenter d'opérer la hausse ou la baisse artificielle du prix de biens ou de services ou d'effets publics ou privés, est puni de deux ans d'emprisonnement et de 30 000 euros d'amende.

Lorsque la hausse ou la baisse artificielle des prix concerne des produits alimentaires, la peine est portée à trois ans d'emprisonnement et 45 000 euros d'amende.

Les personnes physiques coupables des infractions prévues au présent article encourent également les peines complémentaires suivantes :

1° L'interdiction des droits civiques, civils et de famille, suivant les modalités prévues par l'article 131-26 ;

2° L'affichage ou la diffusion de la décision prononcée dans les conditions prévues à l'article 131-35.

Article 727-3

Les personnes morales déclarées responsables pénalement, dans les conditions prévues par l'article 121-2, des infractions définies aux deux premiers alinéas de l'article 727-2 encourent, outre l'amende suivant les modalités prévues par l'article 131-38, les peines prévues par les 2° à 6° et 9° de l'article 131-39.

L'interdiction mentionnée au 2° de l'article 131-39 porte sur l'activité dans l'exercice ou à l'occasion de l'exercice de laquelle l'infraction a été commise.

Partie réglementaire - Décrets en Conseil d'Etat

Livre Ier : Dispositions générales

Titre Ier : De la loi pénale

Titre II : De la responsabilité pénale

Titre III : Des peines

Chapitre Ier : De la nature des peines

Section 1 : Des peines applicables aux personnes physiques
Sous-section 1 : De la suspension du permis de conduire, de l'interdiction de conduire certains véhicules, de l'immobilisation du véhicule et de l'obligation d'accomplir un stage de sensibilisation à la sécurité routière
Paragraphe 1 : De la suspension du permis de conduire

Article R131-1

La juridiction qui prononce une suspension du permis de conduire en limitant cette suspension à la conduite en dehors de l'activité professionnelle définit dans sa décision la nature de cette activité et fixe les diverses conditions, notamment de lieu et de temps, auxquelles l'usage du droit de conduire est subordonné ainsi que, le cas échéant, la ou les catégories de véhicules dont la conduite est autorisée.

Article R131-2

L'agent de l'autorité chargé de l'exécution de la décision prononçant la suspension du permis de conduire limitée à la conduite en dehors de l'activité professionnelle remet au condamné, en échange de son permis suspendu, un certificat établi par le greffier de la juridiction. Ce certificat mentionne :

1° La date de la décision, la juridiction qui l'a prononcée et la durée de la suspension du permis de conduire ;

2° Les nom, prénoms, date et lieu de naissance et domicile de l'intéressé ;

3° Les références du permis de conduire ainsi que les diverses indications qui y sont portées, y compris éventuellement les limitations et restrictions de validité qu'il comporte ;

4° L'activité professionnelle en vue de laquelle la conduite est autorisée, les diverses conditions, notamment de lieu et de temps, auxquelles cette autorisation est subordonnée et, le cas échéant, la ou les catégories de véhicules dont la conduite est autorisée.

Le certificat doit comporter, en outre, une photographie récente du condamné et indiquer qu'il vaut, notamment au regard de l'article R. 123 du code de la route, justification du droit de conduire, lorsque sont respectées les conditions fixées par la juridiction.

A l'issue de la période de suspension, le permis de conduire est restitué au condamné par le greffier de la juridiction contre remise du certificat.

Paragraphe 2 : De l'interdiction de conduire certains véhicules ou des véhicules non équipés d'un éthylotest électronique antidémarrage

---

Article R131-3

La juridiction qui prononce une interdiction temporaire de conduire certains véhicules définit dans sa décision la ou les catégories de véhicules dont la conduite est interdite et la durée de cette interdiction.

Article R131-4

Lorsque le condamné est titulaire d'un permis de conduire, l'agent de l'autorité chargé de l'exécution de la décision lui remet, en échange de ce permis, un certificat établi par le greffier de la juridiction. Ce certificat mentionne :

1° La date de la décision, la juridiction qui l'a prononcée et la durée de l'interdiction de conduire ;

2° Les nom, prénoms, date et lieu de naissance, profession et domicile de l'intéressé ;

3° Les références du permis de conduire ainsi que les diverses indications qui y sont portées, y compris éventuellement les limitations et restrictions de validité qu'il comporte ;

4° La ou les catégories de véhicules pour lesquelles le permis de conduire cesse d'être valable.

Le certificat doit comporter, en outre, une photographie récente du condamné et indiquer qu'il vaut, notamment au regard des articles R. 221-1-1 à R. 221-3 du nouveau code de la route, justification du droit de conduire, à l'exception de la ou des catégories de véhicules pour lesquelles la juridiction a prononcé l'interdiction de conduire.

A l'issue de la période d'interdiction, le permis de conduire est restitué au condamné par le greffier de la juridiction contre remise du certificat.

Article R131-4-1

Sauf si elle a été prononcée en application des dispositions de l'article L. 234-13 du code de la route, lorsqu'est prononcée la peine d'interdiction de conduire un véhicule qui ne soit pas équipé par un professionnel agréé ou par construction d'un dispositif homologué d'antidémarrage par éthylotest électronique, les dispositions de l'article R. 131-4 sont applicables, à l'exception du 4°.

Le certificat remis au condamné mentionne que celui-ci n'est autorisé à conduire qu'un véhicule équipé du dispositif prévu au premier alinéa. Il indique que, lorsque l'intéressé conduit un véhicule, il doit être en mesure de présenter, à toute réquisition de l'autorité publique, les documents mentionnés au 5° de l'article R. 233-1 du code de la route.

Le certificat comporte le rappel des dispositions des articles L. 234-16 et R. 234-5 du même code.

Lorsque la peine mentionnée au premier alinéa est prononcée en même temps que celle d'annulation ou de suspension du permis de conduire, ce certificat n'est remis à la personne qu'à l'issue de l'exécution de celle-ci.

Paragraphe 3 : De l'immobilisation de véhicule

Article R131-5

L'agent de l'autorité chargé de l'exécution de la décision de justice prononçant une immobilisation de véhicule est un officier de police judiciaire ou, sous l'autorité de celui-ci, un agent de police judiciaire.

Article R131-6

L'agent de l'autorité met en demeure le condamné de présenter son véhicule aux date et lieu qu'il fixe.

Article R131-7

L'immobilisation du véhicule est exécutée dans un local dont le condamné a la libre disposition dans le département de sa résidence. A défaut, elle est exécutée dans un lieu désigné par l'agent de l'autorité.

Le condamné remet à l'agent de l'autorité le certificat d'immatriculation du véhicule immobilisé.

Un procès-verbal est dressé sur-le-champ, qui mentionne la date de la condamnation et la juridiction qui l'a prononcée, la durée de l'immobilisation, les nom, prénoms, date et lieu de naissance et domicile de l'intéressé, les date, heure et lieu d'immobilisation, les éléments d'identification du véhicule et son kilométrage.

Article R131-8

Pendant l'exécution de la peine, le véhicule est placé sous scellés et, en tant que de besoin, immobilisé par un moyen technique.

Article R131-9

L'agent de l'autorité a le droit d'accéder au lieu d'immobilisation du véhicule. Il rend compte au procureur de la République de tout incident d'exécution.

Article R131-10

L'immobilisation cesse et le certificat d'immatriculation est restitué dès la fin de la peine.

Article R131-10-1

Lorsque la peine d'immobilisation concerne un véhicule déjà immobilisé et mis en fourrière en application des dispositions de l'article L. 325-1-1 du code de la route, l'immobilisation effectuée en application de cet article s'impute sur la durée de la peine.

Article R131-11

L'immobilisation d'un véhicule ne fait obstacle ni aux saisies ou confiscations ordonnées par l'autorité judiciaire ni à l'action du créancier qui disposerait d'un droit réel constitué antérieurement au prononcé de la décision de condamnation.

Paragraphe 4 : De l'obligation d'accomplir un stage de sensibilisation à la sécurité routière

Article R131-11-1

Le stage de sensibilisation à la sécurité routière prévu par le 2° de l'article 131-5-1 est dispensé, dans les conditions fixées par les articles R. 223-5 à R. 223-13 du code de la route, par les personnes agréées selon les modalités définies par ces articles, sauf lorsque ces stages ont été mis en place conformément aux dispositions des articles R. 131-35 à R. 131-44.

Sous-section 2 : Du travail d'intérêt général

Article R131-12

Les modalités d'habilitation des personnes morales à mettre en œuvre des travaux d'intérêt général, d'établissement de la liste des travaux d'intérêt général et d'exécution du travail d'intérêt général sont déterminées par les dispositions des articles R*. 623-1 à R. 623-23 du code pénitentiaire.

Sous-section 3 : De la peine de stage
Paragraphe 1 : Objet et durée du stage

Article R131-35

Le contenu des stages prévus par l'article 131-5-1 est précisé par les dispositions du présent article.

1° Le stage de citoyenneté a pour objet de rappeler au condamné les valeurs républicaines de tolérance et de respect de la dignité de la personne humaine et de lui faire prendre conscience de sa responsabilité pénale et civile ainsi que des devoirs qu'implique la vie en société. Il vise également à favoriser son insertion sociale. Lorsqu'il concerne une personne condamnée pour une infraction commise avec la circonstance aggravante prévue par l'article 132-76, il rappelle en outre à l'intéressé l'existence des crimes contre l'humanité, notamment ceux commis pendant la Seconde Guerre mondiale ;

2° Le stage de sensibilisation à la sécurité routière est destiné à éviter la réitération des comportements dangereux par les conducteurs ;

3° Le stage de sensibilisation aux dangers de l'usage de produits stupéfiants a pour objet de faire prendre conscience au condamné des conséquences dommageables pour la santé humaine et pour la société de l'usage de tels produits ;

4° Le stage de responsabilité parentale a pour objet de rappeler au condamné les obligations juridiques, économiques, sociales et morales qu'implique l'éducation d'un enfant ;

5° Le contenu du stage de responsabilisation pour la prévention et la lutte contre les violences au sein du couple et sexistes doit permettre de rappeler au condamné le principe républicain d'égalité entre les femmes et les hommes, la gravité des violences, quelle que soit leur forme, au sein du couple ou à caractère sexiste et, le cas échéant, le devoir de respect mutuel qu'implique la vie en couple. Il vise également à lui faire prendre conscience de sa responsabilité pénale et civile pour les faits commis ;

6° Le contenu du stage de sensibilisation à la lutte contre l'achat d'actes sexuels doit permettre de rappeler au condamné ce que sont les réalités de la prostitution et les conséquences de la marchandisation du corps. Il vise également à lui faire prendre conscience de sa responsabilité pénale et civile pour les faits commis ;

7° Le contenu du stage de lutte contre le sexisme et de sensibilisation à l'égalité entre les femmes et les hommes doit permettre au condamné de prendre conscience de la gravité des conséquences de toute forme de violence sexuelle ou sexiste dans l'espace public comme dans l'espace privé, notamment dans le monde du travail. Le stage a pour objet de favoriser la compréhension des interdits en soulignant le caractère discriminatoire et dégradant pour les victimes des comportements sexistes. Il comporte notamment des éléments sur l'histoire du mouvement d'émancipation des femmes et du principe républicain d'égalité.

Article R131-36

La durée du stage est fixée par la juridiction en tenant compte des obligations familiales, sociales ou professionnelles du condamné majeur.

La durée journalière de formation effective ne peut excéder six heures.

Paragraphe 2 : Organisation du stage

Article R131-37

Le stage est organisé en sessions collectives, continues ou discontinues, composées d'un ou plusieurs modules de formation adaptés à la personnalité des condamnés et à la nature de l'infraction commise.

Les stages sont mis en oeuvre sous le contrôle du délégué du procureur de la République du lieu d'exécution de la peine. Ils peuvent également être mis en oeuvre sous le contrôle du service pénitentiaire d'insertion ou de probation.

Le contenu du stage fait l'objet d'un projet élaboré par la personne ou le service chargé de procéder au contrôle de sa mise en oeuvre. Ce projet est validé par le procureur de la République après avis du président du tribunal judiciaire.

Article R131-38

Les modules du stage peuvent être élaborés avec le concours des collectivités territoriales et des établissements publics et, le cas échéant, de personnes morales de droit privé ou de personnes physiques participant à des missions d'intérêt général, notamment d'accès au droit.

Les modules du stage de sensibilisation aux dangers de l'usage de produits stupéfiants peuvent être élaborés avec le concours des personnes privées dont l'activité est d'assister ou d'aider les usagers de stupéfiants, telles que les associations de lutte contre la toxicomanie et le trafic de stupéfiants prévues à l'article 2-16 du code de procédure pénale.

Les modules du stage de responsabilité parentale peuvent être élaborés avec le concours des personnes publiques ou privées mettant en œuvre les accompagnements parentaux prévus par l'article L. 141-1 du code de l'action sociale et des familles.

Les modules de formation du stage de responsabilisation pour la prévention et la lutte contre les violences au sein du couple et sexistes peuvent être élaborés avec le concours des personnes publiques ou privées dont l'activité est d'assister ou d'aider les victimes.

Les modules de formation du stage de lutte contre le sexisme et de sensibilisation à l'égalité entre les femmes et les hommes peuvent être élaborés avec le concours des personnes publiques ou privées dont l'activité est d'assister ou d'aider les victimes de violences sexuelles et sexistes ou de harcèlement, telles que les associations prévues aux articles 2-2 et 2-6 du code de procédure pénale.

Lorsqu'un module de formation est élaboré avec l'une des personnes publiques ou privées mentionnées aux précédents alinéas, il fait l'objet d'une convention entre le procureur de la République, agissant au nom de l'Etat, et cette personne. Cette convention précise le contenu de ce module, sa durée, les objectifs particuliers qui lui sont assignés, les modalités de la prestation assurée par la personne privée ou publique ainsi que les modalités de financement des frais engagés.

Paragraphe 3 : Déroulement et fin du stage

Article R131-39

Préalablement à la mise en oeuvre du stage, la personne ou le service qui en a la charge reçoit le condamné et lui en expose les objectifs. Il lui précise les conséquences du non-respect de ses obligations résultant du stage, telles qu'elles découlent de l'article 434-41 ou telles qu'elles ont été, le cas échéant, fixées par la juridiction en application de l'article 131-9.

Article R131-40

Une attestation de fin de stage est délivrée au condamné, qui l'adresse à la personne ou au service chargé d'en contrôler la mise en oeuvre.

Paragraphe 4 : Dispositions spécifiques applicables aux mineurs

Sous-section 4 : De la peine de sanction-réparation

Article R131-45

Dès que la condamnation est exécutoire, la personne condamnée à la peine de sanction-réparation est informée par le procureur de la République ou par son délégué qu'elle doit lui adresser, au plus tard à l'expiration du délai fixé pour indemniser la victime ou procéder à la remise en état des lieux, la justification qu'il a été procédé à cette indemnisation ou à cette remise en état. Si l'indemnisation se fait en plusieurs fois selon des modalités fixées par la juridiction, la justification doit intervenir pour chaque versement, sauf décision contraire du procureur ou de son délégué.

Lorsque la réparation s'exécute en nature et consiste en une remise en état des lieux, ou en cas de retard dans l'indemnisation de la victime, le délégué du procureur peut convoquer le condamné, le cas échéant avec la partie civile, afin de faciliter l'exécution de la peine ou d'en vérifier l'exécution.

Sous-section 5 : De la peine de confiscation d'un animal

Article R131-50

Lorsque la juridiction qui prononce la peine de confiscation d'un animal prévue par l'article 131-21-1 ordonne que l'animal sera remis à une fondation ou à une association sans préciser l'identité de cette personne morale, le procureur de la République met à exécution cette peine auprès de la personne morale qu'il détermine.

Article R131-51

Lorsqu'en application des dispositions de l'article 99-1 du code de procédure pénale l'animal confisqué a été placé au cours d'une procédure dirigée contre une personne qui n'en est pas propriétaire, la juridiction se prononce sur la mise à la charge du condamné des frais de placement.

Sous-section 6 : De la computation des délais de la peine d'interdiction non définitive du territoire français

---

Article R131-51-1

Dans le cas où l'étranger, condamné à une peine d'interdiction du territoire français, est éloigné d'office du territoire alors que la durée fixée par la décision de condamnation n'a pas commencé à courir, cette durée court à compter de la date de son éloignement effectif. L'autorité ayant procédé à l'éloignement informe sans délai le procureur de la République près la juridiction qui a prononcé la peine d'interdiction du territoire français.

Dans les autres cas, la durée fixée par la décision de condamnation court à compter de la date à laquelle l'étranger est effectivement sorti pour la première fois du territoire français en exécution de cette décision ou à la date à laquelle la condamnation est devenue exécutoire si l'étranger n'était pas, à cette date, présent sur le territoire. L'étranger justifie par tous moyens de sa situation auprès du procureur de la République près le tribunal judiciaire qui a prononcé la peine. Lorsque la date de sortie effective ne peut être établie par d'autres moyens et que l'étranger justifie s'être présenté en personne aux autorités consulaires françaises du pays dans lequel il se trouve, la durée fixée par la décision de condamnation court à compter de la date à laquelle l'étranger s'est ainsi présenté à ces autorités.

Section 2 : Des peines applicables aux personnes morales

Article R131-52

Le mandataire de justice prévu par l'article 131-46 est choisi soit parmi les personnes inscrites sur la liste prévue par l'article L. 811-2 du code de commerce, soit parmi celles inscrites sur l'une des listes prévues par l'article 157 du code de procédure pénale. Toutefois, à titre exceptionnel, la juridiction peut, par décision motivée, désigner comme mandataire une personne physique ne figurant sur aucune des listes précitées mais ayant une expérience ou une qualification particulière.

Article R131-53

Lorsqu'il existe, au sein d'une personne morale citée ou amenée à comparaître devant une juridiction de jugement, des représentants du personnel, le ministère public les avise de la date et de l'objet de l'audience, par lettre recommandée adressée dix jours au moins avant la date de l'audience.

Lorsque le personnel de cette personne morale est régie par les dispositions du code du travail relatives à la représentation des salariés, l'avis mentionné au premier alinéa est adressé au secrétaire du comité d'entreprise ou, le cas échéant, au secrétaire du comité central d'entreprise et, en l'absence de tels comités, aux délégués du personnel titulaire.

Chapitre II : Du régime des peines

Section 1 : Dispositions générales

Section 2 : Des modes de personnalisation des peines

Sous-section 1
Sous-section 2
Sous-section 3
Sous-section 4 : Du sursis avec mise à l'épreuve

Article R132-45

Lorsque le sursis avec mise à l'épreuve comprend l'obligation mentionnée au 7° de l'article 132-45, les dispositions des articles R. 131-3 à R. 131-4-1 sont applicables.

Lorsqu'il comprend comme obligation l'accomplissement d'un stage de sensibilisation à la sécurité routière prévu au 15° de l'article 132-45, les dispositions de l'article R. 131-11-1 sont applicables.

Lorsqu'il comprend comme obligation l'accomplissement d'un stage de citoyenneté prévu au 18° de l'article 132-45, les dispositions des articles R. 131-36 à R. 131-44 qui régissent le stage de citoyenneté sont applicables.

Lorsqu'il comprend comme obligation l'accomplissement d'un stage de responsabilisation pour la prévention et la lutte contre les violences au sein du couple et sexistes prévu au 20° de l'article 132-45, les dispositions des articles R. 131-51-1 et R. 131-51-2 sont applicables.

Lorsque le stage n'a pas été organisé par le service pénitentiaire d'insertion et de probation, son accomplissement donne lieu à la remise au condamné d'une attestation que celui-ci adresse au service pénitentiaire d'insertion et de probation. Ce service en avise le juge de l'application des peines.

Chapitre III : De l'extinction des peines et de l'effacement des condamnations
Section 2 : De la grâce

Article R133-1

Les recours en grâce sont instruits par le ministre de la justice après, le cas échéant, examen préalable par le ou les ministres intéressés.

Article R133-2

Le décret de grâce, signé par le Président de la République, est contresigné par le Premier ministre, par le ministre de la justice et, le cas échéant, le ou les ministres ayant procédé à l'examen préalable du recours.

Livre II : Des crimes et délits contre les personnes

Titre Ier : Des crimes contre l'humanité

Titre II : Des atteintes à la personne humaine

Chapitre Ier : Des atteintes à la vie de la personne
Chapitre II : Des atteintes à l'intégrité physique ou psychique de la personne
Chapitre III : De la mise en danger de la personne
Chapitre IV : Des atteintes aux libertés de la personne
Chapitre V : Des atteintes à la dignité de la personne
Chapitre VI : Des atteintes à la personnalité
Section 1 : De l'atteinte à la vie privée

Article R226-1

La liste d'appareils et de dispositifs techniques prévue par l'article 226-3 est établie par arrêté du Premier ministre.

Par dérogation aux dispositions de l'article 1er du décret n° 97-34 du 15 janvier 1997 relatif à la déconcentration des décisions administratives individuelles, les autorisations prévues aux articles R. 226-3 et R. 226-7 sont délivrées par le directeur général de l'Agence nationale de la sécurité des systèmes d'information.

Article R226-2

Il est institué auprès du Premier ministre une commission consultative composée comme suit :

1° Le directeur général de l'Agence nationale de la sécurité des systèmes d'information ou son représentant, président ;

2° Un représentant du ministre de la justice ;

3° Un représentant du ministre de l'intérieur ;

4° Un représentant du ministre de la défense ;

5° Un représentant du ministre chargé des douanes ;

6° Un représentant du ministre chargé de l'industrie ;

7° Un représentant du ministre chargé des télécommunications ;

8° Un représentant de la Commission nationale de contrôle des techniques de renseignement ;

9° Un représentant du directeur général de l'Agence nationale des fréquences ;

10° Deux personnalités choisies en raison de leur compétence, désignées par le Premier ministre. La commission peut entendre, à titre d'expert, toute personne compétente.

Elle est saisie pour avis des projets d'arrêtés pris en application des articles R. 226-1 et R. 226-10. Elle peut formuler des propositions de modification de ces arrêtés.

Elle est également consultée sur les demandes d'autorisation présentées en application des articles R. 226-3 et R. 226-7.

Le secrétariat de la commission est assuré par l'Agence nationale de la sécurité des systèmes d'information.

Article R226-3

La fabrication, l'importation, l'exposition, l'offre, la location ou la vente de tout appareil ou dispositif technique figurant sur la liste mentionnée à l'article R. 226-1 est soumise à une autorisation, après avis de la commission mentionnée à l'article R. 226-2.

Article R226-4

La demande d'autorisation est déposée auprès du directeur général de l'Agence nationale de la sécurité des systèmes d'information. Elle comporte pour chaque type d'appareil ou de dispositif technique :

1° Le nom et l'adresse du demandeur, s'il est une personne physique, ou sa dénomination et son siège, s'il est une personne morale ;

2° La ou les opérations mentionnées à l'article R. 226-3 pour lesquelles l'autorisation est demandée et, le cas échéant, la description des marchés visés ;

3° L'objet et les caractéristiques techniques du type de l'appareil ou du dispositif technique, accompagnés d'une documentation technique ;

4° Le lieu prévu pour la fabrication de l'appareil ou du dispositif technique ou pour les autres opérations mentionnées à l'article R. 226-3 ;

5° L'engagement de se soumettre aux contrôles nécessaires à la vérification du respect des indications fournies dans la demande d'autorisation.

Article R226-5

L'autorisation mentionnée à l'article R. 226-3 est délivrée pour une durée maximale de six ans.

Elle peut fixer les conditions de réalisation de l'opération et le nombre des appareils ou des dispositifs techniques concernés.

Elle est accordée de plein droit aux services de l'Etat désignés par arrêté du Premier ministre pour la fabrication d'appareils ou de dispositifs techniques.

Article R226-6

Chaque appareil ou dispositif technique fabriqué, importé, exposé, offert, loué ou vendu doit porter la référence du type correspondant à la demande d'autorisation et un numéro d'identification individuel.

Article R226-7

L'acquisition ou la détention de tout appareil ou dispositif technique figurant sur la liste mentionnée à l'article

R. 226-1 est soumise à une autorisation, après avis de la commission mentionnée à l'article R. 226-2.

Article R226-8

La demande d'autorisation est déposée auprès du directeur général de l'Agence nationale de la sécurité des systèmes d'information. Elle comporte pour chaque type d'appareil ou de dispositif technique :

1° Le nom et l'adresse du demandeur, s'il est une personne physique, ou sa dénomination et son siège, s'il est une personne morale ;

2° Le type de l'appareil ou du dispositif technique et le nombre d'appareils ou de dispositifs techniques pour la détention desquels l'autorisation est demandée ;

3° L'utilisation prévue ;

4° L'engagement de se soumettre aux contrôles nécessaires à la vérification du respect des indications fournies dans la demande d'autorisation.

Article R226-9

L'autorisation mentionnée à l'article R. 226-7 est délivrée pour une durée maximale de trois ans.

Elle peut subordonner l'utilisation des appareils ou des dispositifs techniques à des conditions destinées à en éviter tout usage abusif.

Elle est accordée de plein droit aux agents ou services de l'Etat pour l'acquisition et la détention des appareils ou dispositifs techniques qu'ils sont autorisés à utiliser en application de la loi.

Article R226-10

Les titulaires de l'une des autorisations mentionnées à l'article R. 226-3 ne peuvent proposer, céder, louer ou vendre les appareils ou dispositifs techniques figurant sur la liste prévue à l'article R. 226-1 qu'aux titulaires de l'une des autorisations mentionnées à l'article R. 226-3, à l'article R. 226-7 ou à l'article L. 34-11 du code des postes et communications électroniques.

Ils tiennent un registre retraçant l'ensemble des opérations relatives à ces matériels. Le modèle de ce registre est déterminé par arrêté du Premier ministre, pris après avis de la commission mentionnée à l'article R.

226-2.

Article R226-11

Les autorisations prévues à l'article R. 226-3 et à l'article R. 226-7 peuvent être retirées :

1° En cas de fausse déclaration ou de faux renseignement ;

2° En cas de modification des circonstances au vu desquelles l'autorisation a été délivrée ;

3° Lorsque le bénéficiaire de l'autorisation n'a pas respecté les dispositions de la présente section ou les obligations particulières prescrites par l'autorisation ;

4° Lorsque le bénéficiaire de l'autorisation cesse l'exercice de l'activité pour laquelle a été délivrée l'autorisation.

Le retrait ne peut intervenir, sauf urgence, qu'après que le titulaire de l'autorisation a été mis à même de faire valoir ses observations.

Les autorisations prennent fin de plein droit en cas de condamnation du titulaire pour l'une des infractions prévues par les articles 226-1, 226-15 ou 432-9.

Article R226-12

Les personnes qui fabriquent, importent, détiennent, exposent, offrent, louent ou vendent des appareils ou des dispositifs techniques figurant sur la liste prévue à l'article R. 226-1 doivent se mettre en conformité avec les prescriptions de la présente section en sollicitant les autorisations nécessaires dans un délai de trois mois à compter de la publication de l'arrêté prévu à l'article R. 226-1.

Si l'autorisation n'est pas délivrée, ces personnes disposent d'un délai d'un mois pour procéder à la destruction de ces appareils ou dispositifs techniques ou pour les vendre ou les céder à une personne titulaire de l'une des autorisations prévues aux articles R. 226-3, R. 226-7 ou à l'article L. 34-11 du code des postes et communications électroniques. Il en est de même dans les cas d'expiration ou de retrait de l'autorisation.

Section 2
Section 3
Section 4
Section 5
Section 6

Chapitre VII : Des atteintes aux mineurs et à la famille

Livre III : Des crimes et délits contre les biens

Titre Ier : Des appropriations frauduleuses

Titre II : Des autres atteintes aux biens

Chapitre Ier : Du recel et des infractions assimilées ou voisines

Section 1

Section 2 : Des infractions assimilées au recel ou voisines de celui-ci

Sous-section 1 : Dispositions relatives aux personnes dont l'activité professionnelle comporte la vente ou l'échange de certains objets mobiliers

---

Article R321-1

Toute personne soumise à l'obligation de tenir le registre d'objets mobiliers prévu au premier alinéa de l'article 321-7 doit effectuer une déclaration préalable à la préfecture ou la sous-préfecture dont dépend son établissement principal. A Paris, la déclaration est faite à la préfecture de police.

En l'absence d'établissement fixe ouvert au public, le lieu du domicile ou, à défaut, le lieu d'élection de domicile au sens de l'article L. 264-1 du code de l'action sociale et des familles est considéré comme le lieu d'établissement.

La déclaration comporte les indications suivantes : nom et prénoms du déclarant ; date et lieu de naissance ; nationalité ; lieu d'exercice habituel de la profession ; statut de l'entreprise ainsi que le numéro unique d'identification.

Il est remis un récépissé de déclaration qui doit être présenté à toute réquisition des services de police et de gendarmerie, des services fiscaux, des douanes ainsi que des services de la concurrence, de la consommation et de la répression des fraudes.

Article R321-2

En cas de changement du lieu de l'établissement principal, les personnes mentionnées à l'article R. 321-1 sont tenues de faire une déclaration au commissariat de police, ou, à défaut, à la mairie tant du lieu qu'elles quittent que de celui où elles vont s'établir.

Le déplacement d'un établissement secondaire doit également faire l'objet d'une déclaration au commissariat de police ou, à défaut, à la mairie du lieu de l'établissement principal.

Il est remis un récépissé de ces déclarations.

Article R321-3

Le registre d'objets mobiliers prévu au premier alinéa de l'article 321-7 comporte :

1° Les nom, prénoms, qualité et domicile de chaque personne qui a vendu, apporté à l'échange ou remis en dépôt en vue de la vente un ou plusieurs objets, ainsi que la nature, le numéro et la date de délivrance de la pièce d'identité produite par la personne physique qui a réalisé la vente, l'échange ou le dépôt, avec l'indication de l'autorité qui l'a établie ;

2° Lorsqu'il s'agit d'une personne morale, la dénomination et le siège de celle-ci ainsi que les nom, prénoms, qualité et domicile du représentant de la personne morale qui a effectué l'opération pour son compte, avec les références de la pièce d'identité produite ;

3° La nature, la provenance et la description des objets acquis ou détenus en vue de la vente ou de l'échange.

La description de chaque objet comprend ses caractéristiques ainsi que les noms, signatures, monogrammes, lettres, chiffres, numéros de série, emblèmes et signes de toute nature apposés sur lui et qui servent à l'identifier.

Toutefois, les objets dont la valeur unitaire n'excède pas un montant fixé par un arrêté conjoint du garde des sceaux, ministre de la justice, du ministre de l'intérieur et du ministre chargé du commerce et qui ne présentent pas un intérêt artistique ou historique peuvent être regroupés et faire l'objet d'une mention et d'une description communes sur le registre.

Article R321-4

Chaque objet exposé à la vente ou détenu en stock est affecté d'un numéro d'ordre.

Les objets mentionnés au dernier alinéa de l'article R. 321-3 peuvent faire l'objet d'un numéro d'ordre commun.

Le numéro d'ordre est porté sur le registre et figure de manière apparente sur chaque objet ou lot d'objets.

Article R321-5

Le registre comporte également :

1° Le prix d'achat et le mode de règlement de chaque objet ou lot d'objets ou, en cas d'échange, d'acquisition à titre gratuit ou de dépôt en vue de la vente, une estimation de la valeur vénale de chaque objet ou lot d'objets ;

2° Le cas échéant, l'indication de la mesure de protection de l'objet mobilier en application des dispositions du code du patrimoine, lorsqu'il en est donné connaissance au revendeur d'objets mobiliers.

Article R321-6

Les mentions figurant sur le registre sont inscrites à l'encre indélébile, sans blanc, rature ni abréviation.

Le registre est coté et paraphé par le commissaire de police ou, à défaut, par le maire de la commune où est situé l'établissement ouvert au public.

Lorsque les personnes mentionnées à l'article R. 321-1 possèdent plusieurs établissements ouverts au public, un registre est tenu pour chaque établissement.

Lorsque ces mêmes personnes ne possèdent pas d'établissement fixe ouvert au public, le registre est coté et paraphé par un commissaire de police ou un maire.

Le registre est conservé pendant un délai de cinq ans à compter de sa date de clôture.

Article R321-6-1

La tenue du registre au moyen d'un traitement automatisé de données à caractère personnel dispense de la tenue d'un registre physique coté et paraphé.

Le registre tenu au moyen d'un traitement automatisé comporte les mentions prévues aux articles R. 321-3 à

R. 321-5.

Le traitement automatisé garantit l'intégrité, l'intangibilité et la sécurité des données enregistrées.

La durée de conservation des données est de dix ans à compter de leur enregistrement dans le traitement.

Article R321-7

Lorsque la personne mentionnée à l'article R. 321-1 est une personne morale, les obligations prévues par la présente sous-section incombent aux dirigeants de celle-ci.

Article R321-8

Le modèle du registre d'objets mobiliers est déterminé par arrêté conjoint du ministre de l'intérieur et du ministre chargé du commerce.

Les modalités de tenue du registre d'objets mobiliers au moyen d'un traitement automatisé de données à caractère personnel prévu à l'article R. 321-6-1 et les obligations techniques devant être respectées par un tel traitement sont déterminées par arrêté conjoint du ministre de l'intérieur et du ministre de la culture.

Sous-section 2 : Dispositions concernant les manifestations publiques en vue de la vente ou de l'échange de certains objets mobiliers

Article R321-9

Le registre tenu à l'occasion de toute manifestation mentionnée au deuxième alinéa de l'article 321-7 doit comprendre :

1° Les nom, prénoms, qualité et domicile de chaque personne qui offre à la vente ou à l'échange des objets mobiliers usagés ou acquis de personnes autres que celles qui les fabriquent ou en font commerce ainsi que la nature, le numéro et la date de délivrance de la pièce d'identité produite par celle-ci avec l'indication de l'autorité qui l'a établie ;

2° Pour les participants non professionnels, la mention de la remise d'une attestation sur l'honneur de non-participation à deux autres manifestations de même nature au cours de l'année civile ;

3° Lorsqu'il s'agit d'une personne morale, la dénomination et le siège de celle-ci ainsi que les nom, prénoms, qualité et domicile du représentant de la personne morale à la manifestation, avec les références de la pièce d'identité produite.

Article R321-10

Le registre doit être coté et paraphé par le commissaire de police ou, à défaut, par le maire de la commune du lieu de la manifestation.

Il est tenu à la disposition des services de police et de gendarmerie, des services fiscaux, des douanes ainsi que des services de la concurrence, de la consommation et de la répression des fraudes pendant toute la durée de la manifestation.

Au terme de celle-ci et au plus tard dans le délai de huit jours, il est déposé à la préfecture ou à la sous- préfecture du lieu de la manifestation.

Article R321-11

Lorsque l'organisateur de la manifestation est une personne morale, les obligations prévues par la présente sous-section incombent aux dirigeants de celle-ci.

Article R321-12

Le modèle du registre est déterminé par arrêté conjoint du ministre de l'intérieur et du ministre chargé du commerce.

Section 3

Chapitre II : Des destructions, dégradations et détériorations

Chapitre III : Des atteintes aux systèmes de traitement automatisé de données

Livre IV : Des crimes et délits contre la nation, l'Etat et la paix publique

Titre Ier : Des atteintes aux intérêts fondamentaux de la nation

Chapitre Ier : De la trahison et de l'espionnage

Chapitre II : Des autres atteintes aux institutions de la République ou à l'intégrité du territoire national

Chapitre III : Des autres atteintes à la défense nationale

Section 1 : Des atteintes à la sécurité des forces armées et aux zones protégées intéressant la défense nationale

---

Article R413-1

Les zones protégées que constituent les locaux et terrains clos mentionnés à l'article 413-7 sont délimitées dans les conditions prévues à la présente section.

Article R413-2

Le besoin de protection est déterminé par le ministre qui a la charge des installations, du matériel ou des recherches, études, fabrications à caractère secret qu'il désigne.

Les autorités dont relèvent les services, établissements ou entreprises concernés peuvent recevoir par décret délégation pour déterminer ce besoin de protection.

Article R413-3

Lorsque l'activité principale du service, de l'établissement ou de l'entreprise relève du ministre ayant déterminé le besoin de protection, l'implantation et les limites des zones protégées sont fixées par arrêté de ce ministre.

Lorsque l'activité principale du service, de l'établissement ou de l'entreprise relève d'un autre ministre, l'implantation et les limites de zones protégées sont fixées par arrêté conjoint de ce ministre et du ministre ayant déterminé le besoin de protection.

Les autorités dont relèvent ces services, établissements ou entreprises peuvent recevoir par décret délégation pour prendre les arrêtés prévus par le présent article.

Article R413-4

L'arrêté portant création d'une zone protégée est notifié au chef du service, de l'établissement ou de l'entreprise. Celui-ci prend alors, sous le contrôle de l'autorité qui a déterminé le besoin de protection, toutes dispositions pour rendre apparentes les limites de la zone et les mesures d'interdiction dont elle est l'objet.

Un exemplaire de l'arrêté est adressé, pour leur information et éventuellement aux fins d'application des dispositions qui les concernent, au ministre de l'intérieur et aux préfets territorialement compétents.

Article R413-5

L'autorisation de pénétrer dans la zone protégée est donnée par le chef du service, de l'établissement ou de l'entreprise, selon les directives et sous le contrôle du ministre ayant déterminé le besoin de protection.

Toutefois, lorsque la zone a été instituée pour protéger des recherches, études ou fabrications qui doivent être tenues secrètes dans l'intérêt de la défense nationale, l'autorisation est délivrée par le ministre qui a déterminé le besoin de protection.

Dans tous les cas, l'autorisation est délivrée par écrit. Elle peut être retirée à tout moment dans les mêmes formes.

Article R413-5-1

I. # Sont dites " zones à régime restrictif " celles des zones, mentionnées à l'article R. 413-1, dont le besoin de protection tient à l'impératif qui s'attache à empêcher que des éléments essentiels du potentiel scientifique ou technique de la nation :

1° Fassent l'objet d'une captation de nature à affaiblir ses moyens de défense, à compromettre sa sécurité ou à porter préjudice à ses autres intérêts fondamentaux ;

2° Ou soient détournés à des fins de terrorisme, de prolifération d'armes de destruction massive et de leurs vecteurs ou de contribution à l'accroissement d'arsenaux militaires.

Le besoin de protection est déterminé par le ministre qui a la charge des éléments essentiels du potentiel scientifique et technique à protéger.

II. # Afin de prévenir les risques mentionnés au 1° ou 2° du I, par dérogation aux deux premiers alinéas de l'article R. 413-5, l'accès à une zone à régime restrictif pour y effectuer un stage, y préparer un doctorat, y participer à une activité de recherche, y suivre une formation ne relevant pas de la formation universitaire initiale, y effectuer une prestation de service, y effectuer une mission d'audit ou d'inspection pour le compte d'un Etat tiers, ou y exercer une activité professionnelle est soumis à l'autorisation du chef de service, d'établissement ou d'entreprise, après avis favorable du ministre qui a déterminé le besoin de protection.

La demande d'avis est adressée sans délai par le chef de service, d'établissement ou d'entreprise au ministre mentionné au précédent alinéa. Le silence gardé par le ministre dans un délai de deux mois suivant la réception par celui-ci de la demande d'avis vaut avis défavorable. Le ministre peut, de sa propre initiative et à tout moment, revenir sur le sens de son avis, y compris lorsque celui-ci est réputé favorable en application du III.

Le silence gardé par le chef de service, d'établissement ou d'entreprise dans un délai de trois mois suivant la réception par celui-ci de la demande d'autorisation vaut décision de rejet.

Lorsqu'une enquête de sécurité a été conduite sur le fondement de l'article L. 114-1 du code de la sécurité intérieure, les éléments issus de cette enquête ne sont pas communicables au chef de service, d'établissement ou d'entreprise, à l'exception, le cas échéant, du sens des conclusions du service enquêteur.

En cas d'avis défavorable du ministre, le chef de service, d'établissement ou d'entreprise est tenu de refuser l'autorisation ou, le cas échéant, de retirer l'autorisation délivrée. Le refus d'autorisation d'accès et le retrait de l'autorisation ne sont pas motivés.

III. # Toute personne bénéficiant, en raison de ses fonctions, d'une habilitation au titre de la protection du secret de la défense nationale est réputée avoir obtenu, pour les zones à régime restrictif dont l'accès est nécessaire à l'exercice de ces mêmes fonctions, un avis ministériel favorable pour l'application du II.

Toute personne qui bénéficiait, antérieurement à la création ou à l'extension d'une zone à régime restrictif, d'un accès aux lieux couverts par cette zone, est réputée, pour la première demande d'autorisation d'accès à cette zone qu'il elle adresse au chef de service, d'établissement ou d'entreprise, avoir obtenu un avis ministériel favorable pour l'application du II. Dès l'extension ou la création de ladite zone à régime restrictif, le chef de service, d'établissement ou d'entreprise transmet au ministre les éléments d'informations utiles à l'exercice de son contrôle.

Les personnes qui bénéficient d'un avis favorable pour l'accès à une zone à régime restrictif afin d'y exercer des activités d'entretien des surfaces et des infrastructures, de maintien en condition des prestations d'effluents, de sécurité ou de sûreté, sans avoir un accès direct à l'information protégée par ce régime, sont réputées, sauf mention contraire de cet avis, bénéficier d'un avis favorable pour l'accès, aux mêmes fins et dans les mêmes limites, aux autres zones à régime restrictif relevant du même ministre.

IV. # Dans tous les cas, le chef du service, de l'établissement ou de l'entreprise informe le ministre mentionné au premier alinéa du II de sa décision relative à l'autorisation d'accès.

V. # Le bénéficiaire d'une autorisation d'accès à une zone à régime restrictif délivrée dans les conditions prévues au II est tenu d'informer le chef de service, d'établissement ou d'entreprise de tout changement de situation susceptible d'affecter l'appréciation portée sur son droit d'accès. Le chef de service, d'établissement ou d'entreprise en informe sans délai le ministre mentionné au premier alinéa du II.

VI. # L'arrêté mentionné à l'article R. 413-3 peut confier la délivrance des autorisations d'accès et le recueil des avis ministériels préalables mentionnés au II ainsi que les mesures d'affichage mentionnées au premier alinéa de l'article R. 413-4 au chef d'un service, établissement ou entreprise distinct de celui au sein duquel est située la zone à régime restrictif, dès lors que les activités conduites dans la zone concernée s'effectuent sous le contrôle ou pour le compte de ce service, établissement ou entreprise.

VII. # Un arrêté du Premier ministre précise les modalités de présentation de la demande mentionnée au II et la liste des informations que le bénéficiaire d'une autorisation d'accès à une zone à régime restrictif est tenu de transmettre en application du V.

Article R413-5-2

I - Est puni de l'amende prévue pour les contraventions de la cinquième classe le fait de :

1° Ne pas rendre apparentes les limites d'une zone à régime restrictif et les mesures d'interdiction dont elle est l'objet ;

2° S'abstenir de soumettre à autorisation l'accès d'une personne pénétrant dans une zone à régime restrictif ;

3° Autoriser l'accès à une zone à régime restrictif dans des conditions non conformes aux exigences fixées par le II de l'article R. 413-5-1 ;

4° S'abstenir de communiquer au ministre les informations qui lui sont transmises en application du V de l'article R. 413-5-1 du code pénal ;

5° S'abstenir d'informer le ministre chargé de l'enseignement supérieur, les autorités de tutelle de l'établissement et le ministre chargé des affaires étrangères, d'un projet d'accord avec une institution étrangère ou internationale et impliquant des activités conduites dans une zone à régime restrictif, dans le cas où l'établissement relève des dispositions des articles L. 123-7-1 et D. 123-19 du code de l'éducation.

II - # Est puni de la même amende le fait, pour toute personne, de faire obstacle à l'accomplissement des missions des personnels qui, au sein d'un service, d'un établissement ou d'une entreprise comprenant une zone à régime restrictif, sont chargés de la protection de cette zone.

Section 2 : Des atteintes au secret de la défense nationale

Article R413-6

Pour l'application de l'article 413-9, les niveaux de classification des renseignements, procédés, objets, documents, données informatisées ou fichiers présentant un caractère de secret de la défense nationale ainsi que les autorités chargées de définir les modalités selon lesquelles est organisée leur protection sont déterminés par les articles R. 2311-1 et suivants du code de la défense relatifs à la protection du secret de la défense nationale.

Chapitre IV : Dispositions particulières

Titre III : Des atteintes à l'autorité de l'Etat

Chapitre Ier : Des atteintes à la paix publique

Section 1

Section 3

Section 4

Chapitre II : Des atteintes à l'administration publique commises par des personnes exerçant une fonction publique

Chapitre III : Des atteintes à l'administration publique commises par les particuliers

Chapitre IV : Des atteintes à l'action de la justice

Titre IV : Des atteintes à la confiance publique

Titre V : De la participation à une association de malfaiteurs

Livre V : Des autres crimes et délits

Chapitre Ier : Des sévices graves ou actes de cruauté envers les animaux

Article R511-1

Les prescriptions relatives aux expériences ou recherches scientifiques ou expérimentales sur les animaux mentionnées à l'article 511-2 sont fixées par le décret n° 87-848 du 19 octobre 1987 pris pour l'application de cet article et du troisième alinéa de l'article L. 214-3 du code rural et de la pêche maritime.

Livre VI : Des contraventions

Titre Ier : Dispositions générales

Article R610-1

Les contraventions, ainsi que les classes dont elles relèvent, sont déterminées par décrets en Conseil d'Etat.

Article R610-2

Les dispositions des troisième et quatrième alinéas de l'article 121-3 sont applicables aux contraventions pour lesquelles le règlement exige une faute d'imprudence ou de négligence.

Le complice d'une contravention au sens du second alinéa de l'article 121-7 est puni conformément à l'article 121-6.

Article R610-3

Le montant des amendes encourues pour les cinq classes de contraventions est fixé par l'article 131-13.

Article R610-4

Les contraventions punies d'une amende dont le taux est proportionnel au montant ou à la valeur exprimée en numéraire du préjudice, des réparations ou de l'objet de l'infraction constituent des contraventions de la 5e classe dont la peine d'amende ne peut excéder les montants fixés par le 5° de l'article 131-13.

Article R610-5

La violation des interdictions ou le manquement aux obligations édictées par les décrets et arrêtés de police sont punis de l'amende prévue pour les contraventions de la 2e classe.

Titre II : Des contraventions contre les personnes

Chapitre Ier : Des contraventions de la 1re classe contre les personnes

Section 1 : De la diffamation et de l'injure non publiques

Article R621-1

La diffamation non publique envers une personne est punie de l'amende prévue pour les contraventions de la 1re classe.

La vérité des faits diffamatoires peut être établie conformément aux dispositions législatives relatives à la liberté de la presse.

Article R621-2

L'injure non publique envers une personne, lorsqu'elle n'a pas été précédée de provocation, est punie de l'amende prévue pour les contraventions de la 1re classe.

Chapitre II : Des contraventions de la 2e classe contre les personnes

Section 1 : Des atteintes involontaires à l'intégrité de la personne n'ayant entraîné aucune incapacité totale de travail

---

Article R622-1

Hors le cas prévu par l'article R. 625-3, le fait, par maladresse, imprudence, inattention, négligence ou manquement à une obligation de sécurité ou de prudence imposée par la loi ou le règlement, dans les conditions et selon les distinctions prévues à l'article 121-3, de porter atteinte à l'intégrité d'autrui sans qu'il en résulte d'incapacité totale de travail est puni de l'amende prévue pour les contraventions de la 2e classe.

Les personnes coupables de la contravention prévue au présent article encourent également la peine complémentaire de confiscation de la chose qui a servi à commettre l'infraction.

Les personnes morales déclarées responsables pénalement, dans les conditions prévues par l'article 121-2, de l'infraction définie au présent article encourent, outre l'amende suivant les modalités prévues par l'article 131-41, la peine de confiscation de la chose qui a servi à commettre l'infraction.

Section 2 : De la divagation d'animaux dangereux

Article R622-2

Le fait, par le gardien d'un animal susceptible de présenter un danger pour les personnes, de laisser divaguer cet animal est puni de l'amende prévue pour les contraventions de la 2e classe.

En cas de condamnation du propriétaire de l'animal ou si le propriétaire est inconnu, le tribunal peut décider de remettre l'animal à une oeuvre de protection animale reconnue d'utilité publique ou déclarée, laquelle pourra librement en disposer.

Chapitre III : Des contraventions de la 3e classe contre les personnes

Section 1 : Des menaces de violences

Article R623-1

Hors les cas prévus par les articles 222-17 et 222-18, la menace de commettre des violences contre une personne, lorsque cette menace est soit réitérée, soit matérialisée par un écrit, une image ou tout autre objet, est punie de l'amende prévue pour les contraventions de la 3e classe.

Section 2 : Des bruits ou tapages injurieux ou nocturnes

Article R623-2

Les bruits ou tapages injurieux ou nocturnes troublant la tranquillité d'autrui sont punis de l'amende prévue pour les contraventions de la 3e classe.

Les personnes coupables des contraventions prévues au présent article encourent également la peine complémentaire de confiscation de la chose qui a servi ou était destinée à commettre l'infraction.

Le fait de faciliter sciemment, par aide ou assistance, la préparation ou la consommation des contraventions prévues au présent article est puni des mêmes peines.

Section 3 : De l'excitation d'animaux dangereux

Article R623-3

Le fait, par le gardien d'un animal susceptible de présenter un danger pour les personnes, d'exciter ou de ne pas retenir cet animal lorsqu'il attaque ou poursuit un passant, alors même qu'il n'en est résulté aucun dommage, est puni de l'amende prévue pour les contraventions de la 3e classe.

En cas de condamnation du propriétaire de l'animal ou si le propriétaire est inconnu, le tribunal peut décider de remettre l'animal à une oeuvre de protection animale reconnue d'utilité publique ou déclarée, laquelle pourra librement en disposer.

Section 4 : De la violation des dispositions réglementant le commerce de certains matériels susceptibles d'être utilisés pour porter atteinte à l'intimité de la vie privée

Article R623-4

Le fait, par une personne titulaire de l'une des autorisations mentionnées à l'article R. 226-3, de ne pas tenir le registre prévu par le deuxième alinéa de l'article R. 226-10 est puni de l'amende prévue pour les contraventions de la 3e classe.

Chapitre IV : Des contraventions de la 4e classe contre les personnes

Section 1 : Des violences légères

Article R624-1

Hors les cas prévus par les articles 222-13 et 222-14, les violences volontaires n'ayant entraîné aucune incapacité totale de travail sont punies de l'amende prévue pour les contraventions de la 4e classe.

Les personnes coupables de la contravention prévue au présent article encourent également les peines complémentaires suivantes :

1° La suspension, pour une durée de trois ans au plus, du permis de conduire, cette suspension pouvant être limitée à la conduite en dehors de l'activité professionnelle ;

2° L'interdiction de détenir ou de porter, pour une durée de trois ans au plus, une arme soumise à autorisation ;

3° La confiscation d'une ou de plusieurs armes dont le condamné est propriétaire ou dont il a la libre disposition ;

4° Le retrait du permis de chasser, avec interdiction de solliciter la délivrance d'un nouveau permis pendant trois ans au plus ;

5° La confiscation de la chose qui a servi ou était destinée à commettre l'infraction ou de la chose qui en est le produit.

Le fait de faciliter sciemment, par aide ou assistance, la préparation ou la consommation de la contravention prévue au présent article est puni des mêmes peines.

Section 2 : De la diffusion de messages contraires à la décence

---

Article R624-2

Le fait de diffuser sur la voie publique ou dans des lieux publics des messages contraires à la décence est puni de l'amende prévue pour les contraventions de la 4e classe.

Est puni de la même peine le fait, sans demande préalable du destinataire, d'envoyer ou de distribuer à domicile de tels messages.

Les personnes coupables des contraventions prévues au présent article encourent également la peine complémentaire de confiscation de la chose qui a servi ou était destinée à commettre l'infraction ou de la chose qui en est le produit.

Le fait de faciliter sciemment, par aide ou assistance, la préparation ou la consommation des contraventions prévues au présent article est puni des mêmes peines.

Les personnes morales déclarées responsables pénalement, dans les conditions prévues par l'article 121-2, des infractions définies au présent article encourent, outre l'amende suivant les modalités prévues par l'article 131-41, la peine de confiscation de la chose qui a servi ou était destinée à commettre l'infraction ou de la chose qui en est le produit.

Section 4 : Du manquement à l'obligation d'assiduité scolaire

---

Article R624-7

Le fait, pour l'un ou l'autre parent d'un enfant soumis à l'obligation scolaire ou pour toute personne exerçant à son égard l'autorité parentale ou une autorité de fait de façon continue, après avertissement donné par le directeur académique des services de l'éducation nationale agissant sur délégation du recteur d'académie et mise en oeuvre des procédures définies à l'article R. 131-7 du code de l'éducation, de ne pas imposer à l'enfant l'obligation d'assiduité scolaire sans faire connaître de motif légitime ou d'excuse valable ou en donnant des motifs d'absence inexacts est puni de l'amende prévue pour les contraventions de la 4e classe.

Le fait de faciliter, par aide ou assistance, la commission de la contravention prévue au présent article est puni des mêmes peines.

Chapitre V : Des contraventions de la 5e classe contre les personnes

Section 1 : Des violences

Article R625-1

Hors les cas prévus par les articles 222-13 et 222-14, les violences volontaires ayant entraîné une incapacité totale du travail d'une durée inférieure ou égale à huit jours sont punies de l'amende prévue pour les contraventions de la 5e classe.

Les personnes coupables de la contravention prévue au présent article encourent également les peines complémentaires suivantes :

1° La suspension, pour une durée de trois ans au plus, du permis de conduire, cette suspension pouvant être limitée à la conduite en dehors de l'activité professionnelle ;

2° L'interdiction de détenir ou de porter, pour une durée de trois ans au plus, une arme soumise à autorisation ;

3° La confiscation d'une ou de plusieurs armes dont le condamné est propriétaire ou dont il a la libre disposition ;

4° Le retrait du permis de chasser, avec interdiction de solliciter la délivrance d'un nouveau permis pendant trois ans au plus ;

5° La confiscation de la chose qui a servi ou était destinée à commettre l'infraction ou de la chose qui en est le produit ;

6° Le travail d'intérêt général pour une durée de vingt à cent-vingt heures.

Le fait de faciliter sciemment, par aide ou assistance, la préparation ou la consommation de la contravention prévue au présent article est puni des mêmes peines.

La récidive de la contravention prévue au présent article est réprimée conformément à l'article 132-11.

Section 2 : Des atteintes involontaires à l'intégrité de la personne

Article R625-2

Hors les cas prévus par les articles 222-20 et 222-20-1, le fait de causer à autrui, par maladresse, imprudence, inattention, négligence ou manquement à une obligation de sécurité ou de prudence imposée par la loi ou le règlement, dans les conditions et selon les distinctions prévues à l'article 121-3, une incapacité totale de travail d'une durée inférieure ou égale à trois mois est puni de l'amende prévue pour les contraventions de la 5e classe.

Article R625-3

Le fait, par la violation manifestement délibérée d'une obligation particulière de sécurité ou de prudence prévue par la loi ou le règlement, de porter atteinte à l'intégrité d'autrui sans qu'il en résulte d'incapacité totale de travail est puni de l'amende prévue pour les contraventions de la 5e classe.

Article R625-4

Les personnes coupables des infractions définies aux articles R. 625-2 et R. 625-3 encourent, outre les peines d'amende prévues par ces articles, les peines complémentaires suivantes :

1° La suspension, pour une durée de trois ans au plus, du permis de conduire, cette suspension pouvant être limitée à la conduite en dehors de l'activité professionnelle ;

2° L'interdiction de détenir ou de porter, pour une durée de trois ans au plus, une arme soumise à autorisation ;

3° La confiscation d'une ou de plusieurs armes dont le condamné est propriétaire ou dont il a la libre disposition ;

4° Le retrait du permis de chasser, avec interdiction de solliciter la délivrance d'un nouveau permis pendant trois ans au plus ;

5° La confiscation de la chose qui a servi à commettre l'infraction ;

6° Le travail d'intérêt général pour une durée de vingt à cent vingt heures.

Article R625-5

Les personnes morales déclarées responsables pénalement, dans les conditions prévues par l'article 121-2, des infractions définies aux articles R. 625-2 et R. 625-3 encourent, outre l'amende suivant les modalités prévues par l'article 131-41, la peine de confiscation de la chose qui a servi à commettre l'infraction.

Article R625-6

La récidive des contraventions prévues aux articles R. 625-2 et R. 625-3 est réprimée conformément aux articles 132-11 et 132-15.

Section 3 : Des provocations, diffamations et injures non publiques présentant un caractère raciste ou discriminatoire

Article R625-7

La provocation non publique à la discrimination, à la haine ou à la violence à l'égard d'une personne ou d'un groupe de personnes à raison de leur origine ou de leur appartenance ou de leur non-appartenance, vraie ou supposée, à une ethnie, une nation, une prétendue race ou une religion déterminée est punie de l'amende prévue pour les contraventions de la 5e classe.

Est punie de la même peine la provocation non publique à la haine ou à la violence à l'égard d'une personne ou d'un groupe de personnes à raison de leur sexe, de leur orientation sexuelle ou identité de genre, ou de leur handicap, ainsi que la provocation non publique, à l'égard de ces mêmes personnes, aux discriminations prévues par les articles

225-2 et 432-7.

Article R625-8

La diffamation non publique commise envers une personne ou un groupe de personnes à raison de leur origine ou de leur appartenance ou de leur non-appartenance, vraie ou supposée, à une ethnie, une nation, une prétendue race ou une religion déterminée est punie de l'amende prévue pour les contraventions de la 5e classe.

Est punie de la même peine la diffamation non publique commise envers une personne ou un groupe de personnes à raison de leur sexe, de leur orientation sexuelle ou identité de genre, ou de leur handicap.

Article R625-8-1

L'injure non publique commise envers une personne ou un groupe de personnes à raison de leur origine ou de leur appartenance ou de leur non-appartenance, vraie ou supposée, à une ethnie, une nation, une prétendue race ou une religion déterminée est punie de l'amende prévue pour les contraventions de la 5e classe.

Est punie de la même peine l'injure non publique commise envers une personne ou un groupe de personnes à raison de leur sexe, de leur orientation sexuelle ou identité de genre, ou de leur handicap.

Article R625-8-2

Les personnes coupables des infractions prévues par la présente section encourent, outre les peines d'amende prévues par ces articles, les peines complémentaires suivantes :

1° L'interdiction de détenir ou de porter, pour une durée de trois ans au plus, une arme soumise à autorisation ;

2° La confiscation d'une ou de plusieurs armes dont le condamné est propriétaire ou dont il a la libre disposition ;

3° La confiscation de la chose qui a servi ou était destinée à commettre l'infraction ou de la chose qui en est le produit ;

4° Le travail d'intérêt général pour une durée de vingt à cent vingt heures ;

5° L'obligation d'accomplir, le cas échéant à ses frais, un stage de citoyenneté.

Les personnes morales déclarées responsables pénalement, dans les conditions prévues par l'article 121-2, des infractions prévues par la présente section encourent, outre l'amende suivant les modalités prévues par l'article 131-41, la peine de confiscation de la chose qui a servi ou était destinée à commettre l'infraction ou de la chose qui en est le produit.

La récidive des contraventions prévues par la présente section est réprimée conformément aux articles 132-11 et 132-15.

Section 4 : De l'outrage sexiste et sexuel

Article R625-8-3

Est puni de l'amende prévue pour les contraventions de la 5e classe le fait, hors les cas prévus aux articles 222-13, 222-32, 222-33, 222-33-1-1, 222-33-2-2 et 222-33-2-3, d'imposer à une personne tout propos ou comportement à connotation sexuelle ou sexiste qui soit porte atteinte à sa dignité en raison de son caractère dégradant ou humiliant, soit créé à son encontre une situation intimidante, hostile ou offensante.

Les personnes coupables de la contravention prévue au présent article encourent également les peines complémentaires suivantes :

1° La peine de stage prévue aux 1°, 4°, 5° ou 7° de l'article 131-5-1 ;

2° Un travail d'intérêt général pour une durée de vingt à cent vingt heures.

Section 5 : De la violation des dispositions réglementant le commerce de certains matériels susceptibles d'être utilisés pour porter atteinte à l'intimité de la vie privée

Article R625-9

Le fait, par une personne titulaire de l'une des autorisations mentionnées à l'article R. 226-3, de proposer, céder, louer ou vendre un appareil figurant sur la liste visée à l'article R. 226-1 en violation des dispositions du premier alinéa de l'article R. 226-10 est puni de l'amende prévue pour les contraventions de la 5e classe.

Les personnes coupables de la contravention prévue au présent article encourent également la peine complémentaire de confiscation de la chose qui a servi ou était destinée à commettre l'infraction ou de la chose qui en est le produit.

Les personnes morales déclarées responsables pénalement, dans les conditions prévues par l'article 121-2, de l'infraction définie au présent article encourent, outre l'amende suivant les modalités prévues par l'article 131-41, la peine de confiscation de la chose qui a servi ou était destinée à commettre l'infraction ou de la chose qui en est le produit.

La récidive de la contravention prévue au présent article est réprimée conformément aux articles 132-11 et 132-15.

Section 6 : Des atteintes aux droits de la personne résultant des fichiers ou des traitements informatiques

---

Article R625-10

Lorsque cette information est exigée par la loi, est puni de l'amende prévue pour les contraventions de la 5e classe le fait, pour le responsable d'un traitement automatisé de données à caractère personnel :

1° De ne pas informer la personne auprès de laquelle sont recueillies des données à caractère personnel la concernant :

a) De l'identité du responsable du traitement et, le cas échéant, de celle de son représentant ;

b) De la finalité poursuivie par le traitement auquel les données sont destinées ;

c) Du caractère obligatoire ou facultatif des réponses ;

d) Des conséquences éventuelles, à son égard, d'un défaut de réponse ;

e) Des destinataires ou catégories de destinataires des données ;

f) De ses droits d'opposition, d'interrogation, d'accès et de rectification ;

g) Le cas échéant, des transferts de données à caractère personnel envisagés à destination d'un Etat n'appartenant pas à l'Union européenne ;

2° Lorsque les données sont recueillies par voie de questionnaire, de ne pas porter sur le questionnaire les informations relatives :

a) A l'identité du responsable du traitement et, le cas échéant, à celle de son représentant ;

b) A la finalité poursuivie par le traitement auquel les données sont destinées ;

c) Au caractère obligatoire ou facultatif des réponses ;

d) Aux droits d'opposition, d'interrogation, d'accès et de rectification des personnes auprès desquelles sont recueillies les données ;

3° De ne pas informer de manière claire et précise toute personne utilisatrice des réseaux de communications électroniques :

a) De la finalité de toute action tendant à accéder, par voie de transmission électronique, à des informations stockées dans son équipement terminal de connexion ou à inscrire, par la même voie, des informations dans son équipement terminal de connexion ;

b) Des moyens dont elle dispose pour s'y opposer ;

4° De ne pas fournir à la personne concernée, lorsque les données à caractère personnel n'ont pas été recueillies auprès d'elle, les informations énumérées au 1° et au 2° dès l'enregistrement des données ou, si une communication des données à des tiers est envisagée, au plus tard lors de la première communication des données.

Est puni de la même peine le fait de ne pas fournir l'une des informations mentionnées à l'article 104 de la loi n°78-17 du 6 janvier 1978 relative à l'informatique, aux fichiers et aux libertés ou aux articles 13 et 14 du règlement (UE) 2016/679 du Parlement européen et du Conseil du 27 avril 2016.

Article R625-11

Est puni de l'amende prévue pour les contraventions de la 5e classe le fait, pour le responsable d'un traitement automatisé de données à caractère personnel, de ne pas répondre aux demandes d'une personne physique justifiant de son identité qui ont pour objet :

1° La confirmation que des données à caractère personnel la concernant font ou ne font pas l'objet de ce traitement ;

2° Les informations relatives aux finalités du traitement, aux catégories de données à caractère personnel traitées et aux destinataires ou aux catégories de destinataires auxquels les données sont communiquées ;

3° Le cas échéant, les informations relatives aux transferts de données à caractère personnel envisagés à destination d'un Etat n'appartenant pas à l'Union européenne ;

4° La communication, sous une forme accessible, des données à caractère personnel qui la concernent ainsi que de toute information disponible quant à l'origine de celles-ci ;

5° Les informations permettant de connaître et de contester la logique qui sous-tend le traitement automatisé en cas de décision prise sur le fondement de celui-ci et produisant des effets juridiques à l'égard de l'intéressé.

Est puni de la même peine le fait de refuser de délivrer, à la demande de l'intéressé, une copie des données à caractère personnel le concernant, le cas échéant, contre paiement d'une somme qui ne peut excéder le coût de la reproduction.

Est puni de la même peine le fait de ne pas répondre aux demandes tendant à la mise en œuvre des droits prévus à l'article 15 du règlement (UE) 2016/679 du Parlement européen et du Conseil du 27 avril 2016 ou, hors les cas prévus à l'article 107 de la loi n° 78-17 du 6 janvier 1978 relative à l'informatique, aux fichiers et aux libertés, à l'article 104 et à l'article 105 de cette même loi.

Les contraventions prévues par le présent article ne sont toutefois pas constituées si le refus de réponse est autorisé par la loi soit afin de ne pas porter atteinte au droit d'auteur, soit parce qu'il s'agit de demandes manifestement abusives, notamment par leur nombre, leur caractère répétitif ou systématique, soit parce que les données à caractère personnel sont conservées sous une forme excluant manifestement tout risque d'atteinte à la vie privée des personnes concernées et pendant une durée n'excédant pas celle nécessaire aux seules finalités d'établissement de statistiques ou de recherche scientifique ou historique.

Article R625-12

Est puni de l'amende prévue pour les contraventions de la 5e classe le fait, pour le responsable d'un traitement automatisé de données à caractère personnel, de ne pas procéder, sans frais pour le demandeur, aux opérations demandées par une personne physique justifiant de son identité et qui exige que soient rectifiées, complétées, mises à jour, verrouillées ou effacées les données à caractère personnel la concernant ou concernant la personne décédée dont elle est l'héritière, lorsque ces données sont inexactes, incomplètes, équivoques, périmées, ou lorsque leur collecte, leur utilisation, leur communication ou leur conservation est interdite.

Est puni de la même peine le fait de ne pas procéder aux opérations exigées par les articles 16 à 18 du règlement (UE) 2016/679 du Parlement européen et du Conseil du 27 avril 2016, ou, hors les cas prévus à l'article 107 de la loi n° 78-17 du 6 janvier 1978 relative à l'informatique, aux fichiers et aux libertés, par l'article 106 de cette même loi.

Article R625-13

La récidive des contraventions prévues par la présente section est réprimée conformément aux articles 132-11 et 132-15.

Titre III : Des contraventions contre les biens

Chapitre Ier : Des contraventions de la 1re classe contre les biens

Section unique : Des menaces de destruction, de dégradation ou de détérioration n'entraînant qu'un dommage léger

---

Article R631-1

Hors le cas prévu par l'article 322-13, la menace de commettre une destruction, une dégradation ou une détérioration n'entraînant qu'un dommage léger, lorsqu'elle est soit réitérée, soit matérialisée par un écrit, une image ou tout autre objet, est punie de l'amende prévue pour les contraventions de la 1re classe.

Les personnes coupables de la contravention prévue au présent article encourent également les peines complémentaires suivantes :

1° L'interdiction de détenir ou de porter, pour une durée de trois ans au plus, une arme soumise à autorisation ;

2° La confiscation d'une ou de plusieurs armes dont le condamné est propriétaire ou dont il a la libre disposition.

Chapitre II : Des contraventions de la 2e classe contre les biens

Section unique : Du non-respect de la réglementation en matière de collecte des ordures

---

Article R632-1

Est puni de l'amende prévue pour les contraventions de la 2e classe le fait de déposer, dans des conteneurs, poubelles ou bennes adaptés aux déchets ou aux emplacements désignés à cet effet pour ce type de déchets par l'autorité administrative compétente, des ordures, déchets, matériaux ou tout autre objet de quelque nature qu'il soit, en vue de leur enlèvement par le service de collecte, sans respecter les conditions fixées par cette autorité, notamment en matière d'adaptation du contenant à leur enlèvement, de jours et d'horaires de collecte, ou de tri des ordures.

Chapitre III : Des contraventions de la 3e classe contre les biens

Section 1 : De la violation des dispositions réglementant la vente ou l'échange de certains objets mobiliers

---

Article R633-1

Le fait, par une personne mentionnée à l'article R. 321-1, lorsqu'elle est requise par l'autorité compétente, de s'abstenir de présenter le récépissé de déclaration prévu au dernier alinéa du même article, est puni de l'amende prévue pour les contraventions de la 3e classe.

Article R633-2

Le fait, par une personne mentionnée à l'article R. 321-1, d'omettre de faire figurer de manière apparente sur un objet ou lot d'objets exposé à la vente ou détenu en stock le numéro d'ordre correspondant, conformément aux prescriptions de l'article R. 321-1, est puni de l'amende prévue pour les contraventions de la 3e classe.

Article R633-3

Le fait, par une personne mentionnée à l'article R. 321-1, d'omettre de faire parapher le registre d'objets mobiliers prévu à l'article R. 321-3, conformément aux prescriptions de l'article R. 321-6, est puni de l'amende prévue pour les contraventions de la 3e classe.

Le fait, par une personne mentionnée à l'article R. 321-1, tenant un registre d'objets mobiliers au moyen d'un traitement automatisé de données à caractère personnel, de ne pas tenir ce registre dans les conditions garantissant l'intégrité, l'intangibilité et la sécurité des données enregistrées telles que définies par l'arrêté prévu au deuxième alinéa de l'article R. 321-8 est puni de l'amende prévue pour les contraventions de la 3e classe.

Section 2 : De la violation des dispositions concernant les manifestations publiques en vue de la vente ou de l'échange de certains objets mobiliers

---

Article R633-5

Le fait, par une personne mentionnée au deuxième alinéa de l'article 321-7, d'omettre de faire parapher le registre prévu par l'article R. 321-9, conformément aux prescriptions de l'article R. 321-10, est puni de l'amende prévue pour les contraventions de la 3e classe.

Section 3 : De l'abandon d'ordures, déchets, matériaux ou autres objets

Chapitre IV : Des contraventions de la 4e classe contre les biens

Section 1 : Des menaces de destruction, de dégradation ou de détérioration ne présentant pas de danger pour les personnes

---

Article R634-1

Hors le cas prévu par l'article 322-13, la menace de commettre une destruction, une dégradation ou une détérioration ne présentant pas de danger pour les personnes, lorsqu'elle est soit réitérée, soit matérialisée par un écrit, une image ou tout autre objet, est punie de l'amende prévue pour les contraventions de la 4e classe.

Les personnes coupables de la contravention prévue au présent article encourent également les peines complémentaires suivantes :

1° L'interdiction de détenir ou de porter, pour une durée de trois ans au plus, une arme soumise à autorisation ;

2° La confiscation d'une ou de plusieurs armes dont le condamné est propriétaire ou dont il a la libre disposition.

Article R634-2

Hors les cas prévus aux articles R. 635-8 et R. 644-2, est puni de l'amende prévue pour les contraventions de la 4e classe le fait de déposer, d'abandonner, de jeter ou de déverser, en lieu public ou privé, à l'exception des emplacements, conteneurs, poubelles ou bennes adaptés aux déchets désignés à cet effet pour ce type de déchets par l'autorité administrative compétente, des ordures, déchets, déjections, matériaux, liquides insalubres ou tout autre objet de quelque nature qu'il soit, y compris en urinant sur la voie publique, si ces faits ne sont pas accomplis par la personne ayant la jouissance du lieu ou avec son autorisation.

Chapitre V : Des contraventions de la 5e classe contre les biens

Section 1 : Des destructions, dégradations et détériorations dont il n'est résulté qu'un dommage léger

Article R635-1

La destruction, la dégradation ou la détérioration volontaires d'un bien appartenant à autrui dont il n'est résulté qu'un dommage léger est punie de l'amende prévue pour les contraventions de la 5e classe.

Les personnes coupables de la contravention prévue au présent article encourent également les peines complémentaires suivantes :

1° La suspension, pour une durée de trois ans au plus, du permis de conduire, cette suspension pouvant être limitée à la conduite en dehors de l'activité professionnelle ;

2° L'interdiction de détenir ou de porter, pour une durée de trois ans au plus, une arme soumise à autorisation ;

3° La confiscation d'une ou de plusieurs armes dont le condamné est propriétaire ou dont il a la libre disposition ;

4° Le retrait du permis de chasser, avec interdiction de solliciter la délivrance d'un nouveau permis pendant trois ans au plus ;

5° La confiscation de la chose qui a servi ou était destinée à commettre l'infraction ou de la chose qui en est le produit ;

6° Le travail d'intérêt général pour une durée de vingt à cent vingt heures.

Le fait de faciliter sciemment, par aide ou assistance, la préparation ou la consommation de la contravention prévue au présent article est puni des mêmes peines.

Les personnes morales déclarées responsables pénalement, dans les conditions prévues par l'article 121-2, de l'infraction définie au présent article encourent, outre l'amende suivant les modalités prévues par l'article 131-41, la peine de confiscation de la chose qui a servi ou était destinée à commettre l'infraction ou de la chose qui en est le produit.

La récidive de la contravention prévue au présent article est réprimée conformément aux articles 132-11 et 132-15.

Section 2 : De la vente forcée par correspondance

Article R635-2

Le fait d'adresser à une personne, sans demande préalable de celle-ci, un objet quelconque accompagné d'une correspondance indiquant que cet objet peut être accepté contre versement d'un prix fixé ou renvoyé à son expéditeur, même si ce renvoi peut être fait sans frais pour le destinataire, est puni de l'amende prévue pour les contraventions de la 5e classe.

Les personnes coupables de la contravention prévue au présent article encourent également les peines complémentaires suivantes :

1° L'interdiction, pour une durée de trois ans au plus, d'émettre des chèques autres que ceux qui permettent le retrait de fonds par le tireur auprès du tiré ou ceux qui sont certifiés ;

2° La confiscation de la chose qui a servi ou était destinée à commettre l'infraction ou de la chose qui en est le produit.

Les personnes morales déclarées responsables pénalement, dans les conditions prévues par l'article 121-2, de l'infraction définie au présent article encourent, outre l'amende suivant les modalités prévues par l'article 131-41, les peines suivantes :

1° L'interdiction, pour une durée de trois ans au plus, d'émettre des chèques autres que ceux qui permettent le retrait de fonds par le tireur auprès du tiré ou ceux qui sont certifiés ;

2° La confiscation de la chose qui a servi ou était destinée à commettre l'infraction ou de la chose qui en est le produit.

La récidive de la contravention prévue au présent article est réprimée conformément aux articles 132-11 et 132-15.

Section 3 : De la violation des dispositions réglementant la vente ou l'échange de certains objets mobiliers

Article R635-3

Le fait, par une personne mentionnée à l'article R. 321-1, d'omettre de procéder aux déclarations prévues par ce même article et par l'article R. 321-2 est puni de l'amende prévue pour les contraventions de la 5e classe.

Article R635-4

Le fait, par une personne mentionnée à l'article R. 321-1, de recevoir, à titre gratuit ou onéreux, un objet mobilier d'un mineur non émancipé sans le consentement exprès des père, mère ou tuteur est puni de l'amende prévue pour les contraventions de la 5e classe.

Article R635-5

Le fait, par une personne mentionnée au deuxième alinéa de l'article 321-7, d'omettre de déposer le registre prévu par l'article R. 321-9 auprès des services compétents dans les conditions prévues à l'article R. 321-10 est puni de l'amende prévue pour les contraventions de la 5e classe.

Article R635-7

La récidive des contraventions prévues aux articles R. 635-3, R. 635-4 et R. 635-5 est réprimée conformément aux articles 132-11 et 132-15.

Section 4 : De l'abandon d'épaves de véhicules ou d'ordures, déchets, matériaux et autres objets transportés dans un véhicule

Article R635-8

Est puni de l'amende prévue pour les contraventions de la 5e classe le fait de déposer, d'abandonner, de jeter ou de déverser, en lieu public ou privé, à l'exception des emplacements désignés à cet effet par l'autorité administrative compétente, soit une épave de véhicule, soit des ordures, déchets, déjections, matériaux, liquides insalubres ou tout autre objet de quelque nature qu'il soit, lorsque ceux-ci ont été transportés avec l'aide d'un véhicule, si ces faits ne sont pas accomplis par la personne ayant la jouissance du lieu ou avec son autorisation.

Les personnes coupables de la contravention prévue au présent article encourent également la peine complémentaire de confiscation de la chose qui a servi ou était destinée à commettre l'infraction ou de la chose qui en est le produit.

Les personnes morales déclarées responsables pénalement, dans les conditions prévues par l'article 121-2, de l'infraction définie au présent article encourent, outre l'amende suivant les modalités prévues par l'article 131-41, la peine de confiscation de la chose qui a servi ou était destinée à commettre l'infraction ou de la chose qui en est le produit.

La récidive de la contravention prévue au présent article est réprimée conformément aux articles 132-11 et 132-15.

Titre IV : Des contraventions contre la nation, l'Etat ou la paix publique

Chapitre Ier : Des contraventions de la 1re classe contre la nation, l'Etat ou la paix publique
Section unique : De l'abandon d'armes ou d'objets dangereux

Article R641-1

Le fait d'abandonner, en un lieu public ou ouvert au public, une arme ou tout autre objet présentant un danger pour les personnes et susceptible d'être utilisé pour commettre un crime ou un délit est puni de l'amende prévue pour les contraventions de la 1re classe.

Les personnes coupables de la contravention prévue au présent article encourent également la peine complémentaire de confiscation de la chose qui a servi à commettre l'infraction.

Chapitre II : Des contraventions de la 2e classe contre la nation, l'Etat ou la paix publique
Section 1 : Du défaut de réponse à une réquisition des autorités judiciaires ou administratives

Article R642-1

Le fait, sans motif légitime, de refuser ou de négliger de répondre soit à une réquisition émanant d'un magistrat ou d'une autorité de police judiciaire agissant dans l'exercice de ses fonctions, soit, en cas d'atteinte à l'ordre public ou de sinistre ou dans toute autre situation présentant un danger pour les personnes, à une réquisition émanant d'une autorité administrative compétente, est puni de l'amende prévue pour les contraventions de la 2e classe.

Section 2 : Des atteintes à la monnaie

Article R642-2

Le fait d'accepter, de détenir ou d'utiliser tout signe monétaire non autorisé ayant pour objet de remplacer les pièces de monnaie ou les billets de banque ayant cours légal en France est puni de l'amende prévue pour les contraventions de la 2e classe.

Les personnes coupables de la contravention prévue au présent article encourent également la peine complémentaire de confiscation de la chose qui a servi ou était destinée à commettre l'infraction ou de la chose qui en est le produit.

Les personnes morales déclarées responsables pénalement, dans les conditions prévues par l'article 121-2, de l'infraction définie au présent article encourent, outre l'amende suivant les modalités prévues par l'article 131-41, la peine de confiscation de la chose qui a servi ou était destinée à commettre l'infraction ou de la chose qui en est le produit.

La peine de confiscation est obligatoire pour les signes monétaires visés au premier alinéa du présent article en application des articles 131-21 et 131-48.

Article R642-3

Le fait de refuser de recevoir des pièces de monnaie ou des billets de banque ayant cours légal en France selon la valeur pour laquelle ils ont cours est puni de l'amende prévue pour les contraventions de la 2e classe.

Article R642-4

Le fait d'utiliser comme support d'une publicité quelconque des pièces de monnaie ou des billets de banque ayant cours légal en France ou émis par les institutions étrangères ou internationales habilitées à cette fin est puni de l'amende prévue pour les contraventions de la 2e classe.

Les personnes coupables de la contravention prévue au présent article encourent également la peine complémentaire de confiscation de la chose qui a servi ou était destinée à commettre l'infraction ou de la chose qui en est le produit.

Les personnes morales déclarées responsables pénalement, dans les conditions prévues par l'article 121-2, de l'infraction définie au présent article encourent, outre l'amende suivant les modalités prévues par l'article 131-41, la peine de confiscation de la chose qui a servi ou était destinée à commettre l'infraction ou de la chose qui en est le produit.

La peine de confiscation est obligatoire pour les signes monétaires visés au premier alinéa du présent article en application des articles 131-21 et 131-48. Les dispositions du troisième alinéa de l'article 442-13 sont applicables.

Chapitre III : Des contraventions de la 3e classe contre la nation, l'Etat ou la paix publique

Section 1 : De l'usurpation de signes réservés à l'autorité publique

---

Article R643-1

Hors les cas prévus par l'article 433-15, est puni de l'amende prévue pour les contraventions de la 3e classe le fait de porter publiquement un costume ou un uniforme ou de faire usage d'un insigne ou d'un document présentant avec des costumes, uniformes, insignes ou documents réglementés par l'autorité publique une ressemblance de nature à causer une méprise dans l'esprit du public.

Les personnes coupables de la contravention prévue au présent article encourent également la peine complémentaire de confiscation de la chose qui a servi ou était destinée à commettre l'infraction ou de la chose qui en est le produit.

Les personnes morales déclarées responsables pénalement, dans les conditions prévues par l'article 121-2, de l'infraction définie au présent article encourent, outre l'amende suivant les modalités prévues par l'article 131-41, la peine de confiscation de la chose qui a servi ou était destinée à commettre l'infraction ou de la chose qui en est le produit.

Section 2 : De l'utilisation de poids ou mesures différents de ceux établis par les lois et règlements en vigueur

---

Article R643-2

L'utilisation de poids ou mesures différents de ceux qui sont établis par les lois et règlements en vigueur est punie de l'amende prévue pour les contraventions de la 3e classe.

Les personnes coupables de la contravention prévue au présent article encourent également la peine complémentaire de confiscation de la chose qui a servi ou était destinée à commettre l'infraction ou de la chose qui en est le produit.

Les personnes morales déclarées responsables pénalement, dans les conditions prévues par l'article 121-2, de l'infraction définie au présent article encourent, outre l'amende suivant les modalités prévues par l'article 131-41, la peine de confiscation de la chose qui a servi ou était destinée à commettre l'infraction ou de la chose qui en est le produit.

Chapitre IV : Des contraventions de la 4e classe contre la nation, l'Etat ou la paix publique

Section 1 : De l'accès sans autorisation à un terrain, une construction, un engin ou un appareil militaires

---

Article R644-1

Hors le cas prévu par l'article 413-5, le fait, sans autorisation des autorités compétentes, de pénétrer, séjourner ou circuler sur un terrain, dans un port, dans une construction ou dans un engin ou appareil quelconque affecté à l'autorité militaire ou placé sous son contrôle est puni de l'amende prévue pour les contraventions de la 4e classe.

L'interdiction d'accès aux terrains, constructions, engins ou appareils visés à l'alinéa précédent fait l'objet d'une signalisation particulière lorsque aucune marque distinctive ne signale qu'ils sont affectés à l'autorité militaire ou placés sous son contrôle.

Section 2 : Des entraves à la libre circulation sur la voie publique

---

Article R644-2

Le fait d'embarrasser la voie publique en y déposant ou y laissant sans nécessité des matériaux ou objets quelconques qui entravent ou diminuent la liberté ou la sûreté de passage y compris les ordures ou les déchets est puni de l'amende prévue pour les contraventions de la 4e classe.

Les personnes coupables de la contravention prévue au présent article encourent également la peine complémentaire de confiscation de la chose qui a servi ou était destinée à commettre l'infraction ou de la chose qui en est le produit.

Article R644-2-1

Le fait, par le titulaire d'une autorisation d'occupation temporaire du domaine public, de ne pas respecter les prescriptions de l'arrêté d'autorisation relatives à l'espace occupé ou aux périodes d'occupation est puni de l'amende prévue pour les contraventions de la 4e classe, lorsque cette méconnaissance a pour effet de porter atteinte à la libre circulation sur la voie publique.

Section 3 : De l'acquisition de produits du tabac manufacturé vendus à la sauvette

---

Article R644-3

L'acquisition de produits du tabac manufacturé vendus à la sauvette est punie de l'amende prévue pour les contraventions de la 4e classe.

Section 4 : De la participation à une manifestation interdite sur la voie publique

---

Article R644-4

Le fait de participer à une manifestation sur la voie publique interdite sur le fondement des dispositions de l'article L. 211-4 du code de la sécurité intérieure est puni de l'amende prévue pour les contraventions de la quatrième classe.

Section 5 : De la violation de certaines mesures de police

Article R644-5

Sont punis de l'amende prévue pour les contraventions de la 4e classe la violation des interdictions et le manquement aux obligations édictées par des décrets et arrêtés pris sur le fondement des pouvoirs de police générale des autorités compétentes qui, à l'occasion d'événements comportant des risques d'atteinte à la sécurité publique :

1° Réglementent la consommation d'alcool sur la voie publique ;

2° Réglementent l'usage des artifices de divertissement sur la voie publique ;

3° Réglementent le transport de récipients contenant du carburant.

Article R644-5-1

Sont punis de l'amende prévue pour les contraventions de la 4e classe la violation des interdictions et le manquement aux obligations édictées par des décrets et arrêtés pris sur le fondement des pouvoirs de police générale des autorités compétentes qui, à la suite de troubles, réglementent la présence et la circulation des personnes en certains lieux et à certaines heures afin de prévenir la réitération d'atteintes graves à la sécurité publique.

Section 6 : Des atteintes aux équipements de secours

Article R644-6

Le fait de procéder, sans motif légitime, à l'ouverture d'un point d'eau incendie ayant pour effet d'entraîner un écoulement d'eau est puni d'une amende prévue pour les contraventions de la 4e classe.

Chapitre V : Des contraventions de la 5e classe contre la nation, l'Etat ou la paix publique

Section 1 : Du port ou de l'exhibition d'uniformes, insignes ou emblèmes rappelant ceux d'organisations ou de personnes responsables de crimes contre l'humanité

Article R645-1

Est puni de l'amende prévue pour les contraventions de la 5e classe le fait, sauf pour les besoins d'un film, d'un spectacle ou d'une exposition comportant une évocation historique, de porter ou d'exhiber en public un uniforme, un insigne ou un emblème rappelant les uniformes, les insignes ou les emblèmes qui ont été portés ou exhibés soit par les membres d'une organisation déclarée criminelle en application de l'article 9 du statut du tribunal militaire international annexé à l'accord de Londres du 8 août 1945, soit par une personne reconnue coupable par une juridiction française ou internationale d'un ou plusieurs crimes contre l'humanité prévus par les articles 211-1 à 212-3 ou mentionnés par la loi n° 64-1326 du 26 décembre 1964.

Les personnes coupables de la contravention prévue au présent article encourent également les peines complémentaires suivantes :

1° L'interdiction de détenir ou de porter, pour une durée de trois ans au plus, une arme soumise à autorisation ;

2° La confiscation d'une ou de plusieurs armes dont le condamné est propriétaire ou dont il a la libre disposition ;

3° La confiscation de la chose qui a servi ou était destinée à commettre l'infraction ou de la chose qui en est le produit ;

4° Le travail d'intérêt général pour une durée de vingt à cent vingt heures.

Les personnes morales déclarées responsables pénalement, dans les conditions prévues par l'article 121-2, de l'infraction définie au présent article encourent, outre l'amende suivant les modalités prévues par l'article 131-41, la peine de confiscation de la chose qui a servi ou était destinée à commettre l'infraction ou de la chose qui en est le produit.

La récidive de la contravention prévue au présent article est réprimée conformément aux articles 132-11 et 132-15.

Section 2 : Des dessins, levés ou enregistrements effectués sans autorisation dans une zone d'interdiction fixée par l'autorité militaire

Article R645-2

Le fait, dans une zone d'interdiction fixée par l'autorité militaire et faisant l'objet d'une signalisation particulière, d'effectuer, sans l'autorisation de cette autorité, des dessins, levés ou des enregistrements d'images, de sons ou de signaux de toute nature est puni de l'amende prévue pour les contraventions de la 5e classe.

Les personnes coupables de la contravention prévue au présent article encourent également la peine complémentaire de confiscation de la chose qui a servi ou était destinée à commettre l'infraction ou de la chose qui en est le produit.

La récidive de la contravention prévue au présent article est réprimée conformément à l'article 132-11.

Section 3 : Des atteintes à l'état civil des personnes

Article R645-3

Est puni de l'amende prévue pour les contraventions de la 5e classe le fait, par un officier d'état civil ou une personne déléguée par lui en vertu des dispositions de l'article R. 2122-10 du code général des collectivités territoriales :

1° De contrevenir aux dispositions réglementaires concernant la tenue des registres et la publicité des actes d'état civil ;

2° De ne pas s'assurer de l'existence du consentement des père, mère ou autres personnes lorsque la loi le prescrit pour la validité d'un mariage.

Les contraventions prévues par le présent article sont constituées même lorsque la nullité des actes de l'état civil n'a pas été demandée ou a été couverte.

La récidive des contraventions prévues au présent article est réprimée conformément à l'article 132-11.

Article R645-4

Le fait, par une personne ayant assisté à un accouchement, de ne pas faire la déclaration prescrite par l'article 56 du code civil dans les délais fixés par l'article 55 du même code est puni de l'amende prévue pour les contraventions de la 5e classe.

Article R645-5

Le fait, par une personne ayant trouvé un enfant nouveau-né, de ne pas faire la déclaration prescrite par l'article 58 du code civil ou, si elle ne consent pas à se charger de l'enfant, de ne pas le remettre à l'officier d'état civil est puni de l'amende prévue pour les contraventions de la 5e classe.

Article R645-6

Le fait de procéder ou faire procéder à l'inhumation d'un individu décédé sans que cette inhumation ait été préalablement autorisée par l'officier public, dans le cas où une telle autorisation est prescrite, ou en violation des dispositions législatives et réglementaires relatives aux délais prévus en cette matière est puni de l'amende prévue par les contraventions de la 5e classe.

La récidive de la contravention prévue au présent article est réprimée conformément aux articles 132-11 et 132-15.

Section 4 : De la soustraction d'une pièce produite en justice

---

Article R645-7

Le fait, pour une personne ayant produit, dans une contestation judiciaire, un titre, une pièce ou un mémoire, de le soustraire, de quelque manière que ce soit, est puni de l'amende prévue pour les contraventions de la 5e classe.

La récidive de la contravention prévue au présent article est réprimée conformément aux articles 132-11 et 132-15.

Section 5 : De l'utilisation d'un document délivré par une administration publique comportant des mentions devenues incomplètes ou inexactes

---

Article R645-8

L'usage d'un document délivré par une administration publique aux fins de constater un droit, une identité ou une qualité ou d'accorder une autorisation, lorsque les mentions invoquées par l'intéressé sont devenues incomplètes ou inexactes, est puni de l'amende prévue pour les contraventions de la 5e classe.

Les personnes coupables de la contravention prévue au présent article encourent également la peine complémentaire de confiscation de la chose qui a servi ou était destinée à commettre l'infraction ou de la chose qui en est le produit.

Les personnes morales déclarées responsables pénalement, dans les conditions prévues par l'article 121-2, de l'infraction définie au présent article encourent, outre l'amende suivant les modalités prévues par l'article 131-41, la peine de confiscation de la chose qui a servi ou était destinée à commettre l'infraction ou de la chose qui en est le produit.

La récidive de la contravention prévue au présent article est réprimée conformément aux articles 132-11 et 132-15.

Section 5 bis : De l'usurpation de fonction ou de titre de délégué ou de médiateur du procureur de la République

---

Article R645-8-1

Le fait d'accomplir les actes réservés aux délégués ou médiateurs du procureur de la République ou d'user du titre attaché à ces fonctions, sans y avoir été habilité ou après avoir fait l'objet d'un retrait d'habilitation, est puni de l'amende prévue pour les contraventions de la 5e classe.

Section 6 : Du refus de restitution de signes monétaires contrefaits ou falsifiés

Article R645-9

Le fait, par une personne ayant reçu des pièces de monnaie ou billets de banque ayant cours légal en France contrefaits ou falsifiés, de refuser de les remettre ou de les faire remettre à la Banque de France ou à l'établissement public la Monnaie de Paris, conformément aux prescriptions de l'article 38-2 du code des instruments monétaires et des médailles, est puni de l'amende prévue pour les contraventions de la 5e classe.

Les personnes coupables de la contravention prévue au présent article encourent également la peine complémentaire de confiscation de la chose qui a servi à commettre l'infraction ou de la chose qui en est le produit.

Les personnes morales déclarées responsables pénalement, dans les conditions prévues par l'article 121-2, de l'infraction définie au présent article encourent, outre l'amende suivant les modalités prévues par l'article 131-41, la peine de confiscation de la chose qui a servi ou était destinée à commettre l'infraction ou de la chose qui en est le produit.

La peine de confiscation est obligatoire pour les signes monétaires visés au premier alinéa du présent article en application des articles 131-21 et 131-48. Les dispositions du troisième alinéa de l'article 442-13 sont applicables.

La récidive de la contravention prévue au présent article est réprimée conformément aux articles 132-11 et 132-15.

Section 7 : De l'altération ou de la contrefaçon des timbres-poste ou des timbres émis par l'administration des finances

Article R645-10

L'altération des timbres-poste ou des timbres émis par l'administration des finances dans le but de les soustraire à l'oblitération et de permettre ainsi leur réutilisation est punie de l'amende prévue pour les contraventions de la 5e classe.

Les personnes coupables de la contravention prévue au présent article encourent également la peine complémentaire de confiscation de la chose qui a servi ou était destinée à commettre l'infraction ou de la chose qui en est le produit.

Les personnes morales déclarées responsables pénalement, dans les conditions prévues par l'article 121-2, des infractions définies au présent article encourent, outre l'amende suivant les modalités prévues par l'article 131-41, la peine de confiscation de la chose qui a servi ou était destinée à commettre l'infraction ou de la chose qui en est le produit.

La peine de confiscation est obligatoire pour les timbres visés au premier alinéa du présent article en application des articles 131-21 et 131-48.

La récidive de la contravention prévue au présent article est réprimée conformément aux articles 132-11 et 132-15.

Article R645-11

La contrefaçon ou la falsification des timbres-poste ou autres valeurs fiduciaires postales périmés, français ou étrangers, ainsi que l'usage de ces timbres ou valeurs fiduciaires contrefaits ou falsifiés, sont punis de l'amende prévue pour les contraventions de la 5e classe.

Les personnes coupables des contraventions prévues au présent article encourent également la peine complémentaire de confiscation de la chose qui a servi ou était destinée à commettre l'infraction ou de la chose qui en est le produit.

Les personnes morales déclarées responsables pénalement, dans les conditions prévues par l'article 121-2, des infractions définies au présent article encourent, outre l'amende suivant les modalités prévues par l'article 131-41, la peine de confiscation de la chose qui a servi ou était destinée à commettre l'infraction ou de la chose qui en est le produit.

La peine de confiscation est obligatoire pour les timbres et autres valeurs fiduciaires postales visés au premier alinéa du présent article en application des articles 131-21 et 131-48.

La récidive des contraventions prévues au présent article est réprimée conformément aux articles 132-11 et 132-15.

Section 8 : De l'intrusion dans les établissements scolaires

Article R645-12

Le fait de pénétrer ou de se maintenir dans l'enceinte d'un établissement scolaire, public ou privé, sans y être habilité en vertu de dispositions législatives ou réglementaires ou y avoir été autorisé par les autorités compétentes est puni de l'amende prévue pour les contraventions de la 5e classe.

Les personnes coupables de la contravention prévue au présent article encourent également les peines complémentaires suivantes :

1° La confiscation de la chose qui a servi à commettre l'infraction ou de la chose qui en est le produit ;

2° Le travail d'intérêt général pour une durée de vingt à cent vingt heures.

La récidive de la contravention prévue au présent article est réprimée conformément à l'article 132-11.

Section 9 : De l'intrusion dans les lieux historiques ou culturels

---

Article R645-13

Le fait de pénétrer ou de se maintenir dans un immeuble classé ou inscrit en application des dispositions des articles L. 621-1 et L. 621-25 du code du patrimoine, un musée de France, une bibliothèque ou une médiathèque ouvertes au public, un service d'archives, ou leurs dépendances, appartenant à une personne publique ou à une personne privée assurant une mission d'intérêt général, dont l'accès est interdit ou réglementé de façon apparente, sans y être habilité en vertu de dispositions législatives ou réglementaires ou y avoir été autorisé par les autorités compétentes ou le propriétaire est puni de l'amende prévue pour les contraventions de la 5e classe.

Est puni des mêmes peines le fait de pénétrer ou de se maintenir dans les mêmes conditions sur un terrain sur lequel se déroulent des opérations archéologiques.

Les personnes coupables de la contravention prévue au présent article encourent également les peines complémentaires suivantes :

1° La confiscation de la chose qui a servi à commettre l'infraction conformément à l'article 131-21 ;

2° Un travail d'intérêt général pour une durée de vingt à cent vingt heures.

La récidive de la contravention prévue au présent article est réprimée conformément à l'article 132-11.

Section 10 : De la dissimulation illicite du visage à l'occasion de manifestations sur la voie publique

---

Article R645-14

Est puni de l'amende prévue pour les contraventions de la 5e classe le fait pour une personne, au sein ou aux abords immédiats d'une manifestation sur la voie publique, de dissimuler volontairement son visage afin de ne pas être identifiée dans des circonstances faisant craindre des atteintes à l'ordre public.

La récidive de la contravention prévue au présent article est réprimée conformément aux articles 132-11 et 132-15.

Les dispositions du présent article ne sont pas applicables aux manifestations conformes aux usages locaux ou lorsque la dissimulation du visage est justifiée par un motif légitime.

Section 11 : De l'outrage au drapeau tricolore

Article R645-15

Hors les cas prévus par l'article 433-5-1, est puni de l'amende prévue pour les contraventions de la 5e classe le fait, lorsqu'il est commis dans des conditions de nature à troubler l'ordre public et dans l'intention d'outrager le drapeau tricolore :

1° De détruire celui-ci, le détériorer ou l'utiliser de manière dégradante, dans un lieu public ou ouvert au public ;

2° Pour l'auteur de tels faits, même commis dans un lieu privé, de diffuser ou faire diffuser l'enregistrement d'images relatives à leur commission.

La récidive des contraventions prévues au présent article est réprimée conformément aux articles 132-11 et 132-15.

Titre V : Des autres contraventions

Chapitre Ier : Des contraventions de la 1re classe

Chapitre II : Des contraventions de la 2e classe

Chapitre III : Des contraventions de la 3e classe

Section unique : Des atteintes involontaires à la vie ou à l'intégrité d'un animal

---

Article R653-1

Le fait par maladresse, imprudence, inattention, négligence ou manquement à une obligation de sécurité ou de prudence imposée par la loi ou les règlements, d'occasionner la mort ou la blessure d'un animal domestique ou apprivoisé ou tenu en captivité est puni de l'amende prévue pour les contraventions de la 3e classe.

En cas de condamnation du propriétaire de l'animal ou si le propriétaire est inconnu, le tribunal peut décider de remettre l'animal à une oeuvre de protection animale reconnue d'utilité publique ou déclarée, laquelle pourra librement en disposer.

Chapitre IV : Des contraventions de la 4e classe

Section unique : Des mauvais traitements envers un animal

Article R654-1

Hors le cas prévu par l'article 521-1, le fait, sans nécessité, publiquement ou non, d'exercer volontairement des mauvais traitements envers un animal domestique ou apprivoisé ou tenu en captivité est puni de l'amende prévue pour les contraventions de la 4e classe.

En cas de condamnation du propriétaire de l'animal ou si le propriétaire est inconnu, le tribunal peut décider de remettre l'animal à une oeuvre de protection animale reconnue d'utilité publique ou déclarée, laquelle pourra librement en disposer.

Les dispositions du présent article ne sont pas applicables aux courses de taureaux lorsqu'une tradition locale ininterrompue peut être invoquée. Elles ne sont pas non plus applicables aux combats de coqs dans les localités où une tradition ininterrompue peut être établie.

Chapitre V : Des contraventions de la 5e classe

Section unique : Des atteintes volontaires à la vie d'un animal

Article R655-1

Le fait, sans nécessité, publiquement ou non, de donner volontairement la mort à un animal domestique ou apprivoisé ou tenu en captivité est puni de l'amende prévue pour les contraventions de la 5e classe.

La récidive de la contravention prévue au présent article est réprimée conformément à l'article 132-11.

Les dispositions du présent article ne sont pas applicables aux courses de taureaux lorsqu'une tradition locale ininterrompue peut être invoquée. Elles ne sont pas non plus applicables aux combats de coqs dans les localités où une tradition ininterrompue peut être établie.

Livre VII : Dispositions relatives à l'outre-mer

Titre Ier : Dispositions applicables dans les territoires d'outre-mer et en Nouvelle-Calédonie

Chapitre Ier : Dispositions générales

Article R711-1

Sous réserve des adaptations prévues au présent titre, les livres Ier à VI de la deuxième partie du présent code (Décrets en Conseil d'Etat), à l'exception des articles R. 321-1 à R. 321-12, R. 633-1 à R. 633-5, R. 635-3 à R. 635-7 et R. 645-6, sont applicables en Nouvelle-Calédonie et dans les territoires de la Polynésie française et des îles Wallis et Futuna dans leur rédaction résultant du décret n° 2024-430 du 14 mai 2024.

Article R711-2

Les livres Ier à VI de la deuxième partie du présent code (Décrets en Conseil d'Etat) sont applicables dans les Terres australes et antarctiques françaises.

Article R711-3

Pour l'application du présent code aux territoires visés à l'article R. 711-1, les termes énumérés ci-après sont remplacés comme suit :

-" tribunal judiciaire " par " tribunal de première instance " ;

-" département " par " territoire " ;

-" préfet " et " sous-préfet " par " représentant de l'Etat dans le territoire " ;

-" Banque de France " par " Institut d'émission d'outre-mer ".

De même, les références à des dispositions non applicables dans ces territoires sont remplacées par les références aux dispositions ayant le même objet applicables localement.

Chapitre II : Adaptation du livre Ier

Article R712-1

Le deuxième alinéa de l'article R. 131-2 est rédigé comme suit :

" Le certificat doit comporter, en outre, une photographie récente du condamné et indiquer qu'il vaut, au regard du code de la route applicable localement, justification du droit de conduire, lorsque sont respectées les conditions fixées par la juridiction. "

Article R712-2

L'avant-dernier alinéa de l'article R. 131-4 est rédigé comme suit :

" Le certificat doit comporter, en outre, une photographie récente du condamné et indiquer qu'il vaut, au regard du code de la route applicable localement, justification du droit de conduire, à l'exception de la ou des catégories de véhicules pour lesquelles la juridiction a prononcé l'interdiction de conduire. "

Article R712-8

Le deuxième alinéa de l'article R. 131-36 est rédigé comme suit :

" Lorsque le personnel de cette personne morale est régi par les dispositions applicables localement relatives à la représentation des salariés, l'avis mentionné au premier alinéa est adressé au secrétaire du comité d'entreprise ou, le cas échéant, au secrétaire du comité central d'entreprise et, en l'absence de tels comités, aux délégués du personnel titulaire. "

Article D712-9

En leur qualité d'institutions coutumières de la Nouvelle-Calédonie et en application de l'article 712-1-A, le sénat coutumier et les conseils coutumiers sont habilités à mettre en œuvre des travaux d'intérêt général.

A ce titre, ils peuvent demander, conformément à l'article R. 131-17, l'inscription de travaux sur la liste prévue par l'article 131-36.

Il en est de même des tribus habilitées à cet effet selon la procédure prévue à l'article R. 712-4.

La tribu sollicitant l'habilitation auprès du directeur du service pénitentiaire d'insertion et de probation compétent accompagne sa demande, des informations relatives à son lieu d'établissement, et aux nom, prénoms, date et lieu de naissance, nationalité de son responsable ou représentant. Elle l'informe de toute modification des éléments communiqués à l'occasion de sa demande.

Chapitre III : Adaptation du livre II
Chapitre IV : Adaptation du livre III
Chapitre V : Adaptation du livre IV
Chapitre VI : Adaptation du livre V

Article R716-1

L'article R. 511-1 est rédigé comme suit :

" Art. R. 511-1.-Les prescriptions relatives aux expériences ou recherches scientifiques ou expérimentales sur les animaux mentionnées à l'article 521-2 sont fixées par la réglementation applicable localement. "

Chapitre VII : Adaptation du livre VI

Titre II : Dispositions particulières au Département de Mayotte

Chapitre Ier : Dispositions générales

Article R721-1

Pour l'application des livres Ier à VI de la deuxième partie du présent code (Décrets en Conseil d'Etat) dans le Département de Mayotte, les références à des dispositions qui n'y sont pas applicables sont remplacées par les références aux dispositions ayant le même objet applicables localement.

Chapitre II : Adaptation du livre Ier

Article R722-5

L'article R. 131-25 est rédigé comme suit :

" Art. R. 131-25.-Lorsqu'un condamné exerce une activité salariée, la durée hebdomadaire cumulée de cette activité ne peut excéder de plus de douze heures la durée légale de travail en vigueur localement. "

Article R722-7

Le deuxième alinéa de l'article R. 131-36 est rédigé comme suit :

" Lorsque le personnel de cette personne morale est régi par les dispositions applicables localement relatives à la représentation des salariés, l'avis mentionné au premier alinéa est adressé au secrétaire du comité d'entreprise ou, le cas échéant, au secrétaire du comité central d'entreprise et, en l'absence de tels comités, aux délégués du personnel titulaires. "

Chapitre III : Adaptation du livre II
Chapitre IV : Adaptation du livre III
Chapitre V : Adaptation du livre IV
Chapitre VI : Adaptation du livre V
Chapitre VII : Adaptation du livre VI

Ce livre a été réalisé conformément aux directives du GPSR de l'UE concernant la sécurité des produits.

Le "General Product Safety Regulation" est le cadre actualisé de l'Union européenne visant à garantir que tous les produits de consommation, y compris les livres, sont sans danger pour les consommateurs.

Ce livre a été imprimé par CPI books GmbH. L'imprimeur a délivré des certificats de sécurité pour les matériaux utilisés, comme l'encre, le papier et la colle.

L'identifiant du produit est : 9789403840567

L'auteur est responsable du contenu du livre et l'a fait produire via Bookmundo.

En cas de questions concernant la sécurité du produit, veuillez nous contacter.

Bookmundo
Delftsestraat 33
3013AE Rotterdam
Pays-Bas
info@bookmundo.com